"十二五"国家重点出版物出版规划项目

非洲对外政策与外交：

从远古到 21 世纪

〔肯尼亚〕丹尼尔·唐·楠吉拉　著

胡文佳　冯玉婷　刘　伟　译

民主与建设出版社
·北京·

图书在版编目（CIP）数据

非洲对外政策与外交：从远古到 21 世纪 /（肯尼亚）
D.D. 楠吉拉著；胡文佳，冯玉婷，刘伟译 . —北京：
民主与建设出版社，2018.12
ISBN 978-7-5139-0864-1

Ⅰ.①非⋯ Ⅱ.① D⋯ ②胡⋯ ③冯⋯ ④刘⋯ Ⅲ.①
外交史—研究—非洲②对外政策—研究—非洲 Ⅳ.
① D84

中国版本图书馆 CIP 数据核字（2015）第 246133 号

African Foreign Policy and Diplomacy from Antiquity to the 21st Century
© Daniel Don Nanjira
Translated from the English Language edition of African Foreign Policy and Diplomacy from Antiquity
to the 21st Century by Daniel Don Nanjira, originally published by Praeger, an imprint of ABC-CLIO,
LLC, Santa Barbara, CA, USA. Copyright © 2010 by the author(s). Translated into and published in the
Simplified Chinese language by arrangement with ABC-CLIO, LLC. All rights reserved.
Simplifted Chinese edtion copyright: 2015 DEMOCRACY & CONSTRUCTION PRESS
All rights reserved.

版权登记号：01-2015-7104

非洲对外政策与外交：从远古到 21 世纪
FEIZHOU DUI WAI ZHENGCE YU WAIJIAO: CONG YUANGU DAO 21SHIJI

出 版 人	李声笑	
著　　者	（肯尼亚）丹尼尔·唐·楠吉拉	
责任编辑	韩振宇	
封面设计	逸品书装	
出版发行	民主与建设出版社有限责任公司	
电　　话	（010）59417747　59419778	
社　　址	北京市海淀区西三环中路 10 号望海楼 E 座 7 层	
邮　　编	100142	
印　　刷	北京文昌阁彩色印刷有限责任公司	
版　　次	2018 年 12 月第 1 版	
印　　次	2018 年 12 月第 1 次印刷	
开　　本	880 毫米 × 1230 毫米　　1/32	
印　　张	23.75	
字　　数	513 千字	
书　　号	ISBN 978-7-5139-0864-1	
定　　价	99.00 元	

注：如有印、装质量问题，请与出版社联系。

出版说明

　　中国与非洲相距遥远，但自古以来，两地人民就有了从间接到直接、从稀疏到紧密的联系，这种联系增进了两地人民的沟通与了解，为两地的发展不断发挥着作用。特别是 20 世纪中叶以来，因为共同的命运，中国和非洲都走上了反殖民主义革命与争取民族独立的道路，中非之间相互同情、相互支持，结下了深厚的友谊。迈入新世纪以来，随着我国经济的发展，中非经贸关系日益深入，及时了解非洲的政治、经济、法律、文化的情况当然也就具有十分重要的现实意义。

　　有感于此，我社组织翻译出版这套《非洲译丛》，所收书目比较全面地反映了非洲大陆的政经概貌以及过去我们很少涉及的一些重要国家的情况，涵盖多个语种，具有较强的系统性和学术性，意在填补我国对非洲研究的空白，对于相关学术单位和社会各界了解非洲，开展对非洲的研究与合作有所帮助。

　　译丛由北京大学、中央财经大学、浙江师范大学、湘潭大学等国内非洲研究的重镇以及国家开发银行、中非基金等单位组织，由非洲研究专家学者遴选近期国外有关非洲的政治、经济、法律等方面有较大影响、学术水准较高的论著，汇为一编，涵盖政治、经济、法律等七个方面的内容，共约 100 种图书。

对于出版大型丛书，我社经验颇乏，工作中肯定存在着一些不足，期待社会各界鼎力支持，共襄盛举，以期为中非合作做出贡献。

民主与建设出版社
2014 年 8 月

目录

19 世纪、20 世纪和 21 世纪的非洲地缘政治、对外政策和外交

卷首语

通过给本科生和研究生讲课，以及与诸多听众谈论非洲外交、对外政策及国际关系等议题，我撰写出了《非洲对外政策与外交：从远古到 21 世纪》这本书。我在学术界和联合国机构中都讲演过这些内容；也在系列国际会议上讲过，会议主题包括贸易和发展、国际业务、政治、经济以及类似的话题；还给供职于政府机构的外交官和工作人员们讲过。

人们经常曲解非洲的国际关系、对外政策和外交，甚至考虑问题时忽略它，这都令我感到十分诧异。关于非洲现状——甚至包括其在世界上的表现——明确、连贯的阐释，都是惊人地缺乏。能够帮助人们研究非洲的权威推荐书目以及非洲国际关系、对外政策及外交语境下关于非洲议题相对可信的阐释，也非常匮乏。为此人们避而不开展繁重的研究，还带来不少问题。比如学生们若想了解非洲的某些概况，就不得不研读大量文献资料。

多年来，我不仅仅读过国际关系、发展法以及外交等专业，还是肯尼亚共和国的外交官，担任大使职务。作为肯尼亚共和国的一名大使，我在多边和双边外交场合为我的国家服务逾 25 年，也参与了非洲对外政策及外交的制定与执行。这样看来，虽然有些难度，但还是感觉自己有义务用简单的术语去解释非洲对外政策制定时的进程、步骤以及成果；同时我还要详细地阐释政策制定者们到底如何通过明确的指令让这些政策产生并施行的，以及政策施行模式对非洲对外政策及外交的推动。

2 　　因此，本书旨在辅助人们了解非洲对外政策及外交的制定与实施过程。这指导着非洲如何发展国际关系。反过来说，非洲的国际关系赋予非洲存在于全球国际关系大局中的合法地位，这样也就能够规划、宣扬、保护以及促进非洲国家的利益，反之也造福着全球的政治及地缘政治体系，同时亦利于推动可持续发展、拓展经贸和国际商务、优化经济和环境。

　　为了达到上述目标，这本书的撰写采用了批判性分析，详尽解释了非洲国际关系、对外政策及外交的起源和发展。从最远古至今日，非洲国际关系、对外政策及外交深深根植于决定着非洲内外部环境的本质规律。

　　本书也研究探讨了对非洲对外政策和外交具有决定性影响的事件、史实、问题以及对于相关事件发展过程的描述。尽管"对外政策""外交"这两个术语用的是单数形式，但它们实际表示的含义应当是复数。所以每次提到"非洲对外政策（African foreign policy）"的时候，实际上是指非洲多重的对外政策。本书对此类区分及其他概念化的问题也作了探讨。

　　本书解读了千百年来，准确来说是从最远古时期到 21 世纪的非洲国际关系、外交及对外政策。作为一名制定和实施非洲对外政策的专家和从业人员，作为外交和涉外服务的管理人员，我相信本书上下两卷中涉及的细节对于那些热衷于非洲的读者大有裨益，尤其是使领馆工作人员、研究员、学生和老师等。

首先，《非洲对外政策与外交：从远古到 21 世纪》这本书阐释并深入分析了非洲经济发展、全球经济及非洲国际商务等与非洲相关的专业问题。本书提供的信息对于学习非洲相关专业、比较研究专业以及其他国际关系相关专业或是任何需要寻根溯源了解非洲从远古至今的国际关系、对外政策和外交的学生来说恰到好处。

《非洲对外政策与外交：从远古到 21 世纪》既是课本，又是工具书，能够为相关问题提供充足的背景知识，比如非洲面临的诸多挑战、问题及争议，亦包括妥善解决非洲当前遇到的多层次挑战等等问题。作为一名多年来讲授非洲国际关系、对外政策及外交的教授，我能够充分意识到搜集与上述问题相关的材料的重要性，而且材料需要尽量新、尽量准确。无论是本科生还是研究生，都需要相关研究领域的基础信息以及完成课业要求所需的材料；给他们提供相关信息来源，就是对他们最大的帮助。我希望本书能够满足他们的需求；书中的分析可以让读者们从政策制定者的角度出发，更好地理解非洲国际关系、对外政策及外交的起源、发展、成熟及应用阶段；本书也能帮助读者了解政策制定者惯用的方法和流程、政策制定者所扮演的角色以及相关非洲国际关系、对外政策及外交等决策实施后的结果。

非洲研究、比较研究以及国际关系研究几千年来经历了长久且显著的发展进程；从原始人阶段的原始交往、以家庭为单

3

位的互动关系，到非洲智人阶段的沟通交流、交涉、侵略、寻求和平，同时参与非洲内部以及非洲与其他各洲的交往。

其次，本书提供了大量与非洲有关的阅读文章及文献，有益于人们研究非洲，补充非洲研究特定领域内的相关背景及数据资料。这些材料清晰地说明了非洲各个历史时期面临的国际关系、对外政策、外交问题及其面临的种种挑战，同时也解释了非洲新千年将继续面临的问题。这些"非洲现状"的构成因素赋予了非洲大陆存在于全球体系内的合法性，尤其表现在国际政治安全、气候变化、全球变暖、全球化、国际法及其他诸多领域。本书也为对非洲事务感兴趣的个人及机构提供了便捷的查询指南，提供有用的相关信息。

在结束卷首语之际，我想强调以下几点：

·非洲不是国家或者州，而是地球上面积第二大的大陆，有着美丽的自然风光及丰富的物产。非洲本身是个巨大的悖论。举例来说，非洲自然及人口资源相当丰富，同时也是地球上最贫困的大陆。非洲是人类和文明的摇篮，但人们常常称其为充斥着野蛮人和原始人的"黑非洲"。非洲本身拥有两千多种语言和数不清的方言，但为了与人交流，不得不用法语、英语、葡萄牙语、阿拉伯语等外语。

·本人在大学及学院里教授非洲及比较研究遇到诸多困难和障碍，这也催生了本书的出现。这些问题就要求把非洲作为独立的研究领域，对其做全面分析。

·本书全面更新了现有的关于非洲国际关系、对外政策及外交方面的信息，并以此辅助研究未来数十年及将来非洲可能出现的新问题、新挑战。

　　·目前，需要以新视角来观察非洲国际关系，以及非洲对外政策、外交策略的制定及施行，让人们更好地认识非洲长久以来被人们忽视的那一面。这就需要完整详尽地描述非洲的史实，并借此给出塑造非洲历史的事件、问题等要素的公正、客观分析；论述非洲现状，以便说明非洲新千年在全球体系内作为次体系一员的成功；同时推动人们在非洲（全球第二大陆）研究领域内作出新的贡献。

致　谢

1

　　撰写这本书是一项艰巨的任务，若想成功必须付出难以想象的努力：本书论述的范围广，包括了浩如烟海的历史事件、问题及主题，这就要求对非洲这一领域有着深入、持久的研究及分析。很多人对我愿意并努力撰写一本全面研究非洲对外政策、外交和国际关系的书表现出积极态度，并给予大力支持，这对我是极大的鼓舞。有这样一批人在身边，我感到非常幸运。

　　首先，请允许我表达对普雷格出版社（Praeger Publishers）的衷心感谢，感谢你们同意出版本书。本书旨在描述非洲在国际舞台上作为一个行为体的相关知识作出一些建设性的贡献。当初，我为本书研究撰写提纲时，普雷格国际社会部（Praeger Security International）的蒂姆·弗尼什（Tim Furnish）给我提了不少相当中肯、有用的建议，我对他的指导深表感激。我还要感谢普雷格出版社主任安东尼·奇弗洛（Anthony Chiffolo）先生，他一直表示愿意协助确保本书的出版不会延误、不被耽搁。我还想衷心感谢普雷格国际社会部高级主编史蒂夫·卡特雷诺（Steve Catalano）先生，感谢他的理解、耐心

1

与灵活的工作方式。这对所有作者来说都是巨大的财富，能够不断激励他们写出好的作品。非洲幅员辽阔、历史复杂，悖论重重，这就要求用多种学术方法来正确分析和阐释。为此，在关于"非洲现状"任何方面做出结论之前，必须对相关问题深入研究，并采用批判性思维分析问题。

2   从撰写之初，我就意识到了本书涉及主题的复杂性和广博性。种种情况表明，撰写本书需要相当长的周期，但我下决心用尽可能短的时间来完成这项工作。这就意味着撰写工作必须井然有序，自始至终都要确保内容质量和工作效率。为此，我要特别感谢玛丽埃塔·C. 舍特女士（Marietha C. Shete），她从容不迫、专业博学，感谢她自始至终对我的帮助，感谢她教会我如何高效有序地完成这样的鸿篇巨著。

以上提到的诸位在本书撰写过程中都发挥了重要的作用，也帮助我达成了帮助人们研究非洲问题、引导人们研究"非洲现状"并为此提供辅助的目标。我衷心地期待，本书的研究能够激发非洲学家和其他人了解非洲的兴趣，并借此帮助非洲重现文明光彩，为全人类在新千年重新认识理解非洲做出贡献。这或许是把两卷书的内容转化为现实研究、解读并澄清"非洲现状"以及非洲大陆在全球范围内作为次体系的一员所发挥的作用的最好方式。

大陆地缘政治的非洲起源：
从古代到 18 世纪

第1章 非洲：自然顺序——领先世界

非洲作为研究领域

非洲是什么？它从何而来？为什么要研究非洲？研究非洲是否符合道义？人们对非洲往往存在一些严重的误解。比如：非洲是一个国家；吉布提（一个非洲共和国，译者注）位于内罗毕（肯尼亚首都，译者注）；乍得位于蒙罗维亚（利比里亚首都，译者注）；尼日尔位于尼日利亚。这些误解以及其他类似于此的错误不仅让人迷惑、带来争议，同时也让人恐慌——尤其当一个受过教育的应该对这些知识更了解的人也犯了此类错误时。

科技通过信息革命和国际信息通信技术（ICTs）使世界成为一个地球村，同时，整个世界也对非洲产生了普林尼主义的影响——"ex Africa semper aliquid novi"（非洲总会有新生事物出现）。盖乌斯·普林尼·塞孔都斯，世称老普林尼（与其养子小普林尼相区别），是一位罗马军官、作家、哲学家、自然学家、海洋专家、律师、自然历史学家以及百科全书编纂者。在那不勒斯湾，他成为著名的海军司令。由于声名卓著，甚至罗马皇帝维思帕西亚努斯（公元 9 ~ 79 年，于公元 69 ~ 79 年任罗马皇帝）也对他有所耳闻。

　　普林尼生于公元 23 年，他接受过良好的教育，并在后来出版了著名的拉丁语版的百科全书《自然史》（*Naturalis Historiae*）[1]。这部百科全书共 37 卷，其中 10 卷是公元 77 年左右由普林尼自行出版。这部巨著对自然和人造物体进行考察，并描述了诸多自然现象。普林尼对人类文明的这一巨大贡献得以保存——但也是他唯一遗留下的作品。

　　在《自然史》第 8 卷中，普林尼对陆地动物做了详细分析，包括：大象、蛇、狮子、骆驼、长颈鹿、鳄鱼、河马，狗、刺猬、奶牛、羊、狼等等。《自然史》的其他部分是由其侄子兼养子（其姐姐的儿子）盖乌斯·普林尼·采西里尤斯·塞孔都斯（约公元 62 ~ 115 年）编纂和出版。

　　老普林尼所著《自然史》是古罗马时代最具价值的书籍之一。正是在第 8 卷中，老普林尼写下了一句关于非洲的名言：非洲总有新生事物出现。时至今日，这仍不失为一句经典名言。对于那些决定非洲在世界上的地位的复杂因素，《自然史》旨在对其进行阐释和澄清。因此，通过观察非洲常常被人忽略的一面，有关非洲状况的分析不仅仅证实条条大道通非洲，同时还要证实，这些大道不得不——而且必须——通非洲，前提是存在公平的能够平衡非洲各方权益的做法。我们对于非洲的关注不能仅仅流于其消极层面，如腐败、原始文化、贫穷、劣政等等。非洲有的不仅仅是这些，它还有多彩的文化、美丽的自然风光以及丰富的资源，而这些却遭到欧洲的掠

4

夺长达数百年。还有一点值得一提，那就是非洲日益显著的进取精神及其带来的成就——非洲的社会团体以及其他善意的国际社区组织正在帮助非洲。消极与积极之间的平衡有助于我们更好地了解非洲，而并非仅仅看到这块大陆及其人民的黑暗面。

作为一位自然学家，老普林尼意识到非洲是罗马帝国西部省份的一部分，这里生活着大量的斑马、大象以及其他稀有的动物。非洲面临着诸多大事件——和野蛮人之间的战争、罗马帝国的入侵——同时，有关非洲的传闻纷纷。因此，要在短时间内理顺有关非洲的事务是不可能的。

非洲国际关系、非洲对外政策以及
非洲外交的形成根源

对于非洲国际关系（AIR）、非洲对外政策（AFP）以及非洲外交（AD），我们不能凭空而论。它们不仅是非洲国家相互之间联系的手段，同时也是非洲国家能够在国际舞台上与其他国外政治实体进行往来的工具。

因此，非常重要的一点是，我们不仅要指出非洲国际关系、非洲外交以及对外政策的起源和发展，同时还要阐明在过去的千百年里，非洲和非洲国家作为国际社会成员将上述三者作为重要原则时，这三者的本质及其作用，以及这些原则是如何影响非洲和非洲国家的行动、国家间的相互影响、对他国行动的反应、积极主动甚至不作为的。

5　　　非洲对外政策和非洲外交是本书的核心部分。但是，该研

究涵盖的范围却远远超出外交和对外政策的领域。这两大准则和非洲国际关系一起，成为非洲在国际舞台上得以平衡的三大支柱。在外界看来，它们呈三足鼎立之势，像屏障一般保护着非洲。为了寻求非洲以及其他国家——包括集体的和个别的——的共同利益，这三大准则必须处理好那些决定非洲国际地位的因素，这是一个颇具挑战性的艰巨任务。我们不能凭空研究或者探讨非洲国家的外交和对外政策，但是我们必须对非洲国家从最远古到当今的国际关系有一个全面的了解，以此为前提才能对其展开研究。

这就意味着非洲外交是非洲对外政策的实施者和执行者，是非洲国际关系的管理者。反过来，非洲对外政策是引导者，并促进非洲国家在国际关系中做出种种决定、展开期望、协调利益。这一观点要求我们以全盘式而非片段式的视角来审视非洲这个全球主权国家系统中的大陆和子系统，从而进一步审视其国际关系。

民主政治和外交：非洲对外政策、
国际关系和外交的基础

"民主""对外政策"以及"国际关系"的概念性定义有助于我们更好地理解非洲在国际舞台上的现状。目前而言，值得一提的是，非洲和西方国家在价值观上的差异之大堪比非洲国家的民主和外交在理论与实践之间的差异。一个人、一个国家或者一个大陆的价值观决定了这个大陆、国家和个人将会采取何种对外关系。即使当那些国家领导人决意违背本国的价

值体系时，这一点也同样适用。出于个人、独裁或者腐败原因而违反或中止国家宪法并不会导致国家的无政府状态。宪法可以被中止，但是这并不意味着国家没有法律条款或者章程作为基本法。

同样地，西方价值观中"一人一票"的民主形式并不意味着它本身优于非洲的民主形式。非洲的民主形式包括非洲社会主义（African Socialism）、乌班图（古代非洲班图语，意即"社团关爱精神"，是非洲的一种大同思想，传达社区感情或者兄弟情谊），或者亚罢拿（Amana，豪萨语，其含义包括：信念、信任和诚实，并将其视为社会经济事务中的必备元素），他们或者通过寻求与个人人权概念截然不同的民权，或者通过集体的方式解决饥荒、贫困与疾病、教育、能力建设等问题。总而言之，任何认为西方民主或者价值观优越于非洲民主价值体系的言论都是极其不合理的。

在传统的非洲社会，与国家或人民相关的决定（比如，人民与国家之间的关系）是极为重要的。例如，在一个村子中，一个儿童的教育问题是整个村子的责任，民权（如家庭或者宗族土地的集体权力）必须得到无条件遵从，对女性继承土地的禁止是无可争议的。

本研究的核心基本目标

值得注意的是，作为外交和对外政策的主体和目标，尽管国家也是重要的参与者，但国际法即万国公法，仅承认主权国家是国际法的首要主体，并赋予其国际法人资格。鉴于此，为了对非洲外交和非洲对外政策有一个全面的了解，我们必须将其置于整个非洲大陆的大环境下，从非洲的历史、改革进程、经济和经济学、环境和地理、人口和自然资源禀赋以及非洲自身的潜力、商业机遇、贸易和发展、社会生产以及社会和法律结构等视角出发去审视和评估非洲。作为非洲对外政策和外交的基础、根源以及决定性因素，以上提及的诸多要素要求我们必须将非洲对外政策和外交放在非洲大环境下进行考察。

　　本书的基本目标包括以下四个：首先，本书旨在罗列出非洲面临的且决定着非洲外交和对外政策的性质和作用的要素、问题和挑战。其次，本书旨在对有关非洲的事件、问题以及生活方式的信息、知识和批判性分析做一个全面的调查，并将其整理成两卷，以对这些方面进行广泛考察，并希望每一卷都能够为那些对非洲外交、对外政策和国际关系感兴趣的个人或机构提供帮助。这是一项关于非洲国际关系、政治、经济及相关问题的研究，同时，它也关系到全球体系，在这一体系中，非洲以国家集合体的形式参与其中，而这些国家是享有主权的政治单位，是国际法的主体。再次，本书力图考证出非洲国际关系、非洲外交以及对外政策的根源、基础和源头，并追诉其源头直至远古。有关地理、历史、政治、社会、文化、经济以及环境起源的诸多源头和背景的分析为非洲国际关系、非洲外交和对外政策提供了理论和现实来源。最后，本书的受众目标广泛，且收集了有关非洲的国内的、地区的以及全球性观点，可用于研究非洲国际关系、非洲外交和对外政策。

　　如果要深刻了解当代非洲国际关系、非洲外交和对外关系的本质及作用，就必须从历史的视角出发去审视，而历史的视角囊括了那些从古至今塑造了并将继续塑造非洲的事件和规则。关于这一点，非洲历程始于创世的传说，并经历了形成、发展以及人类居住的阶段；非洲人口的演进及其文化、习俗、传统、文明以及他们的经济、商业、政治和法律秩序；政府、管理、民主、民主化的雏形以及公平和人性尊严的基础，即非洲社会及机构（包括国家机构和私人机构）的发展；非洲国家内部及国家之间行为规范和互动准则的国际化。

这些结构要求得到保护、促进、影射、发布、宣传，以此捍卫非洲个体及集体的形象、主权国家及其团体以及其他被授权处理这些问题的法律人的利益，从而寻得解决问题的持久方案。这就是非洲——以及其他任何——国际关系、对外政策和外交所涵盖的一切。

非洲的国际地位

非洲在诸多方面都是世界第一。她是第一个人类的摇篮，为人属动物提供了栖息地。非洲是唯一一块有人类居住超过500万年的大陆。非洲人最早发现并使用技术、最早使用政府管理（集体性质的）；最早的国家诞生于非洲，公元前3100年，埃及建立了世界上第一个城邦国家：古王国。2000多种语言和无数的方言使非洲大陆拥有了全球最丰富多彩的语言、文化和历史遗产。

非洲是全球人口增长最快、人口密度最小的大陆，其境内的撒哈拉沙漠是世界上最大的沙漠。非洲处于最孤立、最不引人注意的边缘化状态，同时她也是历史上遭受劫掠最严重的大陆。

由于战乱频繁、冲突不断，加之内战以及政府腐败，非洲成为问题最多的大陆。同时，由于其内部 53 个国家组成了 54 个主权单位，非洲也是世界上分裂最严重的大陆（目前摩洛哥仍声称对阿拉伯撒哈拉民主共和国（SADR）拥有主权，但 1982 年 8 月于内罗毕召开的非洲统一组织（OAU）峰会承认其为独立主权国家。因此，在非洲内部共有 54 个主权国家，但外界并未承认阿拉伯撒哈拉民主共和国的主权国家地位。因此，国际社会认为非洲共有 53 个国家，即 53 个联合国成员）。非洲是世界上最贫穷国家，或者称最不发达国家（LDCs）最多的大陆——全球 50 个最不发达国家中非洲常年占有 34 个。

8

非洲是世界上热带区域面积最大的国家，但也是唯一一个自公元 2000 年以来农业生产和生产力逐年下降的大陆。

在很多重要领域，非洲也占据着第二的位置。她是面积第二大、气候第二干旱以及人口第二多的大陆。尽管非洲人口数量次于亚洲（中国人口约为 13 亿，预计 2008 年 7 月达到 1 330 044 544 人；印度人口约为 11 亿，预计 2008 年 7 月达到 1 147 995 904 人），但到 2008 年，其人口预计将达到 952 777 000 人，2009 年时达到 10 亿[2]。

非洲是国际体系下的子体系。在本章的论述中，非洲的国际地位并不特指其在国际社会中的权力政治。此处的"地位"主要指非洲作为国际社会的一员，她的地缘政治、文化、政治、社会、历史及其他方方面面，而并非指她在国际政治中的权力。

非洲 54 个国家内部由于文化集团之间的政治厌弃，进而导致非洲大陆无休止的冲突、战争以及内战。数年来，尽管并无过错，但非洲仍然遭受了诸多不公平待遇。例如，非洲儿童遭到逮捕，并被当做物品贩卖，成为奴隶。他们成为最糟糕、最灭绝人性的奴隶贸易的牺牲品。就其本身而论，无辜的非洲已成为欧洲负担的承担者。由于其廉价甚至免费的劳动力，非洲遭到肆意的掠夺和剥削。她的自然资源被剥夺殆尽，不管是矿产，如钻石、金矿和铜矿，还是农业作物和商品——所谓的经济作物——包括可可、咖啡、棉花、象牙、茶叶、糖、除虫菊、橡胶、剑麻、菠萝和香蕉。同时，欧洲还对非洲实施殖民政策，进行殖民压迫，改变和剥夺非洲的精神、灵魂和非洲人民，以牺牲其自身以及非洲价值观为代价将非洲变为西欧价值观的附属品。

非洲的命运使其在全球占据了举足轻重的地位。她为世界——尤其是欧洲和美洲——做出了巨大贡献。尽管多次为世界做出各种贡献，但是她却并没有获得相应的经济、贸易以及金融回报，尤其是没有得到西方国家的回馈。

9　　因此，资源外流（主要流向欧洲），政府腐败，各国领导人、政府以及某些国际机构如西方国家的银行对非洲的掠夺，极大地加剧了非洲的贫困。

因此，从古至今，非洲的国际地位就是一个巨大的悖论——既是第一，又是最后，大量的贫困人口、连年遭受掠夺和剥削；文化、文明多姿多彩，却被视为原始愚昧；本是人类的摇篮，却被命名为黑暗大陆；尽管富饶却在暴殄天物；建立了世界上第一个城邦国家，却成为劣政和腐败滋生的大陆；本身并无错，却要遭受殖民和奴役。诸如此类的对比不胜枚

举。由于巨大的文化植入、贫困、愚昧、教育水平低下、疾病
丛生以及所有这些困境的负面属性，使得非洲在国际社会上呈
现出一派凄惨的形象。由于非洲的殖民化以及西欧国家在非洲
留下的殖民遗产，语音系统（即法语、英语、葡萄牙语和阿
拉伯语在前殖民时期语言结构的使用）在非洲建立起来，并
且在殖民统治结束 124 年后，这一体系所塑造的生活和工作环
境仍然困扰着非洲和非洲人民。

　　因此，非洲可能是孤立的、边缘化的；她遭受掠夺和剥
削，承受着沉重的负担；她忍受了新殖民主义、腐败和劣政；
她可能还会继续遭受殖民主义带来的其他灾难——冲突，经济
和社会文化的贫乏、环境恶化、自然灾害、传染性疾病、贫
穷、疾病以及蒙昧。然而，我们再也不能忽视非洲。因此，在
接下来的十年甚至更长时间内，非洲将继续以强大的经济、贸
易和政治强国的姿态出现在国际视野中。或许这需要很长时间
才能实现，但总会实现的。故而非洲的国际地位不容忽视。一
旦非洲的悖论得以解决，她的财富能够造福于自己的人民，她
将会比以往更加重要。那时，非洲将会产生巨大影响。这只是
时间问题。

非洲和创造的进程：宇宙的创造还是进化

　　关于宇宙的形成以及人类的起源，人类提出了大量的辩
论、理论甚至学说。这些讨论往往颇有争议，但是两个主流学
派渐渐形成：创造论和进化论。接下来的分析将会对这些辩论
加以阐释。

神创论

有人认为宇宙的年龄大约为 140 亿年。世界是如何形成的？谁创造了世界？两个流派对此进行了研究。根据其中一个流派的看法，宇宙是由超自然生物创造的。

《圣经·创世纪》解释了上帝如何在六天之内创造世间万物，并在第七天安息。根据这一故事，上帝在第一天创造了天和地。世界本是空虚混沌的蛮荒之地，根据上帝的旨意，光照到了地球上。后面几天，上帝创造了光，创造了天空，创造了水以及称之为"地球"的陆地，众水聚集之处成为海洋，地上生长出瓜果蔬菜树木，水中和陆地上也有了各种生物。

在第六天，上帝按照自己的形象创造了人类，赐福给他们并让他们成为万物之灵。第七天，上帝歇工休息[3]。

因此，按照神创论，宇宙包括天空和陆地。通常，"宇宙"可以与"世界"互换使用。同样，"陆地"也可以与"世界"和"宇宙"通用。这三个术语的共同特点在于，据说这三个物体都是由超自然生物创造的。

宇宙进化论、大爆炸理论、大陆泛神论

大爆炸理论是一个宇宙论假说，认为宇宙起源于约 200 亿年前的剧烈爆炸，而爆炸物是一个密度极大、温度极高的小小的点源。但一些科学家认为宇宙起源于 140 亿年前。这一宇宙学模型得到了科学依据和观察的支持。术语"大爆炸理论"通常认为宇宙由在过去一个确定的时刻的原始爆炸扩张而来，并且时至今日它还在扩张。大爆炸理论由比利时物理学家及天主教神父乔治·勒梅特（Georges Lemaitre，1894～1966 年）提出，他将其称为原始原子假说[4]。原始原子假说的模型建立在阿尔伯特·爱因斯坦（1879～1955年）的广义相对论基础上——这一理论由俄罗斯宇宙学家及数学家亚历山大·弗里曼（Alexander Friedman，1888～1925年）建立，它论述了宇宙的大体进化过程。然而，"大爆炸"这一表达是由弗雷德·霍伊尔（Fred Hoyle，1915～2001年）造出的。霍伊尔本人对这一理论并不赞同，在1949年的无线广播中，他提出这一术语表示对其嘲弄。宇宙结构观察和理论探讨推动了这一理论的发展。1912～1950年间，人们对大爆炸理论进行了研究和测验。大爆炸成为宇宙的起源，并推算出其大概年龄在136.1～138.5亿年之间。

根据这一观点，可知的科学的、考古的以及其他证据表明，部分科学家、自然学家和气象学家称在两亿年（包括两亿年）前的宇宙是泛大陆，就是说所有的陆地或者说地球是一个大陆块，在过去的千年期中进化成地球上一个独立的超级大陆。

德国科学家及气象学家阿尔弗雷德·魏格纳（Alfred Wegener，1880～1930年）的假说对此进行了简单地阐释，认为泛大陆是一块超级大陆，包括一个形成于约5.7～5.1亿年前的一个独立的、面积巨大的大陆块。大约在两亿年前，大陆的结构开始发生变化并分裂。几百万年过去了，陆地发生了漂移。魏格纳意识到对面的大陆上可能存在相同的化石，这一想法促进了板块构造学说的形成，这一学说假设地球深处的运动引起了板块在亿万年间的漂移和分裂。1.8～2亿年前，板块漂移达到最剧烈的阶段，并形成了新的大洋，就是位于北美洲东部及今天的非洲西北部之间的大西洋。

11

一亿年前，超级大陆分成两大部分。一部分是北半球的
"劳亚"古大陆，位于赤道以北；另一部分是南半球的"冈瓦
纳"古大陆，位于赤道以南。事实上，在后来漫长的进化过
程中，其他大陆正是依附这两部分大陆块出现的。劳亚古大陆
又叫做"劳伦"古大陆，包括今天的北美洲和欧亚大陆。而
欧亚大陆包括波罗的海和西伯利亚、哈萨克斯坦以及华北和华
东克拉通，但不包括印度和阿拉伯半岛。6000万年前，欧洲
从格陵兰岛分裂出来。

12

冈瓦纳古大陆并无其他名字，但它的基石是今天的非洲，
也是其主要大陆块。冈瓦纳包括非洲地区和今天的南美洲、南
极洲、马达加斯加岛、澳大利亚及印度。随着大陆板块的漂
移，冈瓦纳的大陆板块与非洲分裂开来，并形成了南美洲、南
极洲、马达加斯加岛、印度次大陆、澳大利亚和新几内亚等
等。这就好像当敌人——也就是大陆漂移——出现并让孩子们
惊恐不已时，他们纷纷抛弃自己的母亲——大陆之母。除了脱
离母亲、再谋生路，他们别无选择！因此，在漫长的进化过程
中，非洲都是泛大陆的一部分。非洲曾经是也仍然是南部大陆
块——冈瓦纳大陆的一部分，但是大陆漂移使得冈瓦纳的其他
部分与非洲分裂：这些部分也就是后来的亚洲/印度次大陆、
澳大利亚、以及非洲其他的"弃子"。从大陆的形成之初，非
洲就是大陆之母。

"冈瓦纳"得名于印度中北部的冈瓦纳地区。"冈瓦纳"
来源于梵文，此前，贡德人曾定居于此，"冈瓦纳"意即"贡
德人的森林"。科学家和气象学家认为"冈瓦纳"这一名字与
经历了数亿年的地球进化过程非常契合[5]。

包括非洲在内的进化过程产生了巨大的影响。这其中包括发生于公元前 35000 ~ 8000 年的意义深远的进化，它带来了一系列巨大的变化，并改变了人类。这一改变在两个领域内尤其引人注意：气候和人类环境，尤其是在文化方面。其他显著变化还包括非洲北部气温下降、气候变得寒冷，使得次区域变得干旱。气候上的变化催生了撒哈拉沙漠以及非洲地区其他沙漠，包括喀拉哈里沙漠。撒哈拉沙漠形成于 7000 年前，将非洲分成了两部分——北非和撒哈拉以南的非洲，从而使非洲面貌发生了新的变化。

在有关宇宙形成的文本中必须对非洲大陆——世界上第二大大陆——的出现有所描述。既然如此，非洲就其本身而言是第一个有人类社会栖息的大陆。在接下来的千年期中，非洲发生了广泛甚至可以说是剧烈的变化，并以前所未有的多维的方式重新塑造了非洲。自然、气候、人类、环境、社会和政治、历史、种族、语言以及其他方方面面都发生了变化，这些将会在本书中得到阐释。如前所述，这些变化之一是由世界上最大的沙漠——撒哈拉沙漠——的出现引起的。

创始论与进化论

根据《创世纪》，上帝在第六天按照自己的形象创造了人类，并说"地要生出活物来，各从其类；牲畜、昆虫、野兽，各从其类"，这一描述进一步肯定了上帝"创造地球上的一切生物：地上的牲畜、野兽和爬虫。"然后，第七天时，他歇了一切工，安息了。

对创世纪富有争议的解释由来已久并且将会继续存在。 13
1859 年，英国自然学家查尔斯·达尔文在其著作《物种起源》⁶ 一书中提出了进化论（有时也被称为达尔文主义），那么这一主义是如何与神创论实现和谐一致的呢？如果人类和类人猿（猩猩、大猩猩、黑猩猩）的祖先确实是同一个——这一问题在下一章中将会有所涉及——如果这两个物种在 600 万年前分开，那么，我们该如何理解神创论？人类在没有经过特殊创造的前提下是如何由动物类进化而来的？又如何根据上帝的外形和形象被创造出来的？如果最早的人类亚当和夏娃经历了漫长的进化过程从类人猿进化而来，那么又怎么能说他们是由上帝创造的呢？

　　不管是合理的还是科学性的，仅有辩论是不能也不会解决宇宙的形成以及人类的出现这类谜题的。由于神圣力量和超自然生物的存在超出了人类在认知上的理解，导致了推理和信仰之间无法避免的冲突。因此，我们不妨设定一个虚静（指对未来发展没有既定的想法），圆圈 O 越小，对人类推理越有利；反之，圆圈 O 越大，那么位于圈外的代表无知的空间就越复杂。

　　然而，当信仰和推理发生碰撞时，往往前者压倒后者。因此，如果进化论坚持人类是由自然变化进化而来，那么它将会变得荒谬不堪。更重要的是，进化论和创始论未必背道而驰。它们可以——也确实——相互补充。如果点燃大爆炸理论的火焰也推动了超自然生物的理论，那又该如何呢？因此，如果人类和原人，或者说"近似人"——用四肢走路、毛发旺盛、有着与人类相似的面部、四肢、眼睛以及头部特征但只有 4 英尺 6 英寸高——在大约 1000 万年前进化成用双足行走的人类，那么，神创论和进化论之间的矛盾便不复存在。

本书作者信奉的思想流派之一就是呼吁人们关注常识并支持将信仰作为解决上述复杂而痴心妄想辩论的最好方案。

因此，出于实际考虑，不管一个人是相信科学的进化论，相信宇宙由大爆炸形成——因宇宙突变而出现，还是相信宇宙是神的意志并由神所创造。有一点是不证自明的：大陆块以及其他形式的物体是存在的。这些形式经过缓慢而稳定的变化，分离成小的物体并最终形成我们所知的大陆、水、陆地以及栖息在其中的生物。显然，人类推理无法全面而权威地理解和阐明超自然生物的决定、愿望以及规则。因此，关于超自然，我们只能依靠信仰而非逻辑推理来解释。如果是这样的话，宇宙的体积如此之大，不可能是偶然形成的，神的意志肯定推动了它的形成。因此，符合逻辑的结论就是：上帝创造了宇宙，而数百万年后，宇宙——也就是地球，以及地球上的生物进化成了今天的样子。

14

非洲的命名

公元前 1200 ~ 145 年间，外敌入侵非洲大陆，此前，并无证据表明这块大陆有一个笼统的名字。

公元前 1200 ~ 800 年：腓尼基人

公元前 1200 ~ 800 年，非洲大陆第一次遭到外敌入侵。腓尼基人是闪米特人，大概来自于今天的黎巴嫩地区。他们与柏柏尔人——北非原住民族——做斗争并将其征服。他们在商业贸易方面非常出色，他们入侵北非并沿地中海定居下来。他们是古代迦太基城的征服者，公元前 814 年，迦太基城建立之时，腓尼基人就将其攻占。公元前800年，他们建立起紧密的商业联系，使迦太基成为地中海沿岸极其富裕的城邦国家以及欣欣向荣的商业中心，即今天的突尼斯。

迦太基，意即"新的城市"，由于某些原因而日益为外国人所熟知，其中一个原因就在于与欧洲和中东相临近——在这段时期内，欧洲和中东在其形成之初成为开化之地。这对广阔的非洲大陆而言是一次与外界的历史性接触。迦太基成为地中海地区的商业中心，并吸引了来自北非、欧洲、近东地区（包括埃及以及中东的美索不达米亚平原）的商人。迦太基位于今突尼斯地区。公元前1100年，腓尼基人在北非地区建立了包括尤蒂卡在内的其他城市。

后来，在汉尼拔的领导下，迦太基人奋起反抗罗马人。汉尼拔曾带领一支有着38头大象的军队打败了罗马人，他深入意大利北部，后来败北并被捕。汉尼拔可能是有史以来在军事战术方面最具天赋的军人，他在罗马监狱中选择自杀而拒绝接受罗马人的审问。公元前四世纪时，凭借其殖民统治，迦太基成为非洲大西洋沿岸举足轻重的城邦国家。

15   公元前631～公元146年：希腊人

随着历史前进，文明转向城邦体系发达（后面将会提到）的希腊。希腊人对殖民统治产生兴趣并于公元前631年在北非建立了殖民地，开始了对腓尼基人的殖民统治。希腊人在北非建立的首批殖民地位于今天的利比亚。公元前631年，希腊人在利比亚昔兰尼市（即后来的昔兰尼加）定居，昔兰尼市后来成为繁荣的殖民地以及重要的商业中心。就此，希腊文明传播到的黎波里以及的黎波里塔尼亚地区。约公元前334年，马其顿国王亚历山大大帝（公元前 356～323 年）决定远征北非，他的军队所到之处远达埃及。公元前 332 年，他以自己的名字命名建立了亚历山大港（埃及港市）。亚历山大港成为古代北非欣欣向荣的商业中心，并成为希腊罗马时期的重要城市。如同当年的迦太基，亚历山大港成为商业贸易中心以及教育、科技发达的学习中心，其重要性可见一般。

希腊人认为世界的尽头是阿比西尼亚——远在很多国家形成之前，古老的国家阿比西尼亚就已经在非洲首先取得独立（公元前 982 年）。根据希腊人的记载，已知的世界范围不可能超越阿比西尼亚，伟大的希腊史学家埃斯库罗斯将其描述为已知世界的尽头。

根据埃斯库罗斯的记载，埃塞俄比亚是"面部黝黑的民族的聚居地"。在希腊语中，"埃塞俄（ethio）"是"晒黑"的意思，而"比亚（pia）"即"面部"的意思。今天的苏丹在古代曾是非洲城邦国家的工厂之一。与撒哈拉沙漠以南地区毗邻的苏丹地带如腰带一般从非洲大陆东部绵延至西部，将苏丹与大陆西部联系起来。这份联系持续了数个世纪，直到公元 1 世纪基督教在其全球化过程中传播至非洲以及公元 7 世纪时伊斯兰教传播到非洲，这份联系依然维系着。贸易联系及随之而来的商业活动将众多外国人吸引至广阔的非洲大陆的北部、东部和西部。阿拉伯人带来他们的文化、语言和宗教，这种变化在北非地区尤为明显。中世纪时，阿拉伯人将今天的突尼斯命名为"Ifrikia"。自此，苏丹成为并一直是伊斯兰国家。文化冲突不可避免，时至今日依然存在。目前，苏丹共有 597 个部落、400 多种方言，阿拉伯语和英语是其官方语言。

以下重要事件标志着希腊在非洲的殖民统治：

- 希腊人在北非的瑙克拉提斯（Naucratis）建立了一个贸易殖民地，距后来的亚历山大港 50 英里。
- 希腊人在利比亚的昔兰尼卡建立起殖民统治，此后不久，埃及法老阿玛西斯（Amasis，公元前 570～526 年）统治整个埃及。
- 公元前 513 年时，希腊人试图在昔兰尼（即昔兰尼卡）与迦太基之间建立殖民地，但失败并在两年后被驱逐出境。

公元前 146～公元 476 年：罗马人

罗马人攻取迦太基后，非洲马格里布地区成为罗马帝国西部省份的重要部分。罗马帝国西部省份疆域辽阔。马格里布地区包括今天的突尼斯和迦太基、阿尔及利亚、摩洛哥、西撒哈拉、利比亚（当时包括的黎波里塔尼亚和昔兰尼卡在内）、埃及（埃古普托斯）以及毛里塔尼亚。

公元前 150～146 年间，迦太基与罗马帝国爆发了三次布匿战争。战争初期，非洲将领汉尼拔（公元前 247～184 年）赢得战争胜利。在罗马人征服迦太基之前，汉尼拔率领携带战象的 1 万迦太基士兵进军意大利北部，罗马士兵恐慌不已并被汉尼拔打败。作为有史以来最出色的军事战略家，汉尼拔的能力足够领导迦太基的军队和象群。

罗马人和迦太基之间的第三次也就是最后一次布匿战争异常激烈。公元前 146 年，罗马帝国皇帝屋大维发动战争、重组军队，打败了迦太基人，就此征服迦太基。攻占迦太基后，罗马人将汉尼拔流放，并彻底摧毁了迦太基城。罗马人在迦太基进行殖民统治时，汉尼拔自杀身亡。此后，迦太基成为罗马帝国西部省份在非洲的行省。随后，罗马人在北非进行了更大范围的扩张——将今天的加纳、毛里塔尼亚、摩洛哥、利比亚、阿尔及利亚、西撒哈拉以及埃及通通囊括到罗马帝国的版图之下。这些国家组成了马格里布地区，并成为罗马帝国最富饶的地区之一。

　　公元 5 世纪时，奥多亚瑟打败并罢黜了罗马帝国皇帝罗慕路斯·奥古斯都，西罗马帝国衰落。几百年来，帝国不断遭受日耳曼民族（其军队被罗马人称为"野蛮人"）的侵扰，国力日益衰退并就此陷落。日耳曼部落来自于欧洲西北部，包括匈奴人、诺斯曼人、哥特人、朱特人（丹麦人）以及阿特人（包括瑞典人、盎格鲁人和撒克逊人）等等。他们在古代晚期和中世纪早期迁移至此，并造就了伟大的日耳曼民族的语言，这些语言后来在罗马周边国家（奥地利、德国、荷兰、比利时和英格兰）成为主导语言。他们的后代包括德国人、英国人、丹麦人、挪威人、冰岛人、卢森堡人、瑞典的芬兰人、爱沙尼亚人、瑞典人、列支敦士登人以及瑞士德国人。日耳曼部落的人蓄着络腮胡子，而在拉丁语中，"barba"（野蛮人）意即"络腮胡子"，因此，野蛮人也就是蓄着络腮胡子的人，在罗马人看来，他们野蛮落后，粗鲁无礼。日耳曼民族强悍而粗野，穿着兽皮和粗亚麻。罗马人视他们为野蛮人和原始人。他们是手持长矛、棍棒和盾牌的侵略者，他们摧毁了罗马人的文明、礼仪和商业贸易，他们不可能成为文明人。

17

罗马帝国衰落之时已经在其所占领的土地上留下了自己的烙印。罗马人将非洲大陆——曾经是罗马帝国西部省份的行省——命名为"非洲",如此命名的最主要原因可能在于这块大陆是多种文化和民族数世纪影响的产物,而罗马人的影响当属最为深远。

为何命名"非洲"

关于"非洲"这一命名的真实出处,历史记载众说纷纭。根据某些记载,"非洲"这一表达起源于腓尼基语"afar",意即"dust"(尘土),罗马人曲解其为"afer",并称呼其居民为"Afridi"("Afridi"为罗马语"afer"的复数)。Afridi人极有可能是北非迦太基周围柏柏尔人的族裔。

"Africa"也有可能来自希腊单词"phrike",意为寒冷,也包含了恐惧的意义。加上一个否定前缀,"phrike"成为"a-phrike",意即没有寒冷和恐惧之地。然而,"aprica"也是一个拉丁语形容词,表示"sunny"(阳光充足的)。诚然,这块大陆不仅仅有来自撒哈拉沙漠的尘土,也有充足的阳光。因此,罗马人以"aprica"命名非洲实在不足为奇。

但是,不管其名字出自何处,由于罗马人曾统治过非洲行省——今突尼斯的迦太基城,因此,欧洲人开始使用"Africa"一词。古代罗马人在创造出"非洲"一词时,最初是指北非地区,但是随着时间推移,这一词汇开始适用于整个非洲大陆。在遭到外国人、商人以及帝国领导者入侵之前,非洲鲜为人知。北非成为欧洲和非洲之间的文化孤岛,一方面由于撒哈拉沙漠的出现，另一方面则在于文化传播、殖民统治、商业贸易、语言、宗教以及其他必要事物的出现，它们本身具有多样性并将北非与文化和贸易的方方面面联系起来，而这些，对撒哈拉南部非洲而言是陌生的。最终，非洲大陆缺少一条能够为它带来身份认同感的共同纽带，因此，外界眼中的非洲不只有一个名字。

　　贸易、思想、宗教以及基本的求知欲的全球化将外国人带到这片大陆上，其中就包括罗马人，在亚历山大大帝的希腊帝国衰落后，他们再次建立起一个伟大的帝国。由于当时的人们用各种表达来描述非洲多种多样的环境，同时，人们意识到这块大陆比他们当时所知的"从地中海延伸到阿比西尼亚"的世界要大得多，因此，非洲大陆必须有一个通用的名字。而伊斯兰国家在非洲的命名过程中发挥了巨大作用。

　　不仅阿拉伯人将突尼斯的部分地区称为"Ifrikia"——尤其在中世纪时，他们对非洲的了解进一步加深。例如，他们依靠驼队和马队横穿撒哈拉沙漠，进行种种合法以及非法的贸易（例如奴隶贸易），足迹遍布非洲的西部、北部和东部，并深入大陆的内部地区。中世纪时，阿拉伯人将今天的苏丹命名为"Bilad-al-Sudan"，意为"黑人之地"。阿拉伯人还将非洲西部一个富裕国家命名为"加纳"，他们带来金子与当地人交换其他贵重物品。

　　如同希腊人为阿比西尼亚创造的名字一般，"Bilad-al-Sudan"这个名字仅适用于苏丹这个国家，而无法适用于整个非洲。但是"黑人之地""黑脸人之地""远离寒冷与恐惧之地""热带地区""阳光之地""尘土与阳光之地"等等，所

有这些称呼都适用于这片大陆，因此，罗马人决定将其称为
"Terra Africa"，即"非洲大地"。

另外，值得一提的是，非洲大陆分为五个区域——这一做
法可能源于罗马帝国西部省份的体系，其区域划分组成了整个
北非，形成了马格里布的版图，包括：毛里塔尼亚、利比亚、
西撒哈拉、摩洛哥、突尼斯、阿尔及利亚以及埃及。在这些领
土之上，居住着的部落包括 Afridi——一个柏柏儿人部落。柏
柏儿人、贝都因人以及北非的其他部落开始融入到欧洲、地中
海以及阿拉伯国家的文化中。

因此，直到罗马人征服迦太基并将北非囊括到罗马帝国的
管辖之下，非洲大陆才有了"非洲"这个名字。今天，非洲
不仅仅是一个地区，更是民族、天赋、地理、地形、文化和文
明、地缘政治、悖论、自然风光、经济、机构以及管理着组成
非洲大陆众多国家的各国政府。非洲就是标榜非洲以及非洲人
民的一切。如果今日的非洲想要走向成功，那么就必须由非洲
人民自己统治！

对非洲及其环境的概念性理解

所谓环境，就是我们周身的一切——土地、空气、水、植
物、动物以及栖息在它们内部的一切微生物。人类是环境的中
心。因此，环境带来的挑战就在于人类能否保护好它并防止它
的恶化，从而使其价值能够为当代人以及后代人所利用。就这
个层面而言，"环境"基本上是指物理环境——不同于无形的
环境概念，如政治环境和全球气候，这是一个实实在在的有形

的概念。

但是，地理是关于人类栖息地的研究，它的物理性质、地形、自然特点、气候、资源、人口以及相关数据构成了一个巨大的科学研究领域。所有这些物理特性以及相关特点可以用一个概念来总结：地理。

非洲的物理区域与经济区

为了深入了解非洲的物理环境，有必要将非洲大陆划分为物理和政治/经济区域。在这一认知基础上，很明显可以知道，在非洲获得政治独立早期，非洲国家领导人在首脑会议上筹划出将非洲进行政治/经济区域划分的方案。因此，出于实际考虑，各国首脑同意将非洲划为五大政治区域：北非、南非、西非、东非和中非。为了避免南非与南非共和国之间的混淆，南非又被称为非洲南部。同样，由于东非的命名多种多样，"东非"通常指非洲东部，其区域面积要大于狭义上的对东非次区域的传统定义。最初，非洲东部包括肯尼亚、乌干达、坦噶尼喀（1964 年，坦噶尼喀和桑吉巴结为政治联盟，成为统一的坦桑尼亚）。

出于实际考虑，这五个政治区域也同样作为非洲的五大经济区。以下是非洲的五大物理/地理区域：

1. 热带，这一区域以其大草原和葱葱郁郁的平原而闻名，位于回归线和摩羯宫之间，拥有非洲大陆最多的人口，占据了非洲三分之二的土地。

2. 干旱以及半干旱（ASALs），此区域主要是非洲的干草原。

3. 高地（高原），次于滨海平原，是撒哈拉南部非洲的主要地形，其中分布着诸多不可通航的河流。此区域内没有海滩，只有湍急的河流从非洲大陆内部沿海岸地区注入海洋，这些高原一定程度上说明了为何在如此长的历史时期内非洲大陆都是一块不为人知的黑暗大陆。非洲大陆的高地，加之沙漠的阻挡（包括撒哈拉沙漠、卡拉哈里沙漠、纳米布沙漠以及其他沙漠）、热带疾病、自然灾害以及包括恰卡·祖鲁在内的非洲勇士的对外敌意和非洲南部强大的传奇国王祖鲁，进一步强化了非洲大陆的孤立。

4. 雨林，即非洲的热带丛林，从大西洋一直绵延至赤道地区。

5. 沙漠，尤其是撒哈拉沙漠，其面积堪比美国国土面积，是世界上最大的沙漠，其他沙漠还包括卡拉哈里沙漠。

7000 年前，即公元前 5000 年，由于剧烈的气候变化，导致了撒哈拉沙漠的形成。撒哈拉沙漠将非洲大陆划分为北非和撒哈拉南部非洲两大部分，并结束了非洲人传统的生活方式——游牧生活，因此，可以说撒哈拉沙漠是非洲新纪元的里程碑。这些游牧民族不得不永久定居并开始一种新的生活，新的生活方式使得文明的起源和发展成为必须，而在这些文明的沐浴下，产生了伟大的文化和国家，并在此后数个世纪蓬勃发展。

撒哈拉沙漠覆盖了非洲三分之一的土地，其面积约为 350 万平方英里（906.5 万平方公里）。其地貌是呈螺旋状的平原，沙丘起伏，沙海遍布。卡拉哈里沙漠是非洲第二大沙漠，面积约为 10 万平方英里（25.9 万平方公里），覆盖了博茨瓦纳共和国大部分国土、南非西南部以及纳米比亚西部。纳米比亚境内还有一个纳米布沙漠。非洲大陆其他的地区性沙漠包括利比亚沙漠、努比亚沙漠以及埃及的西部沙漠。

面积广阔的撒赫尔位于不断扩大的撒哈拉沙漠的南缘，完全覆盖了非洲中北部。撒赫尔位于北部干旱地区以及南部热带地区之间。许多世纪以前，剧烈的火山爆发造成了一系列的地质断层，形成了东非大裂谷，其最高点位于今天的埃塞俄比亚高原。

非洲主要有以下山脉：

1. 阿特拉斯山脉，最高峰土白克尔峰高 13 671 英尺。阿特拉斯山脉从地中海沿岸的摩洛哥西南部绵延至突尼斯东端，其山系包括三部分：高阿特拉斯山、中阿特拉斯山、沿海阿特拉斯山。

2. 鲁文佐里山脉，位于乌干达和刚果（金）两国边界上，高约 16 000 英尺。

3. 埃尔贡山，位于肯尼亚西部，高约 14 178 英尺。

4. 肯尼亚山，非洲第二大高峰，高约 17 057 英尺。

5. 乞力马扎罗山，位于坦桑尼亚，非洲第一高峰，高 19 340 英尺（此为官方数据，实际高度为 19 332 英尺）。

东非大裂谷内分布着几大湖泊，包括位于肯尼亚的纳库鲁湖、奈瓦沙湖、埃尔门特塔湖、巴林戈湖以及图尔卡纳湖。艾

21

尔伯特湖位于乌干达，而维多利亚湖（英国殖民时期称为
Lake Nyanza）则为乌干达、坦桑尼亚和肯尼亚三国所共有。
维多利亚湖是世界上最大的湖泊。乍得湖位于非洲中部。

非洲境内河流星罗棋布，其中不乏大河，包括：

1. 尼罗河，水源来自维多利亚湖，是世界上最长的
河流，长度约为 4160 英里（6693 千米），从非洲西南部
的高地向北注入地中海。

2. 刚果河（也称扎伊尔河），长 2900 英里（4666 千
米），是非洲第二长以及流域面积最广（140 万平方英里，
约 360 万平方公里）的河流。刚果河流经刚果（金）、安
哥拉、喀麦隆以及中非共和国。

3. 尼日尔河，长 2600 英尺（4183 千米），非洲第三
大长河。尼日尔河是非洲西部的主要河流，其源头位于几
内亚西南部的几内亚高原，流经马里、尼日尔、贝宁
（边界地区）以及尼日利亚。尼日尔河三角洲源头位于尼
日利亚，注入几内亚湾。尼日尔河的长度仅次于尼罗河和
刚果河。贝努埃河是尼日尔河的主要支流。

4. 赞比西河，长 1700 英尺（2735 千米），是非洲第
四长、流域面积第四大的河流。赞比西河发源于临近安哥
拉和刚果边界的赞比亚，流经安哥拉、纳米比亚、博茨瓦
纳和津巴布韦，在莫桑比克东海岸注入印度洋。葡萄牙探
险者达伽马于 1498 年在赞比西河河口停泊，成为第一个
抵达赞比西河的欧洲人。

5. 林波波河，流经非洲中南部，向东注入印度洋，

长 1100 英里（1770 千米），其长度次于赞比西河，是非
洲第五长河流，但其流域面积居于非洲第二。林波波河东
南侧是南非，西北侧是博茨瓦纳，而北侧是津巴布韦。英
国小说家鲁德亚德·吉卜林曾著有《原来如此》故事集，
在短篇小说《大象之子》中，吉卜林将林波波河赋予永
生，称其为"伟大的灰绿色的富饶的林波波河"[7]。

　　6. 恩佐亚河，位于肯尼亚，长 160 英里（257 千
米），尽管相对来说算不上什么大河，但对估算人口 150
多万的肯尼亚西部来说举足轻重。恩佐亚河发源于埃尔贡
山，先向南，后向西流去，最后注入维多利亚港附近的维
多利亚湖。恩佐亚河可全年为沿岸提供灌溉用水，并且，
洪水带来的沉积物在布达兰吉地区沉淀，为农作物提供了
丰富的营养。在肯尼亚西部的工业区以韦布耶和穆米亚斯
为中心，其中，韦布耶的造纸厂和穆米亚斯的糖厂将大量
污水排放进恩佐亚河。

22

行政区域/经济区

　　如前文所述，非洲共有五大行政区域/经济区：北非、南
部非洲、西非、东非和中非。本节将介绍构成每个区域的
国家。

　　北非包括五个国家突尼斯、阿尔及利亚、利比亚、摩洛哥
和埃及外加一个主权尚存争议的国家——西撒哈拉，摩洛哥称
对西撒哈拉拥有主权，但同时也有人认为它是独立的阿拉伯撒
哈拉民主共和国（SADR）。

　　南部非洲共有十个国家安哥拉、博茨瓦纳、莱索托、马拉

维、莫桑比克、纳米比亚、斯威士兰、南非、赞比亚和津巴布韦，岛国马达加斯加位于印度洋。

西非包括大西洋中的三个岛国（佛得角、圣多美和普林西比、几内亚比绍）、贝宁、布基纳法索、科特迪瓦、冈比亚、加纳、几内亚、利比里亚、马里、毛里塔尼亚、尼日尔、尼日利亚、塞内加尔、塞拉利昂和多哥。

东非包括十个国家：布隆迪、吉布提、厄立特里亚、埃塞俄比亚、肯尼亚、卢旺达、索马里、苏丹、坦桑尼亚、乌干达以及分布在印度洋中的三个岛国（毛里求斯、塞舌尔和科摩罗）。

中非共有七个国家：喀麦隆、乍得、中非共和国、刚果民主共和国（金）、刚果（布）、赤道几内亚和加蓬。

人口

据 2008 年 12 月的一项估算，非洲人口为 952 777 000，是人口密度第二大的大陆，仅次于亚洲（据估计，中国人口为 14 亿，印度人口为 11 亿）。

注 释

1. 盖乌斯·普林尼·塞孔都斯和勃罗提业，《自然史》（Parisiis Barbou，1779）。

2. 见维基百科或世界概况，2010。

3. 创世纪 1：26 ~ 28，《新国际版圣经》（科罗拉多·斯普林斯、国际圣经协会，1984）。

4. 乔治·勒梅特，《原始原子假说》[L'Hypothese de l'Atome Primitif]（格里芬，Neufschatel，1946）。

5.《纽约时报》下属"科学时代"，2007/01/09，周二版 F1、F4 页。

6. 查尔斯·达尔文，《物种起源》（伦敦：约翰·莫里出版社，1859）。

7. 见鲁德亚德·吉卜林，《大象之子》短篇故事集，（伦敦：柯蒂斯出版公司，弗朗西斯林肯儿童出版社 1902），第 10 页。

第2章　非洲在非洲大陆和全世界范围内的地缘政治

谈到非洲在地球上的位置，非洲作为人类栖息地，已然被孤立、边缘化，已经成为著名的"黑色大陆"。历来非洲大陆被称为人类文明的摇篮，但后来却被描述成未开化的黑色大陆，这样的悖论时刻围绕着非洲。非洲是旧世界的重要组成部分，有着丰富的自然资源。然而，纵观历史，它更多的是和黑暗、无知联系在一起，启蒙似乎离它很遥远。非洲在许多方面都是独特存在的。虽然经常和疾病、贫穷联系起来，但它确实是地球上最富饶的大陆之一。非洲是如何从"大陆之母"的历史地位下降到如今第三世界国家的重要组成部分呢？

非洲作为"大陆之母"的概念由来

第一章讲到非洲经过漫长时间的演变过程才逐渐崛起，成为"大陆之母"。论证支持泛大陆主义和冈瓦纳大陆主义把非洲放在各大洲阵营的中心位置的观点。现在，有必要检验一下非洲和其他大陆之间的关系，尤其是和那些旧世界和第三世界大洲之间的关系。

以下四种表述形容或者特指这些地理上的概念，他们是：

● 东半球也被称为旧世界。在地缘上的表述是本初子午线以东（跨过英格兰格林威治）西经 180 度。

然而，从文化或地理角度来讲，东半球与旧世界同义，包含现在的欧洲，亚洲和非洲，统称欧亚非大陆，另外还包括周围岛屿。但旧世界一词，通常口头指的是欧洲。如今，旧世界包含全世界 85% 左右的人口，也就是 57 亿人。作为与旧世界相区别的新世界，通常指的是美洲和澳大拉西亚。

● 西半球在地缘上指的是本初子午线以西的半球。西半球通常指的是新世界，包括北美洲、拉丁美洲、加勒比、南美洲以及附近的水域和岛屿。在瓦斯科·达·伽玛和克里斯托弗·哥伦布等欧洲人开启探索之旅之后，才发现了新世界。西半球有着占世界上 15% 左右的人口。

● 欧亚非大陆也指非亚大陆，因为通常欧亚大陆只代表亚洲和欧洲大陆。广泛地来讲，欧亚大陆包括北亚、中亚、西亚、南亚和东南亚地区。

● 欧亚非用来指包含欧洲大陆、亚洲和非洲的旧世界。欧洲可划分为北欧、南欧、西欧和中欧。非洲，自发现撒哈拉沙漠地区开始，包括了北非、撒哈拉以南非洲地区。这样从政治和经济上，将非洲分成五部分：北非、南部非洲（与南非共和国不同）、东非、西非和中非。

25

　　这些地理划分表明，非洲处在一个战略的角度，也揭示了非洲如何在政治和经济上影响着世界上的其他国家和地区。值得注意的是，随着非洲、亚洲、拉丁美洲和加勒比地区的殖民和去殖民化，一个新的世界诞生了，也就是第三世界。该世界包含着南半球的许多发展中国家，这与北半球的富饶、发达的国家形成反差。

26

非洲：充满悖论的大洲

　　什么是悖论？悖论就是互相矛盾的理论。

　　非洲不仅仅是全球最贫穷的大洲，而且也是唯一一个现在比 50 年前独立时更贫穷的大洲，这就是个悖论。非洲也是最具有讽刺性和最具争议的大洲。许多之前盛行的情形今天不应该继续出现。原因是非洲面临着许多具有争议的独裁统治，这一点需要理解，因为他们影响着非洲的国际关系、外交政策及外交事务。非洲现状的许多方面成为了非洲国际关系、对外政策和外交的基础、决定因素及指导原则。

　　作为独立大洲，如果将非洲按照历史分析角度细分，非洲呈现出 12 种矛盾，这其中包括居住（栖息地）、羞耻心、位置（隔绝、边缘化）、碎片化、文化渗入、极度贫穷（阻滞）、教育缺失、领导缺失、国家地位、冲突、政变及腐败、全球地缘政治分类和自然风光。

　　居住（栖息地）

　　居住或栖息地的矛盾体现在非洲是人类文明的诞生地，但经过至少六个阶段的演变，非洲成为最不适宜居住的大陆。非洲是仅次于亚洲的第二大陆，目前拥有接近 10 亿人口。

羞耻心

羞耻心的矛盾是由于非洲人民遭受过世上最严重的羞耻。非洲是人类起源和文明的摇篮。第一个人类社会事实上是非洲社会。因此可以说，非洲把人类带到了世界。也正因为这点，非洲人民应该受到应有的尊重、赏识和认可。但相反，非洲人被当做居住在"黑暗大陆"上的"原始人"或"野蛮人"。他们被当成没有灵魂的物品任意进行买卖。他们遭受的一切，堪称最大的侮辱、反人类行径。最明显的是几个世纪以来，美洲和亚洲贩卖和使用奴隶以及南部非洲的种族隔离。即便是声称为人权发声、救赎人类灵魂的罗马天主教会，也曾一度认为非洲人没有灵魂，他们只是带有非洲标签的，可以用来贩卖的"物品"。那个年代，非洲人被抓去贩卖到美洲和东方，并且通过殖民遭受了长久的羞辱。非洲人被当成是物品，更谈不上平等了。目前，非常需要对非洲遭受的羞辱进行道歉，而且，尤其是那些把非洲人当成物品，肆意贩卖这些被认为是没有灵魂的物体的国家和大陆，需要向非洲进行道歉和赔偿。对非洲来说，是时候要求他们道歉和赔偿了。

位置、孤立、边缘化

位置、孤立和边缘化的矛盾表明尽管非洲处于地球中部战略要地，但纵观历史，它却被边缘化、忽视，造成与世隔绝的局面。非洲大陆在政治上处于边缘地位，在地缘政治上被严重忽视。正是由于非洲曾经很长时间内被看作是"黑暗大陆"，导致孤立的矛盾存在。这是个矛盾，因为北非可以看作是介于欧洲、地中海和撒哈拉南部非洲的岛屿。它与欧洲和近东地区

27

离的非常近。但是在很长时间内，非洲内陆对于欧洲来说，都非常陌生，因为当时欧洲人无法抵达非洲内陆。荷兰人是第一批对非洲内陆进行殖民统治的欧洲国家。从 1652 年起，一艘荷兰东印度船只，"哈莱姆号"在南非科托努角停靠，并且在接下来的若干年开始定居此地。因此，随后，欧洲人到访并发现了远东和远西，但是发现近邻非洲，却是很久以后的事情了。外部世界对于非洲的忽略对非洲造成深远影响，直到现在，在国际场合和会议上，这种影响还能明显感觉得到。只有当非洲的原材料或者投票能在联合国被给予重视，非洲才能改变被隔绝的命运。否者，非洲将会一直被孤立。

然而，事实上，非洲非常重要。其重要性，逐渐在国际舞台上凸显，并且在将来还会发挥更大的作用。有关边缘化的矛盾也是如此。非洲处于世界的战略要位，非洲侨民在世界各大洲定居，并且在国际政治和经济领域发挥着越来越重要的作用。但是，虽然经多方努力，但非洲仍然处在边缘地带。也只有当全世界关注非洲的资源或寻求其政治经济支持的时候，非洲才会有其存在感。这绝对是一个巨大的矛盾。尽管如此，越来越多的事实表明，非洲边缘化是站不住脚的。别的国家可以孤立或者开发非洲，但要是说忽视其存在，是非常难办到的。这是因为非洲很重要。

碎片化

碎片化的矛盾表明非洲作为仅次于亚洲的世界第二大洲，是最支离破碎的，这是殖民统治给非洲留下的后遗症。非洲面积为11 725 385平方英里（30 368 609平方公里），包含大西洋和太平洋的临近岛屿。非洲大陆有 53 个国家，包括附属摩洛哥的西撒哈拉，如果算上非盟二十世纪八十年代就承认其独立的萨拉维阿拉伯民主共和国（但摩洛哥不承认其国家地位，认为是摩洛哥领土的一部分），则有 54 个国家。对非洲进行殖民掠夺的主要有 7 股势力：大不列颠、法国、德国、比利时、葡萄牙、意大利和西班牙。他们引入分而治之的政策，使得非洲在独立这么多年以来，都没能从混乱中恢复过来。非洲在地理上和战略上都处于地球的中心位置。但是，非洲大陆却一直被忽视。非洲划分成这么多政治单位，是欧洲殖民统治的后遗症。这些效应将持续在非洲蔓延，影响着非洲的对外政策、外交及国际关系。

文化渗入 28

文化渗入的矛盾（也就是非洲文化经过和欧洲文化接触后，自身文化发生变化）表明，尽管非洲的952 777 000人口说着至少 2000 多种语言，为了沟通和理解，他们不得不说一门相同的外语。大部分非洲本土语言本应该可以成为非洲的官方语言。但是却没有。相反，前殖民地时期的语言成为了官方语言：英语、法语、葡萄牙语和阿拉伯语（尽管非洲没被阿拉伯殖民，但因为非洲的伊斯兰化，非洲继承了大量的阿拉伯文化遗产）由殖民者引入到非洲，并且取代了传统的当地语言和文化，因为对于这些新来的人来说，非洲的语言和文化非常原始。尽管把西方的文化和文明强加给非洲，但令人惊奇的是，对于非洲人自己来说，相较于非洲本土文化，他们更倾向于西方文化！非常矛盾的是，像尼日利亚这种拥有 250 多个语言的国家，竟然只将英语作为自己的官方语言。

富饶但贫穷

富饶但贫穷、经济阻滞或者经济"衰退"的矛盾或许对
于非洲来说是最典型的矛盾。非洲拥有大量的自然资源、原材
料以及农作物，但却仍然是地球上最贫穷的地方。它是世界上
人力资源充足、自然资源及禀赋（如金、铜、锌、铅以及可
再生能源，水资源等）丰富的地区之一。但非洲是最贫穷的
大陆，这片大陆上的人竟然比40多年前还要贫困。虽然非洲
富有原材料，各种加工的产品、矿产、石油、林作物、草地、
植被、农业、奶牛、野生动植物群、富饶的土地等等，但非洲
同样还养育着34个世界上最为贫困的国家，而这一国家总数
共50个。为什么这样富饶的大陆会如此穷困潦倒？

教育缺失

教育缺失的原因可以追溯到殖民时期的教育体系。当时的
殖民系统与非洲价值体系相互矛盾，因此非洲人民完全没有做
好自治的准备。结果，非洲国家保留下了殖民者当时制定的教
育体系，因而，教育体系仍然经受着缺陷带来的负面影响。尽
管如此，非洲国家的领导人也应为此负责，因为自从独立之
后，非洲国家政府本应该承担起教育的责任。总的来说，教育
的缺陷令人担忧，因为除非非洲的年轻人能获得良好的教育，
否则，国家难以繁荣富强。

领导缺陷

领导缺陷的矛盾体现在腐败、迷信、神化领导人、精英统
治论、无能、官僚作风、恶政劣治、无责任心、不公开透明以
及无视最基本的民主原则及人权等问题上。长久以来，人们认
为，非洲领导的缺陷才逐步导致了非洲出现的一系列的问题。

29

国家

国家的矛盾是在殖民者引入附属国的概念时形成的。第一个国家的体系是在公元前 3100 年的非洲建立的，即统一的埃及 "老王国"。那个时候的国家包括政府执行法律和制定宪法的能力。它实际上也给予政府在其领土发挥自身权威的能力。在这里，国家通过在本国内实行对国家经济和资产的垄断实现全面控制。基于 1884～1885 年召开的柏林会议通过的司法管辖国家形态，到今天为止，仍在非洲蔓延。曾经的经验主义国家形态概念被司法管辖国家形态的概念所取代。国家，虽然逐渐引入到非洲，但仍然在非洲国家范围内制造各种政治麻烦。1885 年柏林会议上，欧洲列强把非洲从地图上进行所谓的边境划分并签署协议后，将司法国家的概念引入到非洲。但是，这些边境线要么把原本非洲国家分割成欧洲列强生成的独立国家，要么就把相同民族的人民分割到不同的区域，也就是所谓的国家。那时，他们引入 "分而治之" 的殖民政策，令非洲人民到了剑拔弩张的地步。结果导致非洲持续的冲突和内战，动摇了非洲国家的地位，并且阻碍了经济的发展。如果欧洲人引入的是像 1648 年在威斯法利亚针对自己实行的经验主义的国家形态而非司法管辖国家形态，那么非洲的情况就会大不一样了。

冲突、政变及腐败

冲突、政府及腐败的矛盾体现在，尽管非洲是一个拥有非洲社会主义、乌贾马主义、乌班图主义、哈兰比主义、泛非洲主义以及非洲国家主义等众多思想的大陆，这些本应该提高非洲的认同感、促进非洲统一与协作，但是，冲突和内战却占据

30

了非洲独立的整个时期。腐败和不明事理的发展规划阻碍了非洲国家的发展。因此，所有的这些问题和挑战，都没能在非洲大陆上实现睦邻友好的画面。

全球地缘政治分类

非洲在全球地缘政治分类的矛盾是非洲在众多领域都是领头羊：人类社会、发现并使用技术、国家建立及政府统治等。但非洲却是在这些领域里面装备最不精良、发展最落后的大陆。

自然风光

自然风光的矛盾意味着在任何特定的社会所有的无知、负担、滥用和剥削的角色。这么多年以来，非洲大量的自然资源被过度开发和掠夺，这对非洲人民和非洲传统价值观造成可怕的不公。非洲正遭受着没有暴力的惩罚以及没有犯罪的牺牲。非洲这个无辜的大陆却成为另一个大陆——欧洲，尤其是西欧——的负担承担者。这种不公最突出的例子就是非洲的赤贫及文化渗入。所有这些矛盾对非洲的发展产生负面影响。无知、贫穷和疾病等问题无时无刻不在骚扰着非洲。传染病，诸如艾滋病、埃博拉、结核病、疟疾、登革热、黄热病、里夫特裂谷热及高地热不仅在非洲肆虐，并且制约着非洲的经济和社会政治的发展。

总结

因此，非洲的发展及国家间的关系暗含悲观之意，因为这些矛盾正是非洲的大敌。发展滞后、失业率居高不下、教育缺失、待遇不公以及机会的缺失对非洲产生了负面的影响。儿童、女人、年轻人及其他被边缘化的社会阶层都难以从经济的压力和混乱中恢复过来，除非上述矛盾得到化解。缺乏人口规划导致人口过度膨胀，这也制约着经济的发展。因此，非洲的人口增长需要得到控制。一旦发生冲突和争议，不论是在非洲内部国家之间还是来自非洲外部，这些都将制约着非洲国家为发展所做出的努力。

非洲政治和经济区域

在非洲政治独立的前几十年，非洲统一组织决定按政治和地理因素，将非洲划分成五个区域。同样的区域最终被设定成经济区域，于是，为了各区域的发展，出台区域经济一体化的制度变得十分必要。由于一些岛国临近非洲，他们自然也成为非洲的一部分。三个太平洋岛国之前是葡萄牙的殖民地，它们是：佛得角、圣多美及普林西比及几内亚比绍；印度样的四个岛国曾是法国殖民地，它们是：毛里求斯、马达加斯加、科摩罗和塞舌尔。

32

类似地，一些临近非洲的领土和区域仍是殖民地，详见表2.1 所示。

表 2.1　临近非洲的太平洋和印度洋领地和区域（2007）

领地	状态	位置	殖民国家	人口
留尼汪岛	殖民地	印度洋	法国	743 981
西撒哈拉*	殖民地独立	西非北部	摩洛哥独立（非盟）	393 831
马约特岛	殖民地	印度洋	法国	170 879

领地	状态	位置	殖民国家	人口
加那利群岛	殖民地	大西洋	西班牙	1 694 477
休达	殖民地	直布罗陀海峡摩洛哥地带	西班牙	245 000
梅利利亚	殖民地	地中海摩洛哥地带	西班牙	66 411
圣赫拉那	殖民地	南大西洋	英国	4 000
马德拉群岛	殖民地	北非（大西洋）	葡萄牙	

＊摩洛哥声称拥有西撒哈拉地区，但该地区被非洲国家联盟认定为独立国家——西撒哈拉阿拉伯民主共和国。

来源：维基百科免费百科全书

非洲按照政治、地理位置和经济划分成五个区域。这样的划分产生了一些成功的案例，因为区域融合带来了经济和社会文化的发展。每个区域都有经济组织来解决经济发展和合作的问题：北部非洲的马格里布联盟、南部非洲的南部非洲发展共同体、西非的西非国家经济共同体、东非的东非共同体以及中部非洲的中非经济共同体。

- 南部非洲——COMSEA（东部和南部非洲共同市场）；SADC（南部非洲发展共同体）；SA-BLS（南部非洲国家海关联盟—博茨瓦纳、莱索托及斯威士兰）。

- 西非——ECOWAS（西非国家经济共同体），Lagos CFA（货币联盟—法语区），BCEAOC（西非国家银行—达喀尔和塞内加尔），UEMOA（西非经济货币联盟），CEN-SAD（撒赫勒——撒哈拉国家共同体—利比亚的黎波里）。

- 东非—IGAD（政府间发展组织—厄立特里亚、埃塞俄比亚、肯尼亚、索马里、苏丹和乌干达），EAU（东非联盟），EAC（东非共同体）、EACU（东非海关联盟）。

- 中部非洲—BEAC（中部非洲国家银行—喀麦隆雅温得），CCAS（中部非洲国家共同体），UDEAC（中部非洲海关和经济联盟）、CEMAC（中部非洲经济和货币共同体）。

- 北部非洲—UMA（马格里布联盟—包含北非五个国家—阿尔及利亚、利比亚、毛里塔尼亚、摩洛哥以及突尼斯，再加上有争议的撒哈拉阿拉伯民主共和国）。

大撒哈拉非洲关系新秩序：从无国家到主权国家，市际关系

如上所述，7000 年前出现的撒哈拉沙漠标志长久以来的（社会生活）关系告一段落，随着非洲人民从大陆的一端走向另一端，甚至是走出非洲，逐渐替代了撒哈拉以前无国家和游牧互动的状态。尽管有沙漠划分的自然因素，后撒哈拉时代关系在所有政治团体中，变成系统和持续性的，这些需要在划分清楚界限的实体国家之间，采用集体并且更加广泛的基础之上。

虽然非洲人口持续增长，土地正在缩减，因此，非洲社会形成政府主导的法制的社会结构，通常是由部落首领、非洲国王和帝国统治者们掌权。这些非洲的小王国、市级的国家和帝国从小部落起家，经过非洲家族的融合，几个和许多部落合

33

并，成立了部落王国，选出一个部落首领或者国王。几个或者
许多部落王国形成帝国，统一由国王领导。这种情况下，帝国
国王手下有几位部落王国的首领，最强的国王领导这些首领。
超级帝国是由几个或者许多帝国融合而成，因此，部落逐渐成
长为王国，王国成长为超级王国，从而逐渐成为帝国或者超级
帝国。

目前来说，国家间的关系主要是按照领土平等的原则控制
的，他们假定出"跨境"的本质，最后形成国家的概念。主
权、边境按照人们自愿选择居住的原则划分成不同的领地，通
过民主选举或者人民（政府）同意，一部分人得以任命，最
终形成主权或者主权国家间的关系。这也是为什么撒哈拉沙漠
的出现以及非洲人民强迫在沙漠南北部共同生活之后，游牧民
族的传统和非洲无国的关系最后终结。基于国家间和跨边境的
新形式关系得以呈现。

谈到市级国家，地球上第一个城邦出现在公元前 3100 年
的埃及。一个南部王国和一个北部王国合并成一个政治团体，
从而形成城邦。有趣的是，这第一个出现的城邦诞生在美索不
达米亚的外围，该地是人类文明的诞生地！接近于新颖的生存
方式，产生于两条河流（希腊语"不达米亚"）间的大峡谷之
间（希腊语"美索"），这两条河，也就是底格里斯河和幼发
拉底河（现如今以色列、巴勒斯坦、约旦、科威特、伊朗、
黎巴嫩和伊拉克所在地）对世界临近地区产生深远的影响。

埃及是非洲早期文明出现的受益方之一。结果，随着书写
和象形文字等的发明，埃及出现了新形式的文明。新形式的文
明生活方式的出现，产生了许多其他处理事情的方式。埃及开

始出现名叫法老的统治者，他们对于生活的雄心、创造力和愿景直接导致建造了一些世界上最持久也是最难以忘怀的奇迹——金字塔。

34

这些发展也进一步导致埃及和其他地方政府统治的新方法的成熟和分化，包括在非洲其它的城邦地区。有关城邦的概念，必须为政治团体寻找合适的标准和条件来符合 "城邦" 的名分。城邦，必须有一座人们自发聚焦到一起的城，这些人可以是亲戚，同事，可以拥有共同理想，有共同愿望和抱负，愿意一直生活在边界内（不论范围有多小），愿意被一小部分负责治理的人进行管理（如统治、保护、防御和供应等）。因此，这个小规模的政治团体不得不在这块他们称作城市的领地上享受团结、独立和领土完整。

政治团体能够掌管城邦首先需要满足某些准则。宗族一般是由亲属组成，由父亲式的家族首领统一负责管理整个家族的亲属，包括父母、兄弟姐妹、孩子、叔伯阿姨、祖父母及其他成员。所有这些愿意生活在一起的家人和朋友必须遵守一定的行为准则，共同使用诸如水井、河流、农田等设施。由此而形成村落，继而决定选出或者任命首领，一般称呼为村长。这个复杂的体系也导致了家族中亚氏族的出现，几个家族组成部落，部落的首领就成为国王。由此，部落王国诞生。

在部落王国阶段，城邦的许多特型还不存在，因为部落王国之间的关系，甚至是超级王国、帝国和超级帝国之间的关系中，仍没有国家间的主权的元素。因此，比如，埃及的一个城邦能和欧洲的一个国家建立协议关系。但对于部落王国或者帝国来说是不可能的，他们仍旧被看做是 "无国状态"，这是因为他们缺少国际法律所认可的主权。无论游牧民族群体在古代之间存在何种关系，他们都不能以国家相称。

35　　其中一个原因是在部落王国里面，有的是国王的亲属，有些臣民也并不是国王的亲属。这些可能是战犯、奴隶或者是自愿受到部落国王统治的人。有些人没得选择，必须效忠于国王，从而避免被迫害致死。从部落国王的角度或者宗族的角度来讲，并非治理和统治主权的问题，因为只要遵循传统的规则，无论是通过传统手段，还是通过联姻来维护臣民和亲属之间的关系，或者通过外交手段，如通婚等，从而获得和平和安全。

　　这些手段同样也适用于超级王国甚至是帝国和超级帝国之间，这些通常比部落王国更大更具有影响力。然而，这些管理和政府领导，从狭义上讲，并不能完全体现今天我们所认识的政府和管理。现代所采用的是 1648 年《威斯特法利亚条约》建立起来的城邦体系的改良版。

　　尽管如此，希腊人产生的城邦体系是最出类拔萃也是最负盛名的。希腊的城邦系统出现时，有着清晰的"游戏规则"，常拿来和古代罗马和非洲采用的相似体系进行比较。非洲后来出现的城邦、王国和帝国证明了在非洲早期的统治过程中采用的管理手段的复杂性。

非洲和其他大洲的早期历史与文明

　　决定非洲早期历史的事件和因素可分为以下几种：非洲自诩是唯一一个由人类居住 500 万年以上的大陆，是人类和人类

文明的摇篮。在原始时期的第一批人类的出现，可追溯到
1000 万年以前。作为人类和文明的摇篮，非洲经历了逐步但
又稳定的进化过程，从史前到早期历史时期，再到后来。

　　突然，尤其是公元前 12000 年到公元前 5000 年，文化和
气候条件的剧变对非洲造成巨大改变。这些变化在美国国土面
积大小的地方产生了新的自然秩序，也就是大撒哈拉沙漠所在
地。气候变化之前，撒哈拉沙漠所在的那片土地曾是大片的热
带草原，气候适宜，栖息物种众多，甚至还有高加索人的痕
迹。但当形成撒哈拉沙漠时，非洲的面貌完全被改变了。

　　在北部非洲，外国文化的入侵——主要是腓尼基人、希腊
人、罗马人和阿拉伯人——以及几世纪以来的国外宗教的进
入，最终在公元一世纪引入了新的基督教遗产以及公元七世纪
引入伊斯兰教。这些外国文化和文明的入侵，主要集中在北部
非洲，按照撒哈拉区域人口移民的两个方向：沿着地中海沿岸
抵达北部非洲，以及沿着尼日尔河沿岸抵达撒哈拉沙漠以南。
尼日尔峡谷变得十分富饶，因为峡谷中的尼日尔河岸沉积了土
壤的沉淀物。第一批农民和牧民再次耕种庄稼，驯化野生动
物。尼日尔峡谷成为人类栖息、发展和进步的天堂。随着人们
从撒哈拉草原移居到沙漠南北两端，这些人开始被迫进行土地
平整。不仅仅撒哈拉沙漠地区如此，卡拉哈里沙漠地区也如
此。人们在尼罗河沿岸和尼罗河峡谷定居下来主要是因为土地
肥沃，适宜耕种和居住，永久定居也能够为人们提供充足的农
业、文化、经济和政治的利益。

　　非洲早期的文明和王国是以亲属关系的形式存在。这些文
明和王国曾是远古时期采集者和狩猎者的家乡，当时非洲人获

36

得生存的技能和本领，发明了许多如石头、金属等工具，发现了大量的自然资源。基于那种亲属关系以及古代王国和定居点而产生的帝国和城邦在非洲到处（埃及、努比亚、埃塞俄比亚）都能找到，这些帝国和城邦的历史都有三千年之久。在库什阿克苏姆，麦罗埃以及非洲东北部其他地区，古帝国和城邦的历史也要追溯到公元前。

以及可追溯到公元前时期的库什阿克苏姆、麦罗埃和其它东北部非洲地区。接下来出现了西非王国和早期国家、苏丹文明和其他从公元前10世纪到公元16世纪出现的（尤其是公元700到1500年）以及在西非其他的国家，诸如草原王国，加纳、卡其姆、豪萨、奥约、贝宁等帝国，这些统统在公元300年到1897年盛行。许多诸如豪萨国（公元11世纪）、卡其姆—伯尔尼（公元13世纪）、伊博（公元16世纪）和其他已经存在几千年的王国，可以追溯到公元前5000年，当时随着大撒哈拉沙漠形成的新自然秩序所带来的永久定居，要求非洲人们移居到沙漠的南北两端，继而形成部落王国、帝国和城邦。那是在外国文化入侵非洲很久之前的事情。在东部非洲，至少兴起过40个王国和城邦。这包含蒙巴萨、桑给巴尔、拉姆、奔巴、马林迪、吉奥瓦和摩加迪沙。在中非地区，有安哥拉的巴刚果和其他城邦及王国，以及大湖地区的其他王国。同样，南部非洲产生了一些最伟大的王国和城邦，例如津巴布韦和祖鲁，以及恩德贝勒、修纳、梭托、科萨、南非班图、斯威士、科伊科伊以及俾格米王国（"布希曼人"或者称"霍屯督人"）。此外南部非洲还有纳米布、莫桑比克和赞比西区域的王国。总之，从古代到殖民前的非洲，至少出现过10 000个国家。[1]

非洲这些雨后春笋般出现的王国和城邦由于班图迁徙而丰富起来，同时也为非洲社会带来巨大的人口压力及外国宗教诸如伊斯兰教和基督教的影响。班图迁徙以及阿拉伯和祖鲁迁徙，激发了宗教的全球化，尤其是基督教和伊斯兰教的全球化。迁徙从公元前 1500 年至公元前 1000 年开始（或许甚至更早，在公元前 3000 到公元前 2500 年之间），但在公元一世纪才成为非洲基督教的主力，在公元七世纪成为伊斯兰教的主力。后者标志着阿拉伯人开始进入到北部非洲，自此开始了对北部非洲的伊兰斯教化运动。这些宗教对非洲人民进行了广泛的征服。但班图人自身成为伟大的征服者，并造成了深远影响。他们所到之处，必定征服并且定居下来。同样，通过将非洲人转化成基督徒和伊斯兰教徒，新的秩序被引入到非洲，最终入教的人们的行为和态度发生了巨大的变化。

随着时间流逝，现代王国类型的原型出现了，尤其是从 1800 年之后，逐渐巩固了自 17 世纪开始的王国发展规则，那时绝对主义和专制开始在欧洲产生，尤其是 1648 年威斯特法利亚条约的签署以及荷兰人 1652 年在南非定居的事实可以佐证，这标志着南部非洲隔离统治的开始，直到 1994 年隔离统治结束，多数人统治的局面开始为止。

在随后非洲王国和城邦存在的时间里，其他发展标志着非洲历史上新时代的开始，这或许能永久地改变非洲。首先，非洲人和其他王国以及早期，在公元前 1200 至公元前 814 年，第一批到非洲进行贸易的人，如腓尼基人、希腊人、罗马人和阿拉伯人。当时主要进行自然资源的贸易，如金子、盐巴、象

38

牙、宝贝螺、钻石等等。随后开始在非洲进行非法的贸易，金子贸易变成奴隶贸易。这种贸易是由非洲和外部世界进行的：欧洲、阿拉伯世界，以及横跨大西洋的新世界国家。一些非洲人愿意参与到贩卖奴隶的行当当中。一些首领和国王在偏远地区，将奴隶卖给诸如葡萄牙和阿拉伯等奴隶经商者。这种发展标志着非洲和其他世界国家新型的王国和城邦关系的开始。新的关系秩序盛行于 15 世纪，并且贯穿于整个 16 至 19 世纪，甚至直到 19 世纪初，废除奴隶贸易之后还在盛行。随后，欧洲对非洲的瓜分和殖民直接标志了非洲全新的秩序。非洲现在还在遭受着殖民统治的影响，而且负面影响要多于正面影响。

非洲：“黑色大陆”

非洲曾被称作是“黑色大陆”。很少有人真正地了解非洲，因为外人知道的少之又少，非洲的一切看起来十分神秘。非洲的隔离部分原因是由其本身的地形所造成的，非洲有着世界上最大的沙漠，如撒哈拉沙漠、卡拉哈里沙漠和纳米布沙漠，还有许多不能航行的河流，船只不能停靠的危险海岸以及广阔无垠的丛林。即便是能穿过这些障碍的人，仍旧面临着来自非洲部落人如祖鲁人的敌对危险，因为这些人到目前为止，仍旧使用长矛、箭等武器防卫自己的领地，以及可能会染上的热带疾病，如肺结核、疟疾、大象病、昏睡症，也就是锥体虫病等。

因此，直到 19 世纪之前，非洲都与世界其他地方完全隔离。下面是让非洲隔绝如此长久的地理原因：

1. 大撒哈拉沙漠完全阻断了非洲以南地区与外界的交流。古代的跨撒哈拉贸易路线并没有延伸到南部，仅仅是沿着地中海地区中东地区和苏丹，与非洲北部相连。

2. 几乎非洲所有的大河都是通过激流和瀑布通向大海，因此不能为沿海和内陆地区提供便利的水上交通运输条件，这也是其他大陆的普遍问题。

3. 大部分非洲地区是由红树林、沼泽和沙洲构成，沿岸很少有自然港口。大西洋海岸的海浪巨大。

4. 广袤的草原地区的热带疾病影响着人类和牲畜。热带草原充斥着采采蝇，这种苍蝇携带嗜睡病毒。在这些地区，人们头上不能承载物资，也没有可作为主要交通工具的挽畜。当现代交通工具出现时（公元 1～19 世纪），该地区才有了运输的可能性。

注　释

1. 非洲历史充满的创造性。进一步详细信息，请参看，如贾雷德·戴孟德，《枪炮、病菌与钢铁》（纽约：诺顿，1999）；穆赫塔尔，《非洲通史》，第二卷（加州大学出版社，1990）。

第3章 非洲及其文化秩序：
非洲的价值体系

对于非洲习俗、传统、文化和文明的概念理解

"文化"这个词一般认为是含有附属概念的表达法。这些表达尽管形式上是单数，但是意思是复数。比如，"非洲外交政策"通常指的是一组非洲外交政策。所以，文化、文明和类似的词尽管形式是单数的，但其实指的是很多种文化、很多种文明，这些词的概念应该被理解成包含复数意思。

要理解非洲的文化和文明，最好的方式就是在全球语境下进行分析。也就是说，我们需要知道文化通常意味着什么。而且，我们了解文明、习俗、传统和文化等术语来自于拉丁语，是对我们也很有帮助。事实上，我们在文化和文明方面读到的大部分表达都是来自于希腊语或拉丁语。其部分原因就是，我们是罗马文明的子孙和希腊文明的曾子孙。我们都是希腊文明和罗马文明的副产品。

"文明（civilization）"来自于拉丁词语"cultus"，

"cultus" 的意思是关心或培养，而 "civis" 在拉丁语中意思是公民或同胞，"civilis" 的意思是市民的、公民的、谦恭的、政治的、公共的、有礼貌的。当属于某一特定宗教或者有着同样的民族背景的一群人遵循共同的行为时 "习俗（custom）" 就形成了。"Custom" 这个词源自拉丁语 "usus"，其意思是行为或实际经历。"传统（tradition）" 来自于拉丁语 "traditio"，意思是传递下去或移交给他人。所以，传统就是文化从一代传到下一代，尤其是以口头的方式传下去。非洲的价值体系一直都是以习俗和传统为基础的。"文化（culture）" 来自于拉丁词 "cultura"，而 "cultura" 又源于拉丁语中的动词 "colere"，"colere" 的意思是培养。请注意，"农业（agriculture）" 这个词由两个拉丁词根组成："agri（土地）" 和 "cultura（培养或培育，如培育土地）"。这就将文化同土地联系了起来。所以文化的根源可以在耕地中找到。文化通常指的是人类活动的规律和赋予这些活动意义的象征性结构。总的来说，文化体现在生活、宗教和习俗的方方面面（比如，人们根据共同的行为制定习惯法规），这可以体现在习惯、行为模式、价值观、机构制度及其他所有构成某人生活方式的人类生活行为习惯和产物。生活方式、某个民族的行为和思想、他们创造的艺术（音乐、舞蹈、文学、绘画、雕塑、电影、戏剧、建筑等）等的特点，都是其文化的一部分。这些行为、习惯、生活方式等都被一代又一代人爱护、传承。可能地球上没有哪个地方的文化像非洲文化那样从远古时候起一直发挥着中心作用。

40

非洲文化是非洲人民数千年来遵循的生活方式，这包括礼仪、行为、衣着、艺术（比如木刻、陶壶、人像、埃及的金字塔等等；再比如种种形式的音乐和故事讲述的方式等）方面的准则、语言、宗教、仪式、行为和实践规范（比如习俗和传统），及道德、法律、信仰体系等等。

非洲的各个文化间有重合的成分，这是因为数百年来它们一直与外国文化之间有交流，从而受到其影响，尤其是地中海沿岸的北非文化。北非是最先被外国文化侵入的，尤其是来自外来殖民者的入侵（如腓尼基、希腊和罗马）。外来文化的干扰，尤其是 19 世纪和 20 世纪非洲殖民程度最高时欧洲文化的干扰，不仅对非洲本土文化造成了巨大的消极影响，而且让非洲发生了巨大的历史性转变。

非洲文化不仅决定了非洲人的传统生活方式，也受到了欧洲和其它外国文化宗教——比如基督教和伊斯兰教——的影响，无论是在牧民社会、还是农业社会，还是后殖民的现代高科技社会，这些外来文化的宗教都非常盛行。因此，实际上，非洲文化是非洲文明。

非洲传统价值观的起源

非洲的价值观本质上是为非洲文化提供基础的非洲传统价值观。这些传统的价值观可能是在约公元前 5500 年出现的，早期的非洲人基于自己关于真理、善良、美丽和其他无形的、非物质事物的价值观，创造了传统。非洲人认识到现代化/西化、复兴、复耕、复原等挑战的价值；他们也认识到了维护习俗传统的必要性、对教育的需求、女性的角色、传统的领导力及非洲家庭中的民主；他们还认识到了殖民遗产、城镇化和文明的持久影响。

有意思的是，"传统非洲价值观"和"文明"几乎同时在古代的非洲城邦出现。由于价值是"值得的事物"（比如值得过的生活），非洲的价值观是关于值得拥有的事物和做法的观点。这些价值观给予人类的文化身份认同和个性，并让人感到为全球知识、历史和文明作出贡献的强烈愿望。

因此，非洲价值体系的核心是习俗、传统和文化。非洲的价值体系包括影响了非洲人的礼仪、行为和行动的种种不同价值观，通过长期以来遵守的习俗和传统，人们学会了尊敬和追求这些价值观。

非洲文明的起源

如果我们认同文明是（应该是）一种先进的、高深的文化形式——一个以农业和城市定居为特征、劳动分工明确、社会秩序、组织和治理等级划分细致的复杂人类社会，那就可以确定地说非洲文明可以追溯到几千年前的远古，并且起源于非洲，当时智人从非洲迁徙到了除南极洲之外的各大洲。这至少是 20 万年前发生的。在石器时代和更早的时代，非洲人建立了第一个人类社会。非洲人第一次获取了技术知识，驯化了动物，开始种植作物，并在艺术和科学领域获取了知识、实现了进步。非洲人也在完善思想、礼仪、行为和品味方面飞速进展。

据估计，严格意义上的文明大约于 5500 年前诞生于尼罗河谷和底格里斯河和幼发拉底河之间的河谷（现在的约旦、黎巴嫩、以色列、伊拉克和巴勒斯坦覆盖的区域）。人们相信文明第一次在这些地方出现。然而，正如非洲是人类的摇篮，第一个人类社会也是非洲社会，文明一定首先起源于非洲，而埃及就是对于文明的发展有重大意义的地方。人们定居在一个地方，于是必须分享共同的服务，如水、土地和交通服务，也必须分享有组织的劳动力，并且在受到政府监管的地方工作，遵守关于可接受行为和正义的标准（请注意，警察［police］来源于"polis"，"polis"在希腊语中的意思是城市），由此，出现了文明，这其中的关系应该是很容易理解的。因此，作为人类的摇篮，非洲首先经历了文明。随着古埃及文明的兴起，底格里斯河和幼发拉底河之间的河谷的"文明"行为和生活方式不断推进。之后在北非，古埃及人和更后面的罗马人发展了文明，而这就是今天我们知道的文明的源头。

随着时间的流逝，文明的生活方式不断变化。我们今天所了解的文化概念在 300 年前发生了更大的变化，前一个世纪（17 世纪）的学者见证了巨大的文化变化，这激励了当时欧洲的学者。欧洲陷入一种优越感情结，因为种种原因，欧洲人开始推行文明的全球化，并在其他地方推广自己的文明、取代当地文明。

值得注意的是，非洲的文化和文明曾经并且现在仍然在非洲对外政策和外交的形成中发挥重要的角色。由于外交政策是一国外交关系和外交的指南，管理着外交关系，显而易见的是，一国的传统、价值观、习俗、文化、文明和相关的因素——比如事件、历史、决策等等——构成了外交政策和外交的主要基础和决定因素。

从生活方式和日常交往方式的角度来看，非洲文明是地球上最古老的文明之一，部分原因就是人类社会起源于非洲，而且人类文明其实起源于非洲。对早期非洲文明的发展进行概括，那就是非洲文明在远古出现（主要是在埃及）。不同于其他很晚才开始发展的地方（如北美），非洲的古代可以追溯到远古。起源于东非和东南非的智人，经过非洲的东北部走出非洲，因此，在将人类生命从非洲传到中东及更远的地方的过程中，智人一定经过了埃及。

非洲和美国的价值观：简短的比较

非洲的价值观：传统和文化

价值观能让人类明确地理解文化身份和个性，并且让人类能够为社会、全球知识、历史和文明作出贡献。

非洲的价值观各不相同。在古代，即公元前 5500 年左右，非洲人根据自己的价值观创造了传统。这些价值观与有价值的非物质和无形事物有关，涵盖生活的方方面面，比如下列举例：43

> ● 非洲社会主义（尤其是在无国家社会），民族主义，泛非洲主义，黑人精神、地区主义、决策共识、领导力、治理、民族忠诚、狭隘主义、家庭准则、儿童教育、正义和平等、经济公平；
>
> ● 土地、生命、继承、遗产、习俗、文化、传统、仪

式；打猎、采集、制作器具、生火、求雨、务农、农业、以物易物；村庄、家园、村庄里的亲子关系、对社群的热爱、社群主义、根源；

●超自然事物（如自然界的石头、山丘及太阳、月亮等物体，及神、生物、祖先等），宗教，自然、道德和道德观、对给予食物、运气、稳定、健康、和平的事物和维系生命的事物的崇拜，对超自然力量的献祭、神、祖先；颂扬神和祖先；

●人的生命、人性；家庭、子孙、对大家庭的爱、扩大家庭成员的行为、尊敬老人（老年人、父母亲、祖父母）、（对长者的）尊敬和推崇；

●舞蹈、音乐、歌曲、口述史、好客；

●非洲婚姻、嫁妆、婚姻和外交中的联盟、多配偶制；对话和共识；态度的积极变化；妇女中的劳动分工（尤其是在农村地区）及女性在维持家庭、成为新娘、成为母亲抚养孩子及其他传统家庭事务方面的角色。

还要考虑另外一个非洲的矛盾之处，即很多非洲人相信一个超自然的存在，这个超自然的存在与创造所有生物都有关，即使非洲人崇拜各种各样的神、自然、事件、石头、祖先等。非洲人相信要与其他人和自然建立关系，并且要考虑针对他们的行为，非洲人对此非常重视。不能够落下任何一个人。他们的目标是死后能够进入天堂。

值得注意的是，非洲的这些价值观体系的根源出现时，中东的两河流域、北非、埃及出现了一个具有重大历史意义的古

44

文明。同时，比这个早 2000 年出现的撒哈拉沙漠，已经使过了几千年游牧生活的非洲人在北非和南非建立了永久聚居地。从游牧生活到定居生活，这种转变标志着非洲人开始建立新的自然秩序。

还有一点值得注意，在几千年的打猎、采集、生火、制造器具、求雨、务农、以物易物、践行社群主义的过程中，非洲人形成了自己的习俗和信仰，这个过程反复进行，最终古代非洲人形成了自己的价值观，在这些价值观的基础上出现了非洲社会主义，尤其是在无国家社会。价值观可以分为两种，一种是与有形事物（物质事物）相关的价值观，另一种是与无形事物（真理、民主等）相关的价值观。

非洲人也崇拜给予或维持生命的事物，如食物、运气、稳定、外交及类似的事物，因为这些都有着重要的价值。因此，崇拜有多种形式，也有多种缘由。人们崇拜超自然事物是为了生存考虑，而人们重视外交、平等和正义则是希望实现和平与稳定，向祖先和神献祭则是为了祈求帮助和慈悲，而给予妇女荣誉，尤其是在农村地区，则是因为妇女能持家，抚养孩子等。

通常庆祝是为了纪念、追忆缅怀过去的重要事件或先人的光荣而举行的，主要形式是践行传统习俗、歌曲、音乐等。同样，良好的治理、泛非洲主义和黑人精神也会受到颂扬。

从上述分析中我们可以比较确定地说文化和传统的价值观催生了灿烂的文明。这段时间出现的习惯和行为现在仍然存在，即使是在背景丰富多样的民族和国家之间的关系中也是如此。因此这些文化和文明中就蕴藏着 AIR、AFP 和 AD 的根源。

　　非洲文化价值观和外来的价值观尤其是西方的价值观之间存在着冲突，这是不可避免的，因为外来的统治和外国的价值观是强加到非洲人民头上的。随着这些新价值观的到来，城镇化开始传播。因此，在城市地区，金钱、自给自足、经济必须条件等类似的事物随之出现，这些使得非洲的价值观体系中出现了新的决定因素和规定。这一变化推动了非洲现代化的出现，但这种现代化强调外国（比如西方）文化和价值观的优越性，并取代了非洲的价值观，尤其是从 19 世纪末到 20 世纪，一直到现在。殖民主义的到来，及之后非洲的全球化，给非洲带来了新的价值观，而这对非洲的传统价值观构成了严重的挑战。外国带来的新事物包括金钱的使用，这代替了以物易物，还包括其他经济必须条件。其他后来出现的价值观念包括所有儿童的教育、女性的角色、传统的领导力、非洲社会和家庭的民主、现代化、西化及非洲身份的遗失；也包括非洲习俗、传统和文明的恢复及殖民遗产和非洲遗产之间的冲突。

　　西方教育

　　西方的生活方式取代了非洲的价值体系，在非洲引入了外国的教育体系和生活方式，并且认为非洲价值观是"原始的"、"未开化的"，比如说，非洲价值观不符合西方的价值观，而这种看法是错误的。比如，有人相信，西方教育体系能够根除非洲的价值观并且转变非洲的生活方式，使之采纳欧洲的生活方式。将奇怪的价值观强加到非洲人的身上，并且宣扬欧洲的价值观优于非洲的价值观，没有比这更糟糕的学术傲慢、政策或行为了。然而，蓄意"欧化"非洲这一目标虽然没有完全成功，但确实转变了非洲和非洲人，因为欧洲在非洲

45

留下殖民遗产后，非洲人采纳了西方的行事方式。

非洲西化/欧洲化的主要推动者就是西方的教育。西方的教育不仅给非洲带去了新的挑战，还将很多明显是非洲传统的价值观和行为转化为非洲人民的重大挑战。其中的一些挑战如下所列：

- 城镇化和城市生活及其挑战与缺陷；

- 多民族背景；

- 税收；

- 新范式的制定；

- 就业与雇佣劳工；

- 知识与现代技术；

- 传统教育与正式教育，这是殖民化的一个重大副产品；

- 国内和国际经济关系中的货物和服务——进口与出口；

- 其他服务，如采矿与制造；

- 人口从农村迁出，到城市定居；

- 农村的亲子关系；

- 自治、解放和非洲的所有权要求；

- 非洲发展不可避免的目标：自给自足、自我实现、自帮自助、独立、多边发展。

总结

非洲的价值观以习俗和传统为基础，包括：真理、善良、美丽、道德、尊重及其他有价值的非物质、无形事物；崇拜超自然；非洲文化和宗教中对祖宗的崇拜；崇拜自然、事件和故事等；热情好客；对社群的热爱；土地；继承；联盟；外交；城镇化；非洲社会主义；婚姻；多配偶制，这是一种古老的行为，其重要性现在由于现代主义和现代化正在逐渐降低；嫁妆或者说新娘带过来的财物；人的生命；对大家庭的爱和扩大家庭成员数量的行为；对老人、父母、祖父母的尊敬；音乐、舞蹈、艺术和艺术品。

举例：非洲的父系社会和母系社会

父系社会和母系社会都存在于非洲。以下是父系社会的一些例子：

- 尼日利亚约鲁巴（Yoruba）的提吾族；
- 肯尼亚的基库尤族（Kikuyu）；
- 肯尼亚位于东非的卢希亚部落（Lhya）；
- 斯威士兰的斯威士族（Swazi）；
- 苏丹的努尔人（Nuer）；
- 南非的祖鲁人；
- 埃塞俄比亚的加拉人（Gala）。

非洲遗存的母系社会非常稀少，但还是存在，包括赞比亚的奔巴族（Bemba）、塞内加尔的沃洛夫族（Wolof）、科特迪瓦的宝莱族（Baule）及坦桑尼亚、马拉维和莫桑比克的尧族（Yao）。

非洲习俗和传统的第三类遗产价值观是母系社会和父系社会的价值观。在美国和其他西方社会，可以通过父母双亲回溯查找家庭成员的双边血缘关系。这一类遗留下来的价值观在非洲也非常少见。

美国的价值观

何为西方价值观？它们是非洲现代新价值观体系的一部分。美国或西方的价值观在城市地区占主导地位，极大地促进了城镇化。因此，这些价值观是多个民族价值观的融合，促进了发展，并且强调了对他人的爱，而不是"仅仅爱自己的族群"，而"仅仅爱自己的族群"还是非洲占主导地位的一种社会行为，这导致了社会和种族分层。西方的价值观强调知识就是力量，而信息就是知识。因此，正式的教育、科学、写作、艺术、城市、技术和发展都是必不可少的，但它们的作用是"开化"非洲人（使非洲人接受欧洲的价值体系）。因此，正式的教育是西方国家殖民主义的副产物。个人主义是美国价值体系中的关键组成部分。

美国和西方价值体系的一个中心目标就是取代非洲价值观，尤其是在 20 世纪，当时西方的殖民主义侵蚀了非洲的价值观，将非洲价值体系转变成西方的价值体系。应该将美国的价值观看成是：

- 宪政主义—法律价值观（1776 年 7 月 4 日发表的《美国独立宣言》《宪法》和《权利法案》）和政治机构；
- 教育；
- 男女平等、权利平等和机会平等；
- 繁荣、资本主义和现代化。

47

因此，西方重要的价值观强调自由、平等和解放，还有机会、爱国主义和热爱自己的国家。这与大部分非洲价值观都是相反的，因为非洲的价值观强调民族、土地、传统、家庭、习俗、尊重道德价值、年龄和家庭准则。其他的西方价值观包括法律、秩序、宪法自由、自由、民主、个人主义、医保等。现代化这一西方的价值观通过殖民主义被引入到非洲，而非洲的全球化又推动了现代化，一是因为非洲的内向型经济（内在因素对于国民经济有很大影响）；二是因为旅游；三是因为国际商务。

种种不同的政治文化在非洲如雨后春笋般涌现，有的强调男女平等，有的强调以保护社群为重，有的强调爱国主义而不是地区主义，有的凸显种族、权利和主导地位的优越感情结。我们可以问一个根本的问题，那就是是否可以利用非洲和美国价值观的差异，来弥补两个价值体系的差距，以实现非洲人民和美国人民的共同利益。

同样的，如果能解决非洲人民和美国人民及更大范围的西方人民之间的价值观和文化冲突带来的挑战，那将会大有裨益。从这个角度来看，仔细检查这些挑战对美非关系的影响将会非常有用，尤其是城镇化、现代化，及曾经被殖民者从非洲强行清除的非洲价值观、习俗、传统、文化和文明的复苏和复兴。

总结

从美国宪法和《权利法案》可以看出，美国的价值观是西方的价值观，如下所示：

- 不可剥夺的生存权、自由权和追求幸福的权利；

- 个人主义；

- 言论自由；

- 民主；

- 政府保护人民及民有、民治、民享的政府；

- 权利平等、机会平等和男女平等；

48

- 教育；

- 资本主义和所有权；

- 不同的政治意识形态；

- 保护国家为第一要务，遵循爱国主义而不是地区主义或狭隘主义；

- 种族优越性

- 尊重和保护法律——法治和基本自由；

- 教育是通往成功和多方面发展的通道；

- 金钱至上——西方的价值体系几乎由获取资金资源的能力决定——有了钱，一切皆有可能；

- 对美国国旗忠诚，可望实现美国梦。

非洲语言和文化的发展

非洲语言的前提和起源

在人类进化的过程中，语言是最能说明问题的发现之一。什么是语言？谁发现了语言？什么时候发现的？哪里发现的？

怎样发现的？要准确地回答这些问题并不容易。然而，解释一些前提和概念定义，这有利于理解语言这种交流工具的起源和发展。同样重要的是了解语言的角色，在数千年的过程中，它是如何促进人类和动物理解和合作的，它又是如何帮助人类和其他生物（尤其是动物）解决寻求和平共处面临的问题的。

语言这个词"language"来自于拉丁词"lingua"，意思是舌头、讲话、语言和方言。尽管我们无从得知关于语言起源时的创造者、地点、时间和模式的确切信息，但还是可以确切地提出关于语言问题的几个假设。第一个假设是，如果非洲是人类和文明的摇篮——从目前大量的考古证据和其他证据来看，这一假设成立，则第一个人类社会其实是非洲社会。第二个假设是，由于进化过程可以追溯到几百万年前，DNA、考古发现和其他数据可以显示，进化开始于1000万年前的原始人类，那么语言一定起源于非洲，在非洲经历了发展。第三个假设是，由于发源于原始人类的人类拥有共同的祖先，即类人猿，并且人类在600万年前脱离类人猿，那么语言的根源早于人类出现肯定是真的，这可以说明语言出现的合理性：为了生存、支持、定居、引导生物尤其是人类和动物的社会发展，人类需要交流。

49 　　那么，语言到底是如何产生的呢？语言是区别人与动物的原因，只有出现了必需的大脑结构可以将思想编码成声音、再将声音传送给其他人之后，语言才出现。大约200万年前，猿人讲的语言就是现在我们用的语言的前身，但是只有词汇，没有语法。在那之前，这些原始人类一直生活在森林中，靠采集果实和狩猎野生动物获取食物等。然而，大约12万年前，这些人离开森林，去往大草原，开始进行系统性的狩猎。他们也驯化野生动物、种植作物（比如粮食作物）以获取食物等。这大概是10 500年前发生的。

在那个阶段，语言开始在处于不同阶段的最早期人类中发展。首先，人类创造了"无语境"的有声标志，如此一来，同一个词就可以在不同的语境下使用（比如，"猎豹"这个词可以用于"这只猎豹很漂亮"、"这只猎豹很狡猾"、"这只猎豹鬼鬼祟祟的"和"这只猎豹难以捉摸"的环境中）。然而，人类创造了符号和标志作为一种交流工具。在这之后，出现了哨声和文字。这些是已知的最早语言种类。

人类逐渐学习并发展了通过语言来沟通的能力。声音可以用来表达情绪、感情、感叹、敬畏、召唤或呼唤（如表达痛苦、欢笑、哭泣、恐惧或幸福）。婴儿发出的声音（尤其是学步的孩子发出的声音）使得一些表达出现，这些表达后来成为重要的沟通工具，如咬住嘴唇发出的"mama（妈妈）"、"papa（爸爸）"和"tata（再见）"成为婴儿与妈妈交流的器具。标记（如长颈鹿、狮子、猎豹等图形）在语言的发展过程中也是一个重要的阶段，这从很多早期的洞穴壁画可以看出来，例如在古埃及发现的包含象形文字和数学符号的壁画。

语言的发展

因此，语言逐渐地出现，改变着人类的行为和经历。随着人类的大脑体积扩大，人类的思想和人类之间的对话必须用某种形式表达出来，才能清楚明确地沟通。因此出现了用于同他人沟通的讲话。

语言的演化进程在人的口中分不同的阶段进行，这个过程在 10 万年前达到巅峰，当时人类利用自己的扩大的脑容量，开始创造有声语言，增强智力和推理能力。为了提醒同伴敌人、掠夺者、食物和毒物，哺乳动物创造了符号和标志，在此基础上，人类进一步发展了语言；在对环境声音的模仿、呼喊、表达喜悦、痛苦和其他强烈的感情的基础上，人类进一步推进了语言的使用；人类学会了利用语言符号去实现某些目标（比如获取社会名望和优势，比如担任传统社会的唤雨巫师，他们在雨水快降临的时候宣布消息，让村民准备好种植粮食作物，这种行为就能为唤雨巫师赢得社会威望，获取优势）。

在直立人（生活在约 180 万年前）和智人（生活在大约 5 万年前）的时期，语言实现了重大的发展。直立人的时期标志着带有大量手势沟通的符号语言的起源。然而，与哺乳动物不同的是，人类使用语言是为了获得权利和能力以说服他人、结盟或接受不是发生在自己眼前的事情。之后，作为政治动物的人类用口头和书面形式的沟通取代了符号语言。在智人阶段，人类发明了有声语言和口头语言。

非洲的本土语言和非本土语言

非洲的语言是地球上最丰富的。然而，最初，人类说的和理解的是同一种语言。《创世记》（11：1）说道："现在整个世界使用一种语言，共同的语言。"但是在大洪水之后，罪人忤逆了上帝，他们联合起来，统一了自己的沟通技能和语言，建立起了巴别塔。所以在《创世记》（11：7）中，上帝说："来吧，让我们下去，用不同的语言让人类感到困惑。这样他们就不能理解彼此了。"自那之后，由于语言的多样性，人类就不能畅通无阻地沟通了。因此，在他们被上帝拆散、流落到世界各地之后，巴别塔建造者的后人开始改变自己出生时所讲的语言，开始发明符号以通过书写沟通。

非洲至少有 2000 种本土语言，每一种下面都有无数的方言和语言亚群。非洲的口头语言比其他洲都要多。非洲的语言可以分为两类，本土语言，即土生土长的语言，和非本土语言，即不是土生土长的非洲语言。非本土语言包括阿拉伯语，这是 7 到 11 世纪引入非洲的，还包括欧洲语言，比如英语、葡萄牙语还有法语，这些都是 15 世纪开始逐渐引入非洲的。葡萄牙人是现代历史上首先同非洲人建立联系的欧洲人：葡萄牙人于 1415 年入侵摩洛哥，并攻占休达，位于直布罗陀海峡的一块飞地。之后，越来越多的欧洲人以不同的身份到达欧洲。而另一方面，阿拉伯人应该是公元 622 年到达北非的，之后他们利用自己的文化和语言使北非发生了巨大的转变。

非洲的本土语言主要可以分为四类：克瓦桑语群、尼日尔—刚果语群、亚非语群和尼罗—撒哈拉语群。在非洲的 2000 多种口头语言中，使用人数达到或超过 50 万的有 50 种。

克瓦桑语群

克瓦桑语群很可能是非洲四大语群中最古老的语群。但是它的使用人数却最少，只有 20 万到 30 万。这一语系下面大概有 30 种语言。

尼日尔—刚果语群

非洲使用人数最多的语群——3 亿到 5 亿——是尼日尔—刚果语系，其祖语可以追溯到 5000 年前。这一语系下面有很多语言，至少七种主要的语言亚群，其中的六种覆盖西非、中非、东非和南非。尼日尔—刚果语群的七种亚群是：（1）贝

51

努刚果语支（包括大西洋西岸的班图语）；（2）曼丁哥语；
（3）上沃尔特语支；（4）克瓦语；（5）阿达马瓦东语；（6）
科尔多凡语；（7）西大西洋语支。班图语是主要的语言亚群
之一，南非大部分地区都使用这种语言。3000 到 4000 年前，
这些语言通过三波移民，从喀麦隆和东尼日利亚传播开来。曼
丁哥语系的语言亚群的使用区域是塞内加尔、马里、几内亚、
利比里亚和塞拉利昂。马里、科特迪瓦、加纳、多哥、贝宁、
尼日利亚和布基纳法索的古尔人使用上沃尔特语。克瓦语包括
图维语（Tuvi）和约鲁巴语，加纳、利比里亚、多哥、贝宁、
尼日利亚和布基纳法索都有使用这些语言。大概有 2200 万人
讲约鲁巴语。喀麦隆、刚果民主共和国、中非共和国使用阿达
马瓦东语系的语言。在苏丹的努巴山脉，不到 50 万人讲科尔
多凡语。

班图语包括斯瓦西里语。起源于东巴图的斯瓦西里语和豪
萨语（主要是在尼日利亚北部和西部使用）是东非和中非使
用最广的语言。使用斯瓦西里语的人数将近达到 5000 万。东
非的班图人和阿拉伯人通婚，这使得斯瓦西里语中引入了很多
阿拉伯词汇。因此，斯瓦西里既是东非使用的语言，也是班图
人和阿拉伯人通婚的后裔的名字，他们的后裔就叫斯瓦西
里人。

班图语言包括南非使用的一些语言，比如祖鲁绍纳语、茨
瓦纳语、科萨语和恩德贝勒语，班图语还包括东非使用的一些
语言，如基路雅语（Kiluhya）、基库尤语、奇素古马文，还包
括基孔果语、卢旺达语和基隆迪语（基隆迪语在布隆迪、卢
旺达使用，而卢旺达语在卢旺达使用）。

非洲的本土语言除了豪萨语和斯瓦西里语的亚群之外，还包括坦桑尼亚的哈扎语和肯尼亚的那多洛波语。只有 200 人使用这两种语言，他们是坦桑尼亚和肯尼亚的最小部落。

还有很多非洲的本土语言，比如尼日利亚的伊博语、塞内加尔和乍得的富拉语。富拉语是西非塞内甘比亚的主要语言，使用人数大概是 1300 万，分布在喀麦隆、塞内加尔和乍得。沃洛夫语的使用者分布在塞内加尔，滕内语的使用者分布在几内亚，而班巴拉语的使用者分布在马里。

亚非语群

亚非语群是非洲的第二大语群，使用者大概是 2 亿到 3 亿之间，而这种语群正在北非、非洲之角、西南亚及萨赫勒的部分地区扩散。它也经常被说成是闪含语系，因为它欣然接纳来自北非的人，比如柏柏尔人、塔马塞特人（柏柏尔人）和乍得人，也接纳来自中东的人，如阿拉伯人和埃及人，还接纳闪米特人，如索马里人、库什特人、阿姆哈拉人和奥罗莫人。

尼罗—撒哈拉语群

尼罗—撒哈拉语群的语言大概有 3000 万使用者，它很可能是最为多样的语系，因为从东北非到西非大概分布着 100 种语言。埃及、苏丹甚至东非的部分地区如马赛都使用这些语言，努比亚人和其他尼罗家系的人也会使用这些语言。丁卡语和松盖语等也属于此种语群。

非洲的非本土语言

非洲的非白人使用的语言要么是阿拉伯语，要么是欧洲语言。伊斯兰教和基督教的全球化和非洲的殖民化给非洲引入了外来语言，比如说英语、法语、葡萄牙语和荷兰语，这些外来语言极大地影响了非洲的语言。从 1500 年前，欧洲的殖民者就在非洲强行推广欧洲语言。阿拉伯语是在 7 世纪和 11 世纪引入非洲的。荷兰语是南非的官方语言之一。由 1652 年到达南非的荷兰定居者推行。

53

马尔加什语在马达加斯加使用过，现在仍在使用，它属于奥斯特洛尼西亚语群，起源于印度尼西亚。在荷兰取道印度洋到达远东并且将印度尼西亚和其他亚洲地区开拓为殖民地后，印度尼西亚的人口迁往马达加斯加。

北非的主要语言还是阿拉伯语，还有柏柏尔人和其他部落如贝都因人的本土语言。

总结

人类在 600 万年前同类人猿分离后语言才出现，只有人类能创造语言，所以语言是人之所以为人的特质。然而，语言的起源可以追溯到更早的原始人类时期。人的大脑容量变大之后，能够将思想转变为声音，然后，可能在 200 万年前，得以将这些声音传送给其他的人属。人类曾经讲过的某些语言是我们现在讲的语言的前身（比如只有词汇、没有语法的语言）。

大约 10 万年前，人的口腔开始出现一些变化，可能就是在这个时候出现了有声语言。因此，人类利用不断变强的大脑，创造了完全超越本能的有声语言，并开始进行智慧的思考和推理。然后人类模仿声音、呼喊、表达情绪（如痛苦、欢乐及其他人类体验和感叹），以此向其他人发送信息。在一些环境中，人必须用标志、符号和声音提醒彼此有危险、敌人、食物、毒物、捕食者的存在，这时这种沟通就变得非常有用。180 万年前，直立人用两足行走，站起来有 4.6 英尺高，自那之后，手势沟通就成为符号语言的起源，而符号语言因为现代的听力受损人群进一步发展。

在当代，语言、话语、符号和手势已经变成政治家强大的工具，他们希望借此说服他人站到他们这边，以赢得选举，结成联盟、获得权利或者通过谈判和表达他们对于最正确的行为的信念来解决问题。

非洲社会主义是非洲的理想吗？

不管现在人们如何解读非洲社会主义，它都曾是并且仍是非洲价值体系的关键价值观。非洲社会主义跟西方的典型意识形态没有任何关系，就好像非洲的民主跟西方一人一票的民主完全不能混为一谈。

非洲社会主义的根源在于非洲的价值体系，而非洲的价值体系又是基于习俗和传统，这种习俗和传统从家庭单位延伸到大家庭，从氏族延伸到部落，然后延伸到所有非洲的价值取向，如土地、农村的亲子关系和对子女、长者和病人的责任等。简而言之，非洲社会主义这种价值观将主动提供帮助的责任感强加给社会，从而依靠共识解决问题。这可以激励非洲社会去做实事，而不寻求回报，也可以促使非洲人在不寻求回报或感激的情况下承担提供帮助、保护、维护并且提供生活必需事物的责任。

从这个角度来看，非洲社会主义跟一些非洲哲学和概念有很多共同点，如哈兰比（斯瓦西里语“Harambee”，意思是“齐心协力”）、乌贾马（斯瓦西里语“Ujamaa”，意思是“家族式社会主义”）和乌班图（这个词来源于南非的班图语“Ubuntu”，在这种班图语中，“untu”或“undu”与人有关，

54

而"ubuntu"与人性有关。乌班图是经典的非洲概念，或者说是一种民族的/人道主义的哲学，重点关注人们对彼此的忠诚和相互之间的关系）。

肯尼亚的乔莫·肯雅塔（Jomo Kenyatta，1894～1978 年）坚定地相信哈兰比。坦桑尼亚的朱利叶斯·尼雷尔（Julius Nyerere，1922～1999 年）将乌贾马作为国家经济社会发展的政策。加纳的克瓦米·恩克鲁玛（Kwame Nkrumah，1909～1972 年）经常被称为政治概念——非洲社会主义之父，而南非的尼尔逊·曼德拉是乌班图的坚定倡导者。

因此，在非洲的环境下，非洲社会主义注定是一个关键工具，通过实施非洲社会主义，可以实现和平与稳定、协作、福利、正义、机会平等、援助和自给自足、分享和可持续的进步。黑人精神，即"黑即是美，请非洲后裔为自己感到自豪"，对非洲社会主义起着促进作用。"黑人精神"这一概念是由海地的艾梅·塞泽尔（AiméCésaire，1913～2008 年）提出的，并得到塞内加尔的塞达尔·桑戈尔（Sedar Senghor）的大力拥护。

非洲和人类秩序：人、民主和人类进化

引言：创世论 VS 达尔文主义

关于人类起源的讨论充满争议。人究竟是神的旨意创造的还是经过自然进化出现的？正如第一章提到的，《创世记》（1：2～2：2）里面的圣经故事说上帝在第六天创造了人类。

然而，有的科学家和自然主义者如查尔斯·达尔文却认为能够解开物种起源和宇宙起源真相的只有自然进化理论，而不是神创论。尽管这方面还有分歧，但是现已达成一致意见：进化过程已经进行了几百万年，从 DNA、科学研究、考古发现和其他证据中都可以看出这一点。

所以，大家都同意：

1. 非洲是人类和文明的摇篮。第一个人类社会是非洲社会。

2. 类人猿（大猩猩、猩猩和黑猩猩）和人类有着共同的祖先，即一个叫做原始人类或"类猿生物"的物种，这个物种至少是 1000 万年出现的。起初，这些原始人类像类人猿用四肢行走，像猩猩和大猩猩一样多毛。大概几百万年前，他们开始直立行走，成为二足动物，并且身高达到了 4.6 英尺。

3. 大约 600 万年前，人类这个物种和类人猿这个物种分离。因此，在说到原始人类从类人猿家系脱离出来、开始单独生活、进化、发展所在的时间区间时，我们一般说的是 1000 万到 200 万年前。这些古代的人类生物，也就是我们人类的祖先，逐渐进化，最终形成今天的人类。

4. 只有原始人类创造了语言，这很可能是因为在至少 200 万年的进化过程中，原始人类获得了智力，大脑变大，所以原始人类是人类的祖先，而不是猿类。由于这个进化过程，人类获得了推理能力，由此获得了认知能力、理解能力，并且能够同自己物种的其他成员交流沟通。最开始的时候，沟通的形式是符号，沟通是用来表达情绪的（比如警告危险、痛苦、快乐、否认、赞同、恐惧等），后来，人类能够逐渐地发声，创造了标志和书写。

5. 人类的起源可以追溯到东非、东北非和南非。这个阶段的智人也被叫做非洲南方古猿。有科学证据可以表明这些类人在非洲的存在没有中断过，所以，非洲不仅是人类的第一个聚居地，还是唯——一个人类连续居住了至少500万年的大洲。

6. 尽管有科学研究认为，作为人类出现之前的近亲，原始人类至少100万年前就生活在非洲，也有证据表明非洲的人类至少可以追溯到500万年前，而支持后者的证据占上风。

7. 在非洲南方古猿开始直立行走并长到4.6英尺高后，他们开始长出人类的牙齿，并且开始使用原始的粗糙器具。

非洲的人：从人属到非洲南方古猿

在拉丁术语中可以找到人类进化过程的痕迹。拉丁语中，"homo"的意思是人，而"genus"的意思是"属"，所以两者合并构成"homo genus"，意思就是"人属"。

从人属到21世纪的非洲南方古猿，其中经历了如下六个阶段：

- 第一个阶段：人属，生活在250万年前。
- 第二个阶段：能人（灵巧的人或人类），生活在

56

190 万年到 160 万年前，并且在东非坦桑尼亚的奥杜瓦伊峡谷开始向着人类的方向进化。石器可以追溯到这个时代，证明了人进一步发展了生存技能，尤其是在石器时代和铁器时代，当时的人在非洲大草原上游荡，进一步发展了采集技能和狩猎技能，学会了如何生火，驯化了动物，开始种植植物，并将其当做食物来源。就这样，人属提高了制造器具和生火的技能。到 170 万年前，能人进入了下一个阶段。

●　第三个阶段：直立人（站立或直立的人），生活在 180 万年前。直立人出现在东非和南非，然后扩散到北非和其他地方，包括乍得盆地、尼亚萨湖（也就是后来的维多利亚湖），再之后扩散到了欧亚大陆。160 万年前，直立人就开始与尼安德特人和智人共同生活。然而，他们没有朝着彼此的方向进化。直立人也与巧人共同生活过，最喜欢冒险。直立人游荡到了欧亚大陆时，他们已经掌握了大量的生存技能。实际上，早期的人属曾经两次走出非洲。第一次离开非洲是在 150 万年前，他们扩散到欧洲和亚洲，而在此直立人这个词就是用来指代人的化石。因此，直立人在非洲以外的地方进化发展，但是只有留在非洲的直立人进化成了智人。

●　第四个阶段：智人（智慧的人、渊博的人），与现代人非常相似。20 万年前到 13 万年前，智人在非洲游荡。智人逐渐在非洲扩散，并且迁出非洲，大约 20 万年前到 10 万年前，他们已经到达除了南极洲之外的每一个大洲，然后他们又回到非洲。

● 第五个阶段：晚期智人（真正的人、真正的智人）。晚期智人被称作克鲁马努人，是真正的人，也是我们现代人的直系祖先或者直接祖先。晚期智人由20万年前到10万年前生活在非洲的智人进化而来，大约在10万年前出现（在115 000年前到96 000年前）。

● 第六个阶段：现代人（现代人或现代人类），这意味着不管生活在哪里，人都是现代人。非洲南方古猿生活在非洲；亚洲智人生活在亚洲；美洲智人生活在美洲；欧洲智人生活在欧洲，依此类推。我们现在就属于这一阶段，我们自己就是现代人。已有的关于现代人的信息让人迷惑。南非的DNA证据表明，在某些情况下宣称的是现代人的结构跟20万年前生活在非洲的晚期智人一样。

观点

不管持何种观点，总有充足的证据证明现在的所有人都属于晚期智人（智人中的一种）。

同样的，创造论者和达尔文主义者不一定要彼此对立，也不应该彼此对立。事实上，可能先有神的创造，然后再遵循进化的规律。笔者相信，人类是超自然力量创造出来的，创造出来之后，经历了六个进化的阶段。

人类在全球的扩散

有大量的证据表明人类在数百万年前迁出了非洲。在60万年前到20万年前，人类在亚洲、欧洲和非洲之间进行了大规模迁徙。

50万年前，直立人在非洲和非洲以外的地方（如中国和

英格兰）都站稳了脚跟。考古发掘已经找到了非洲原始人类
存在的痕迹，并且描述了这些痕迹。这些近人的生存本能和技
能进一步提高。而且，在同一段时期内，即在 60 万年前到 20
万年前，我们祖先的生活还在其他方面得到了改善。因为人类
不仅在 79 万年前到 50 万年前掌握了生火和利用火的技能，人
类还提高了自己的文化和语言能力，并且开始热切渴望迁徙到
遥远的地方（比如，从非洲迁徙到欧亚大陆）。160 万年前存
在于非洲的阿舍利文化的发掘结果表明，人类不仅在 79 万前
已经掌握了生火的方法，而且非洲的史前原始人类大量迁出非
洲。考虑到人类很早就开始从非洲往外迁，那么数百万年前就
开始了种族的着色，即不同的皮肤色素沉着，这点是不言自明
的，而且这也是现在人类有不同肤色的原因。

　　考古和人类学的证据表明：20 万年前，一名非洲妇女生
活在英格兰南部，在发掘出的可以追溯到 50 万年前的人类遗
迹中发现了这方面的记录。巧人、直立人和智人这三个阶段在
这段期间重合，而人类的文化、制造器具的能力和语言能力都
得到了改善。人类的大脑变大，这又让人能够提高制造器具的
技能，在同一物种的成员间进行更好的合作与沟通。

58

　　在坦桑尼亚的奥杜瓦伊峡谷已经发现了至少 11 种器具，
理查德·李基能够确定在这个地方存在着巧人的特征，存在过
狩猎文化，出现了思考和智力及语言工具，可以用来沟通以教
育年轻人、捕获动物、分享和准备食物并利用自己变大的大脑
更好地生存下去。

　　既然晚期智人和现代智人没有差别，那么后面的这个阶段
其实在 20 万年前就已经开始了，当时出现了第一个晚期智人

物种。在89 000年前到35 000年前的这段时间，现代人类"系统性地"从非洲迁出，而在 5 万年前，人类已经在非洲内部迁移，也向非洲外迁移。现代人在欧洲、亚洲和大洋洲建立了石器时代的文明（估计现代人在 4 万年前到达了欧洲）。

6 万年前，现代人（即晚期智人）已经制定并改善了人类的行为，并且在撒哈拉沙漠出现之前，已经形成了现代政治、经济和社会模式的特点。

撒哈拉：非洲新秩序的诞生

定义撒哈拉

非洲的沙漠是一块单独的地理区域，撒哈拉沙漠非常重要、自成一体，但是它的历史意义和其他方面的意义似乎被忽略了。当我们说非洲是一片丰富多样、广袤的区域时，大部分情况下，我们都需要更仔细地检视它的很多特点。7000 年前出现的撒哈拉沙漠标志着新秩序的起点，这不仅改变了非洲的历史轨迹，也为非洲提供了处理其情况的多重方式，因为撒哈拉不仅仅是一片沙漠那么简单。除了气候、地理、地形和自然灾害等与沙漠相关的因素外，撒哈拉沙漠还有重大的历史开拓意义，这包括影响非洲的文化和文明、政治、经济、贸易（包括奴隶贸易和散居的非洲人）、非洲的环境和生态系统还有非洲的人、历史和殖民化，撒哈拉大沙漠几乎影响着非洲的方方面面。

在阿拉伯语中"撒哈拉（sahara）"一词指的是"沙漠"。

然而，撒哈拉沙漠只有一小部分是沙丘，其余的都是平坦的、灰色的荒地，上面散布着岩石和卵石，偶尔能看到露出地表的岩石和山脊。撒哈拉沙漠是世界上最大的热带沙漠，面积几乎与美国本土或欧洲大陆一样，宽约 1610 公里（1000 英里），（从东到西）长约 5150 公里（3200 英里），面积大约是 910 万平方公里（350 万平方英里）。地形地貌方面，撒哈拉沙漠主要是由平原、沙海和滚动的沙丘构成。

严格意义上的撒哈拉沙漠通常指撒哈拉沙漠的西部。沙漠的西边与大西洋交界，北边与阿特拉斯山脉和地中海交界，东边与红海和埃及交界，南边与苏丹和尼日尔河流域盆地交界。撒哈拉南边的界限处是半干旱的萨赫勒大草原，而苏丹和刚果河盆地就是位于萨赫勒大草原。

关于撒哈拉沙漠形成的故事充满矛盾，可以追溯到冰川时代，冰川时代也叫冰河时代或冰期，是一段史前的地质时期，其特点就是温度低、冰川不断扩大。在这段时期，地表和大气的温度降低，并且这种降温持续很长时间，导致大陆冰盖的扩散。之所以说撒哈拉沙漠形成的故事充满矛盾，一个原因就是撒哈拉沙漠的起源可以追溯到冰川时代，而冰河时代有两个迥异的特点：一个是冰期，期间温度降低，另一个是间冰期，期间温度升高（所以具有变暖的效果）。

这两个冰川时代的特点也是所有有记录的主要冰川时代的特点。第一个冰川时代就是休伦纪，大约开始于 258 万年前。这些现象的现有科学证据表明最后一个冰期结束于 1 万年前到一万五千年前之间。值得注意的是，这也是撒哈拉沙漠开始集中形成的时期，在这最后一个冰川时期，气温回升，逐渐发生着全面的变化。湿润和干燥时的气候差异很大，尤其是在公元前8000年（即10 000年前）和公元前6000年（大约8000年前）之间的这段时间。

尤其值得注意的是这段时期内的两个现象。首先，撒哈拉地区这一块广袤的区域经历了巨大的气候变化更迭，这种更迭不止持续几百年，而是几千年。撒哈拉地区曾经是片肥沃的、重要的大草原，气候温和，就像现在的地中海的温和气候一样，草原上生活着很多野生动物，还有来自非洲甚至高加索地区的各种各样的人。

其次，在冰期结束之前，撒哈拉这片广袤的区域面积缩小了。地球的轨道发生了变化，这导致了撒哈拉地区突然的沙漠化。然后，在10 000年前到8000年前，撒哈拉地区的降水大幅增加。然后，低压区到来，北边的冰盖坍塌。然而，在撒哈拉的南边，季风使得雨水降落到比现在更北的地方。季风之所以发生是因为夏季陆地上的空气变热。当热空气上升时，它也带动了海洋上空潮湿凉爽的空气往上升，从而形成降雨。曾经的撒哈拉沙漠比现在湿润，原因就在于夏季更多的太阳热量被隔绝。

60　　到公元前3400年的时候，季风开始往南退，一直退到现在的区域。这一变化导致撒哈拉沙地区逐渐沙漠化。现在的撒哈拉跟13 000年前一样干燥。从地理的角度来看，撒哈拉大部分区域有岩漠，还有叫"尔格（ergs）"的大沙丘。关于撒哈拉沙漠的形成这一非凡现象，可能最值得注意的一点是它标志着非洲进入一段新的时代，自此之后，非洲一直都被分为两个部分：北非和撒哈拉以南的非洲（SSA）。

公元 7 世纪，伊斯兰教变成一个全球性宗教，并被引入到非洲的文化中。伊斯兰教沿着地中海沿岸传播到北非，所有的北非人都皈依信仰伊斯兰教。人们相互通婚，这有利于北非的文化和传统和地中海、中东地区的人们融合。由于这种现象，北非的文化和文明是一种"杂交"的文化和文明。现在，北非的非洲人的价值观和文化比其他非洲文化更接近阿拉伯文化。

撒哈拉的人口

在分析撒哈拉的人口时，我们应该要记住，在沙漠出现之前，非洲本地人就已经在撒哈拉地区生活了数千年了，而第一批登陆非洲的外来者——腓尼基人——直到公元前 1000 年到公元前 800 年之间才同非洲有接触。作为商人，他们从中东（现在的黎巴嫩）和周围生活着闪米特人的区域来到非洲。闪米特人是第一批在底格里斯河和幼发拉底河之间的肥沃河谷建立了文明的民族之一，现在这片河谷被称作美索不达米亚（希腊语，意思是"两条河之间"）。

非洲人和其他民族和种族在撒哈拉地区生活了很多个世纪，考古发掘、人类学、化石、岩石、手工艺品、古代骨骼、DNA 及在非洲部分地区（包括裂谷和撒哈拉沙漠）发现的遗迹都可以证实这一点。

有足够的证据可以支持我们得出结论：人类起源于非洲，人和类人猿有着共同的祖先，他们 500 多万年前起源于非洲，这也使得非洲成为唯一一个人类生活了至少 500 万年的大洲。

在撒哈拉地区生活的本土人口中，柏柏尔人、图阿雷格人和其他的非洲民族似乎是撒哈拉地区的原住民，从迦太基扩散

61

到希波（Hippo）、的黎波里塔尼亚和昔兰尼加，也就是现在的利比亚。这些人都是游牧民族，能够适应沙漠，生活在沙漠中的绿洲。非洲的外来者按照到来的顺序依次是腓尼基人、希腊人和罗马人，第一章已经提到过这点。

撒哈拉的腓尼基人

腓尼基人是闪米特人的一支，闪米特人起源于古代的西南亚沿海国家黎巴嫩，黎巴嫩当时由地中海东岸的城邦组成。腓尼基人是第一批到达北非的外来者。在公元前1200年到公元前800年之间，腓尼基人沿着地中海岸和埃及在北非定居了下来。他们也是非洲的第一批殖民者：公元前800年，他们将迦太基开拓为殖民地，并在现在的突尼斯建立了迦太基城。这些地方的原住民，比如说柏柏尔人，在外来者面前无力反抗。腓尼基人然后沿着地中海沿岸建立了联盟，他们横跨整个撒哈拉的王国蓬勃发展，包括在利比亚，当时利比亚培养了很多人才，他们在北非和北撒哈拉讲柏柏尔语，柏柏尔部落当时仍在这些地方占主导地位。另外一个部落图阿雷格也是非常重要的部落，尤其是在中撒哈拉。

腓尼基人是非洲的首批殖民者，200多年后希腊人步其后尘。在公元前633年到公元前530年之间，他们进一步扩大自己在非洲的殖民版图，腓尼基人进一步巩固了自己的殖民地。在这段期间，航海家汉诺（Hanno）在撒哈拉西部创建了腓尼基的殖民地。

撒哈拉的希腊人

在腓尼基人建立了非洲殖民地之后，希腊人紧随其后，他们成了撒哈拉的新影响势力，由此，希腊人将北非开拓为殖民地。公元前 631 年到公元前 332 年希腊在殖民地的影响力尤其突出。他们于公元前 332 年在昔兰尼加和的黎波里塔尼亚（现在的利比亚）建立了重要的殖民地。到公元前 500 年，希腊人成为撒哈拉的一股新的强大势力。作为撒哈拉沙漠东边海岸的商人，希腊人在红海沿岸建立了重要的贸易殖民地。而他们与迦太基人在撒哈拉沙漠大西洋沿岸的商贸活动也蓬勃发展。

　　撒哈拉沙漠就像一座沙构成的岛屿，将非洲分为南北两部分。柏柏尔人当时是、现在仍是游牧民族，所以希腊的殖民者同撒哈拉以南和以北的游牧人都建立了联系。希腊人在昔兰尼加和的黎波里塔尼亚建立的殖民地到了现在的埃塞俄比亚，他们认为埃塞俄比亚是已知世界的尽头，并且称呼其为"脸被太阳烤焦的民族的土地"（在希腊语中，埃塞俄比亚的"埃塞俄"的意思"烧焦"，而"比亚"的意思是"脸"）。之后阿拉伯人也提出了自己对于非洲的描述——"黑人的土地"。 62

　　马其顿王国的亚历山大大帝将自己的疆域扩大到了埃及，并且在公元前 334 年建立了亚历山大港，这个希腊城市多年来一直作为地区的商贸中枢蓬勃发展，并且成为希腊在非洲的殖民地的重要学习中心。

　　古代非洲的罗马人

　　北非的第三波殖民者是古代罗马人，他们建立的殖民地也是在北非。罗马人在打败汉尼拔将军后，在公元前 146 年攻下迦太基，这是罗马对北非长期的帝国主义统治的开始，而北非也成为罗马帝国西部行省的重要部分。值得一提的是，此前罗马人曾在战场上遭到非洲汉尼拔将军的羞辱。汉尼拔将军很可能是有史以来最伟大的军事策略家，他带领着骑着大象的迦太基军队行军到了现在的意大利，并在那里实施了成功的攻击。

当时，迦太基已经成为一个有名的城邦，在整个地中海地区都建立了商贸关系，也以商贸而闻名于罗马帝国，是罗马帝国在此地区的战略、政治、经济、商贸和军事往来的中枢。在之后的几个世纪里，贸易继续蓬勃发展，老普林尼（Pliny the Elder）在他关于非洲的拉丁著作中已经提到过这一点，他还认为非洲不仅拥有丰富野生动物资源和其他种自然形态，还占据着重要的战略性位置，拥有丰富的自然资源和绝佳的地中海温和气候，这些都有利于国际贸易的发展。

注　释

1. 理查德·霍尔撰写的穆雅卡莱，《巴图尔到来前的非洲文明》（纽约：约翰·韦利 & 圣恩斯，1972）一书中，可以了解到白种人到来之前关于非洲文明的精彩故事。

第4章　非洲早期的治理形式：从遥远的古代到国家系统

简　介

非洲殖民时代不同社会形式的遗产、不同国家之间的关系表明了非洲国家里国际关系的稳定发展模式。这些国家关系形式的发展最终促生了外交事业的创立和其他对外政策及外事活动。而这又成为非洲国家对外政策和外交活动的雏形。早期非洲国家的治理形式和政府运作形式可以简单地分为三个时期：前殖民时期、殖民时期、后殖民时期。这是每一个大时代背景下的一个子系的小时代。

如果政府统治被认为是前殖民时代的产物，那么这一时代可以从政府统治开始存在的那段时间一直延伸到遥远的古代直到19世纪晚期欧洲开始在非洲殖民。也就是在那段时间，非洲的遗产——非洲人清楚地知晓并亲身实践着的习俗、文化、传统、文明、生活方式。

非洲的前殖民时期可以细分为两个更小的时期，具体如下：

  • 大约从公元前 500 万年前到 700 万年前一直到公元
700 年。这一时期是从遥远的古代，即当时非洲开始居住
人类；从类人动物到人属到智人又到非洲人，非洲社会出
现并稳定增长。这一社会在类人族进化历程中出现，是为
了确保人类历经百年而继续存在。

  • 从公元 700 年到公元 1400 年，非洲的部落王国开
始兴盛。

  • 从公元 1400 年到公元 1883 年，奴隶贸易和奴隶制
成为一种商业手段（这一时期也是欧洲文艺复兴开始的
时期；扩张主义、开拓疆域、全球主义、全球化、商业、
探险、拓展外部领地盛行的时期）。

千百年过去了，非洲的人口不断增长，不同部落、种群也
在此消彼长。从单一的家庭拓展到整个家族、社区、村落、小
宗族、大宗族、酋长、小部落、大部落群、部落王国，进而拓
展到城邦国家、超级帝国、超级城邦国家。这些体制、国家在
埃及的城邦国家体制成熟以后（大约公元前 3100）得到迅速
发展，之后是撒哈拉沙漠的出现并将非洲划分为南北两个地
域。这一时期是在希腊的"城邦国家"概念出现之前的很长
一段时间，当时希腊开始战后复苏，那场战争始于公元前
1100 年，到公元前 759 年结束。

非洲的城邦国家见证了非洲的文明、传统、文化和国王、
王后的历史变迁。像埃及艳后——哈特谢普苏特王后，埃塞俄

比亚王后——示巴以及其他王后等。这些国家与外界建立联系，国家之间也建立关系，相互联系。这些联系通过对外合作和外交手段等方式促进了外交、贸易、市民保护、国家利益、对外征战、与邻国、其他国家结盟、处理争端和冲突等的发展。这些政治单元把他们的国家分成若干省份。为了有效的管理地方行政机构又分成更小的行政单元。在殖民时代，欧洲殖民统治者采用了非洲政府的管理机制。

这意味着 1884～1885 年的柏林会议，欧洲 14 大国聚集在一起商讨瓜分非洲，将其变为欧洲殖民地的时候他们就创造了一个颇具司法体系的国家。这一体系后来被七大主要殖民国家（法国、英国、德国、比利时、葡萄牙、意大利、西班牙）采用并在殖民地区推行。一直到 19 世纪的殖民统治，这一期间非洲的政治组织出现了各种各样的形式。从由男人、丈夫、父亲扮演的主要角色的家庭单元到村落，所有形式都是由一个村长或民兵头领或保卫家园的人充当首领的角色。村长行为端正，遵从村落里有关人生命的命运安排。他代表部落首领，有时候是部落首领的助手。在下属的部落中，他的地位仅次于首领。他为首领服务，掌管着一方部落。就像其他小首领一样，如果其他地方需要人去保护，他就代替首领去。

大首领掌管着一个很大的区域，统领着若干小首领。所有这些小首领们都要接受这种至高无上的首领制度的管理。在欧洲人颠覆非洲传统的行政管辖制度设立欧洲式的行政管理机制之前，大首领实际上也是整个部落的国王。实际上，欧洲殖民统治者沿用了非洲传统的部落王国的编制，但是通过把这些机构收编进中央政府废除了国王制。所以，曾经拥有至高无上权

65

威的首领——部落国王，变成了按期领取退休金的国家公职人员。在外人眼中，他们还是名义上的首领、大首领。

历史的角度

通过该研究发现，非洲作为一整块的大陆开始存在并作为全球系统中子系统的一部分存在，这其中带有明显的演变、发展痕迹。非洲部落管理机制的演变和发展是整个非洲发展进程中两个重要的阶段。其总体目标及双重目标都是为了促进、保护、提升、保卫非洲人的居住条件，同时推动保护非洲自然居住条件。

所以，对非洲来说，她关注的核心是非洲的人民和自然法则。因为非洲的存在，起初是为了居住在非洲的人民谋福利，所以人类居住条件这一关注问题必须放在首位。这也就解释了为什么任何有关非洲人力管理和政府管理方面的研究都必须彻底了解这一问题。有关非洲领导人的成败、非洲的现状、非洲的国际关系、非洲的对外政策、外交手段都要追溯到非洲早期的政府管理形式。后期的政府管理形式和行政机构要么继承了这一管辖形式，要么没能在非洲社会创造的社会管理体制上或者是从非洲人类社会开始依靠在固定的领地上、固定的领界、牢固的根基的基础上生存继续延续下去。

所以，要了解非洲早期的政府统治形式就要从最基本的非洲人类居住情况、用历史的眼光来看待政府和政府的管辖形式。要在历史的背景下去了解非洲的进化和发展史。

要统治一个民族，就要为该民族提供民族所需、保护该民

族的子民、提升他们的价值观，捍卫他们的安全，包括公民的
兴趣爱好、民族形象、民族融合度、国家法律系统以及其它方
面的事情。这也是任何一个政府需要做的事情，也是他们的义
务。这样一个政府，就像是一小组肩负了许多责任的一群人，
代表了那些被统治的人。行使他们的权利和义务，行政效果的
好坏取决于政府做了什么、如何做的以及产生的效果。这样一
来，政府管理就出现了。

　　非洲治理的问题也促生了政府在没有运用暴力的情况下去
治理臣民、制定公众管理制度。所有这些都是在固定的规章制
度下进行的，目的是为公众谋福利。

　　要对非洲治理问题进行的历史审问，需要从政府的管理艺 66
术追溯到史前人类的组织形式。以及历史、非洲进化发展的阶
段。正如第三章所说，人类史前发展可以追溯到类人时期，这
一阶段的进化大约用了 1000 万年。主要处于游牧状态和无政
府组织的社区部落状态。他们不断在非洲地区迁入迁出，寻找
食物和居住的地方。从某种程度上可以说，早期的人类治理并
不是在很多人聚集的社区部落的基础上形成的，而是基于较小
的人类居住单元的需求而产生的。这些家庭单元起初由父亲充
当领导角色，之后通过家庭拓展，范围变大，拓展到村庄、小
宗族、大宗族、小部落、大部落。随着时间的推移又拓展至部
落王国。但是很长一段时间内，处理问题的水平在很大程度上
还是停留在处理家庭内部事宜的的水平上。游牧方式又不允许
在一个区域进行长期的计划、打算。毕竟，史前时期及古代的
非洲人口相当少。

　　然而，当人口开始大量增加并扩散到非洲别的地区的时

候，人们的生活开始变得更有组织性。人们开始发明东西同时也在发现新的东西；开始种植庄稼，驯化野生动物；发明生存工具用于打猎、搜集食物、与别人交换别的东西。不像史前时期，那个时期许多文化开始代代相传。历史也被人们记录、保存下来。

关于非洲的治理、政府管辖和历史进化方面，你需要从历史的角度去看，去观察这些进行是如何变化发展的。非洲的史前时期（即1000多万年前，从遥远的古代到公元前4000年前非洲向类人时代进化的时候）是一个没有文字记录、没有文件保留下来的一段时期。大约在公元前4000年前，随着书写的出现，也有一些证据表明人类开始出现书写历史。这标志着史前历史的结束，书写记录作为口述记录的补充出现。当口述的传统和故事被记录下来的时候，这些记录帮助挽救了一大批珍贵的口述历史传统和故事，因为口述的历史随着口述人的死亡逐渐消失。中世纪就是从公元476年到1453年延续的。虽然中世纪的历史被记录下来了，但它主要指的是欧洲历史。

非洲治理和统治的根基：口口相传的传统和传说故事

石器时代和铁器时代的传说和口述记录的故事表明人类游牧文化并不能固定，也没有系统的权威。

在铁器时代人们开始用传说来讲故事，一些人开始试图对其他人施加影响。最具信服力的传说是一个锁匠开始强迫他人按他的意愿来做事。

67

　　然而，许多故事都是以口述的形式流传下来的。描绘非洲治理的起源，表明古代非洲治理和通知的根基并不局限于众所周知的父系时代。在父系时代，家庭中的父亲被赋予许多角色，承担保护家族成员，引导他们解决问题，击退敌人的责任。

　　就像传说一样，在铁器时代，男性权威开始出现。劝导、强迫人们去接受他的统治。这个男人刚开始是个铁匠，后来成为一个国王。在非洲王国的演变中扮演着重要的角色。他借助超自然力量，在这种超自然力量的背后，他成为实际上的非洲统治者。这种复杂艺术的开始和非洲治理的实践在下文中紧接着给出了介绍。

从历史角度来看非洲治理的起源

　　新的国际字典把历史定义为"叙述与真实的或想象中的事件、个人或者和个人生涯的历史事件……记录大事特别是影响一个国家、机构、社会、艺术发展、通常与哲学阐释有关的事件。知识的分支，在人类文明进程中记录并解释过去发生的事件。"

　　从全球历史这一背景下来看，非洲史前历史和历史可以被描述为历史问题、历史事件叙述和政府治理的决定因素的记录者。这样看来，非洲史前历史和非洲历史就必须与全球史前历史和世界历史保持一致。所以，非洲史前历史是从遥远的古代延伸到有历史记录的开始，大约在公元前 4000 年。这一时期在非洲大约是在 1000 万年前，类人族——我们的祖先开始出现并得到发展，一直延伸到书写历史和记录历史的出现。

非洲历史

在非洲，非洲的历史阶段有几种广为人知的版本。历史范围从早期的史前历史、古代历史、古代一直到远古非洲。所有这些阶段不仅符合全球历史，也标志着特殊的时代开始存在，即在非洲和世界手写记录的历史出现之后。

但在这里，人们需要多加留意。因为虽然书写记录历史在公元前4000年埃及发明了书写方式以后才出现，但在广为人知的古代历史时期，需要强调的是非洲历史实际上是开始于史前阶段的。因为它是随着智人的出现而出现的，大约在10万年前到3万年前。非洲的古代历史可以定性为开始于古代（即公元前4世纪埃及文明开始出现的时候），在后续的几个世纪里得到继承和发展。在这一期间多样化的社会在尼罗河周围开始繁荣，直到外来文化和文明入侵。

如果非洲的历史开始于非洲第一个现代智人的出现，一直延续到现在状态，那么人们可以放心地按如下标准界定非洲时代和世界历史。

- 足够证据表明，包括非洲历史在内的古代历史，开始于大约公元前4000年前，没落于公元476年，罗马帝国覆灭。正是在公元前4000年到公元500年这一时期内，非洲古代历史或古非洲开始存在。

- 紧接着这一时期，古代世界和非洲历史开始以中世纪时期在世界传播开来。这段时期基本上都是欧洲历史，从 476 年罗马帝国的衰落持续到公元 1453 年的早期的中世纪。

●现代欧洲历史开始于中世纪历史的结束，一直延续到现在。也有争论说，1453 年标志着现代非洲历史的开始。但是这也是非洲历史上一段黑暗的历史时期。因为这段时期内，各种船只开始往来于非洲大陆，特别是随之而来的葡萄牙人的入侵，摩洛哥的休达被占领。这批葡萄牙人是第一批访问非洲的欧洲人，并由此引发了欧洲入侵非洲的狂潮。非洲被占领区的奴隶贸易也由此开始。非洲历史上的黑暗时期也到来了。

●然而，现代非洲历史有不同的日期。对非洲来说，史前三个时代是石器时代、铁器时代、铜器时代。他们都与非洲相关，因为在整个史前时代一直到公元前 4000 年的埃及，冶金时代产生的大量的铅和手工艺品，在公元前 4000 年繁荣了很长一段时间。铜器工艺品可以追溯到埃及前王朝时期，当时铜器大量被使用。到公元前 5000 年，已经历了旧石器时代、中石器时代、石器时代晚期，金属时代见证了铁器需求的大量增长。虽然铁器时代被认为是石器时代晚期的一个时期，铜器时代是金属时代的一部分，他们都可以追溯到 1000 万年前。具体如下：

- 旧石器时代
- 中石器时代
- 石器时代晚期
- 铁器时代

69

- 金属时代
- 铜器时代

冶铁时代，大量的铅被投入使用。这可以在公元前 4000 年埃及的工艺品中看到。铜器可以追溯到前王朝时期，当时铜器也被大量使用。青铜，是铜和锡的合金。开始使用青铜是在公元前 3000 年后，特别是在努比亚地区。大约在公元前 1750 年，也就是在埃及的前王朝时代，出现了大量的金和银。

横贯非洲历史中的里程碑

在非洲的历史长河中，埃及和新石器时代的北非人都见证了异族外来者是如何在北非的土地上开疆拓土，建造他们的殖民帝国。而腓尼基人、希腊人、罗马人以及阿拉伯人都在这些异族侵略者之列。之后，随着撒哈拉大沙漠的出现，非洲被分为了两个部分：北非和撒哈拉非洲以南地区。

宗教的传播

公元一年，基督教从北非传到埃及、努比亚/苏丹和埃塞俄比亚等地，也是在这一时期，这里的人们开始信奉基督教。到了公元 33 年，基督教在库什、亚述和麦罗埃等地区已经建立起了较为完整的体系。

公元六、七世纪，伊斯兰教在南非开始传播，阿拉伯的影响力也于此时开始兴起。之后，伊斯兰教又传往了非洲的东西部等地。

到了欧洲中世纪，非洲（东非、西非、中非、南非）的一些王国进入繁盛时期，宗教传播的体系也日臻完善，为非洲商贸、文化的发展带来了巨大的影响。

大大小小王国的涌现，也改变了非洲的政治结构和统治体制。撒哈拉沙漠出现之后，政府机构和其它政治统治形态也在库什、亚述、麦罗埃、努比亚和埃及等地纷纷建立；在东非，印度洋海岸的斯瓦西里人民就建立了至少 35 个城邦；南非建立了祖鲁和津巴布韦两个王国，中非建立了巴刚果和安哥拉；西非受到基督教和伊斯兰教的影响，在加纳、达荷美/贝宁、奥约、豪萨兰、马里、桑海这些国家和地区产生了新的政治文化传统。时至今日，这些宗教与非洲本土的传统习俗，欧洲传入的文化传统仍然在非洲有着一定的影响。

70

非洲国家、城邦的政治统治的问题

仔细审视非洲的地区特点，很多非洲统治的相关问题就会得到很好的解决（例如，北非、东非、西非、南非和中非等地政治制度的实施和发展）。在公元前 5000 年到公元五世纪这一时期，政治统治问题在非洲以及北非的一些国家或城邦（如埃及、迦太基、亚历山大）突显出来。

北非马格利布地区

北非的马格利布地区有一段丰富的历史，从公元前 3500

年开始一直到公元前 1500 年。正如第一章中所述,第一位与非洲有所联系的外来者是公元前 1100 年尤蒂卡的腓尼基人和公元前 814 年的迦太基人。在那之后是希腊人(即盛极一时的亚历山大大帝,他于公元前 332 年建立亚历山大城)和罗马人(他们在大约公元前 146 年的时候把马格利布地区收归罗马帝国版图)。这些侵略者都是在以公元纪年之前来到非洲的。古埃及人亲历了公元前 300 年时,世界第一个城邦的建立。最终,北非罗马/拜占庭的整个版图都在公元七世纪时归入阿拉伯。

总之,非洲的史前史就如同一部大事记薄,被非洲人民口耳相传。它是一部口述的历史,而非记录的文字实录。非洲的史前史可以说是从最远古的时期开始的,它可以追溯到一千万年前,那时,我们的祖先原始人类或者说是猿人才刚刚开始直立行走。

值得注意的是,尽管非洲史前史有很大一部分是由口头的形式传递下来的,但还是有一些史实被记录了下来。例如,非洲史前史的最早起始时间,众所周知的南部早期岩石艺术(可以追溯到公元前两万七千年,并包含了四千多幅壁画)。

史前时代的特征之一是:史前时代是人类起源和迁徙的进化过程。人类起源于非洲东部、南部和东北部,起初以小群体为单位(主要由大家庭组成)逐绿草而居,经过探索与发现农业出现了,人们开始种植谷物、驯养家畜,生存技能得到发展。

71   这一时期,非洲的人类已经进入了石器时代,并正向铁器时代迈进。这时,他们收集、打猎的技能、创造工具和武器的生存技能已经有了很大的提高，金属等较为复杂的工具代替了原先的石器。最终，随着撒哈拉大沙漠的产生，非洲文化经历了激烈的碰撞和巨变。这意味着一个崭新的自然秩序在非洲兴起。生活在 250 万年前的原始人类，在石器时代发现了石器和金属，接着又拿着他们所创造的新技术，迎接新的生活。这样，在整个非洲，从撒哈拉沙漠到卡拉哈里沙漠，再到纳米比亚沙漠，狩猎者和收集者们从一块土地迁往另一块土地，繁衍生息。之后，农业在整个非洲大陆广为传播，农耕经济开始出现。到了公元前四世纪，由于书写的发明，历史开启了一个新的阶段——不再是史前阶段，而是有文字记录的非洲历史。非洲因此进入了第二个历史时期。这一时期伴随着几次大的人口流动，其中较为显著的一次是班图人向非洲中南部的扩张。

非洲南部，是夸祖鲁和博茨瓦纳的克瓦桑族人。中部，班图人在公元前一千年前从刚果和五大湖地区向东非扩展。于是，尽管人们说非洲历史开始于公元前四千多年前，那时，埃及文明刚刚兴起、人们创造了文字，并用语言来记录历史。但非洲历史的真正开端，比这些还要久远——那是在远古时期，第一代人类出现的时候，大约公元前十万到公元前三万年之间。这就是非洲的最早历史。而最古老的人类遗骨和原始人类形象也是在埃及所发现的。那时的第一代人类就是我们今天所说的智人，而东非则是非洲最早出现现代人类的地区，并且仍然在不断的向前演变，从部落群体发展成初具政治规模的王国、城邦。当然，我们也很欣喜地发现，从有记录的历史开始，到欧洲中世纪早期这段时间内，很多文献的研究都与非洲的历史密不可分，尽管这片大陆曾被人们戏谑的称作是"黑色陆地"。

在接下来的几个世纪里，由于撒哈拉沙漠的不断扩大，撒哈拉以南地区的很多常驻居民、部落开始迁往尼罗河地区。这时，第一批外来入侵者——腓尼基人于公元前1200年到公元前800年之间沿地中海，建立起了与非洲大陆之间商贸往来。尽管他们只是占据了迦太基城的北部一角，腓尼基人仍然是来到非洲的第一批殖民者。古希腊人在公元前631年也来到了非洲，占领了的黎波里塔尼亚和昔兰尼加（也就是我们今天所说的利比亚地区）。到了公元前322年，希腊人在亚历山大大帝收复马其顿时，宣布了对埃及的殖民统治。公元前146年，罗马人入侵非洲，最终攻占了汉尼拔和迦太基两个地区。

非洲政治统治与外交艺术的起源

就像政治科学一样，统治也是一门艺术。在非洲，技艺、法律、统治秩序、政府决策、公正的体制制度、非洲社会主义、政府所维护的非洲社会都是保护撒哈拉南北地区非洲人民权利的基本方面。为了满足人民的需求，维护人民的利益，抵抗外族入侵，抵御自然灾害，保护人民财产不受侵犯，于是，人民领袖就必须逐渐培养起自己的领导才能。这些才能很大一部分是来自于对传统习俗的继承。非洲的政治统治传统大多始于父系继承制，即家族中的男性统治者将自己的统治权传给自己的儿子。在极少数的情况下，权利、地位、政治统治权才会传到女性手中，遵循母系社会的规则，由女王将政权传给自己的女儿。

这样，一个国家的权利首先属于这个家族的头领，然后是整个氏族的头领，之后，统治权才由部落领袖执掌。于是，部落的领袖就很自然的成为了国王，整个部落就成了一个王国。

有时，一个统治者或者国王掌管了几个或多个部落，之后又通过扩张或者传统习俗的继承臣服了其它的一些部落，那么这位统治者就可以称作是皇帝了。于是，几个部落可以形成一个王国，而几个或多个王国就可以形成一个超级王国或者帝国，以此类推，几个或多个帝国的整合就可以称作是超级帝国了。相应的，这些政治集团的领袖们依据自己国家的版图和实力，为自己制定了符合他们身份的称谓：族长（部落首领）、国王（一城之主）、皇帝（一国之君）、大帝（一方之王）。

正如我们前面所述，非洲的国家从公元 800 年到 1500 年之间开始步入繁盛。也正是这一时期，非洲另外一些小国家也纷纷涌现。这些国家最重要的特征就是它们对领土主权的所有。

非洲早期的国家，不论是被称为城邦还是王国，它们的产生和发展都和外界的世界没有较大的联系。这些国家的建立都顺从于两个主轴：一个横贯东西，跨过苏丹。另一个直通南北，从努比亚（即今天的苏丹和埃塞俄比亚）的高原脊梁一直延伸到大陆另一端的林波波河（正像诗人吉卜林诗中所描绘的那样"灰茫茫的绿色奶脂"）。

每一位国王都有一个智囊团或者说是长老团，他们把普遍的习俗或者传统制定成统治规范，让人们遵守。与封建君主制国家官员对国王的绝对效忠不同，非洲统治下的部落族群体系结构较为松散。于是，一个国家命运与这个国家的外交以及远

73

途的商贸合作息息相关。

一个处理国家间事务的显著方法就是既要有处理各种分歧与争议的建议机制，也要有妥协协商的外交手段。在战争中，这些就体现在了如何避免在主权和非主权国之间引发战争与冲突。在非洲早期的外交实践中，通婚扮演了十分重要的角色。例如，来自阿曼和阿拉伯半岛的阿拉伯人抵达东非之后，要想加强与当地班图人的信任和关系，其中的一个方法就是通婚。因此，一些新的文化从这些实践中产生，成为了斯瓦西里人民所独有的文化。"斯瓦西里"一词是来源于阿拉伯语"sahel"（萨赫尔），即"海岸的意思"。所以，斯瓦西里就是指那些生活在海岸地区的人们，即便是在今天，我们仍然可以发现，这些海岸地区也包括肯尼亚和坦桑尼亚的海滨地区，以及印度洋沿岸地区。这些地区的人们仍然以耕种、捕鱼、贸易为生。苏丹河岸一带，从埃塞俄比亚高原一直延伸到印度洋，早在公元前3000年就有人类居住了。在这里生活的人种族混杂，但整体还是以黑人居多。与非洲南部大多数居民一样，他们大多为了储藏食物，在与大自然相抗争着。在撒哈拉以南的非洲地区，铁器时代代替了石器时代，在狩猎、捕鱼、农耕和战争等方面都取得了显著的进步。铁器制造工艺在古老非洲的传播为农业的发展奠定了基础。

在古代时期，非洲——意思是实实在在的土地——在其社会中保持了一个十分特殊的地位，农业成为了非洲文明发展的根源。在非洲的部落王国中，那些原先的统治者在获得他们相应地位，建立起自己的城邦或者国家之前，都被长老们反复告诫，明白他们的根和社会文明的起源是农业、氏族、宗教信仰、舞蹈、艺术音乐、以及他们母系和父系的社会体系。这些告诫对于非洲后起的那些国王、君主来说是十分重要的，因为他们必须在国与国之间建立友好的相互关系，为日后的政治利益服务。在那一时期，王国、超级王国、帝国和超级帝国都获得了主权国家的地位，他们实际上成为了一个个城邦，或者是单个的非洲国家，它们有权利和其它主权国家处理外交关系。巴巴里和北非的埃及就是一个很好的例子，它们维系了主权国家以及那些非洲非主权国家之间的关系。

74

随着城邦体制的出现，非洲各政权国家把建立和维持较好的外交关系作为促进政治、经济、商贸发展的纽带。这也是处理分歧、矛盾基础而温和的一种方式（例如，通过通婚或者加强与它国的合作来保护自己免受各种天灾人祸的侵害）。当然，我们还有其它非武力的方式来处理分歧，比如，通过协商谈判、赠与土地、奴隶、俘虏以及其它附属物，这些也可以称之为外交手段。

此外，在大量国家纷纷涌现的这一时期，各国间商贸的来往也日益频繁（这大约出现在公元前 5000 年到公元 1697 年之间），所涉及的国家包括：迦太基、亚历山大、埃及、库什、努比亚、亚述、加纳、麦罗埃、马里、桑海、津巴布韦、布干达、廷巴克图、蒙巴萨、安哥拉、刚果以及其它的贸易中心和非洲国家。这些国家多位于草原、森林、沿海和高山地带，以进行黄金、象牙、海盐、钻石、奴隶等的交易为主。同时，外交关系的促进也得益于非洲各国之间共同的长期性利益：从马里的尼日尔河到埃及的尼罗河，南非的林波波河和赞比西河，以及其它一些水路，如：维多利亚湖、艾伯特湖、坦噶尼喀湖、鲁道夫湖、埃尔曼特塔湖、纳库鲁湖、奈瓦沙湖和裂谷中的河水，以及非洲五大湖地区水域。这些交流不仅促进了非洲各国之间的商贸往来，还有助于这一时期外交关系的发展。

这一时期，正如各国国主以及他们的智囊团们所期待的那样，对外政策、外交手段和国家关系的根基逐步加强。到了公元六、七世纪，非洲文明已经繁盛到可以和罗马帝国及红海沿岸的那些国家相较。随着外交和对外政策在协商和处理国家关系中的作用愈加明显，人们肩上应承担的使命也愈加清晰，而这些，也反过来促进了国家间和平关系的稳定、商贸联系的密切以及协商性体制机制的建立，同时，在消除争议，共同合作，促进国家间友好关系的发展方面也起到了一定的作用。

非洲和城邦体制的起源

从已知的数据来看，非洲是人类文明的摇篮和人类社会的起源。我们注定会得出这样一个结论，那就是城邦体制这一概念起源于非洲，并且在城市形成之后，这一说法得到了证实（例如，人们自愿在某一区域内居住，那么在这一个既定范围之内，会有一定的法规秩序予以制约）。通常，这些法规是由这一地区所有的居住者认可同意之后确立的，之后，这些法律或条文开始颁布施行，并被赋予了不同的名称，如：宪章、宪法、宣言等。而唯一的强制力就是民众必须遵守这些法律规范，服从政府的统治。

这种社会秩序存在于非洲，之后又传往希腊。于是，这就证明了在 5500 年前，城邦体制的诞生之地正是非洲，也就是在这一时期，激烈的文化变革席卷非洲，最终导致了撒哈拉沙漠的形成。撒哈拉沙漠最初开始形成是在公元前 12000 年，到了公元前 5000 年，这片沙漠已经在非洲站稳了脚跟，并最终成为了我们今天所说的撒哈拉。这片沙漠占据了非洲很大一部分土地，面积堪比美国国土。这里也曾有着很好的气候，植被繁茂，绿草如茵，对动物和人类而言，都是一片理想的乐土。有证据表明，高加索人就曾在这里居住过。

当撒哈拉沙漠将非洲分为了南北两半之后，新的自然环境、人类文明和社会政治文化体系也随之产生。于是，人类迫于这样或那样的限制，不得不放弃了游牧的生活，将居所固定了下来，这样，他们就可以共同劳作，一起分享财物，沿用同样的政治体制，在共同领导者的统治下，一起抵御饥荒、动乱、外族入侵和自然界中的野兽。

这样，在 5500 年前，撒哈拉以南以北地区的人们已经在这片土地上居住了 2500 年之久，这大概是从公元前 5000 年即 7000 年前，撒哈拉沙漠出现之时开始。于是，更进一步的问题也引起了人们的关注。早在在非洲聚居地出现之前，这里还没有国家，只有一些小的，松散氏族部落王国。随着撒哈拉地区的非洲人口向北非和尼罗河谷附近迁移，人们开始定居下来（这主要是由于居住地有肥沃的土壤和适宜的环境），于是，部落王国在公元前 5000 年之后开始出现，非洲人民游牧和扩张式的生活方式也告一段落。不过，这时非洲人还只是依群落而居，并没有城市建立。随着 5500 年前非洲各地建国潮，城邦体制才逐渐显现，并发展成为人们不断关注的话题，而之后埃及文明的出现表明非洲文明正在以一种缓慢而稳步的形式发展。

76　　　这一文明起始于公元前 3500 年到公元前 300 年的美索不达米亚平原。于是，在这一基础上，非洲文明继续发展，在生活、人文、政治等方面都有了长足进步。就是在这样的文明进程中，真正的城邦体制开始出现。在非洲，埃及文明之所以成为非洲文明典范的原因或许正是埃及与美索不达米亚平原较近的地缘位置和其重要的战略位置（埃及地处非洲和近东地区之间）。

美索不达米亚（两河流域）文明的出现

美索不达米亚地区位于底格里斯河和幼发拉底河之间的肥沃山谷地带。美索不达米亚文明（在希腊语中 "meso" 的意思是 "之间"，"potamia" 的意思是 "河流"）是世界文明起源的一部分，原因包括以下几点：

大河谷对农业、文明和其他设施条件（河流水道，公共服务，以及社会改良）具有很高的使用价值。它有利于通过粮食作物的培育和动物的驯化提高生活水平；有利于在城市化地区组织工作；有利于工业的发展。生活的繁荣兴旺可通过辉煌的艺术（音乐、舞蹈、绘画等），先进的法律，政府的治理和各项制度得到印证。

如上所述，埃及成了美索不达米亚文明的早期受益者，尽管埃及的位置优越，仍需借鉴美索不达米亚文明。埃及是第一个在地球上实行城邦制的国家，北部和南部王国合二为一，由一个国王对其统治。在公元前 3100 年，美尼斯是埃及的其中一位国王，又被称为法老。但在希腊，对城邦制进行了改良，成为古希腊的一种特殊的城邦形式，这种形式很快传到古罗马，随后便广为流传。然而，这并未表明城邦体制源于希腊，一些文学作品在这点上犯了错误。

希腊的城邦一开始是一个城市（在希腊语中"polis"就是"城邦"的意思）或城镇。城市管理的概念源于"希腊黑暗时代（从公元前 1100 年到公元前 750 年）"。在希腊，城邦起源于城市或一个国家的首都。城邦是一个政治单位或政府形式，表达军事和政治的实力，还有可能表达政治价值观，以及地方的爱国主义。从公元前 500 年开始，城邦体制持续稳步发展，直到公元 700 年，体制已经十分稳固。

在铁器时代，社会规则和社会组织化开始成形。最初，统治者用许多神话故事去描述如何管理，以及政府的形成过程，同时，还会强调他们自身对法律、秩序和公平正义的重要性。因此，根据传说，铁器时代的一个铁匠开始聚集身边的人，并成为他们的领袖。他指导他们的工作和行为，逐渐成为他们的统治者或国王，要求他们服从他的权威。权威依靠他的指示不断向他们传达，作为他们的领袖、国王或者指挥员要通过特定的方式统治整个国家，然后统领那些自愿成为他的臣民或者群体。在这里，政府的关键在于是否知道如何保持与下属的关系，如何维持他们的忠诚，要求他们为团队的共同利益而努力工作，并且，他们的家眷也是如此。然后，需要他们和平共处，需要有共同的价值观、共享基本资产、共同服务，这对于他们的共同利益和社会非常重要。领袖或者国王必须选出一些支持他自己观点的人员。比方说一小群顾问，通常由他们自己家的一些智者（长老）组成，因为这些人非常熟悉他们的习俗、传统、价值观和生活方式、直到如何共存和合作，会解决

77

从家庭到亲属的各种问题，了解社会的法律和秩序、正义、教育、以及确保共处时采用可接受而且适当的行为方式。这在那些非常有组织的人类社会早期，政府作为法律、秩序、国家的繁荣和社区的发展的重要形式而出现。

尽管城邦制起源于希腊，随后被古罗马采用，在古罗马，依据规则、法律、秩序和文明的不同目的，不断地对体制做出相应的更改。在 8 世纪到 19 世纪期间，卓越的城邦制在非洲盛行一时，并很快在整个大陆传播开来。就像希腊一样，在非洲，城邦制也是在一个小城镇开始施行，之后才在较大的城市运用，一些较大的城市不断地吞并邻国的土地，还要使俘虏臣服于国王的统治、表达对国王的忠心。在非洲，通常情况下，王国都是部落体制，因而他们的国王也就是部落的首领。对一个帝国来说，通常会是很多部落王国的集合体，然后由一个统治者控制整个城邦。这些国家的主权、国家地位以及领土完整和统一性都超出了部落王国的体制，而最终会选择使用城邦制。一个城邦就是一个国家，因此，需要维持好各个城邦国的关系，出于各种实用目的，会使用国际公法来维护这种国际关系。

非洲与希腊和罗马的城邦制

在公元前 631 年北非成为希腊殖民地的时候，城邦制已经在北非存在好几个世纪了。

希腊的城邦体制是在公元前八世纪的时候由部落王国进化而来的。城邦很小，但也是一个拥有主权的政治单位，所有的重大活动都会同到一个点上，用法律上的词来说，相对于个人关系，公共纽带成了最基本的东西。然而，值得注意的是，城邦制在希腊开始施行时，它已经存在很长时间了。城邦制早在公元前 3100 年，就已经在埃及存在了。希腊语城邦也就是城市的意思，在公元前 1100 年到公元前 750 年的希腊黑暗时代成形，并逐渐成为一个独立的政治组织，在那个时代，城邦还包括其周围的农村地区。之后，城邦的概念就开始用于表达政策、政治、警察和政治家们。除了斯巴达作为一个较大的岛国，拥有 400 平方英里的土地之外，其他的希腊城邦只控制着约 50 平方英里的土地。因此，城邦很小，但也是一个拥有主权的政治单位，所有的重大活动都会同到一个点上，用法律上的词来说，相对于个人关系，公共纽带成了最基本的东西，公民通过自然边界（山脉、河流、湖泊、海岸山脉，等等）而划分彼此的关系。城邦的公民——在这里只指男人，因为妇女、儿童还有外来人员都不属于希腊城邦的公民——会定期就重大问题或者选举官员参与投票。早在大约公元前 600 年的斯巴达和雅典，委员会就已经成立了。委员会代表贵族的利益，控制着整个政府。城邦政府的成员以不同的方式选出，但实质上都是终身制。国王控制整个城邦，政治价值观得到尊重，强大的军事和政治力量得以发展，极力推崇爱国主义。

最初，各个城邦的大小、贫富状况、地理位置、人口数量、势力以及重要性都各不相同。一般来说，城邦的大小相当于美国的一个县。无论在希腊、罗马还是非洲，城邦间都有自然边界，（海洋、山脉等等），城邦公民会定期对重大问题或者选举官员进行投票。

早在大约公元前 600 年的斯巴达和雅典，委员会就已经成立了。委员会代表贵族的利益，控制着整个政府。城邦政府的

成员以不同的方式选出，但实质上都是终身制，因为他们一般
很少举行选举。在某些情况下，这些成员是被任命的或者是通
过欢呼的方式获得支持。国王非常强硬地控制着城邦的军事和
政治，也正是当地的爱国主义使得城邦不断壮大。亚里士多德
曾经说过，"人天生就是一种生活在城邦中的动物。"[2]

非洲、希腊、罗马：城邦制特征的共同点和不同点

第一个最早的城邦制国家成立于公元前 3100 年的埃及，
那时，埃及北部王国和南部王国合二为一，开始施行政府体
制，与今天的政府体制十分类似。换句话说，主权交易开始
了，带有主权性质的埃及官员间的交易，一种成为境内交易，
另外一种成为跨境交易。这是城邦间关系或者说是国际关系的
开始。埃及或非洲的这种政府体制在世界的其他国家也都得以
施行，尤其在希腊和罗马。在希腊和罗马，只有男人才称得上
是国家的公民，不包括妇女、儿童、外来人员和奴隶。也只有
公民才有权或者权威来执行或者继承权利。

希腊和罗马以相似的方式，以城市为中心，开始施行一系
列管理与制度，然后向外扩展到邻国、帝国和超级帝国，超级
帝国包括王国、一些小的帝国和城邦。在某些情况下，城邦比
王国要大，但一般王国和帝国都要比城邦大很多。最初，非洲
没有城市，古希腊和古罗马也是如此。在非洲，政府官员施行
世袭制，正如习俗和传统讲述的一样。非洲的城邦制是由部落
王国体系进化而来。之后，在非洲，传统形式下的法律、秩
序、公平正义、防御自然和敌人、男女之间明确的分工经历了
几个世纪的发展与完善。

非洲传统的部落统治形式，通常由法治和民主统治的非洲

社会主义，也已经进化和完善，他们会使用特定的钱财（例如土地、河流、草地）向最高统治者（国王、首领等等）定期缴纳贡品，以寻得保护。还有很多其它的行为方式，甚至在城邦制出现以前就开始存在了。

就习俗和传统而言，在前殖民时期，非洲拥有很多的遗产，包括民主政治；处于联盟目的的通婚；与其他国家交流时使用外交；还有很多贸易方式，包括使用黄金、梭螺、铜、象牙、饰品交换布料、动物、武器、猴子坚果、可乐坚果、花生等等的长途贸易，这都是自然物资（马、食品、盐等）的交换。此外，还要以统治者、国王或者其他部落首领的名义征收关税、海关费用和税收，同时，人质可以成为政府的奴隶。

可以说，前殖民时代非洲的古代王国、帝国和城邦已相当繁荣，贸易也十分兴隆。这些政治实体学会了如何利用并共享环境、知识以及公共产品——我们赖以生存的生态环境。

80

如前所述，王国和城邦的兴起，以及整个非洲的繁荣，可追溯到古代的西非和北非、非洲东部和中部，以及非洲南部。城邦的建立需要包括以下几点：

- 民主、管理和政府，实行集体责任制，没有一个君主、单个统治者或个人或国王可以代表中央的权威，自然边界也是如此。
- 通过讨论形成决策，而不是独裁统治。政府的决策要对公民有利。
- 公民可自愿选择在一个地方定居和生活。
- 通过投票或者达成共识的方式选择几个拥有权威性

的人来统治国家。这就是所谓的中央集权，而所有人实行集体责任制。

在希腊，城市被称为城邦，字面意思是"公共事务"。城邦一词在公元前 750 年到 650 年之间开始使用。一个城邦包括其周边城市和它本身。

在罗马，城邦被称为"urbs（城市）"（拉丁语为城镇或城市）。罗马城邦出现在公元前 800 年到公元前 575 年之间。

在非洲，所有的城市都要经历从部落王国后才能进入帝国时期，然后从帝国进入到超级帝国，再从超级帝国发展到城邦。有时，城邦要比帝国小很多。在特殊情况下，城邦大于帝国，但通常来说，超级帝国要大于城邦。在非洲，大多数的城邦是在公元前 500 年到公元 700 年兴起并繁荣。这一段时期是非洲历史上，王国、城邦和超级帝国蓬勃发展的阶段。

城邦制度在 1648 年以后持续发展和繁荣，历史上一致认为这个时期是现代城邦制的开始时期，那时，欧洲列强势力膨胀，经过多年的战争之后极力渴望获得欧洲的和平。他们为了征服、权利和领土而战，最终在德国签署了《威斯特伐利亚条约》。该条约引入了经验国家制度。依据 1885 年 2 月 26 日的《柏林协议》，欧洲列强对非洲进行了瓜分，欧洲殖民列强强行对其实行殖民化，随后非洲人民才开始施行城邦制。

非洲政府治理国家的深层特点

从早期的部落王朝体制和实体城邦制，除了一再强调其习俗和传统对治理的作用，口头神话传说对非洲政府的信念也起到了一定的主导作用。

在非洲的王国中有这样的传说，在铁器时代，人们为了采集和狩猎，或者防御敌人需要工具和武器，管理就应运而生。因而，急需一种既是一个家庭的领导者，又可以带领整个家族的领袖的人物，这个人应当受到整个社会的认可，从而可以给予人民保护、建立规定、维护利益或者仅仅是治理国家。

非洲的早期王国和城邦

古埃及[3]

古埃及文明起源于北非的东部地区，一直延伸到尼罗河下游，也就是今天的埃及。古埃及文明始于公元前 3150 年左右，在第一个法老的统治下，实现了上埃及和下埃及的统一。埃及文明在未来的三千年里持续发展。迎来稳固的发展时期，也就是"中间时期"。在最后一个王国末期，即新王国，古埃及文明进入到一段缓慢、稳步下降的阶段。公元前 31 年，早期的罗马帝国征服了埃及，并将埃及设立为旗下的一个省，标志着法老的统治正式结束。

古埃及文明主要在尼罗河河谷一带繁盛，部分原因是可以控制灌溉，土地肥沃，农作物生产丰盈，这些都推动了社会的繁荣与发展，文化的进步。古埃及也以山谷地带和周围沙漠地带的矿产开采而闻名，另外，早期独立的书写技术的完善、集体劳作、与周边地区的贸易、军事力量、战略位置、数学、刻字、金字塔、寺庙、宗教、艺术和建筑、医学体系和科学调查也都相当出名。在此之前，在 180 万年前的更新世的时候，文明仅是游牧狩猎。肥沃的尼罗河平原给人类社会的发展提供了条件，从而解决了农业和经济问题，使这一块土地变得形形色色和区域化。

努 比 亚

努比亚位于埃及南部，沿尼罗河一带，如今，其大部分被称为北苏丹。在古代，努比亚是一个拥有众多王国的超级独立王国。因为与埃及相邻，因而它亲眼目睹了非洲的第一个文明，许多丰富的文化和语言起源于科尔多凡省的不同人种。这些人就是后来的"努比亚人"。到公元前 10 万年，所有的努比亚人都加入到了新石器时代运动中。大约在公元前 3800 年，首个努比亚文化出现了，专业术语用"A 群体"来称呼，他们的政策与上古埃及时代极为相似。

公元前 3300 年左右，统一的努比亚王国保留了大量的文化，以及大量的从上古埃及传承下来的文化。这些人促使了尼罗河流域的统一和法老王朝的诞生。

在早期，努比亚成为最早的非洲黑人文明的故乡，包括纪念碑、工件、书面记录等远达埃及和罗马。在古代，努比亚的土地资源相当丰富，包括金矿、乌木、象牙和香料。有记录表明公元前 2300 年埃及、努比亚与阿斯旺之间有贸易往来。从公元前 2240 年到 2150 年，"B 群体"进化完善，在埃及第六王朝时侵入努比亚。之后"C 群体"也形成，并一直与埃及的中央王国保持着联系。不同的群体发展了不同的文化，同时，埃及的入侵和扩张给努比亚带来了很多影响。

到公元 350 年，厄立特里亚和埃塞俄比亚的阿克苏姆王国入侵努比亚。努比亚王国沦陷，形成了很多小王国。到公元 4 世纪，基督教已经渗透进努比亚地区。在公元 545 年左右，努比亚的国王和贵族们皈依了基督教。公元 569 年，王国阿卡迪亚皈依了基督教。公元 7 世纪开始，基督教传遍整个地区。与

82

此同时，阿拉伯人和伊斯兰人占领了埃及。

　　库什王朝和其城邦制

　　在公元前 3000 多年（即 4000 多年前），库什最初是努比亚的一个小镇或城市（即现在的苏丹）。库什位于肥沃的尼罗河山谷。后来第一个成为撒哈拉以南非洲的主要王国，但被埃及统治了近 1000 年（公元前 2000 年到公元前 1000 年）。

　　作为一个王国，受埃及、努比亚和亚述文化与文明的巨大影响，库什的文化与文明得到长足发展。埃及、努比亚和亚述因为具有复杂的灌溉系统，农业、种植业和野生动物驯化等发展迅速。库什的繁荣同时得益于沿着尼罗河到埃及，横跨红海到阿拉伯以及美索不达米亚地区的象牙、乌木、树胶、兽皮、鸵鸟羽毛和奴隶贸易。

　　到公元前 1070 年，埃及结束占领努比亚，之后库什在该地区建立了自己的城邦，发展成为当地富有影响力的王国。

　　公元前 751 年，库什的国王皮安基率领一支部队，沿尼罗河往下攻打，并征服了埃及。在同一个世纪，库什在佩伊王的领导下，在埃塞俄比亚王朝统治库什时期，成功入侵埃及。事实上，公元前 1000 年左右，库什的统治者已经与埃及法老脱离关系，并在公元前 540 年，发展了自己特色的库什文明和文化。到公元前 690 年左右，佩伊王的后裔塔哈卡王，加冕成为统治埃及和努比亚的国王。

　　库什经历了很长时间的繁荣期，最终发展为帝国，直到遭受亚述国的攻击，国王塔哈卡离开孟菲斯市结束。但之后，塔哈卡夺回下古埃及，并统治其多年，直到公元前 664 年去世。另一个库什国王阿斯皮塔（公元前 593～公元前 568 年），将

83

库什帝国重新组建起来，并决定学习埃及文明，来发展书写和巩固王国的统治。他将库什的首都从克马转到了麦罗埃。

因此，作为一个非洲东北部的古老国家，库什包括今天的埃及和苏丹，领土面积相当大，库什城邦制的繁荣，部分原因是其战略位置优越，占据在埃塞俄比亚高原，并将克马作为全国的中心。库什是一个古老的非洲城市，位于今天的苏丹蓝色尼罗河、白尼罗河、阿特巴拉河的会流处，这样的地理位置有很多实实在在的好处。受其位置影响，库什成为最早的在尼罗河河谷发展文明的国家。这就是为什么根据古希腊和古罗马的记录，库什文明被称为是努比亚文明和埃塞俄比亚文明的原因。

埃及入侵该地区时，库什已经成立为一个独立的国家。约瑟夫和其他古典作家曾经说过，库什帝国曾在某一时候统一了整个非洲和部分亚洲和欧洲地区。然而，在大约公元前1500年，埃及人最终征服了库什王朝。

非洲和中东早期王朝的影响

值得注意的是，非洲和中东早期的王国和城邦，例如埃及、库什、努比亚，它们都位于肥沃的美索不达米亚地区或者尼罗河河谷地带，非常有利于野生动物的驯化和植物的培育。例如，在东非，咖啡就是在埃塞俄比亚培育出来的，同样，在北非，早在4000年前，大米、小麦、大麦就已经开始种植，而驴、骆驼和马也都驯化成牲畜。在公元前3000年，埃塞俄比亚生产咖啡、大麦、小米、高粱、珍珠、豇豆、花生、落花生、棉花、西瓜、葫芦和其它驯养的动物。萨赫勒地区非常类似，豌豆、小米、小扁豆，亚麻都已进入人工种植。在西非，人工种植的品种主要有非洲山药、油作物、棕榈树、小米、豇豆。

随着文明的发展，土著人口结构也日趋复杂。到公元前 1000 年，班图人沿着东非和中非之间的大湖区分布（刚果、乍得、肯尼亚帝国和其他国家），以及本土南部非洲人，比如霍屯督人，俾格米人，和其他那些为生存驯养出动物和农作物的人种也呈现出不断增加的趋势。

在公元前 200 年至公元 700 年间，班图家族和人口主要分布在撒哈拉以南非洲，特别是在尼日利亚和喀麦隆的边境和其他的一些地方，在铁器时代，他们为了狩猎发明了矛等工具。他们还种植粮食作物，像木薯、甘薯和香蕉。他们学会了如何作为调停人处理争端。公元 7 世纪后，非洲伊斯兰教得到扩张与强化，与此同时，非洲出现了多种文明。因此，伊斯兰教和班图人的迁徙大大影响了非洲人的生活方式和社会管理制度。

东非早期的王国和城邦

在公元 4 世纪，阿克苏姆王国（阿克苏姆）在埃塞俄比亚东北部形成。在公元 6 世纪到 7 世纪，阿克苏姆是当时被称为埃塞俄比亚王国的首都。然而，这个山脉萦绕的城市在罗马人统治之前（公元前 4 世纪到公元 19 世纪）早已发展成为海军和贸易重镇。之后，阿克苏姆王国时常在中世纪的作品中被称为埃塞俄比亚。公元 324 年，阿克苏姆王国皈依基督教。在这之前，阿克苏姆王国首都是莫佛（Merve）的麦罗埃。公元 300 年，红海和非洲内陆之间的贸易已使阿克苏姆王国非常富有和强大。

阿克苏姆统治埃及和尼罗河长达 70 年之久。阿克苏姆与希腊、罗马和埃及进行贸易往来。阿克苏姆王国的农民种植香料和阿拉伯树胶，并用这些换取红海边拾来的龟甲。象牙和黄金用于兑换埃及的布料、亚麻、燧石、黄铜、玻璃、软铜、铁锭、葡萄酒、橄榄油、金、银等类似的物品。

阿克苏姆王国与拜占庭帝国结盟来一起对抗波斯帝国。阿克苏姆王国的军队非常庞大，技艺精湛，很快征服了也门和其他阿拉伯王国。这正好解释了产生于尼罗河、近东、地中海一带古代文明的成果是如何占领阿拉伯半岛的南端（现在在也门）这块富有矿物和香料的土地的。那时，大约在公元前 10 世纪左右，或者更早，骆驼被广泛用于运输香料、黄金和宝石。追溯到大约公元前 1000 年，埃塞俄比亚的最高统治者示巴女王尽管是也门人的后裔，也应所罗门王的邀请前往以色列，并给他带了丰厚的礼物，包括黄金和香料。她与所罗门王存在一段风流韵事，而他们的儿子孟利尼克一世在公元前 982 年前后成为埃塞俄比亚第一个国王。这个日子被选定为埃塞俄比亚独立日。

阿克苏姆受叙利亚传教士的影响，阿克苏姆统治者皈依基督教，并创立一性论者基督教信仰。公元 350 年，阿克苏姆国王厄柯萨娜统一了他在非洲的所有土地，而且他自己和他的王国也都皈依基督教。阿克苏姆帝国发展成为当今的埃塞俄比亚，但它在公元 7 世纪时开始衰落，因为那时伊斯兰教和伊斯兰社团占据了贸易路线。那些想要前往亚历山大、拜占庭、欧洲南部的人们全部都被阿拉伯商人抓住了。

阿克苏姆王国的基督教和伊斯兰教团体就宗教问题发生了争论。公元 10 世纪，我们所知的阿克苏姆王国最后一位国王举行加冕。他的影响力和权力不断下降，最终埃塞俄比亚占领了阿克苏姆王国。与此同时，也就是阿拉伯人征服埃及（公元 641 年）后不久，伊斯兰教开始在撒哈拉以南的非洲深入传播。随后，埃塞俄比亚王国开始崛起。

麦罗埃发展为王国

麦罗埃就是塞巴（阿拉伯南部的一个古国），也就是今天的也门。公元前 2500 年，麦罗埃促使了库什王国的兴起，同样，开始，麦罗埃是位于尼罗河附近的一个城市而已，在公元前 550 年成了皇室的家。之后，麦罗埃成为在尼罗河东岸一个非常重要的城邦，在卡布什亚东北部约 4 英里就是绅迪，在喀土穆东北约 125 英里处就是苏丹。在公元前 800 年到公元 350 年之间，麦罗埃名望不断增加。它沿用了很多古埃及的习俗，但也拥有自己独特的文化。发明了自己的写作技术，首先使用埃及象形文字，然后创建一个带有 23 个字样的字母脚本。麦罗埃王国也有许多金字塔。拥有一个令人畏惧的强大的军事力量。在公元前 332 年，亚历山大大帝入侵该地区动用了很大的军事力量，但因为遇到一个杰出的麦罗埃的军事武装，麦罗埃女王坎蒂丝亲自骑着大象带领部队，由此士气大减。（这个事件与公元前 146 年的一场战争类似，当年将军汉尼拔率领一支38 头大象的部队抵抗对罗马军队的入侵）。

公元前 332 年，亚历山大大帝被迫撤回军队，并将他的注意力转向入侵埃及，在同一年，他征服和占领了埃及。

麦罗埃的另一个女王坎蒂丝，虽然一只眼睛是瞎的，依靠一个努比亚弓箭手，她成功地领导麦罗埃军队阻挡了罗马军队的入侵，直接将罗马人打回到他们自己的领地。最终她选择投

降，但与罗马达成了一个和平有利的条款。在公元 1 世纪到 2
世纪时，麦罗埃王国开始衰退，与罗马的战斗消耗过多，同时
其传统工业发展缓慢。由而，麦罗埃王国被一个在其南部兴起
86 的王国击败了：该王国是在厄柯萨娜国王统治下的阿克苏姆
王国。[4-5]

东非早期的王国和城邦：公元 1100 年 ~ 公元
1500 年

鉴于尼罗河河谷文明的发展，以及东非与美索不达米亚地
区相邻的地理位置，最早的文化、王国和城邦会出现在非洲大
陆的东北部就非常好理解了。考虑到人类进化开始于非洲东部
和南部，那么东非的历史就变得尤为重要。因为至少有 40 个
城邦建立在东非，人类社会最大的武装力量也就会出现在东
非。地理位置对于非洲历史的形成也起到了重要的作用。尼罗
河不仅对古埃及人的生活产生了重要的影响，对其沿岸的国家
也影响颇深。从历史上看，这些王国和城邦在前殖民时期一直
到 19 世纪欧洲对非洲殖民化时期，发展都非常快速，但成为
殖民地以后，就阻碍了非洲社会的光芒和历史的意义，但是他
们建立的社会政治形式是非洲国家现代社会政治系统的先驱。

早期的东非移民发生在公元 700 年前，那时内陆的人们不
断向东非海岸迁移。迁移到东非来的大部分移民讲班图语，之
后，他们会与从阿拉伯半岛迁移过来的阿拉伯人通婚，尤其会
选择与来自阿曼的人通婚。很多来自阿曼的统治者和频繁来往
两地的阿曼人会乘坐阿拉伯帆船，这样便于由季风将他们带到
非洲。阿拉伯人与讲班图语的人的合并，产生了一种新的人

群，称为斯瓦希里人。有很多阿拉伯国家的穆斯林之所以会离开自己的故乡来到非洲，是为了逃避政敌和迫害。

　　在北非，一些来自阿拉伯的移民将伊斯兰教传入到埃及和其他的一些北非国家。实际上，古埃及是地中海世界的一部分。"Sahara（撒哈拉）"是一个阿拉伯语，意思为"沙漠"。撒哈拉沙漠的诞生意味着对整个非洲大陆的划分，所有的文化、宗教和地理位置都将会变得不同，非洲人民也会被迫被分到两个地方——大沙漠的北方和南方，因此，埃及的文化也被分别带到北非和中东。

　　撒哈拉沙漠也剥夺了许多人生活在非洲地区的权利，整个撒哈拉沙漠地区跟美国一般大，这里以前土壤肥沃，是一些猎人、采集者和驯养动物等的传统家园。人们失去了面积广阔的草原后，又被称为热带稀树草原，之前，这里充满欢乐，然而现在他们被迫迁移到南方或北方，彼此完全隔离开了，多个世纪以后，40 多个城邦和王国建立起来，也就是现在的乌干达、坦桑尼亚、肯尼亚、以及其他一些东非国家，它们分布在东非海岸 1000 英里的狭长地带。

87

　　王国和城邦包括布干达王国（将卡巴可尊为国王），托罗、安科列牛、巴索嘎、波路亚王国和肯尼亚基库尤部落，还有一些城邦，包括蒙巴萨、马林迪、拉姆、桑吉巴、彭巴、基尔瓦、摩加迪沙和索法拉，其中一些位于东非大陆，但大部分还是印度洋岛屿。这里是传统，文明和文化的发源地。他们纪念祖先，传承风俗习惯，享尽巨额财富。

西非早期王国和城邦：公元 3 世纪 ~ 16 世纪

西非和东非一样，见证了许多繁荣王国、城邦、帝国和超级帝国的兴起。包括达荷美共和国、贝宁、卡其姆、莫西（及其宪法）、索克、约鲁巴、豪萨、伊博等。

尼日利亚和马里帝国

在今天的尼日利亚中部的索克兴起许多城邦和帝国，人民以农业和炼铁业为生。其中有尤巴兰德、豪萨兰、伊格布兰德和诺克王国，诺克王国是撒哈拉以南的非洲最古老的公认的前殖民社会，是伟大的社会中心和城邦。

马里帝国大约建于公元 1230 年，是商业文化中心。商业贸易主要包括黄金象牙交易，还有庞大的奴隶贸易体系，阿拉伯贸易商从中获得巨额利益，他们买卖非洲奴隶向外输送——尤其是卖到阿拉伯半岛、中东、远东地区。在十四世纪，马里帝国的国王和高层统治者加入伊斯兰教。

桑海帝国：1255 ~ 15 世纪

桑海帝国如同廷巴克图及其大学一样，繁荣兴旺数百年，尤其在 14 ~ 16 世纪。人们常常争论非洲是野蛮不文明人的发源地，然而，桑海和廷巴克图却是知识文明的中心；拉巴尔、卡诺、尼日利亚伊费及其他城邦的教育，早在殖民时期欧洲教育体系引荐到非洲之前就已经存在。

　　桑海是西非重要的前殖民非洲国家，兴盛于 15 世纪早期到 16 世纪。一个最大的非洲帝国发源于桑海。廷巴克图成为繁荣的文化商业中心，阿拉伯、意大利和犹太商人多年聚在桑海从事贸易。16 世纪时，桑海帝国居民已达到 140 万之多。

加纳帝国：公元 750 ～ 1076 年 88

　　加纳帝国因奥卡尔王国国王加纳而得名，它在阿萨帝国领土范围内，富有大量黄金。1874 年，加纳沦为英联邦的殖民地，被称为黄金海岸。许多外国商人来加纳做贸易，包括阿拉伯人，因为"黄金之国"（卡亚玛噶的国土也称之为"黄金之国"）的伟大国王，阿拉伯人将这里称为加纳。他是苏丹最富有最具权威的君主，是世界闻名的"黑人之地"。

　　加纳帝国兴盛于公元 750 ～ 1076 年。又名迦纳帝国（公元 790 ～ 1076 年），位于今天的毛里塔尼亚东南部，马里西部，塞内加尔东部。7 世纪到 13 世纪，在西非众多中世纪贸易帝国中，加纳变得极其富有。黄金和农业成为帝国主要产业（西非可乐果兑换自然资源）。但食盐、马匹、粮食、象牙及其他矿物，还有奴隶成为重要的贸易种类，尤其与阿拉伯人进行的贸易，伊斯兰教传入西非，改变了众多土著居民的信仰。

　　作为索宁克人的国王统治者，加纳在四世纪时首次接受阿拉伯商人拜访。3 世纪到 10 世纪，加纳城邦已具有伟大的宪法。

西非其它帝国和王国：公元 7～16 世纪

伊斯兰教在非洲迅速传播，西班牙和非洲一样，接受了伊斯兰文化。基督教也在非洲广泛传播，两大外来宗教在全球传播开来，且在非洲传播一种新的传统。在一些地区尤其如此，如在埃及、北非、桑海、马里、豪萨，及其他非洲北部的国家，阿拉伯商人经常出入这些地区。

贝宁帝国：公元 1440～1897 年

贝宁帝国，又名达荷美共和国，兴盛于 11 世纪到 13 世纪。阿拉伯人移民到非洲，巴格达的哈里发和阿曼的苏丹（某些伊斯兰国家统治者的称号）也向非洲输入大量移民。其他的朝代兴盛于 7 世纪到 16 世纪，包括埃及/开罗中期（公元 968 年）；1517 年土耳其推翻埃及，于 1519～1551 年建立了阿尔及利亚、突尼斯和的黎波里政权。自 11 世纪，阿拉伯人侵北非，其对非洲柏柏尔部落产生了重大影响。之后波斯人和印第安人移民到东非、蒙巴萨、马林迪和索法拉。北非的阿拉伯摩尔人也受到了影响。

而且，西非的伊斯兰化包括了塞内冈比亚和尼日尔地区。

西非国家的起源：9～17 世纪

公元 9～17 世纪，西非兴起了许多国家（如豪萨，横跨撒哈拉以南的热带草原，从西海岸到苏丹中部）。加纳、加奥、马里帝国（公元 1235～1400 年）、波尔努帝国都受到了影响。

阿拉伯旅行者（探险家）到达西非（包括伊本·白图泰），1352 年到达廷巴克图，之后去吉尔瓦（奎老嘎）。斯瓦西里穆斯林因此兴盛，一直延续几世纪之久。另外桑尼·阿里人于公元 1464～1492 年到达于此。他建立了桑海帝国和西苏丹，控制了跨大西洋奴隶贸易。1468 年推翻了廷巴克图，1473 年推翻延内，从 17 世纪起，在西非，沿非洲西海岸，几内亚海岸，尼日利亚北部，约鲁巴城邦（如伊费和奥约）以及贝宁帝国建立起繁荣的商业。

马里帝国：13 世纪

13 世纪时，古马里帝国在西苏丹尼日尔地区不断发展。"马里"源于当地一个词语"国王之地"，之前，一些小王国城邦曾在此兴盛。公元 1235 年，坎特领导古加纳帝国剩余部落，在 1217 年到 1255 年由松迪亚塔·凯塔国王征服，建立了马里帝国，及曼丁卡军队（南部曼丁卡语人）。松迪亚塔领导马里帝国不断发展壮大。

中非王国和城邦

90

中非是刚果帝国和北部的巴刚果组部落的所在地，也就是今天的刚果民主共和国和刚果人民共和国，也是中非共和国的城邦，安哥拉、乍得、加蓬、马拉维和卡隆噶王国，他们都拥有众多文明和财富。在中非和东非河湖沿岸兴起一些其他王国，如赞比西河和坦葛尼喀湖。

南非：王国和城邦

南非兴盛的王国和城邦包括 15 世纪的津巴布韦王国，"津巴布韦"是指"石头围墙"或"首领住宅"。称作大津巴布韦。其他王国和城邦有祖鲁（克瓦祖鲁）帝国、桑·科伊科伊、俾格米和霍屯督、科萨、修纳、马塔贝莱蓝，其他一些是纳米比亚、津巴布韦、茨瓦纳、索托和斯威士帝国。

1250～1629 年，是莫诺莫塔帕帝国统治时期，它存在于流经津巴布韦和莫桑比克的津巴布韦和林波波河之间。

北非伊斯兰国家和非洲伊斯兰化

据之前所述，北非在非洲具有独特的地位，因为它更接近中东和欧洲。北非作为非洲地中海范围内，承受欧洲和伊斯兰国家带来的巨大压力，但阿拉伯—伊斯兰的影响却占据主导地位。腓尼基、希腊和罗马已将北非殖民化，历史悠久。之后伊斯兰教开始入侵北非。

大约从 632 年，伊斯兰教的传播或全球化使阿拉伯逐渐征服了非洲。伊斯兰教创始人，穆罕默德 570 年出生于沙特阿拉伯，后来成为预言家，使宗教全球化，因北非接近中东地区，所以宗教快速传入北非。新的宗教将阿拉伯文化移入北非，成功地削弱甚至代替了早在一世纪就传入北非的基督教。

　　然而，西北非的情况却不同。第一章中已讲述，希腊和罗马在古典时期就已将北非化为殖民地。直到 11 世纪，希拉尔和斯威姆入侵北非之后，它才成为伊斯兰地带。阿拉伯游牧民确保了伊斯兰教穿越撒哈拉沙漠到达西非。西非和阿拉伯国家间建立的贸易往来，甚至是奴隶贸易之前几个世纪的发展加速了传播的进程。骆驼成为撒哈拉沙漠的交通工具，伊斯兰教甚至传播到更远的苏丹、乍得，甚至东非。阿拉伯人占领东非是有奴隶贸易及和东非海岸进行贸易催生，阿曼阿拉伯人和东非地区，通常和东非印度群岛地区进行商业往来。阿曼苏丹自己甚至在桑给巴尔岛及附近岛屿度假。当时的交通工具单桅三角帆船——靠季风向前行驶。值得注意的是，伊斯兰入侵者遭到强烈的反对，如苏丹和阿比西尼亚地区，他们已信奉基督教，建立了基督教王国，后来却慢慢由阿拉伯征服。

　　如本章开篇部分所述，伊斯兰教和基督教引入新的文化传统，连同欧洲文化一起与非洲文化传统发生了激烈的碰撞。

　　公元一世纪，基督教在非洲广泛传播，先于伊斯兰教在非洲的传播。因此，伊斯兰国家在北非建立时，基督教已传播至欧洲，包括西班牙（11 到 12 世纪时，伊斯兰教已深入传播到至此）。那时，纳希德和马瑞尼德是已经征服西班牙和伊斯兰化国家的两个柏柏尔王朝。然而，在西班牙宗教法庭中，凶猛的基督教攻击伊斯兰王朝，最终导致后者 13 世纪早期在西班牙大部分地区失败，除了南部地区，在伊比利亚半岛（格拉纳达和安达路西亚），他们仍受伊斯兰统治，深受伊斯兰文化的入侵。

在非洲北部，11世纪到13世纪兴起两大柏柏尔王朝。阿尔莫拉或奥姆俾兹（公元1056～1147年）和阿莫哈德或奥姆瓦黑德（公元1130～1269年）。

穆拉比特王朝（公元1056～1147年）

穆拉比特王朝，生活在沙漠中，王朝建立于1050年，衰竭于1147年。公元973年，法蒂玛王朝的阿拉伯人从伊弗里基叶迁移到埃及并在定居于此。利用在埃及的权利，法蒂玛王朝让齐里人掌管伊弗里基叶，但最终却渐渐失去对国土的控制。北非权力结构的转化致使西部马格利布潜纳塔牧民掌握统治权。然而后来，潜纳塔牧民被穆拉比特人打败。穆拉比特人是撒哈拉沙漠柏柏尔部落和苏丹人清教徒穆斯林，他们穿越沙漠到达北部，企图获取更多权力，掠夺战利品，抢占由摩洛哥和西班牙文明和穆斯林占有带来的机遇。

穆拉比特人如强盗一般，完全摧毁了伊弗里基叶的农耕文明。齐里人投靠阿巴斯王朝，拒绝承认法蒂玛王朝的哈里发。阿拉伯统治团体之间的纷争由此产生。

法蒂玛（公元909～1171年）

"突尼斯"指"阿拉伯非洲"，位于今天的突尼斯。正如罗马开始干涉迦太基一样，后来延伸至罗马整个西部地区，阿拉伯开始在非洲干涉突尼斯。法蒂玛什叶派由卡比利亚巴巴里人领导，在公元902～909年征服突尼斯，建立了独立的伊斯兰帝国。法蒂玛帝国历经 9 世纪。法蒂玛哈里发试图在挑战阿巴斯王朝，在马格利布保持权威。阿巴斯王朝在埃及是正统的阿拉伯人，他们居住在阿巴斯阿拉伯帝国。公元 969 年，法蒂玛王朝在埃及建立。之后征服了由阿巴斯控制的叙利亚。

　　权力斗争表明穆斯林对北非的影响与日俱增，直到伊斯兰教把非洲地区纳入阿拉伯国家——不仅仅只有宗教，还包括文化，政治，经济。其影响一直延续至今。此后，阿拉伯在非洲的殖民地扩大到整个大陆，从埃塞俄比亚的也门阿拉伯人到现在北非诸国阿拉伯人。

　　法蒂玛哈里发通过派遣希莱尔和苏莱姆来打击对抗兹瑞德。之后诺曼攻击穆拉比特，所有这些战争冲突削弱了穆拉比特。阿拉伯国家之间的关系变得复杂，但在权力实体中保持着良好的国际关系。

　　当穆拉比特从苏丹跨越撒哈拉向北迈进时，他们陷入了僵局，尤其在统治者方面，如伊贝·塔什芬，他在 1061～1066 年针对穆拉比特展开了激烈的运动，但穆拉比特 1066 年将其捕获。在 1069 年捕获费斯。诺曼攻击打击了穆拉比特。他们只有两种选择，和攻击者抗衡（但他们太弱），或者在北非处理与其他国家的关系，如穆拉比特。

93

阿莫哈德帝国（公元 1130～1269 年）

　　阿莫哈德帝国在穆拉比特王朝实力变弱时凸现出来。阿莫哈德帝国统治时期大约从 1130 年到 1269 年。帝国的起源可追溯到摩洛哥山，在这里巴巴里部落奋起反抗阿莫哈德的控制和

勒索。阿莫哈德帝国扎根于宗教和政治运动，试图让穆拉比特
保持沉默。击退诺曼和基督教的攻击削弱了穆拉比特的力量，
从而易受外部力量攻击，尤其是阿莫哈德。基督教的攻击主要
来自西班牙，所以阿莫哈德对穆拉比特的首个要求是穆拉比特
给予西班牙穆斯林自由。此后，穆拉比特在中部马格利布的力
量被摧毁，阿莫哈德还击败了突尼斯嘿拉濂集团。13 世纪一
直进行着争夺至高无上权力的斗争。尽管阿莫哈德似乎在征服
中获得成功，但不久后在纳瓦斯德托洛萨战役中就沉默了，阿
莫哈德统治者在 1199 ~ 1214 年战败。

马格利布：13 ~ 14 世纪

北非阿拉伯权力的激烈竞争和战争迫使北非幕瓦希德王朝
分散为三个竞争王朝或主权。第一个在 13 世纪由突尼斯首领
领导。他宣布阿莫哈德独立，因此建立了一个新的哈弗斯
王朝。

第二个第三个地区分别由阿伯瓦德王朝和美利达王朝的两
个潜纳塔部落掌管控制。前者掌控中心部分或者帝国的主权，
后者掌控摩洛哥，即第三个的领土或主权。它变为马德里尼王
朝，在众王朝中最具权力。1212 年，基督徒在纳瓦斯德托洛
萨战役中将穆斯林从西班牙伊比利亚半岛驱逐。

94　　　　**北非其他伊斯兰国家，包括苏丹之间的关系**

如之前所强调，将穆斯林国家团结在非洲的是阿拉伯文

化，宗教和贸易——有合法的商品，如黄金、食盐、钻石，还
有非法的奴隶贸易。阿拉伯国家之间以及阿拉伯和非洲之间进
行着这些不同的贸易形式。在早期，贸易、宗教、伊斯兰文化
通过撒哈拉传播至非洲西部、西北部，还有东非，如非洲最大
的国家，位于非洲东部和北部的苏丹。

因此，加纳、尼日尔、马里、毛里塔尼亚、加奥、尼日利
亚和其他西非国家与之前章节中提过的阿拉伯国家建立联系，
他们已在摩洛哥、阿尔及利亚、突尼斯、埃及和马格利布的其
他地区建立帝国。这些国家讨论外交和内部国家间关系，包括
边界争端问题。苏丹成为强大的伊斯兰国家，和马格利布及西
非国家之间取得良好关系。

巴巴里诸国

巴巴里诸国是指北非国家，如阿尔及利亚、突尼斯、的黎
波里和摩洛哥，兴盛于16～19世纪。自16世纪，自发掌握了
土耳其帝国的职权。摩洛哥一直追求独立发展。欧洲用"巴
巴里"或"巴巴里海岸"在16～19世纪来指上述国家。海盗
巴尔巴洛萨和他的兄弟们使土耳其免受西班牙攻击。1541年，
罗曼查理五世大帝最后试图将其逐出土耳其失败。海盗是北非
穆斯林对付西班牙的一种有力武器。海盗成为一种有利可图的
行业，在17～18世纪，年轻的美国在约翰·亚当斯、托马
斯·杰斐逊和詹姆斯·麦迪逊的领导下，也无法解决海盗问
题，土耳其人使北非继续变弱，当地的穆斯林统治者利用血腥
的赎金和北非及地中海沿岸的奴隶，使自己的腰包鼓了起来。

18 世纪末，美国和欧洲趁土耳其权力下降的优势，趁机发动更多打击海盗的行为。那时，欧洲深受的黎波里战争和拿破仑战争影响。1827 年，突尼斯和土耳其军队正在对抗希腊，但欧洲力量远胜于穆斯林国家。1830 年，法国开始征服阿尔及利亚，而此前法国已对阿尔及利亚进行了三年封锁。

注　释

1. 《韦氏国际英语词典（第三版）》（斯普林菲尔德 MA：G&C 梅里亚姆，1965），第 1073 页。

2. 亚里士多德，《政治学》1. 1252a2。

3. 《纳格尔百科全书指南——埃及》（日内瓦 & 巴黎，纳格尔出版社，1978）。

4. 大卫·W. 菲利普斯，《古埃塞俄比亚：阿克苏姆，奇闻异事和成就》（伦敦,：英国博物馆，1998），第 53 ~ 54 页。

5. 罗勒·戴维森，《非洲逝去的城市》（波士顿，多伦多：布朗公司，1959）。

6. 迪奥普，《黑非洲的前殖民时代》（韦斯特波特，CT，劳伦斯·希尔公司，1987）。

第5章 古代和中世纪时期的非洲 对外政策和外交

介　绍

　　如前所述，把历史分为不同的时间阶段是很有意思的。关于非洲对外政策、外交和国际关系的著作多而杂，但研究这一课题十分值得花时间。关于非洲对外政策、外交和国际关系的历史时期，要确定古代和中世纪时期比较困难。尽管如此，将非洲史前时期定义为1000至500万年前直到最近几个世纪无国家时期应该是比较恰当的，这一时期该地区深受撒哈拉沙漠出现的影响。而古代非洲史始于埃及于公元前4000年发明了文字。如前所述，这一人类交流领域的进步与撒哈拉沙漠的出现和非洲开始有定居居民的时间是吻合的。

　　这样一来，非洲古代史可以定义为从公元前4000年至公元476年，也就是古罗马帝国终结或者说崩溃的那一年。中世纪非洲史从公元476年至1453年君士坦丁堡的陷落。这样的分隔与公认的世界历史的分段也是吻合的。因此，现代非洲始于君士坦丁堡的陷落直至今天（也就是1453年至今）。

笔者认为，在划分古代/远古和现代非洲历史时期的时候，人们需要考虑其他一些时间点以确定非洲现代史的开端。这些时间点包括公元1415年。那年，葡萄牙进攻了摩洛哥飞地休达并占领了它。那是"现代"非洲与欧洲的首次接触。

另一个重要时间点是公元1648年。那年，欧洲列强在德国威斯特伐利亚通过谈判达成一个和平公约，结束了欧洲多年的纷争与战乱。这个时间点之所以可以看作现代非洲的开端，是因为这个和约实际上开启了我们今天所知的国家制度。既然非洲随后通过殖民和西方价值输出成为了西方文明的副产品，那么非洲现代史自然可以认为开始于1648年。

然而，1652年也是非洲历史上一个重要的时间点。这是欧洲殖民者进行非洲内陆殖民的开端，当年荷兰开始在南非的开普区殖民。

同样的，1800年也是个同样重要的时间。这年是泛非主义的开端。美国人民，在"回到非洲去"的运动中，见证了1807年奴隶贩卖的废除，这一运动最终以自由的非洲奴隶返回利比里亚而告终。40年后的1847年，世界见证了利比里亚的政治独立。

1919年是第一次世界大战结束的时间，也曾被认为是现代世界的开端。

然而笔者认为，1800年应该是最适合作为非洲现代史开端的年代。1800年标志着非洲开始通过严肃的对话求得团结，并消除奴隶制度和奴隶贩卖带来的不公正待遇，全体非洲人民团结一心阻止了今后的剥削并鼓励美国的非洲人返回非洲。本书中将以此年代为非洲现代史开端。

　　为了讨论古代和中世纪时期的非洲外交和对外政策，有一些概念需要解释和澄清。首先，本研究的主要目的是探讨非洲对外政策的起源和基础、其发展及非洲对外政策、外交和国际关系的实践，我们有必要检视在历史和全球的视角下，这些原则的规定和决定因素有哪些。 98

　　另外，我们需要根据非洲所处历史时期的情况，对这些规定和决定因素的出现和成型进行分析。在这一章中，在检视古代和中世纪时期非洲对外政策和外交形成和实践时，我们有必要了解史前时期和前殖民时期的具体情况及相关规则在后殖民时期——被认为是 1960 年开始的 "Annus Mirabilis" 或非洲走向独立的奇迹时代——有何体现。

　　根据非洲国际关系的定义，其对外政策指的是将非洲国家的国内政策和实践置于国际管理之下的行动总和。我们必须留意对外政策是一个单数形式但有着复数内涵的词汇。因此，非洲对外政策指的是多项政策的集合。

　　另一个需要注意的是，非洲国际关系变现为两个层面：非洲内层面（即非洲国家之间建立关系、进行交流和开展行动），指的是非洲大陆内双边或多边的关系；和国际或外部层面，即非洲国家所开展的行动、不作为或交易都是与外部世界发生的。

　　我们需要重点注意的是非洲对外政策仅仅表示非洲国内个人的或非洲大陆国家间的政策上升至了国际或全球的层面。与国际关系一样，非洲对外政策能够也确实表现为双边或多边层次。对外政策的规定多而杂，包括保护、防卫和提升国家利益；维护国际和平和安全；促进和维护贸易、发展、和平和安全；和平共处和推动各种国际关系中的社会经济公正；确保国家的基本需求；保护和推动良好的统治、民主、合作和国家间的谅解。

外交也是一个单数形式复数内涵的词汇，最基本的意思是谈判的艺术和国际事务的管理，其目的是用和平的方式化解差异，提升、防卫、保护和确保国家利益，并善用派驻外交官国家的力量。在多文化背景、政治倾向、经济方向和社会习俗的国家间推行和平共处、推动友好关系和合作过程中，外交是一个推动国与国之间文明交往的不可或缺的手段。国家之间，外交是确保达到"文明国家"或"文明行为"标准的重要手段，这些标准由公共国际法、国际商业规则以及其他许多规则共同规定。就此产生了外交部门，他们运用对外政策和外交手段协助管理本国与其他政治实体（包括国际法律人格）的关系。

本节讨论的对外政策和国际关系指的是史前时期，因为那个时期的人类进化史曾充满了冒险、游牧、扩张，人类努力寻找生命得以延续的绿洲，人们在为改善生活而前行途中不可避免地遇到的一群群的其他人类并与之产生交流。那时土地广阔，而权力和统治不具有国际或国家间的特征。

古代非洲的政府

在古代非洲，举例而言，一个人（仅指男人而非女人）通过世袭制获得权力。不论被称为一族或一片领地的部落首领、至高酋长、君主，还是国王，这个领袖通常是一个执政者，他通过监督管理着其他人。不论这领地大小如何、影响力如何、财富多寡等等，这种领导体制大同小异。本节中将介绍有效的社会和政治组织，只是此时还不需要对外政策和外交安排。

一个家庭单位通常由一个男人牵头，他可以有一个或多个妻子。这位家长同时也是大家庭的首领。多个大家庭则会形成一个村落，并由指定的头人带领，这个头人之上是副首领。

多个村落形成了一个由副首领带领的次级定居点（次部落）。一个定居点是一个小型行政单位，包含多个次级定居点，由首领、酋长或族长管理。多个定居点形成一个部落，部落统治者领导，他管理首领们、他们的定居点或次级定居点。多个部落形成一个区，由区统治者领导，他管理部落和部落统治者（次级定居点）。许多区形成省，由省首领领导，他还管理区统治者和他们的区。这些头衔和定居点存在于前殖民时期的非洲，那时候有实行分权管理，但殖民改变了这一习俗。

扩张的模式有以下一些，特别是长期殖民统治之后，或村落和家庭通过战争或和平手段自愿合并之后尤为显著。村落合并为酋长部落，酋长部落又合并为社区，社区合并成定居点和区，最终区合并为省。

这些单位的行政/政府或统治用以下形式实行。在村级，领袖仍然采用世袭制；实际由本地父系家族控制。次级定居点和定居点级别，首领或酋长采用任命制。在部落和区级，国王指定官员进行统治。在省级，至高酋长作为领袖，同时他们还是部族的国王。帝国由君主、国王、皇帝或者其他同等地位的人统治。

中世纪非洲的政府

在城邦这一级别，政府组织与古代非洲是不同的。城邦实际上是一个主权政治实体。部分城邦小于帝国。公元前3100年上下埃及统一在一个国王下所形成的埃及城邦开了地球上的先河。城邦的特征包括主权、边界、领土完整、人口和属于人民的政府。上述这些特征表明，只要有和平解决争端和差异的需求，外交也可适用于非国家政体。因此，在古代非洲社会中，只有在独立国家地位、主权和主权相关问题（如：边界）出现时，对外政策才适用。对外关系和外交在中世纪之前早已成为必要。

而且，外交、对外政策和国际关系的规定对于非洲主权和非主权的实体都一样。因此，非洲的领土/土地和继承、边界和自然资源（如水、地理、地形、山峦、牧场、牛群、狩猎地）、习俗、传统和价值观、贸易、争端的解决、合作达成共同战略目标或抵御共同敌人——人类或自然的联盟、乃至独立国家地位、领土完整和许多其他问题，都是外交、对外政策和国际关系的决定因素。这些任何时候都适用，它们贯穿于整个非洲各历史时期。

在非洲古代，主要矛盾是文明和"共同生存"。从约公元前5000年撒哈拉沙漠出现开始，非洲社会出现了巨变。永久定居点不得不设立，从而要求出现有组织的权力机构以政府的形式运用统治手段进行管理。出现这些巨变的原因包括沙漠的出现带来的非洲气候和文化的变迁。同样的一系列变化也出现在南部非洲的卡拉哈里沙漠和纳米布沙漠。另一个导致变化的因素就是人口增长带来的可用土地减少，及人们对于定居点、对抗自然和人类敌人的组织和保护手段的需求。

另外，人们还需要行使权力使得居民和领土得到控制。定居点内逐步增长的人口呼唤法律和秩序，以便确保繁荣、提供庇护、保护人民，并为他们提供基本需要。简而言之，人们需要政府和统治。非洲大陆上，北部非洲和撒哈拉以南的非洲的分隔产生了新的挑战，两部分的文化、宗教和文明等都有所不同。这为非洲的统治者和领袖们带来了更多挑战。

领导才能的问题远在非洲各国获得国家间永久独立国家地位和主权前就已经产生。

所有统治者和家庭单位的头人，包括家庭单位的父亲、家系中的丈夫和扩张的家庭单位中的头人，都面临统治的责任和领导力的问题。通常，一个男人通过继承获得宗族首领的职位，还可以通过濒死的/出走的统治者指定，又甚或通过匿名的家族长老的"光晕转（corona turn）"仪式。在多数情况下，非洲的继承和家族领袖都遵循父系血统原则，在家族里的男性成员中传递很多代。然而，有些部族确实曾有政府或统治遵循母系血统原则。

一位高级首领是多个部落的统治者，但至高酋长在统治排位上要更高一些。他经常是部落国王掌管着大片区域的各部落。首领是指派任命的，他的副职也是如此。多数情况下，国王和君主与部落统治者或国王的头衔是交替使用的。一些部落很大，另一些则很小。在类似情况下，一个皇帝是君主，也是部落统治者，他掌管的区域大于部落的国王或超级国王。皇帝指的是"大至高酋长"，而超级皇帝在权力和权威方面更大，因为他统治整个帝国。在这些国王和皇帝中，曾出现过独裁的

101

统治者或国王，甚至首领。

古代和中世纪时期非洲统治、政府、 对外政策和外交的一些问题

总的来说，如本章中所述，古代和中世纪时期非洲对外政策和外交相关问题的决定因素和规定是相似的。主要不同点在于非洲社区在各自所讨论的时代里所处的状态。在古代，外交和部落间关系的主要是指非洲不同社会之间因定居、形成和巩固权力所形成关系，较少涉及国家间关系。

中世纪时期，非洲城邦制度产生后，尤其是公元 700 年后，对外关系政策和外交明显囊括了主权实体之间的跨边界关系。

部落间关系的规定和决定因素及 古代和前殖民时代非洲的战争

在前殖民时代，追溯至最远古时期，和平和/或战争的原因和后果都多种多样。它们包括但不限于如下因素：土地和其他自然资源，如地理或地形（湖和河、山和树林、边界）；奴隶和奴隶贩卖；狩猎野生动物和放牧家畜的区域；领土扩大、扩张和依法交易；继承；和平定居或和平共处和合作的争端；独立国家地位、领土完整和主权问题；抵御共同的敌人，包括人类和自然；自然灾害等。

国内外部族间关系

部族间关系的形成受多种因素影响，包括上一节叙述的那些。这些习俗和传统可以处理部族土地、规范领土问题和其他文化或语言争端（如奴隶和奴隶贩卖带来的问题，大的部族侵犯小部族，战俘和其他相关问题），这样村落和部族设立的仲裁机构就可以解决这些问题。这一流程基本依赖非洲社会主义的原则，即共识治世。

和平共处的行为准则强调了非洲价值观，也涉及口口相传的传统。当外交无法解决争端的情况下，就会指定一个交战双方都可以接受的特殊的谈判者，他的裁决会被贯彻执行。人们尊重传统上对部族分组的规则，从宗族到部族、到部落王国、到帝国、到超级帝国、到城邦。一个部族选出的使者为了多个不同的目的前往另一个部族。

当和平努力失败的时候，传统土著的战争就不可避免了，这就需要考验战士的技巧、智慧和勇气。在荷兰殖民政策和实践引导下，卢旺达和布隆迪的图西族和胡图族被抬到了错误的权力位置上。这一假设就是图西族比胡图族看起来更像高加索人。这样的殖民思维让西方人能够奴役非洲人民，并挑起部族间的战事。数千年来，非洲的非土著居民都应为如此反常的引发部族间争端的导火索负责，除此之外，还引发了包括文化、政治和社会分层或不公正，种族、民族和阶级的固有印象和歧视，剥削、奴役和支配，宗教信仰歧视和肤色隔离。

103

前殖民时期非洲的贸易关系

非洲的贸易和商业史分为三个时期最便于分析：前殖民时期、殖民时期和后殖民时期。

在前殖民时期，非洲人民中游牧主义和扩张主义的起因都与采集和狩猎、驯化动物、种植植物有关。早期的生意关系逐渐被更加持久的种植和农业所取代。土地是非洲价值观的根基，即便易货贸易仍然是商业领域的交换方式。易货贸易早在欧洲人来到非洲大陆之前很久就已十分普遍。阿拉伯非洲人已在他们内部做了数千年的生意。欧洲人还没有注意到非洲海岸的很久之前，阿拉伯人就抵达北部非洲，他们的商人穿越撒哈拉沙漠与非洲国王进行了数千年通商活动。

数千年来，非洲人的商业技巧不断提高，我们可以很清楚地看到非洲的商业关系基于两种形式的贸易活动——以农业为基础的产品和服务的贸易和以自然资源为基础的贸易活动。在农业方面，谷物包括粮食作物（木薯、黍、高粱、玉米、御谷［斯瓦西里语 wimbi］、可乐子、花生、红薯、大豆、香蕉、菠萝、情人果、番石榴和其他蔬菜），它们成熟期较短，适合非洲家庭食用。还有些植物需要长一些时间才能够成熟。这些成熟期较长的粮食作物叫做"经济作物"（可可、咖啡、茶、除虫菊、大米、小麦、大麦、甘蔗、剑麻、橡胶、芒果和椰油树），殖民时期有所涉及，并且主要用于出口。

接下来就该谈谈所谓自然资源了，包含水、能源和矿产资源。这其中还应包括宝贝（一种海贝货币）和盐，以及钻石、

黄金、铂金、锌、铜、锰、石棉、锡、银、铀、磷酸盐和其他
矿物，再加上石油和煤。

非洲总是富有这样的自然和农业资源和商品。然而，具有
讽刺意味的是，非洲尽管藏有如此丰富的自然资源，却也有世
界上最穷的几个国家。非洲物产丰饶却穷困潦倒，这也是非洲
最大的悖论。我们在第一卷的第二和第七章以及第二卷进行了
讨论。

在欧洲殖民非洲之前，经贸关系仅仅建立在非洲人之间，　104
实际上也曾繁荣过。当欧洲货币被介绍到非洲殖民地后，易货
交易系统被经济作物系统所取代。部分作物种出来就是要被换
成钱，而不是消费，而其最主要的市场就是欧洲各国。而留给
非洲的只是粮食作物，如木薯、花生、黍和御谷。这种转变的
结果就是欧洲严重地、系统性地和逐步地将非洲拖入贫困，其
原因就是欧洲并没有对于这些商品给予适当的补偿。而经济作
物系统则会在本研究中进行更为详尽的叙述。

经济和商业在被殖民的非洲不可能获得繁荣，因为每一个
殖民地的统治者都只允许殖民地与殖民宗主国交易。因而，非
洲商人们无法将商品卖给殖民地外的任何一人。这里没有自由
市场，没有价格竞争，不论对这些商品的需求高到了什么程
度。这种垄断极大影响了非洲与全球各国开展贸易的能力，更
阻碍了他们像其他国家那样与世界各国形成贸易伙伴关系。

更糟糕的是，合法的商品和服务交易被非法的非洲奴隶交
易所取代。"黄金"现在变成了非洲奴隶，因而从 15 世纪以
后 400 年人们所讨论的都是人和自然资源，尽管实质上非洲奴
隶已经被当做了物品来对待。

因此，除了抓捕非洲人做奴隶并贩卖之外，贸易还有其他形式。合法贸易有贩卖来自土地、农业和自然资源的产品和服务，而非法贸易则是贩卖奴隶，这是很普遍的。两种贸易形式——合法和非法——并存。实际上，需要注意的是，非洲奴隶贸易的开端是早于殖民时期的。非洲的阿拉伯奴隶贸易已经持续了十个世纪，从公元 9 世纪一直到 19 世纪。在前殖民时代，贸易是非洲各部族的重要职业。古典主义时代，非洲各国内部和外来人群的贸易（腓尼基人，随后是希腊人和罗马人）一直很普遍，并且是前殖民时代非洲经济的重要组成部分。从中世纪开始，非洲人就既与阿拉伯人，又与欧洲人做生意了。兴起和繁荣于整个非洲大陆的伊斯兰和北非诸国以及非洲诸城邦（包括王国、帝国、城邦）都参与了贸易。在外交、对外政策和对外关系指导下的王国间、帝国间、国家间/城市间错综复杂的关系调整着这种贸易关系。

传统非洲的战争

非洲人民之间的战争，与其他国家人民间的战争一样，从无法记忆的时期开始，原因也如上所述。这并不是说，传统非洲社会如同西方固有观念中所认为的——是简单而野蛮的。有些战争相隔长至数代，而有些争端相隔比较短的时间就会重复发生。

非洲战争的主要起因可以归结为：对于权力和荣耀的贪婪；领土扩张，自然资源（包括地理和地形）和争取政治支配权；外族入侵和抗击他们的斗争；商业；基督教和文明。三种因素导致了欧洲对非洲的入侵，并相应建立了许多殖民地，即荣耀、黄金和福音。争端经常发生在牧场和猎场上。自然现象，如干旱和沙漠化引发了人群从一个区域向另一个区域的迁移，而这些人群并不为其到达的地方所欢迎。异乡人针对弱势土著居民的贸易和帝国建设，以及引发的征服、剥削、奴役、霸权、攫取统治和政治权力都是争端的诱因。强加宗教信仰于其他民族也在非洲人民身上留下了烙印。然而，传统宗教在非洲传统社会占有重要地位，在维护非洲各部族之间和平关系上起了重要作用。奴隶贩卖作为最奢华的攫取"人类黄金"的手段也对战争推波助澜，它侵犯人权、带来社会不平等（如不利于弱势性别人群）。对于性别平等之争的解决办法，传统非洲采取了包括赋予女性更多权力和清晰划分男女角色。女性在非洲社会发展、食品加工、农业和人文发展等方面扮演了重要角色。在传统非洲，女性在部族间关系、促进合作和理解上发挥了重要作用，而且她们强调利用谈判和其他手段化解矛盾，而尽量不要使用武力和暴力。

105

　　无论如何，很明显传统非洲拥有很好的军事战略避免了战争的摧残和破坏。有几个很好的例子说明了非洲军事战略的优秀。约公元前 146 年，罗马人被非洲（迦太基）将军汉尼拔打败。南非还有一个军事大师，同时也是祖鲁的国王恰卡·祖鲁（1787～1825 年）。其他例子还有许多非洲女性军事将领，如埃及皇后哈特谢普苏特（公元前 1503～1482 年），示巴女王（公元前 960 年），埃吉苏的阿森特瓦女王（1863～1923 年），她们都曾率兵抵御侵略者。除了采用外交手段和寻求共识来化解可能导致战争的分歧，如同世界其他地方，化解矛盾

106 和战争的手段也包括战争本身。

通婚和结盟

作为外交手段，通婚和政治结盟常常在非洲被作为化解纠纷和/或战争的手段。两个决定通过结盟深化友谊和合作的国王可以在需要维持和平的时候保护彼此，建立顾问机制以加深合作和协调等等。

通婚用类似的方式加深非洲各国统治者间的合作。这种例子包括国王在必要的时候愿意将子女送出进行婚配，以表示永久的和平和合作。在古代和中世纪非洲，这种方式极大地促进了非洲政治实体间的外交和对外政策关系。这种方式即便在非洲殖民时期也仍在继续。

和平共处作为外生性的有效手段

如前所述，非洲部族、王国、帝国和城邦的和平共处自然而然的推进了和平和福祉。同时，它还促进了地区间、部族间关系的发展，在之后非洲独立前和独立后的时期，这种发展对于非洲对外政策和外交关系的发展是不可或缺的。我们很容易发现，外来殖民势力引入的无效系统成为了最大的隔板，冷战又让这种隔离更为严重。因此，和平共处是处理非洲多元化的利器。

前殖民时期非洲的统治、民主和外交手段

统治手段是与非洲各政治单位和实体管理之间事务紧密相连的，古代、中世纪及更早或更晚时期的非洲统治者都采用了相应手段作为外部关系的决定因素。

在前殖民时期，统治和政府是不同形式的政治艺术。例如专制主义、绝对主义、盗贼统治以及民主和外交；集权和分权；为和平共处和控制而结盟；权力和统治的保护和永久化；利用习俗、传统和继承形成联盟和联邦。

通过民主和外交促进非洲
部族间和国家间的关系

古代和中世纪非洲及稍早和更晚的时期，民主和外交是促进非洲各政治实体间和平合作的重要手段。这些手段对促成合作十分有价值，即便在亲属和家庭内部也可以采用。然而，非洲人所认为的普遍性，要求忠诚、和谐，对于国王/统治者的尊敬和忠诚不能被打破。因此，普遍和谐的前提是每个人知道自己在社会中自己的位置。在这个社会中，国王拥有至高地位，代表着王国中最强大的力量。国王是不可违背的、全能的调解人，并且是宇宙中优秀的存在。他是无可取代的，任何外来力量都不允许进入王国。他需要过一种完全遵从习俗的生活。在有些王国，国王需要骑马或利用其它合适的交通工具环绕王国，会见和倾听或调查他的臣民的抱怨、悲伤或汇报。

107

委员会的角色

在多数情况下，国王由顾问组成的委员会经过符合传统的全面考察选定。随即，国王成为领土和社会秩序的保护者。每一任国王都会有一个顾问委员会采用符合习俗和传统的原则指导统治。非洲国家/王国/帝国中的委员会委员常常拥有巨大的权力，因为他们常常统率军队，还拥有大量土地，能够影响许多村民。在古代仪式中，官员们作为古代森林王国的保护者和森林国王的顾问出现。委员们常常参与选择、任命和撤销继任君主。例如，无生育能力的国王会通过仪式被杀死，并由健康的君主替代。

委员们还从本省内收进贡和税金。除了税金，他们的收入还包括其他税款、金矿出产、战利品、皇家财宝、行政管理费和人质的赎金。复杂的收支系统制约了君主的权威。神圣国王统治着各省，但它们的繁荣却有赖于其统治者的健康。

非洲王国由一个个部族和民族（而不是封建君主）松散地组成，官僚将他们联系在一起，但官僚们只对国王效忠。地方首领统治他自己的领地，受至高统治者领导，对他服从，但也仅限于定期进贡并在战时提供人力和物资。 108

因此，国王通过委员会或长老会或世袭的官僚集团进行统治，王朝统治超级帝国（如约鲁巴、加纳、达荷美、贝宁、刚果、苏丹和祖鲁帝国）。稀树草原的王国加纳、马里和桑海兴起于公元 300 至 1600 年。东非的城邦繁荣于公元 1100 至 1500 年。公元 700 年，非洲内陆居民迁移到非洲东海岸定居。

他们多数都说班图语。其他定居者包括阿拉伯人——逃离故土以躲避政治敌人的穆斯林。

专制统治和非洲君主

在非洲早期国家中，专制统治是强势政府的一种。君主通常专制，并实行了新的计税方式，使用自己的方式收税。这种实践加强了他们的经济力量。

君主的另一个控制方式，就是在新的省里任命亲信的皇室候选人。他们常常为削权了的世袭地方首领工作，地方首领的部分财政大权被转到了一帮他们亲自任命的官员手中。这些官员的任期则由君主直接决定。

非洲前殖民时期的权威维护

非洲领袖通过多种方式维护其在被统治者、征服的首领和其他臣民面前的权威（例如赐予礼物，在前殖民时期非洲广泛采用的一种系统和实践）。礼物可以是奴隶、布料、珠子或其他珍贵的东西。

家庭间或国王和首领间（下属）的通婚也经常被用于维护或保持权威。在乌干达的班约如王国，国王/君主/首领会通过与希望嘉奖或拉拢的人分享皇家神圣牲畜的奶来维护自身权威。

许多东西可以象征忠诚和臣服的关系：皇家的鼓、包头巾、裤子、神圣的工具、矛、仪式上的匕首等。这些东西都象征权力或权威，皇室家族经常使用它们，尤其是乌干达的巴干达人、旺加—纳蓬戈时期的旺加人等。

政府的集权、分权和结盟

修纳人与其他国家的结盟出现在东部、中部、南部非洲（如刚果—加丹加省、马拉维、索托—茨瓦纳、祖鲁和南非其他帝国部族），那里还有祖鲁和津巴布韦帝国以及一些自治城邦（比如东非的海上城邦），这些城邦、国家中的沿海班图部落与阿拉伯半岛的希拉兹、阿曼及波斯湾迁来的定居者通婚形成了一个新的民族——斯瓦西里人。

前殖民时期非洲的穆斯林城邦包括战时组成的基尔瓦、马林迪和蒙巴萨。即便在西非的豪萨兰，也有战时组成的卡诺游走在非洲草原上。

古代的传统非洲也产生了一些统治者，他们的权威和权力来自部落对仪式的需要、血统和长老的广泛支持。皇室的委员们也是通过展示自己配得上这样的职位，而最终通过选举或委任获得相应地位的。这些贤者，同时也是纷争的仲裁人，被称为奥瓦米·奥姆孔戈，在基卢哈语中表示伟大的统治者。

注　释

1. 亚瑟·哈罗德·尼科尔森，《外交家之写照：古代外交研究》（纽约：哈考特·布雷斯出版社，1930）。

2. 道格拉斯·布斯克，《外交技巧：国家海外代表处机制与发展》

（伦敦：保尔街出版社，1967）。

3. 盖瑞特·马丁利，《文艺复兴外交漫谈》（波士顿：霍顿·米夫林公司，1971）。

4. 康拉德·里根，1648：《欧洲战争与和平》，第三卷中的"威斯特伐利亚和约谈判：探究核心问题之旅"，克劳斯·巴斯曼和亨氏·席林（欧盟委员会威斯特伐利亚和约第 26 届展览目录，1998）。

5. C. W. 韦奇伍德，《三十年战争》（纽约：纽约书评，1938）。

第 6 章　19 世纪之前非洲外部的主要力量

北非的古代：公元前 500 年至公元 1500 年

非洲古代史的重要组成部分始于有记载历史的起源（即当历史和事件被区别对待之时，始于公元前约 500 年直至中世纪早期）。因此，公元前 500 年至公元 1453 年是非洲历史上崭新但重要的时期，这个时期的重点在北非。

第一个造访北非地中海沿岸的外国人是腓尼基人，他们创造了多条与北非当地居民通商的贸易路线，包括与柏柏尔人。腓尼基人之后就是希腊人，其后便是罗马人。

尽管加纳是非洲第一个罗马殖民地，但罗马人多数殖民地都集中于北非，处于后来被经商的阿拉伯人称为马格利布的地区。北非因其价值成为了罗马帝国的西部省。马格利布地区包括毛里塔尼亚、的黎波里塔尼亚（今天利比亚的的黎波里）和由希腊人在公元前 631 年在古利比亚建立的昔兰尼加。

腓尼基人于公元前 814 年第一次抵达迦太基，但其实在公

元前 1200 年至 1000 年他们一直在地中海沿岸游荡。公元前
332 年,亚历山大大帝占领了埃及,并在那儿建立了一个重要
的商业枢纽,命名为亚历山大港。

　　希腊帝国和它在非洲的殖民地就此扩展到了埃及,而整个
北非都处于地中海的控制下。撒哈拉沙漠两边建立了值得关注
的商道,柏柏尔人、贝都因人、腓尼基人、希腊人、罗马人及
后来的阿拉伯人都有商人参与其中,并榨取利润。

　　阿拉伯人公元 7 世纪来到北非,在北非推行他们的文化和
伊斯兰宗教信仰。当通婚开始后,新的肤色较浅的种族开始在
北非产生,他们混合了三种血统:阿拉伯、非洲和欧洲。

　　特别有趣且对北非文化影响显著的就是穆斯林阿拉伯人。
他们的伊斯兰教于公元 622 年传入北非。当宗教与商业和文化
相结合时,阿拉伯的存在就变得具有压倒性了。其结果就是许
多非洲国家将阿拉伯人的生活方式作为自己的准则,并认为这
种生活方式对北非居民比非洲传统生活方式更重要。

欧洲国家在非洲的殖民:
公元 1400 年至 1800 年

　　殖民非洲的想法产生远早于 1885 年,具体官方日期由保
存在柏林的档案确定。不论是出于政治、经济、商业还是改变
信仰的目的,结果似乎没有什么不同。欧洲势力的爪牙忙于尽
量多地攫取非洲利益,他们是英国、荷兰、德国、葡萄牙、西
班牙、意大利、比利时和法国。

　　西班牙人似乎没有抢到大块的非洲蛋糕,因为他们去了美

洲作为替代。

在西北非，法国和英国占到了最大块的非洲蛋糕。德国在西部进行了尝试，但是成果不多。然而，法国在摩洛哥、突尼斯和北非的其他部分都表现出色。

在西非，英国和法国占有绝对优势。在中非，到处都能看到法国的影子。在东非，英国占了主导地位，尽管德国占领了坦噶尼喀。英国人给予阿曼苏丹印度洋沿岸 10 英里的一条土地作为受保护国，那也就是肯尼亚的海岸。在南非，有几点受欧洲影响。第一，荷兰殖民了南非开普区，成为了首个殖民非洲内陆的欧洲势力。随后，英国同法国和荷兰争夺在南非的势力。英国成为南非的皇室势力，尽管荷兰仍然在南非殖民并推行非人的种族隔离制度。种族隔离、殖民和奴隶可以放在一起比较，但是种族隔离是自成一类的残酷制度，肤色是歧视的唯一标准。南非人民被迫与其他种族分开发展。

葡萄牙人占领了安哥拉和莫桑比克及大西洋中其他三个临近岛屿——佛得角、几内亚比绍、圣多美和普林西比。在印度洋中的四个岛屿——马达加斯加、毛里求斯、塞舌尔和科摩罗获得了独立，其他岛屿属地——留尼汪和马约特岛，被法国占领，并仍然附属于法国。这些非洲的属地和国家将会在后面讲述非洲殖民和去殖民的章节中叙述。

据传非洲唯一的西班牙领地是西撒哈拉。这个国家还面临许多争议，因为虽然摩洛哥已宣称了对它的主权，但早在1980 年非洲政治统一组织就承认了它的独立地位。北非诸国，包括埃及、利比亚、突尼斯、摩洛哥和阿尔及利亚，也都处于欧洲帝国主义控制下——埃及被英国控制，阿尔及利亚由摩洛哥控制，而突尼斯受法国和利比亚控制。

　　然而风向逐渐转变为不利于帝国主义和殖民主义。尤其是第一次世界大战和第二次世界大战后，这些国家对帝国主义的压力和斗争逐渐加大，它们最终成为非洲统一组织的主权成员国。

　　奥斯曼帝国，或者土耳其是一个从公元 1299 年延续至 1922 年的君主制国家。它的鼎盛时期是在 16 至 17 世纪。那时，这个帝国横跨三个大洲，控制了东南部欧洲的大部分、中东、北非，包括苏丹。奥斯曼帝国作为东西方世界互动的中心长达 6 个世纪（13 ~ 18 世纪）。

埃及侵略苏丹：公元 1820 ~ 1838 年

　　1820 年 7 月，埃及处于奥斯曼帝国统治下的总督默罕默德·阿里派出由其子伊斯梅尔率领的军队意图征服苏丹。阿里对于苏丹的黄金和奴隶很感兴趣，希望控制埃及以南的大片腹地。

　　至 1821 年，芬吉、达尔富尔地区的苏丹投降在阿里的铁蹄下，尼罗河沿岸苏丹从努比亚到埃塞俄比亚丘陵地带，从阿特巴拉河到达尔富尔，都成了他扩大的帝国的一部分。随后，阿里开始在苏丹实行令人反感的政策，包括收税和没收黄金、牲畜、奴隶和其他类似的东西。

　　苏丹的反抗日趋激烈，引发了叛乱和对伊斯梅尔及其守卫的谋杀。叛乱被血腥镇压了。混乱和骚动一直持续到 1826 年，也就是阿里·胡尔西德·阿迦被任命为苏丹的总督。

　　这个新的统治者改善了埃及/奥斯曼和苏丹的关系，他减税、就许多国家事务征询苏丹人的意见，并尊敬苏丹人的领袖

113　阿布达·卡迪尔·瓦德·阿扎因（Abda-Qadir wad az-Zayn）。在苏丹当局进行充分沟通后，总督开始了一些外交行动，包括对逃亡者发出赦免信，并施行了一套税务机制。他支持苏丹部落自治，这种自治制度下的首领是其社会中具有影响力的上层精英、酋长或部落首领，由他们管理各自的区域，此外这些首领还无需缴纳个人赋税。

更重要的是，总督在苏丹境内开辟了商道，并给予推动和保护。他开辟喀土穆为苏丹的行政首都，并在国内开展农业和技术改造。当 1838 年回到开罗时，阿里·胡尔西德·阿迦已经让苏丹恢复到它之前的状态——繁荣又让人满意。

埃及和苏丹直到 1914 年都仍是奥斯曼帝国的省。因此，这两个非洲国家长期处于土耳其帝国的统治下。实际上，土耳其所属由苏丹统治的地区包括亚洲西南部、欧洲东南部和非洲东北部。

奥斯曼帝国²⁻⁴

奥斯曼帝国于 13 世纪由奥斯曼一世建立。他的后代统治该帝国直至第一次世界大战结束，帝国解散。奥斯曼帝国起于奥斯曼控制的一个小国，由奥斯曼土耳其人建立。随后，它进行了快速扩张，取代了东边的拜占庭帝国。

1922 年，根据第一次世界大战后协约，帝国解散，苏丹被穆斯塔法·凯末尔·阿塔图克正式废除，他于 1923 年宣布建立土耳其共和国。

奥斯曼帝国治下的土耳其人通过埃及统治苏丹，同时，苏

丹与周围的非洲国家建立了长期的关系。我并不想说这些关系
都是好的，但是两国统治者通过战争、合并、外交和其他安排
"来来回回"进行控制，直至 1922 年英国殖民了这些非洲
地区。

值得注意的是，今天苏丹的部分地区名义上是埃及的附
庸。埃及占领苏丹后在 1821 年设立了新政府，被称为土耳其
政权。如前所述，其士兵通过向居民索取高额税赋生活。同
时，土耳其士兵在寻找藏匿的黄金时，还毁坏了许多古代梅罗
伊金字塔。除此之外，由于奴隶贸易的增长，许多芬吉腹地的
居民逃离家园，躲避黑奴贩子。埃及的穆罕默德·阿里·帕夏
作为地方行政长官 1805 年获胜一年内，约有 30 000 名苏丹奴
隶送到埃及进行训练，并被招募进军队。但其中的绝大部分都
因疾病和埃及沙漠中的恶劣气候而死亡了。

导致苏丹和土耳其/奥斯曼领导下的埃及关系紧张的其他　114
因素还有埃及寄生虫似的官僚主义，招募土耳其雇佣兵让他们
在苏丹守卫喀土穆、卡萨哈和苏丹其他地方。原本的驻军十分
残酷，已经让苏丹人深恶痛绝。

为了压制叛乱，埃及的苏丹统治者于 1850 年将国家分为
多个小一些的行政部族单位，而喀土穆成为了总督哈奇马达尔
的领地。苏丹统治者从奥斯曼统治下的埃及引入的法律和贸易
系统偏向外国人，而不是苏丹的居民。因此，苏丹逐渐土耳其
化，并从 1821 年至 1885 年完全受奥斯曼控制。许多试图反抗
奥斯曼统治的人都离开了苏丹。其他人，如那些住在达尔富尔
的人，被埃及的奥斯曼人镇压、残酷对待和征服。奴隶制在苏
丹继续实行，并蓬勃发展，直到 19 世纪英美废除奴隶贩卖。

东非的阿曼阿拉伯人

整个东非海岸区域成为斯瓦西里，数世纪以来都由阿曼苏丹统治。桑给巴尔和拉姆两个岛屿不时反叛。但是他们主要的统治者仍然是一个阿曼阿拉伯人。1886 年左右，桑给巴尔的苏丹建立了自己的领土，脱离了斯瓦西里区。他与他的臣民抵抗原本的统治者，就像 1776 年新世界的 13 个美国殖民地抵抗英国那样。

在今天的东非，阿曼阿拉伯仍然在对当地语言留有主要影响。斯瓦西里作为当地语言，结合了班图人和住在东非海岸的阿拉伯人的语言特点。斯瓦西里既表示语言，也指代说这种语言的人。

东非

早期定居东非海岸的阿拉伯商人来自阿曼，他们学习了班图语，娶了当地妇女，引入了伊斯兰教，并将阿拉伯文化和今天仍在使用的阿拉伯词汇带到了这片土地。阿拉伯人保持了自己的语言，但同时也说斯瓦西里语，也就是班图语在东非海岸的变种。阿拉伯语成了一个小语种。

公元 100 年，肯尼亚海岸和阿拉伯半岛的贸易十分活跃。阿拉伯人在中世纪定居海岸，并很快建立了几个自治城邦，包括蒙巴萨、马林迪和桑给巴尔。农民和牧民从埃塞俄比亚向南，于公元前 2000 年定居肯尼亚。公元前 500 年至公元 500 年，来自南苏丹的一些班图和尼罗河流域居民也定居在了肯尼亚。

1729 年，从 1498 年即陆续抵达并定居肯尼亚的葡萄牙人终于被永久驱逐出蒙巴萨，并被东非海岸的阿拉伯王朝所取代。阿曼马斯喀特的布赛义迪和桑给巴尔 1832 年来到这里，马兹瑞王朝就是以蒙巴萨为基础。1837 年，布赛义迪和桑给巴尔发生了一些冲突。[5,6]

东非阿拉伯人，特别是来自桑给巴尔和坦噶尼喀的，应归类为说阿曼阿拉伯的方言，尽管今天已经没有什么说这种语言了。阿拉伯的阿拉伯人，与肯尼亚和东非的阿拉伯人相对，是也门人。海岸边的肯尼亚阿拉伯人多数是生意人，说斯瓦西里语，而不是阿拉伯语。尽管他们都会说阿拉伯语，但也很少用到，他们更愿意说斯瓦西里语。

东非海岸，尤其是今天的肯尼亚，大多数阿拉伯人是也门而不是奥斯曼的血统。这是最近几十年的现象，尤其那些来自桑给巴尔的人，不论他们的祖先如何具有奥斯曼血统，都是如此。只有东非阿拉伯的早期，奥斯曼苏丹曾乘坐三角小帆船来到桑给巴尔度假。随着阿拉伯元素逐渐明显，他们的文化紧随其后，阿拉伯又在英国殖民肯尼亚、作为班图东非时期获得了受保护国的待遇。英国和苏丹签署协议约定从印度洋至肯尼亚腹地的 10 英亩面积交由奥斯曼阿拉伯人居住和使用。1895年，肯尼亚成为了英属东非受保护国的一部分，不久之后的 1922 年，肯尼亚又成为了殖民地。肯尼亚殖民地和受保护国在国际法下，都由一个单位一面旗帜代表。受保护国是一个自治区域，外交和军事上由一强国或实体保护。

19 世纪前在非洲的欧洲人

19 世纪末期，欧洲殖民热潮掀起之前，非洲发生了两件具有历史意义的事件。如第五章所述，第一件是非洲、欧洲和美洲之间贩卖非洲奴隶，这桩生意多年一直一本万利。第二件是阿拉伯奴隶贸易，阿拉伯奴隶商人将非洲奴隶贩卖到中东和远东长达 10 世纪之久（9 至 19 世纪）。奴隶贸易取代了非洲、欧洲、美洲之间数百年来原本合法的产品和服务买卖。奴隶贸易于 19 世纪初在欧洲和美洲废除（托马斯·杰弗逊总统 1807 年签署了废奴法案，1808 年 1 月 1 日正式生效）。从此以后，欧洲商人和冒险家再次来到非洲，不过这次是为了研究自然和其他目的，其主旨是：

● 荣耀/文明（西方）

● 黄金/商业（自然资源）

● 福音/基督教（非洲的转变）

116　　　19 世纪前，最显著的殖民者是腓尼基人，他们公元前 814 年侵略并占领了迦太基。如第一章所述，腓尼基人之后是希腊人，他们在公元前 631 年至公元前 332 年，占领了北非部分地区。接下来是罗马人，他们在公元前 146 年将北非变为罗马帝国的东部省。

注　释

1.《大英简明百科全书·中东及北非》：1450 ~ 1789 年历史。

2. 蒂莫西·查尔德，《意大利—土耳其外交及利比亚之战：1911 ~ 1912》（纽约：布里尔出版社，1990）。

3. P. 威特，《奥斯曼帝国的崛起》（伦敦：皇家亚洲社团出版社，1938）。

4.《麦克米兰百科全书 2001 版》中的"奥斯曼帝国"（爱斯勃雷，英国：市场书屋出版社，2000）。

5. R. A. 奥利佛，《东非历史》，共三卷（牛津：牛津大学出版社，1963 ~ 1976）。

6. 拜伦 . E. 费尔维尔，《假定人：亨利·M. 斯坦利自传》（伦敦：朗文出版社，1958）；《波顿：理查德·弗朗西斯·波顿自传》（伦敦：朗文出版社，1963）；《维多利亚女王时期局部战争》（纽约：W. W. 诺顿出版社，1986）；《盎格鲁—布尔之战》（纽约：W. W. 诺顿出版社，1990）；《第一次世界大战中的美国》，1917 ~ 1918（纽约：W. W. 诺顿出版社，1999）。

7.《大英简明百科全书》（2009）。

第7章　如果非洲对外政策与外交的基础在中世纪就已定型则会如何

本章所介绍非洲历史会让人们思考：如果非洲的对外政策与外交的基础在中世纪就已定型，那么今天非洲会是什么样的一种状况？非洲目前的许多负担是否可以避免？比如奴隶制和欧洲人和阿拉伯人所从事的非洲奴隶贸易是否还会存在？对于欧洲列强强加给非洲的剥削和致贫手段，非洲还会那么脆弱吗？欧洲的殖民进程是否还会存在？把非洲转型为西方文明的附庸是否还有可能？我们今天认为原始的非洲文化和文明还会因为欧洲入侵者而遭受这么大的损失吗？非洲还会因为1885年柏林协定所许可的欧洲阴谋而像今日那么支离破碎吗？一面富于人力和自然资源，一面却在与严重且持久的贫困综合征作斗争，这种情况还会发生吗？

后殖民时代无休止的冲突、政变、腐败和种族中心主义震动着整个非洲大陆，主导了整个非洲的生活，这种状况还会发生吗？非洲仍然是文化无所适从、孤立、边缘化、教育和领导能力缺失、屈辱等等诸如此类矛盾的乐土吗？

换句话说，如果非洲一直按其自己的价值体系来发展，没有外部的、欧洲殖民势力的影响，那么非洲今天的状况会是怎样的？非洲当今的对外政策和外交会是怎样的？21 世纪非洲能够找回它失去的文明吗？

很难回答这些问题，也没有人能真正说清楚如果非洲当时按其自己的身份和命运发展，今天会是什么样子。笔者的观点是，若没有外国人侵非洲大陆，情况会完全不同。特别是在中世纪，若非洲的未来之路由非洲和非洲人自己主宰——也就是说，如果中世纪非洲的对外政策和外交就已定型，那么情况会很不一样。

为什么是中世纪

种种理由都指向一个结论：中世纪的非洲失去了一个千载难逢的机会——错失良机。中世纪在世界史和非洲史上都是一个独特的时代，它提供了一个从过去的错误中吸取教训的良好机会。中世纪的非洲，王国、帝国、超级帝国、城邦业已存在并蓬勃发展，未来加固其内部和与其他政治实体的对外关系的基础是成熟的。这些可以而且应该成为一个独立的非洲塑造其未来多元发展策略和方法的条件。若在中世纪，这些策略已经催生出非洲的外交、对外政策和国际关系，那么折磨了非洲千余年的许多弊病，诸如不公正、剥夺、债务负担、掠夺、腐败行径、劫掠、赤贫等问题便可避免。然而，这些问题今天依旧困扰着非洲大陆。

石器与铁器时代

石器与铁器时代在非洲发生的很多事情，当时在全球其他地方还没有发生过。石器时代是一个史前时期，那时人类广泛使用石器工具，提高了他们的生存概率和生活质量。这是已知的最早的人类文化时期，它的特点便是使用石头工具。石器时代大约开始于2亿5千万年前，当时已经有人（已经很接近人）在非洲制作工具。

119　　其他时代，特别是铁器时代、青铜时代、黄金时代，这些都完好地记录了史前时代。

　　那些时代，有很多聚会、集会和狩猎活动，也就是在那些时代，人类的生存本能得到了提高。那时候人类逐渐驯化动物，开始种植农作物。这也催生出早期非洲人不断地发明新的东西。毕竟，当人类第一次在地球上出现时，他们就是在非洲大陆。非洲人是最早的工具、武器和火种的技师和发明家。

　　铁器时代开始于公元前12世纪的古伊朗、古印度和古希腊附近的近东地区。考古证据表明，铁器时代的突出特征是人类使用的工具和武器的主要成分是铁。铁器时代的古希腊又可分为两个时期，其一是"希腊黑暗时代"。这是第一铁器时代，时间是从公元前1200年到公元前1000年。而第二铁器时代，大约从公元前1000年持续到公元476～1453年的中世纪早期。铁器时代见证了很多社会变革，包括农业的变化。铁器时代之后是青铜时代。上述三个时代也是人类存在的时代，故也被称为人的时代。三个时代在人类进化中具有举足轻重的重大历史意义。非洲人在经历这些阶段后有序发展直至今日。

　　因此，没有非洲，这些重大的事件和发现几乎也不会有。这些事件在中世纪以前就开始为非洲塑型。其中还包括作为交流手段的语言的发展。非洲人很早就从游牧到定居，过上文明生活，比地球上其他任何地方都早得多。为了改善并保护定居点的生活环境，社会治理和政府开始出现，为老百姓提供公共服务、法治正义以及生活准则。所有这些都是在撒哈拉沙漠形成以后出现的。那时人们的农业、畜牧业水平有所提高，大家和平共处，也提高了易货贸易、寻找衣食、社会分工方面的技能。人与人之间、部落与部落之间、国与国之间的交往取代了先前无国家概念的关系，跨境交往和对外关系得到发展。这为外交途径解决不同族群之间的纷争提供了方法，比如通过联盟、对话、合作、协商一致的妥协并为发展和和平共存而共同协商。也就是说，早在中世纪以前，非洲人就学会了如何利用外交手段来管理他们的关系，如何基于传统与习俗来实现和平的对外关系——国际关系的雏形。

考虑到这些事实，作者认为，中世纪充满着机遇和教训，这些机遇和教训都是预见未知的实用工具。

世界历史中，古代与现代之间存在着一个巨大的鸿沟，因此文艺复兴时期应该被看作为一个全新的且具有历史意义的时代，这对非洲的政治发展来说也是如此。远古是指史前时期，远早于有文字记载的历史，也早于公元476年秋天西罗马帝国的崩塌。非洲所目睹并经历的技艺进步与社会发展是独一无二的，从最遥远的古代（即从1000多万到500多万年前）原始人类开始直立行走（当时身高4英尺6英寸）开始，直到公元前第4个千年有文字记载的历史出现，并一直持续到中世纪。如果这些发展与进步从没发生在非洲，那么它们可能不会以同样的方式发生在其他地方。

非洲可以从中世纪的欧洲吸取什么教训

了解中世纪以前的欧洲是什么样的，欧洲人是如何解决这些问题的，这非常有助益。非洲能不能不走欧洲的老路？人们可以很有把握地断定欧洲后来能成为在非洲的殖民大国，其基础很可能是封建社会阶段与文艺复兴时期之间巩固的。文艺复兴之后，欧洲对外扩张开始，这一时期，欧洲文化、科学、技术和经济进步迅速。这种进步激发起人们探索世界、殖民主义、帝国主义、征服外界的强烈好奇心。中世纪之前，整个欧洲和北非曾经是罗马帝国的一部分。罗马帝国于公元 5 世纪分崩瓦解。到了公元 9 世纪，欧洲地主掌控并管理了欧洲的大型庄园和农场。

中世纪作为远占和文艺复兴时期的分水岭

背景

如果中世纪存在于古代和文艺复兴之间，那么我们可以确信地得出这样的结论：中世纪时期开始于公元 476 年西罗马帝国灭亡之时，并一直持续到公元 1453 年君士坦丁堡的陷落（东罗马帝国）。文艺复兴在很大程度上受到中世纪的影响。反过来，一些历史性的发展（像中世纪时期那些），本可以在随后的几个世纪以一种非常不同的方式影响非洲（如果非洲当时没有成为西方文明的副产品）。

中世纪是一个很长时期，但具体时间段不确定，充满着诟病与进步。商业革命；伟大的扩张带来了全球治理、贸易全球化以及宗教的传播（尤其是基督教、天主教的传统）；十字军东征；帝国和城邦兴起与衰亡；大学发展成为学习的中心；重商主义兴起。

欧洲在中世纪经历了许多变化。北欧和西欧见证了第一次持续的城市化；当今欧洲的国境线被确定下来；外交艺术出现实质性的恶化，主要是公元5世纪罗马帝国的解体。欧洲领导人需要付出巨大的努力，特别是罗马教皇，重振外交并将其作为解决国家间分歧的工具，而不诉诸武装冲突。

中世纪早期以遣散罗马人和罗马社会及其政治崩溃为标志，这导致西方社会出现了各种不知名的统治阶层、社会不安定因素以及隐修主义。从中世纪中期到中世纪晚期欧洲社会出现了广泛而激烈的变革，欧洲的政治、权力、宗教的全球化以及民族国家的出现给欧洲带来了不安全感。然而，当时的非洲已经有许多民族国家了。此外，还有其他机构可以帮助非洲维持她的身份和文化。例如，在中世纪，基督教的统治地位，大部分非洲地区信仰基督教，如果教会注重保护非洲的完整性，就可以帮助非洲保留她的价值。基督教会作为一个主要的文化影响力、作为基督教价值观的集大成者，本能够与非洲王国和帝国为善，为什么天主教未能帮助非洲巩固自己的形象并让"非洲性"在基督教世界和传统里成为一个值得保护的独立实体？通过保留寺院中的拉丁语学习传统，有助于帮助非洲保持她的文明。同样地，欧洲天主教会通过强大的天主教网络和在整个中世纪的巨大影响，让写作艺术和集权管理在中世纪的欧洲得以保留。为什么那些明明在非洲也有影响力的主教，不做点什么来保护非洲性和非洲身份让非洲繁荣发展呢？今天人们

121

需要反省非洲错失的这些机会，以期从过去的错误中吸取教训，并确保今后采取预防措施。

天主教在欧洲特别有影响力，尤其是法兰克国王克洛维斯一世改信天主教之后。他皈依天主教后强化了天主教的传统，吸收了东正教和天主教保守主义，抨击阿里乌斯教，因为阿里乌斯教并不赞同天主教三位一体这一根本教义，况且阿里乌斯教在高卢还很有影响力。由此，中世纪既充满了进步力量，诸如好学、宗教、修道、天主教传播、治世（国家），也充满了全球贸易不公平、鼠疫（14 世纪被称为黑死病）以及野蛮人的不断入侵直至罗马帝国崩塌。

122　　当时改变了世界的那些事件与今天改变非洲的一些事件具有可比性：艾滋病毒/艾滋病、埃博拉病毒、SARS、疟疾、肺结核等致命疾病。这些疾病让我们想起了中世纪的瘟疫。同样，今天的信息革命，借助信息和通信技术（ICT）如互联网和计算机系统，也让我们想起了中世纪商业、贸易和发展的全球化。中世纪的黑暗导致整个欧洲社会的崩溃，特别是在公元 5 世纪末至 8 世纪，让我们想起了第三世界一批新兴国家及其领导人的诞生，这些领导人面临许多当今非洲也面临的挑战，包括国家治理、人权问题以及领导力缺失。与此同时，新一代领导人的出现，使人们想起了新兴的民族和个人曾迅速填补了罗马的中央集权政府所留下的政治真空。这些相似之处让人惊讶。

法兰克和德意志各王国之间争夺欧洲霸权的斗争造成欧洲政治区域分割明显，这也让人们想起当今非洲的 Majimboism（区域主义）。在非洲，种族主义、部落主义和任人唯亲的做法动摇了统一的政治治理和政府，让非洲陷入持续贫困的悖论。分权在非洲受到了挑战，因为分权往往造成部落主义，无法提高非洲地区经济一体化水平。然而，欧洲模式，如欧洲联盟（欧盟）、欧洲委员会和其他区域性安排，是有效的、高效的，有益于整个欧洲，也有益于普通大众。因此，举例来说，如果拿欧洲的资本主义与美国的资本主义相比，欧洲的资本主义之于欧洲似乎要优于美国的资本主义之于美国。欧洲的资本主义是基于社会自由民主的，不太依靠拆借来的资金和信用卡系统，而美国资本主义的成功严重依赖借来的钱和资本，这会导致过度的贫困。

中世纪的时期，主要是从公元 476 到公元 1453 年。这是介于古代和现代之间的一个伟大的时代，为非洲提供了巨大的经验教训。在中世纪，事件来了又去，病来了又走，反反复复，被称为黑暗时代。欧洲经历了整个中世纪，学会了如何生存，如何从失败中恢复过来，如何在过去的基础上吸取教训、开拓进取。为什么这种情况没有在非洲出现？为什么那些欧洲的改变（无论好坏）没能帮助非洲吸取过去的教训而规划出未来的战略？日耳曼部落入侵，致使罗马帝国崩塌，欧洲瓦解成一批独立王国。非洲也经历了类似的入侵，但为什么非洲没能产生强大且独立的王国？

事实上，在欧洲，当一些事情，如社会结构和机构不复存在时，马上就会有另一些事物取代他们的地位，如贸易、商业和国家组织就变得更为强大、对欧洲社会更有利。欧洲的人们变成更为强大的农民、企业家，在他们所创造的经济体中自给自足。此后，一个新的社会制度出现了——封建制度，它繁荣

123

了好几个世纪。为什么同样境遇没能在非洲发生呢？如果欧洲人能从不幸的时代（所谓的"黑暗时代"）中吸取教训从而提高他们的总体生活条件，为什么这种教训没能传播到欧洲一衣带水的近邻——非洲呢？如果真是那样的话，非洲不应该比欧洲更为富有吗？

文艺复兴与非洲

"文艺复兴"这个词源于法语，意为"重生"，用来描述13世纪到17世纪从中世纪到现代的过渡时期，文艺复兴时期西方文明取得了巨大发展。文艺复兴开始于近代的中世纪，这种重生，不但没有失去欧洲中世纪的文化，而且还激发了人们学习古典和价值观的兴趣。文艺复兴始于意大利，随后席卷欧洲其他国家。文艺复兴激发出欧洲人的冒险精神、好奇心和扩张主义，这就有了后来欧洲人向全世界传播他们的价值观。至此，你可能会问，为什么非洲没能（即便在文艺复兴时期）"豁免"欧洲后来对非洲的入侵？这种入侵打的就是让非洲主义和非洲价值观灭亡的旗号。明明早在中世纪非洲就有相当繁荣的文化、文明和社会机制，为什么非洲还是没能抵抗住欧洲的影响？因为那时候，非洲已经有许多王国、帝国、超级帝国和城邦的发展得非常成功。

问了这么多问题，并给出了答案，那么非洲能否好好审视一下自己的过去，以期在新的千年里塑造一个非洲人真正想要的非洲。换言之，非洲能在21世纪重拾自己失去的文明，并将其作为对未来一代人的救赎吗？带着这些问题和令人畏惧的挑战，作者在此希望非洲能在 21 世纪重拾非洲文明，非洲能主宰自己的命运。

文艺复兴始于中世纪，在 1350 年至 1450 年间尤其兴盛。1453 年，君士坦丁堡正式崩塌。欧洲中世纪和文艺复兴时期的发展带给非洲哪些教训？欧洲当时面临的挑战和阻碍，非洲已经遭受了数百年。非洲能从欧洲的错误和成功中学到什么吗？这个问题的答案是肯定的。例如，音乐是非洲最伟大的价值之一，而非洲可以充分利用这一优势。公元 1300 年起，文艺复兴时期，欧洲对音乐的热爱成为了欧洲文明的一个重要组成部分。法语，作为外交语言被广泛使用，法国音乐也在全欧洲流行起来，这都促进了欧洲文化的发展。作为各种音乐的"超级母亲"，非洲可以充分发利用音乐和文化外交，以消除当今继续困扰非洲的一些语言和文化冲突。

类似地，非洲音乐若在非洲得到应用，本该发挥更为重要的作用。例如，在美洲，非洲的音乐成为了非洲奴隶们使用的一种有效的沟通传播、商量计谋、外交媾和、发布警告和谋划战略的工具。美国奴隶们使用音乐来传递敌人与危险存在等信息，帮助奴隶对抗敌人、获取食物、保护伤员和弱小等。音乐成为了对抗奴隶制的一种手段。

得益于文艺复兴，欧洲获得了许多发展，包括：

1. 12 世纪希腊和罗马文学的再发现是 14 世纪欧洲人文主义运动的一个重要催化剂。毕竟，文艺复兴是中世纪晚期的一次伟大的文化运动。这一运动开始于意大利，之后像野火一样蔓延至欧洲各地。

2. 公元 1250 年罗马皇帝弗雷德里克二世之死标志着世俗统治者开始丧失权力，而教皇开始拥有实权。

3. 1378 年至 1415 年，意大利出现了一些与强大的专制政府并存的小共和国。1415 年，葡萄牙成为第一个在"现代"与非洲接触的国家。葡萄牙人占领了直布罗陀的飞地——摩洛哥的休达，并宣称其为葡萄牙所有。

4. 文艺复兴时期，城邦制度趋于稳固，并在文艺复兴时期达到高峰。那时，主要城邦相继问世，其中不少活跃在欧洲的知名地区。意大利的城邦欣欣向荣，例如那不勒斯、威尼斯、佛罗伦萨、米兰。

5. 类似地，西欧在音乐、艺术、科学、修辞学、文学和人文主义等领域也取得了进步。对上述艺术有杰出贡献的人包括：圣阿尔伯特、莎士比亚、弗兰西斯·培根，阿威罗伊等作家。作品包括亚里士多德的经院哲学作品；圣托马斯·莫尔的人本主义；莎士比亚的戏剧和十四行诗；法国的蒙田和弗朗索瓦·拉伯雷；意大利的彼特拉克、乔凡尼·薄伽丘、洛伦佐·瓦拉；北欧的伊拉斯谟。

这些作家中有不少强调基督教的人文主义。拉伯雷和莎士比亚的作品强调了人性的复杂性。他们都受到古希腊和古罗马的进步思想和欧洲文艺复兴的启示。毕竟欧洲文艺复兴产生了像达芬奇这样的画家和雕塑家，他们用数学等工具提升了自己的才智。

6. 需要特别指出的是，在科学领域，尤其是从 15 世纪开始，古典学派在人文主义信仰的引导下，挖掘古代文本以增加自己的知识。文艺复兴时期有影响的科学家包括伽利略、哥白尼、开普勒、第谷·布拉赫、牛顿、艾萨克等。

穆罕默德和非洲的伊斯兰化

有趣的是，伊斯兰教创始人穆罕默德，先知和上帝（安拉）的使者，也是中世纪非常有影响力的人物。公元570年，穆罕默德（或称穆罕默德·本·阿卜杜拉）出生在沙特阿拉伯的麦加。穆罕默德是伊斯兰教的发起人，该教派早在公元622年即到达了北非。事实上，北非是世界上最早接受伊斯兰教的地方之一。到公元632年6月8日穆罕默德逝世时，他的宗教已经十分有影响力了。作为一个活跃的外交官、哲学家、演说家、议员、商人、改革家和军事将领，穆罕默德用其计谋传播他的宗教并把他的传教团队提升到"圣神行为"的高度。穆罕默德出身卑微，早年父母双亡而成为孤儿，他是由他的叔叔抚养成人的。他25岁结婚，此后搬到附近的山上的一个山洞里炼药和思考。40岁那年，他在斋月里得到了真主的第一次启示。43岁时，穆罕默德开始公开宣讲这些启示，宣称"主只有一个"。穆罕默德在传教早期已经有一些追随者了。

作为非洲文化中的一个杰出人物，穆罕默德绝不会被非洲历史忘记，因为非洲很大一部分人成为了穆斯林。他在非洲大陆有大量的追随者，那是一段文化、阿拉伯奴隶制和奴隶贸易交融的历史。从7世纪到19世纪，阿拉伯人进行了一项非常有利可图的非法经营——奴隶贸易，整整12个世纪！穆罕默德晚年不得不离开沙特阿拉伯，因为他意识到他在麦加不太受欢迎。于是他在 622 年搬到了麦地那（叶斯里卜），这一年成为"希吉拉历"元年①。《古兰经》被称为"真主之语"。

奥斯曼帝国的崛起

中世纪也目睹了奥斯曼帝国的崛起。这个帝国兴盛于 1299 年至 1923 年。奥斯曼帝国可分三个时期：老奥斯曼土耳其帝国时代、后土耳其奥斯曼时代以及现代土耳其奥斯曼时代。帝国的扩张从 16 世纪一直持续到 17 世纪，在三个大洲产生了三种文化影响：非洲的北方地区；亚洲的中东地区以及欧洲的南部地区。1533 年，奥斯曼帝国从西部的直布罗陀海峡以及该海峡以西的摩洛哥大西洋沿岸地区一直扩张到里海和波斯。它还从北方的奥地利—匈牙利以及乌克兰等地向南一直扩张到苏丹、厄立特里亚、索马里和也门。帝国由 29 个省和摩尔达维亚、特兰西瓦尼亚和瓦拉几亚组成。近六个世纪，奥斯曼土耳其人在东方和西方之间的交往中起了主要作用。这有助于解释伊斯兰教为什么能如此广泛地传播到西班牙、前斯拉夫国家以及东欧的部分地区。

像欧洲一样，奥斯曼帝国在中世纪亦饱经磨难：它崛起于

① 希吉拉是伊斯兰教日历，阿拉伯语：هجرة，英文：Hijra，又译作"希吉来"，原意为"出走"、"离开"。后来变为 622 年伊斯兰先知穆罕默德带领信众离开麦加，迁移到叶斯里卜（麦地那）这个事件的简称。由于这是伊斯兰历史上非常重要的事件，以公元 622 年作为伊斯兰教历的元年，所以伊斯兰教历又被称为"希吉拉历"或"希吉来历"。——译者注

1299 年至 1453 年之间；1453 年至 1683 年间成长扩大；而
1699 年至 1827 之间帝国经历严重的叛乱和改革。然而，1828
年至 1908 年间，帝国在追随现代化的过程中，国力不断衰退，
终于在 1908 年至 1922 年间分崩瓦解。究其主要原因，是其经
济结构无法支撑其本国发展所必须的经济增长。这种负担致使
政治、社会以及人民生活的其他方面都受到制约。结果是，经
济不适导致政治权力和影响力的分崩瓦解。

非洲：中世纪错失良机，或是 21 世纪重拾其文明

　　关于中世纪的非洲最重要的论争无非是：既然中世纪的欧
洲能够在经历了许多考验和磨难之后获得超越，那非洲怎么就
没做到？从中可以吸取哪些教训？欧洲这块弹丸之地（土地
面积小、人口少）是如何实现和平、繁荣与稳定并最终统治
世界的？此外，如果欧洲和非洲有许多相似之处，那么我们必
须解释非洲到底哪里出了差错。

　　毕竟，非洲经历了一个漫长而宏大的演变过程，它在许多
方面都是"第一"，这在前几章中已经提过。因此，非洲本可
以（也应该）做得更好，至少也应该避免她在历史上所经历
过的那些苦难。为什么非洲应该做得更好呢？两方面因素值得
探索：（1）从游牧状态、无国家状态以及居无定所状态演变
为具有完善的文化、文明和社会机构的定居状态；（2）非洲
的政治治理、城邦与现代国家状态下的非洲人民的民主生活以
及因跨境交流而催生出的非洲国家及人民间的国际关系、对外
政策和外交。

127

非洲发展之路的亮点

非洲从其过去的辉煌到今日的现状，已经走过了漫长的发展道路，其中的亮点包括（还有很多其他的）：

● 公元前 5000 年撒哈拉沙漠形成以后，几千年间非洲各地从永久定居点演化为政治治理和国家状态；

● 发现非洲拥有丰富的自然资源和人文资源——农作物、矿产、水资源和能源资源；另外，还有非洲人民及其文化多样性；

● 杰出的、有远见的和强大的统治者如加纳的加纳国王、埃塞俄比亚示巴女王、埃及女王哈特谢普苏特、安哥拉女王安娜恩津加、马里帝国的国王阿布巴卡尔、肯尼亚万加的国王纳邦古·姆米亚、"卡巴卡"王姆特沙以及其他乌干达卜干达地区的"卡巴卡"王；

● 在非洲，政府分散和集中的形式和体制；

● 伟大的非洲思想如昔兰尼加的昔兰尼的圣西蒙；圣莫妮卡和她的儿子，圣奥古斯丁的河马，突尼斯；圣西里尔和凯瑟琳的亚历山大，埃及；迦太基圣塞浦路斯；汉尼拔将军的迦太基；祖鲁的祖鲁兰；

● 精明的政治头脑和非洲的领导人和泛非主义，如 W.E.B·杜布瓦、加维、乔治·帕德莫尔、威尔莫特·布莱登、乔莫·肯雅塔，纳穆迪·阿兹奇威、阿布·贝克·塔法瓦·巴勒瓦、贾马尔·阿卜杜勒·纳塞尔、艾哈迈

德·色库图雷、巴特利斯·艾美莉·卢蒙巴、汤姆·约瑟
·莫博雅、约瑟·马新德·穆里洛、夸梅恩·克鲁玛、艾
哈迈德·本·贝拉、哈比卜·布尔吉巴、卡扎菲、肯尼思
·卡翁达、纳尔逊·曼德拉、黑斯廷·斯班达、西·卡普
韦普韦、穆罕默德·穆尔塔拉将军、海尔·塞拉西皇帝以
及凯特马·优夫鲁。

　　所有这些领导人和非洲的泛非主义，与他们的天赋和技能
一道，外加基督教和伊斯兰教的道德要求，再加上非洲固有的
禀赋与资源，所有这些都足以让非洲屹立在世界之巅。他们都
足以阻止奴隶贸易，促使非洲进入经验主义国家状态，接纳国
际法规范和原则，巩固非洲外交和对外政策，所有这些本该可
以有效阻止非洲价值和遗产流失，根本不需要借助那些不牢靠
的价值观和行为方式来适应当今世界。那样的话，非洲自力更
生的贸易及非洲人主宰非洲就可以得到保障，教育也必然会发
展以适应非洲的现实。

128

　　非洲独立之路上具有里程碑意义的事件便是泛非大会和
1900 年、1905 年、1911 年和 1919 年在伦敦举行的 20 世纪会
议。1919 年的第一届泛非大会尤其重要，会议要求《凡尔赛
条约》各方出力帮助非洲去殖民化进程并同意协助管理非洲
前殖民地领土和非洲人民。伍德罗·威尔逊的 14 点中第 5 点
旨在促进世界和平、团结和合作，在非洲去殖民化过程中发挥
了重要作用。第 5 点指出世界各地的殖民地都需要给予自治，
认为贫穷和国家大小都不会妨碍殖民地人民和国家获得自治和
政治独立。1921 年在伦敦、布鲁塞尔和巴黎召开的第二届泛

非大会的焦点便是结束英国对非洲殖民地人民的掠夺、奴役和搜刮，给予非洲人民一定程度的资质，并谴责英国应该为殖民地人民的无知、缺乏训练、缺乏教育以及没有为政治解放做好相应准备负责。第三届泛非大会于 1923 在伦敦、里斯本和纽约召开，会议重申了非洲人民需要自己的家园并要求自治，非洲（特别是南部非洲——南方和罗得西亚）需要用非洲人的多数统治取代少数白人的统治。第四次泛非大会于 1927 年在纽约召开，会议决议与第三次泛非大会类似。然而，直至 1945 年在英国曼彻斯特举行的第五届泛非大会上，乔治·帕德莫尔才最终确定了非洲去殖民化步骤。那时，非洲已经产生大量的泛非主义者，包括马拉维的黑斯廷斯·班达、加纳的夸梅恩·克鲁玛、肯尼亚的乔莫·肯雅塔、尼日利亚的首领奥巴费米·阿沃洛沃、美国的 W. E. B. 杜布瓦（他是 1919 年首届泛非大会的组织者，第五届泛非大会时他已经 77 岁高龄）以及移民到纽约的牙买加人马库斯·加维。1945 年 10 月举行的第五届泛非代表大会是所有五届会议中最为繁杂的，许多学者、知识分子和政治活动家出席了会议。其成果有：

- 针对殖民国家、非洲领导人以及反种族歧视人群的决议和主张获得通过；
- 促进经济、政治、智力和其他形式的合作；
- 标志着帝国主义和殖民主义在非洲的终结，以此动员在去殖民化过程中流离失所的非洲人。

受非裔移民影响带来的人口流动，意味着所有的非洲裔美

129

国人、非洲裔古巴人、非洲裔巴西人、非洲裔牙买加人、非洲裔加拿大人等都是为了非洲人民的共同利益进行迁移。曼彻斯特泛非大会因此在会议上提出了非洲面临的殖民地问题，并且呼吁身在非洲的人们、在海外的非裔侨民和国际社会（包括前殖民势力的捐赠方）加入他们，帮助非洲，令其实现政治独立和多维度发展。

概念理解：对外政策与外交

中世纪不仅产生了大量的概念，诸如主权、国家、国际伦理与法律、国家的"文明"状态，并且在这一时期欧洲认识到自己过去的错误，着手处理和改正错误。有关对外政策和外交的问题在条款中被明确定义（尤其是城邦在欧洲和非洲的出现和繁荣之后，商业、外交的快速发展和政治接触的增多，而这些在早期几乎是没听说过的）。难怪文艺复兴是在中世纪时期诞生的！

对外政策，比如外交和国际关系，都不能够并且不在真空中运作。因此，对外政策只有在文字的陈述中才最可能被理解，这也是国际法的主要目的。这就给对外政策能够存在并且正确地、合法地运行的必要条件和要求提出了问题。因此，必须有一个国家，况且现在已经是 21 世纪，这个国家必须是现代的（即这是个拥有主权的文明国家）。必须有一个国家制度，涉及国内和国际或全球国家体系的事务处理的过程和程序，涉及国家之间的相互关系和相互之间的关系。主权通过赋予权力或者说权力的最终操作和控制掌握在一个相对小、由个人组成并被赋予权力的"政府"群体，通常是通过大选来执政（也就是说，去引导公民、保护公民及其国内外的财产和捐赠，并且为公民/侨民提供安全和其他必要的生存保障——所有的这些都被称为一国的国家利益）和呈现。

130　　　国际或全球系统从根本上来说是一个主权独立国家的集合体，他们决定以主权实体的身份合作共存，并且遵循旨在管理国家行为、处理互相间关系的国际规则和原则之一的（公共）国际法。"文明"意味着一个文明先进的地位，以及物质与文化的进步和智力的发展。

现代国家：国际法、主权和国家的文明

要对这些议题进行适当的讨论必须从定义重要术语开始。"国际法"在这里指的是能达成明确或含糊协议的系统，其将民族国家紧密结合在一起，辨别出相似的价值和标准来作为解决民族国家间问题的工具，因为国际法规则可以帮助减轻破坏性的冲突。国际法通过在过去的几个世纪里不断发展并被写入法律的国家间国际协议、条约、习俗而成为法律，大量国家使用的相同的一般立法准则成为国际立法原则，并且社会成为信息的来源，使得法律学者能表达他们关于技术问题的看法。对外政策和外交作为国际关系间的调控者，能够并且将会在对文明的国际行为来说"必要"和必须的方面发挥作用。

"近代文明国家"指的是那些受国际法原则承认并且在1648年《威斯特伐利亚和约》签署之后建立的政治单位。那些在1800年之后建立的国家，常被称为"文明国家"，主要因为这些政治单位是在中世纪16世纪的国际法之后出现的，此时的国际法作为一种国家间寻找不诉诸暴力、冲突和战争的解决方案的常用工具。在这方面，外交是解决各国国际争端的和平方式。作为一个文明的国家，一个现代的国家是一个复杂的社会或文化，通常被称为文明。

文明的特征取决于国家经济发展对农业和商业的依赖程度；国家形态的表现来自于对政府的主权或者权威、权力和管理国内居民事务的授权；聚居的人口或者居民自愿生活在给定的边界范围内，他们分享公共服务、从事有组织的劳动和专门职业。这样的文明社会享有高水平的先进性，在艺术、科学、城市化发展和社会分层方面。这些文明的信条与城市和国家的共同标准紧密相连，与农村和原始社会截然相反（不是从"未开化"的意义上来说，但是意味着"基本的"或者"自然的"，接近于来自农村地区或者农业社会的部落文化和实践，不是生活在城市里）。

因此，今天的国家，包括美国、肯尼亚、牙买加、缅甸、新加坡和非洲国家，都应该是文明的，这意味着他们应该遵循国际公法的原则，通过和平解决办法解决争端或分歧，不诉诸武力冲突，推动多方面发展，保证和平共处，并尊重各国的文明行为和通用准则，确保国家之间的公平和主权平等。

国家主权和国际法之父雨果·格劳秀斯

近代自然法理论的创始人是荷兰法律学者雨果·格劳秀斯（1583～1645 年）。正如本章前面所言，中世纪国际法的诞生，并且在随后的几年中通过经验主义的概念（"近代的"）国家和国家制度被巩固，这是威斯特伐利亚模式的首次体现，引发了近代国家制度的诞生。博丹学说创造了近代国家制度。让·博丹将主权定义为超越公民和臣民的最高权力，不受法律约束。他认为，确保秩序和权力的关键在于承认国家主权。他还认为立法是国家主权的主要功能，而且由主权国家签订的条约应该首先给君主过目。[1]然而，1648 年的《威斯特伐利亚和约》，是第一次承认新的国家作为世界政治组织的组成单元。

主权

主权的概念指的是国家能够实现完全控制，并且政府能够在国家内展现其权力/权威。值得注意的是，国际法和其他国际法律文书——比如联合国宪章和非洲联盟一般法（非盟）——承认主权平等，但不等于主权。这意味着在国际关系中的国家平等受到承认和支持，因为法律赋予每一个国家，大或小，贫穷或富裕，在国际法和联合国宪章中的平等待遇。这也意味着像美国一样巨大和富有的国家，与像古巴或者吉布提这样的国家在国际法和国际关系方面有平等的待遇。例如，在联合国，美国和古巴都有一次投票权，尽管美国拥有并且控制着比古巴或者吉布提更多的资产、更强的权力、更多的人口和财富等等。主权意味着领土完整，一些人自愿同意对国家及其政府忠诚，生活在划定的边界内，并且受一小部分人管理（例如国家政府）。

国家

国家分为两种类型：经验主义国家形态和司法管辖国家形态。1648 年的《威斯特伐利亚条约》后有了经验主义国家形态，1885 年柏林会议的协议，以瓜分非洲的形式出现了司法管辖国家形态。这是因为柏林会议的协议，也称为柏林西非会议，于 1884 年 11 月 15 日至 1885 年 2 月 26 日举行，由欧洲各国、美国和奥斯曼帝国在柏林协商和签署协议，但没有任何非洲国家参与会议。经验主义国家形态成为了我们熟知的近代国家制度，不仅在欧洲，而是世界范围内，还包括分权原则和近代政府民主制度。

"国际国家体系"也被称为全球体系。世界的各个地区，包括非洲，都是国际体系的成员和子系统。每一个主权国家，包括美国，都参与并在全球系统内处理国际关系。对外政策对全球系统成员来说是处理国际关系至关重要的工具。

对外政策、外交与国家利益

正如在本书第三章中强调过的，"对外政策"、"外交"和"国家利益"的表述尽管都是单数形式，实际上都意味着复数。这也就是为什么他们也被视为具有多重意义的表达。因此，每当人们看到这些短语，如国家利益、外交和对外政策，就需要理解它们意味着复数和多数的集合。这是因为世界文化和国家利益的多样性要求美国和其他国家制定和执行不同的对外政策，寻求与其他国家不同的国家利益。因此，对美国而言，它不可能对整个非洲（由53个独立国家组成）实行相同的对外政策。因此，"美国对非洲的政策"的真正含义是"美国对非洲的许多政策"。

美国和非洲语境下的对外政策

如果政策是国家实施的旨在保护国家利益和实现既定目标和目的的计划或者具体的作为或不作为，那么显而易见的是，任何被定义为"国家目标和目的"的东西都一定是该国的国家利益。在这方面，对外政策是提升国内政策走向国际舞台，并且旨在服务和履行特定的原则和目的，以及确保先前由政府决定的基于国家利益考量的目标的实现。美国的或者肯尼亚的

133

对外政策因此分别是美国或者肯尼亚国内政策的延伸。对外政策从国内政策结束的地方开始，它们都旨在维护国家安全，这是至关重要的国家利益。一个国家的公民是其最重要和最基本的国家利益，对他们的保护是维护国家安全的核心。

　　总之，非洲和美国的对外政策包括接触、交往、行动、作为和不作为，非洲或美国政府决定采取或不采取行动，以促进、提升、保护、维持、传播和捍卫国家利益，以及维护国家在国际舞台上的形象和威望。因此，美国或非洲国家的对外政策，就像其他主权国家或地区一样，是一个国家决定作为主权国家所追求或实现规定时（包括目标和目的、需求、要求、形势等等）所采取的任何作为、反应、行动、不作为、接触，是维护其国家利益（无论是国内的还是国外的、全球范围或国外环境下）的全部内容。这些作为和不作为都是由政府的外交官执行，他们代表其所属国家作为国际体系的一员来行动。

　　外交：起源与发展

　　"文书"这个词来自希腊语，原意是"对折"。在古希腊，一份文书是折起来的纸张或证书，比如在早期使用的国书、章程等。在古罗马，尤其是罗马帝国统治时期，"文书"用于描述官方文件，比如护照或者是在罗马帝国通行的双铜片军事证书。因此，该文书给那些作为外交官、信使或者特使的人提供了一种特权、许可或等级，他们携带或拿着代表一个国家或主权的国书到另一个国家去。在之后的学术界，证书或文书代表了一个人在完成课程学习之后所授予的学位，同样地，文凭通常也会对折。

　　外交是艺术，是实践，是团体或国家的代表通过谈判或磋商来处理国际事务和国际关系。外交是由外交官（大使、国家使节和代表）调整和处理国家关系和事务的方法。通常，这些人都是训练有素的处理国家事务的专业人士。

像政治一样，外交是一种通过外交官来进行事务管理的方式。这就是为什么外交和政治一样，是一门艺术，而不是一门科学。对于外交，它不是你做了什么，而是你如何做。在外交上，外交官旨在通过和平手段解决争端、战争，以及解决外交官所属的国家或机构之间的分歧，而东道主国或国际组织拥有国际法人资格，如联合国。因此，差异通过谈判或劝服的和平方式来解决，即不诉诸于战争、暴力、强力的使用或武装冲突。这一理念是为了使外交官从问题、事件中实现或获取国家利益最大化，为了他/她的国家不使用暴力，避免最大限度的摩擦或怨恨，以确保对派遣国或组织的损失最小化。通常情况下，使用"派遣"或"东道国"以及"接收国"这些措辞。

在古代，外交始于一种合作的手段。通过谈判取得的和平古已有之。例如，在公元前 1050 年至前 256 年，中国的周朝就利用了外交的上述定义。从那时起，这门艺术已经作为一个重要工具被实践于日常经营行为，以及主权国家之间对外政策的促进和实现，他们的代表，以及实施对外政策中的国际法的代表。关键词是"执行"。

例如，在美国的实践中，对外政策的三个组成部分和基本要素（即国家目标或利益、国家原则、和国家行动或非行动）是通过外交途径实现的。一个特别有趣的外交定义是由厄内斯特·萨道义爵士（1843～1929 年）界定的，他把外交定义为"智慧和得体地处理独立国家政府之间官方关系行动的应用，

134

有时延伸到他们与其附庸国之间的关系，更简单地说，以和平手段处理的国家间的关系。"[2] 在这方面，外交不仅是一门协调不同的、相互冲突的（由外交官所代表的）国家间利益的艺术，而且着眼于寻求与其他国家维持友好关系的可能。外交也是国家利益和形象的最大保护者、设计者和捍卫者。

非洲的国家利益和其他经验

在外交和对外政策中，最重要因素是所代表国家的国家利益——国家要获得或确保的目标和宗旨是在它与其他国家或国际法人的关系中，其作为主权国家的组织，根据国际法享有国际法人资格，这使他们拥有像国际个体一样处理主权国家的权力。国家利益中最重要的是维护和保护国家安全以及保护国家的公民。任何国家最重要的国家利益是其公民，但国家资产、捐赠基金、声望、形象、领土完整，以及经济和文化利益，对于国家的生存和繁荣也至关重要。因此，也有必要维护和保护这些利益。国家利益是制定和执行对外政策的原因、指示和要求。

总之，外交不是一门科学，而是一门艺术。它是一个工具，是一种达到目的的手段。它是国家利益和形象的最高保护者、设计者和捍卫者。它是处理国际关系和贯彻外交决策的一种方式。对外政策和外交是国际关系的管理者。"对外政策"、"外交"、"涉外事务"以及"国际关系"这些词语经常被随意使用，因此，它们常常被误解。但是，所有这些术语也被用来指涉及有关国家对外事务的处理、目的、关系、情况。

此外，外交官是一个国际事务的磋商者和国家间关系的管理者，他旨在通过陈述实现外交目的，以获得他/她的国家利益；为他的国家收集和传播信息；在危急关头，谈判以及寻找不同国家利益间的一致之处和短期与长期的问题解决方案；减少不同国家间和各方谈判中的分歧；寻求国际和平与安全；管理和解决冲突。外交官填补行政管理和宣传角色，追求经济一体化的区域布局，为发展调用资源。他们参与国际组织以建立和管理世界秩序，避免国际混乱；保护和促进自身国家的利益，并寻求不同国家间和平共处的方法。

不同的从业者和作家通过众多的方式定义和描述了外交。[3-7]然而，在这项研究中提出的外交和对外政策的分析，是基于其作者的思考、感知和超过 35 年的国际外交和对外政策的实践经验。

重拾非洲文明的新进程

至于非洲的对外政策和外交，他们基本上是指在非洲的每一个主权国家决定进行和保持与其他非洲国家，以及与外国或其他国际法人（如联合国）的作为、交往、接触和不作为的总和。就如作为或不作为行动的计划或过程，外交政策是国内政策，实际上是国家目标或利益、国家原则和国家作为/不作为的延伸，通过此方式，非洲国家的目标或国家利益被该国在努力保护、促进、计划、发布、宣传，并在国际舞台上捍卫自己的利益、形象、信誉。

非洲对外政策的来源、规定和决定因素是多种多样的，但它们可以被分为三大类：纯粹是国内的，纯粹或完全是国外

136

的，以及那些与国内外事件和问题相关的。同样，非洲的外交政策基于三个主要的意识形态或规定：不结盟（这并不意味着中立，而是在各种问题和挑战的讨论和决议中建设性参与），资本主义和共产主义/社会主义。共产主义和资本主义是 1947 年至 1990 年冷战期间主要的决定因素，而共产主义的意识形态崩塌，让位给一种新诞生的基于"冷和平"的世界秩序。然而，非洲外交政策的主要决定因素，包括非洲领导人的信仰、特质和生活方式以及殖民地遗产，没有改变。

这就是为什么巩固非洲对外政策和外交的问题变得重要。这本书的前提是，非洲在王国、帝国、超级帝国、城邦和超级城邦与非洲明确的主权国家迅速发展的中世纪错失良机。中世纪在非洲古代和近代之间提供了一个重要的历史鸿沟；但有一个必要的问题是，如果她的对外政策和外交在中世纪就已定型，将会发生什么，今天的非洲会是什么样子？在非洲的对外政策和国际关系上，中世纪可以被看作是过去和现在/近代的进程、步骤、问题和挑战的分界线。本书作者持有这样一种坚定的信念，假如在中世纪，能够实行一些具体和实际的行动或措施来维护非洲政治单位的主权，并避免欧洲随后施加给非洲和非洲人民的许多不公平和负担，非洲今天面临的一些弊端和负担是本可以转移甚至避免的。如果抓捕非洲人的非法贸易能够被避免，也许非洲的欧洲殖民本可以被阻止。如果非洲的欧洲殖民能够被阻止，也许一些失去了的非洲文明就能够保存下来。

如果欧洲（西方）文明没有破坏非洲的价值观念，也许非洲的改造就能够被避免。如果非洲的领导者——国王、君主、总统和总理——能够用"非洲方式"巩固他们统治、合作和协调，并巩固他们在国家、非洲大陆和外部层面的关系，也许自力更生，完全的非洲民族主义和爱国主义以及资源民族主义在非洲就能够得到保证。也许非洲的价值观念就能够从中世纪起，用一种持久的方式得到保护和提升，如果非洲能够根据其自身的节奏和时间表来发展，以确保非洲文明以及可维持的风俗、传统和文化的盛行。

137

非洲对外政策与外交的教学

非洲对外政策和外交的教学是一个另外的领域，该领域是一个需要在非洲和海外持续不断改进的事业。学院、大学以及其他高等教育机构的非洲外交和对外政策课程，应该在全球范围内得到提升。课程可以而且应该在以下方面得到发展：非洲涉外服务和外交；非洲国际关系；非洲发展和安全；非洲经济发展；非洲的国际商业；非洲区域一体化，包括东非共同体（EAC），伊加特（IGAD）；非洲和国际发展项目；非洲在联合国、美国与第三世界的参与度；以及非洲研究和联合国系统的国际关系的其他课程。这些课程在理论上和现实中，解决了非洲对外政策与外交、全球经济、公共国际组织与管理、非洲国际关系等问题。

非洲涉外事务和外交

涉外事务和外交是非洲国际关系和对外政策管理的核心。这些条款在国际事务的讨论中应该特别注意。以下是需要解决的问题：

- 对一般外交政策、全球外交、涉外服务、国家利益，以及历史视角的国际关系的概念性理解；
- 非洲外交和对外政策中的优先议题、挑战和问题；
- 非洲国际关系、对外政策和外交实践环节的概要；
- 非洲对外政策制定与实施的纲要和说明；

138

- 从前殖民时代到现在，非洲外交的起源、本质、发展及其功能的概述；
- 非洲对外政策和外交本质——对非洲和世界的目标、宗旨、优势的描述；
- 对非洲的对外政策和双边/多边外交，例如在联合国和第三世界/不结盟国家中的实践的理解；
- 对非洲国际关系中出现的新兴议题和挑战的说明；
- 在新千年，非洲对第三世界、欧洲和美国的外交和对外政策的理解；
- 对非洲对外政策和外交的未来的理解——民意、非洲领导人和外部决定因素的作用。

新千年的美非关系：本质、差异、要求、必要

由于传统和历史原因，非洲与欧洲国家尤其是那些成为非洲殖民者的西方列强有着特殊关系。但是，作为全球体系的一

个子系统，非洲一直与美国和第三世界/不结盟国家维持紧密关系。鉴于美国存在大量非裔美国人，非洲与美国的关系也可以看作是特殊的。散居在美国的通常是美洲的非洲人，对于西半球来说是一个巨大的福利。特别是最近几年，这种关系已经被近期的发展和要求赋予了新的动力，这必将推动美非关系进一步发展。例如，美国历史上第一位非裔总统是有着肯尼亚血统的巴拉克·奥巴马。

　　非洲与美国关系的对比分析显示，大量的相异和相似的特征被用来作为美国和非洲对外政策和外交的重要基础。这些决定因素能够被归入到下列及其他广泛领域：

- 自然环境；

139

- 作为美国和非洲对外政策和外交基础的传统价值观；
- 殖民地化和欧洲对美国和非洲实施殖民政策与实践的影响，与欧洲殖民主义和殖民地化的斗争，以及非殖民化的路径和余波（包括非殖民地化后不同的国家地位）；
- 大陆联盟和统一的思想流派；
- 起源于非殖民化过程和步骤的政治信条；
- 民意。

自然环境

　　美国，大约和非洲撒哈拉沙漠一般大小，是一个幅员辽阔的国家，绵延6 105 985平方英里（9 826 630平方公里），覆盖50 个州和哥伦比亚特区，拥有大约320 768 086人口（2009 年

10月12日评估）。美国是当今世界唯一的超级大国，同样是世界上最强大的国家。

非洲是一个广阔的大陆，是仅次于亚洲的世界第二大洲，绵延11 725 385平方英里（30 368 609平方公里），其中包括在大西洋的临近岛国（佛得角、圣多美和普林西比、以及几内亚比绍）。

殖民对美国和非洲的影响

美国（曾经是新大陆的13块殖民地）和非洲的殖民化有着惊人的相似性。美国和非洲都是被欧洲所殖民，美国是由大英帝国殖民；非洲由英国、法国、德国、葡萄牙、意大利、比利时、荷兰和西班牙殖民。无论是在美国还是在非洲所推行的殖民政策，都是旨在开发、羞辱、改变、致贫和支配这些殖民地。美国和非洲都为打破殖民的桎梏和统治，争取他们的政治自由和独立斗争过。

最初，殖民地被授予皇家特许来保护它们作为欧洲主人的殖民财产。在美国他们被称为皇家特许殖民地，而在非洲他们被称为皇家特许公司，他们在最初的时候为欧洲殖民母国管理非洲的殖民地。因此，在最开始的时候，殖民地的行政管理是由那些表现出了在这方面有能力的殖民机构所负责的，这种情况一直持续到欧洲殖民母国管理部门直接向殖民地派出管理者。

欧洲的殖民者像他们在新大陆曾经做过的那样，将欧洲的价值体系强加给非洲殖民地的人民。同时欧洲的殖民力量还体现在政府的机构和制度、教育、民主等等方面。美洲和非洲成为了西方文明的副产品，这意味着来自古希腊和古罗马的价值观和制度被传承给了后人并且为欧洲文明的发展奠定了基石。
这些西方的价值观开始在整个世界占据主导的地位。当欧洲的
主流语言（英语，西班牙语，法语和葡萄牙语）成为了在殖
民地和全球通行的主要交流语言的时候，美洲和非洲就开始被
同化了。

　　美国首先开始了去殖民地化进程。对于美国来说，去殖民
化的运动在 1775 年它做出要驱逐英国殖民者决定的时候就开
始了。对于非洲来说，它开始于 1776 年，伴随着一场回到非
洲运动，它的传播根源是非裔侨民想要回到非洲母亲大陆的共
同精神所带来的连锁反应。这场回归运动促进了一场思潮运
动，那些拥有非洲血统的美国黑人应该站出来为他们的祖先而
抗争并且帮助那些被卷入非洲移民中的非洲人对每一个可能的
殖民剥削和统治（一些欧洲的个人和国家已经表明想法）作
斗争。这些在北美和非洲殖民地有关反抗欧洲殖民统治的情绪
和运动在以后的几年时间内由于结束奴隶制度和奴隶贸易的需
要而得到了加强，而奴隶贸易也在 1807 年于英国被废除（这
需要感谢英国议会成员威廉·威伯福斯和他的同事）。而在美
国，奴隶贸易大约在同一时间由美国总统托马斯·杰斐逊签署
了一项从 1808 年 1 月 1 日开始生效的法令之后也结束了。在
美国，总统詹姆斯·门罗通过门罗主义和亚伯拉罕·林肯总统
通过《解放黑奴宣言》及 1862 年和 1863 年执行命令，为 19
世纪的非洲去殖民化运动做出了历史性的贡献，而这甚至是在
1884 年至 1885 年的柏林会议做出正式将非洲划为殖民地的决
定之前。

　　而以同样的方式，1900 年回到非洲运动不仅起源于美国

和西印度群岛，同时这场运动也得到了来自于宗教、知识分子、商界和政界（比如威廉·爱得华·伯格哈特·杜波依斯，加维，西尔维斯特·威廉姆斯，乔治帕德莫尔）和其他支持美裔非洲人回归非洲运动的支持，这也得到了门罗政府的支持，因此我们可以看到在一个自由的非洲国家利比里亚（在拉丁文中，"利贝"就是"自由"）建立的时候，将其首府命名为蒙罗维亚以纪念美国总统詹姆斯·门罗。

因此，追溯到 19 世纪，一些充满激情的美国裔非洲人如马萨诸塞州的保罗·卡夫，以及在 20 世纪的一些其他人见证并且支持了作为非洲独立政治认同的前导泛非主义的诞生，这也是非洲的外交政策、外交和国际关系的主要来源。

相比之下，殖民化对于美国和非洲带来的影响和冲击表现出的不同包括了以下的内容：

美国是一个国家，这体现在它的座右铭——合众为一："来源众多而合一"。非洲是一个大陆——合众乃多："来源众多且为多"。美国通过战斗获得政治独立，并设法保留一种官方语言，可能是因为它主要的殖民大国是英国。其它定居在美国的欧洲人也采用英语作为他们的主要语言。

非洲通过战斗、谈判以及对殖民国的投降来获取政治独立。战斗的方式包括武装斗争，暴力，和独立战争。谈判发生在那些确保了独立日期和政治条件的非洲领导人，和第一次世界大战轴心国（德国和意大利）战败之后，失去对前殖民地的统治权而建立的管理机构之间。获得战争胜利的同盟国，授权代表国际联盟（LON）的管理机构管理来准备和实施殖民地的政治独立。从德国手中划走的土地被分给了英国、法国、

141

比利时和南非来管理和准备独立。非洲西南（现在的纳米比亚）从德国手中划给南非管理；坦噶尼喀交给英国管理；卢旺达—乌隆迪交给比利时管理；原德国所属的多哥和喀麦隆交给了法国管理并为政治独立做准备。所有这些被称为国际联盟的托管领地。

当 1945 年 10 月 24 日联合国成立的时候，托管领地的管理责任也随之移交给了联合国，同时它们成为联合国下属的托管地，反过来说，就是将这些殖民地给了同样的托管机构管理然后准备让它们获得政治独立。无论是国际联盟还是联合国都成立了组织机构来专门处理有关非洲殖民地的相关事务。在联合国系统中，该组织被称为联合国托管理事会。多年来，这些地区获得独立并且成立了非洲共和国。

非洲通过殖民者投降而获得政治独立的方式，有可能是殖民列强权衡了继续殖民的权益后，断定殖民地不值得保留所做的决定。究其原因，可能是因为维持殖民地的花费大于从殖民地所获取的利益；在人类生活上的花费遭受损失，当殖民地的人口在某些时候像被屠宰的鸡一样大大减少；同时继续保持对非洲和全球其他地方的殖民统治将使国际形象受损。

这种分而治之的做法和政策在辽阔的非洲大陆上效果最好。这不像在美国，许多殖民语言已经成为了官方语言，取代了母语和殖民地的非洲语言。

美国继承威斯特伐利亚体系的经验主义国家形态，而在非洲，殖民列强引入司法管辖国家形态。因此对美国而言，在国家问题上它一直遵循的是 1648 年的《威斯特伐利亚和约》。而非洲在国家问题上一直遵循的是 1884 年至 1885 年柏林会议 142

上的协议。

反抗英国的美国独立战争发生在 1775 年到 1783 年之间。这场革命的起因是由于在 1750 年之前发生在美国殖民地的经济、社会和政治上的变化。这里面也包括了法国和印度在 1754 年到 1763 年之间的战争，这也改变了美国殖民地和它们的宗主国之间的关系，以及在这十年中英国政府与其殖民地存在的冲突。特别是，英国国会的立法法案引发了殖民地反抗英国殖民的革命。

那些英国议会的法案明确规定了殖民地的责任和义务，而这其中包括了 1764 年货币条例在内的条例，对美国人民来说是完全不能接受的；1765 年驻营条例，有利于英国在纽约和美国其它地方建设兵营；1765 年印花税条例；1767 年的唐森德税法，通过从美国殖民地征收过多的税款来填补英国政府在其它殖民地的支出；还有其它的一些条例。而美国殖民地则在 1773 年于波士顿港湾爆发了倾茶事件来作为回应，被殖民者将英国茶船带着的所有茶叶返回英国并且无论如何不能从殖民地带走任何的税务收入（对于英国来说是一笔很大的费用）。一群化装成印第安人的美国被殖民者在 1773 年 12 月 16 日登上了英国船只并且将所有的茶叶倾倒进了大海。

非洲反抗殖民统治的斗争是通过游击战、破坏行动以及反抗殖民政策和行为。此外，在非洲，有且不只有一个革命发生，正如在美国殖民地发生的那样，不过其中有许多的独立战争，这是由于欧洲殖民者在不同时期都得到过独立的领土。正如在本章前面所解释的那样，一些非洲殖民地通过谈判取得了独立，另外一些则是通过殖民者投降的方式，但是大多数还是选择在正确的适当的时机通过斗争获取独立。

美国和非洲的第一代领导人

在非洲的男性（还有少部分女性）和美国殖民地上那些引导他们各自的国家走上政治独立道路的领导者已经用不同的方式和不同的称呼提到过了。他们被称为第一代领导人、开国元勋、制定者、创始者、国父等，这些人有些在反抗殖民斗争中失去了生命，而幸存下来的人成为各自国家的第一代统治者。

在新建立的美利坚合众国，为国家独立革命作出贡献的英雄成为了国家前几任的总统和副总统。在非洲，他们成为了国家第一任的总统或者总理。而美国不像非洲，实现美国独立的奠基人在美国和欧洲都待过。

143

大多数的美利坚合众国的第一代领导人都是《独立宣言》的签署者。这一历史性的会议（制宪会议）于 1787 年 5 月 25 日至 9 月 17 日举行，出席会议的有 57 名代表；这些革命者都是来自于一些在职业、学术和商界备受推崇的人士：

- 所有的人都在各行业受过良好教育
- 许多是处理国务的著名政治家
- 4 位州长
- 至少 29 人曾在美国的大陆军服役
- 35 名律师
- 许多法官
- 13 名商人
- 6 名土地投机商和经营房地产事务的商人
- 11 名证券业务的专家

- 2 位农民
- 8 名公职人员
- 12 名奴隶主
- 3 名退休的经济学家
- 2 名科学家

大多数人来自最初的 13 个殖民地，其中一些有宗教信仰，还有一些没有宗教信仰。大多数人都是新教徒，有三个天主教徒。

非洲的第一代领导人

在非洲，泛非主义的创始人和非洲解放的领导者都曾经在非洲或者美国待过。这其中包括了爱德华·威尔莫特·布莱登、威廉·爱得华·伯格哈特·杜波依斯、马库斯·加维、马丁·德莱尼、保罗·卡夫·加内特、亨利·哈兰德，乔治·帕德莫尔、西尔维斯特·威廉姆斯，还有马提尼克的艾梅·塞泽尔，以及其它人。

其它领导非洲独立的开国元勋其中大部分是土生土长的非洲人，这其中包括了加纳的克瓦米·恩克鲁玛、埃塞俄比亚的海尔塞拉西、肯尼亚的乔莫·肯雅塔、马拉维的黑斯廷斯·班达、刚果（布）的帕特里斯·卢蒙巴、尼日利亚的赫齐卡亚·奥拉迪波·戴维斯、尼日利亚的阿布贾、尼日利亚的哈吉·阿布巴卡尔·塔法瓦·巴勒瓦、埃及的贾迈勒·阿卜杜·纳赛尔、几内亚的艾哈迈德·塞古·杜尔、阿尔及利亚的本·贝拉、坦噶尼喀的朱利叶斯·尼雷尔、乌干达的阿波罗·米尔顿·奥博特、科特迪瓦的费利克斯·乌弗埃·博瓦尼、塞内加尔的列奥波尔德·塞达·桑戈尔、利比里亚的威廉·杜伯曼、北

罗得西亚（赞比亚）的肯尼思·戴维·卡翁达、南罗得西亚
（津巴布韦）的乔舒亚·恩科莫、南罗德西亚的领导者恩达班
宁吉·西托莱和南非的阿尔伯特·卢图利，和同样来自南非的
纳尔逊·曼德拉，以及其它人等等。这些和其它的一些领导人
都在非洲大陆的去殖民化运动中发挥了重要的作用。

美国和非洲的政治思想和学说派别

美国的政治哲学来源于早期的作家和思想家，比如约翰·
洛克、托马斯·霍布斯、勒奈·笛卡尔以及 17 世纪或更早时
期的思想家。除此之外，1215 年的英国大宪章，以及早些年
的宗教教义（例如路德教、新教和加尔文教）也都对美国产
生了影响。在非洲，政治学说和思想则是基于泛非洲主义、抵
抗帝国主义和殖民主义，以及非洲社会主义和身份认同。在美
国，它是民主；但在非洲，则是团结。

在美国和非洲，这些学说思想都通过独立文件、宪法和章
程的起草过程中展现出来。对美国和非洲来说，专制、独裁和
不公正是双方共同担心并且努力避免和制止的。同样地，国
家、地区和大陆也都共同关注着公正的实现。在美国，1776
年《独立宣言》和 1787 年《美国宪法》的签署中产生了学说
的冲突，一些学说不得不退场。在非洲，从 1958 年 4 月首次
在加纳首都阿克拉举办的非洲独立国家会议开始，章程中关于
独立理念和团结思想的分歧也出现了。美国和非洲的两个案例
中都产生了三种派别。在美国，这些思想学派是联邦党人、反
联邦党人和效忠派。在非洲，它们被称为激进派、温和派和保
守派。非洲国家的主要目的就是在后殖民时代实现非洲的团结
统一。

美国的政治学说

1776 年，托马斯·潘恩写了一本小册子《常识》，向英国乔治三世在美国殖民地的统治权威提出了挑战，并且支持和推动了北美殖民地的独立。《常识》反对所有君主制政府，它首次公开提出摆脱殖民统治，实现独立的主张。1776 年也标志着美国独立战争的开始。1776 年 7 月 2 日，大陆会议投票支持独立，1776 年 7 月 4 日，美国 13 个殖民地签署了《美国独立宣言》。

随后英美战争在北美大陆肆虐。1782 年 11 月 30 日，英国和美国在巴黎召开的和平会议上签署《巴黎条约》，该条约要求所有的英国部队从美国本土撤出。1782 年 4 月 15 日，大陆会议通过了包含与英国达成初步和平条款的条约，至此宣告了英国在美国独立战争中战败！

1787 年 5 月 14 日到 9 月 18 日美国制宪会议在费城举行并制定了《美国宪法》，但是，美国领导人对政治联邦主义产生了分歧。美国 12 个州的共 55 名代表参加了费城制宪会议（罗得岛州没有派代表团）。美国最初的 13 个州拥有共同的敌人——英国，这种共同意识也对独立战争起到了帮助作用。然而，这个新生国家的早期领导人在以下问题上却产生了根本的分歧：主权问题，联邦，各州分享的权力，在一个监督和制衡系统下实现对美国事务的治理问题，州的面积大小，财富和金钱，权力，以及奴隶贸易和奴隶制（虽然这些问题被激烈争论，但是都没得到解决）。

乔治·华盛顿将军带领军队在美国独立战争中打败了英国军队，这也使他迅速成为最受尊敬的领袖，并且成功当选美国的第一任总统。还有其他一些获得众人尊敬的领导人。比如康涅狄格州的罗杰·谢尔曼，他是《康涅狄格协议》的起草者，该协议合并了两份主要的方案：一份是支持大州的计划，主要由詹姆斯·麦迪逊起草；另一份方案被称为《新泽西州计划》，倾向于支持较小的州。对于如何组建新政府，南卡罗来纳州的查尔斯·科茨沃思·平克尼提出了《平克尼计划》，纽约的亚历山大·汉密尔顿也提出了《汉密尔顿计划》。其他如托马斯·潘恩、本杰明·富兰克林、詹姆斯·麦迪逊（被认为是"美国宪法之父"）、托马斯·杰斐逊（起草《独立宣言》）和乔治·梅森（被称为"权利法案之父"）也都发表了自己的意见，并提出了建国方案。

　　罗杰·谢尔曼的《康涅狄格协议》诞生于 1787 年 6 月 11 日，它融合了弗吉尼亚州和新泽西州计划，提出了延续至今的国家立法机关的两院制体系，主张由参议院和众议院共同组成美国国会，1787 年 7 月 23 日他的计划获得批准。当时棘手是有关奴隶制和中央政府权力的问题。乔治·梅森是《弗吉尼亚州计划》的提议者，主张实行分权制，从而避免英国人曾经强加于殖民地的那种暴政。当时梅森与埃德蒙·伦道夫、埃尔布里奇·格里、帕特里克·麦克亨利等人，尽管出席了制宪会议，但是拒绝签署宪法，除非将《权利法案》加入宪法之中。另有其他 13 个代表也拒签宪法，甚至有人在制宪会议结束前就已经离场。其他签署宪法的与会者也都表达对将《权利法案》加入宪法的期望和理解。乔治·梅森起草的弗吉尼亚州《权利法案》对美国《权利法案》的制定有指导意义，最终美国的《权利法案》被增入《宪法》中，构成第十修正案。

146

美国宪法奠基人中有7位缔造者值得被铭记，他们也经常视为美国宪法的关键人物。他们是：

● 本杰明·富兰克林，签署美国《独立宣言》和《美国宪法》；

● 乔治·华盛顿，大陆军领导人，美国第一任总统；

● 约翰·亚当斯，美国第一任副总统；

● 托马斯·杰斐逊，美国第三任总统；

● 约翰·杰伊，美国第一任司法部长；

● 詹姆斯·麦迪逊，美国第四任总统；

● 亚历山大·汉密尔顿，美国第一任财政部长。

另外，其他对创建美国新政府产生重大影响的人物也不得不提。比如詹姆斯·门罗、乔治·梅森和托马斯·潘恩。门罗是大陆会议的成员，并且成为美国第五任总统。潘恩是个书商和知识分子，他的著作《常识》在争取美国独立时期成为重要的著作，他的《人的权利》一书也对人类以及个人权利产生了重要影响。梅森的影响体现在他推动《权利法案》写入美国宪法。

激进派

在美国，反联邦党人领导者希望各州都受到保护，并且避免来自中央政府任何可能的暴政。因此，他们主张中央政府不应该被允许形成专制，必须建立相互制衡的制度。在这方面，乔治·梅森带领弗吉尼亚州代表团在制宪会议上，要求将一些权力附加到美国宪法中。梅森成为《权利法案》的缔造者，

147

他还在自己的家乡弗吉尼亚州起草了《权利法案》。另有其他
15 位激进分子加入了梅森的阵营（北卡罗莱纳州的亚历山大
·马丁、马萨诸塞州的迦勒·斯特朗、弗吉尼亚州的乔治·威
思、弗吉尼亚州的詹姆斯·麦克鲁格、马里兰州的约翰·弗朗
西斯·默瑟、纽约州的约翰·兰辛、马里兰州的路德·马丁、
康涅狄格州的奥利弗·埃尔斯沃思、纽约州的罗伯特·耶茨、
新泽西州的威廉·休斯顿、佐治亚州的威廉·休斯顿、佐治亚
州的威廉·皮尔斯、北卡罗莱纳州的威廉·戴维以及弗吉尼亚
州的帕特里克·亨利）。罗德岛未派代表出席。

　　制宪会议期间，16 个激进派人士的代表中，有 13 位代表
在会议结束前离场。那些继续留在会场但是拒绝签署宪法的代
表都是反联邦党人，他们是乔治·梅森、弗吉尼亚州的埃德
蒙·兰道夫和马萨诸塞州的埃尔布里奇·格里。托马斯·杰斐
逊是一个激进派人士，华盛顿却是一个温和派人士，两人都来
自弗吉尼亚州。

　　在非洲，激进派由这样的领导者构成，他们支持克瓦米·
恩克鲁玛"寻求第一政治王国"的主张，要求建立一个非洲
合众国，各个独立国家的领导人只是"浩瀚海洋中的一条小
鱼"。为了制定出独立非洲国家应该寻求的政治联盟战略，
1958 年 4 月恩克鲁玛在阿克拉组织召开第一次非洲独立国家
会议，并且在会上提出了有关"第一政治王国"的主张。然
而恩克鲁玛的思想并未得到所有人的支持，相反内部还出现了
严重的分歧。其他的派别有蒙罗维亚集团，又被称为温和派，
代表人包括利比里亚的威廉·塔布曼、尼日利亚的阿齐克韦和
阿提库·阿布巴卡尔·塔法瓦·巴勒瓦。另一派是布拉柴维尔

集团。

激进派包括以下国家的领导人：埃及、马里、几内亚、坦
噶尼喀、乌干达、利比亚、摩洛哥（偏温和派）和阿尔及利
亚。埃塞俄比亚外长科特马·玉福为支持海尔·塞拉西皇帝也
参加了卡萨布兰卡集团。卡萨布兰卡集团成员于 1960 年 6 月
和 1961 年 1 月举行会晤，讨论总理帕特里斯·卢蒙巴遇刺后
的集体应对措施。他们还于 1962 年 6 月在开罗进行会晤，成
立泛非政治、经济、文化咨询委员会。

温和派是非洲的联邦党人

美国被殖民统治结束后，温和派如乔治·华盛顿、约翰·
亚当斯和詹姆斯·麦迪逊被称为联邦党人，反联邦党人被认为
是激进派。

148　　1960 年，非洲多数领导人在争取独立的进程中属于温和
派，他们呼吁建立一个强大的、集权的政府。以利比里亚的威
廉·塔布曼（1895～1971 年）以及尼日利亚两位领导人阿布
贾（1904～1996 年）和塔法瓦·巴勒瓦（1912～1966 年）为
首的蒙罗维亚集团是比较著名的温和派，该集团主张遵守国际
独立准则以及联合国的规则，该集团认为加纳的克瓦米·恩克
鲁玛和几内亚的艾哈迈德·塞古·杜尔领导的卡萨布兰卡集团
关于建立非洲合众国的主张过于极端；同时，认为寻求同法国
保持亲密关系的布拉柴维尔集团又过于软弱和保守。因此，蒙
罗维亚集团有必要形成一个"在小池塘里的一条大鱼"的政治
体系。该集团成员包括以下国家的领导人：喀麦隆、多哥、索
马里、乍得、毛里塔尼亚、塞拉利昂、突尼斯、刚果利奥波德
维尔（比利时殖民地；相对应的为刚果布拉柴维尔，法国殖民

地）、利比里亚、尼日利亚、埃塞俄比亚和达荷美（现称贝宁）。

1960 年 5 月布拉柴维尔集团在蒙罗维亚举行会晤，强烈反对卡萨布兰卡激进的方式。卡萨布兰卡集团也拒绝了布拉柴维尔过于松散和保守的方式。1961 年 5 月，蒙罗维亚集团在蒙罗维亚举行第二次会议，也是该集团的第一次首脑峰会。此后不久，蒙罗维亚集团加入了布拉柴维尔集团，该集团曾主张与前殖民国家进行建立外交关系并保持密切联系。布拉柴维尔集团的 12 个国家包括：喀麦隆、刚果（布）、科特迪瓦、达荷美（贝宁）、上沃尔特（布基纳法索）、加蓬、尼日尔、马达加斯加、中非共和国、塞内加尔、乍得以及毛里塔尼亚。

1961 年 1 月 25 ~ 30 日，蒙罗维亚集团的第二次首脑会议在尼日利亚拉各斯举行。1962 年，这次峰会形成了章程和决议，推动了 1963 年 5 月在埃塞俄比亚首都亚的斯亚贝巴非洲统一组织（OAU）首脑峰会的举办。

布拉柴维尔集团属于保守派。该集团于 1960 年在布拉柴维尔创建"非洲马达加斯加联盟"（UAM），该集团也因 UAM 出名。1961 年 3 月 UAM 成员国在喀麦隆首都雅温得进行会晤，形成了有关开展非洲法语国家合作的决议，并决定 1961 年在雅温得展开泛非会议。

埃塞俄比亚外交部长也出席了布拉柴维尔会议。为了建立关系，埃塞俄比亚外交部长建议埃塞俄比亚皇帝，在亚的斯亚贝巴召开非洲国家首脑峰会；并且建议应该消除分歧，采取非洲一体化的途径。1963 年 5 月 25 日，埃塞俄比亚皇帝海尔·塞拉西召开峰会，采用了非洲统一组织章程（OAU）。

该章程将非洲统一组织（OAU）作为非洲统一组织机构，149

该机构是非洲政治家希望所有非洲独立国家实现政治联盟相互妥协的成果。

这样一来，在美国保守派相当于效忠派，温和派是联邦党人，激进派是反联邦党人。在非洲，联邦党人是激进派，反联邦党人是温和派。美国和非洲两种派别为相反对应。

对于非洲和美国来说，反殖民化进程奠定了界定各自对外政策、外交和国际关系的重要基础。

民意

美国与非洲相比，民意在对外政策和国际关系领域扮演更重要的角色。事实上，民意是塑造美国对外政策的重要因素。随着非洲民主化的成熟，非洲国家未来在制定对外策略的过程中也应将民意越来越多地考虑进来。

结论：从美国本土到美英殖民地到美利坚合众国

被英国人统治的美国殖民地开始于 17 世纪晚期，之后，在美国 13 个州的雏形（佐治亚、特拉华、北卡罗来纳州、南卡罗来纳州、宾夕法尼亚、弗吉尼亚州、新泽西、纽约、康涅狄格州、罗得岛州、新罕布什尔州、马萨诸塞州、马里兰州）建立起来，另有一个保护区在太平洋的夏威夷王国成立的时候，英国的殖民统治达到顶峰。美国的殖民化进程开始于一个欧洲人（最早是英国人）形成的小聚落，1607 诞生在弗吉尼亚的詹姆斯敦镇。

这 13 个美国殖民地被特许建立，意味着他们作为英国人民的定居点而建立，然后在英国的统治下成为皇家殖民地。第一个英国殖民于 1607 年建立在詹姆斯敦镇，其他的紧随其后。在 18 世纪初期，法国人加入他们。仅仅在几年之后的 1620 年，朝圣者们乘坐"五月花"号轮船到达马萨诸塞州的普利茅斯。紧接着，其他的欧洲美洲殖民者在英国乔治三世统治的时候，也相继出现。许多英国和欧洲的殖民地的殖民者为了逃避暴政和宗教迫害而来。尽管如此，英国人在北美洲的统治持续了近 200 年，直到 1783 年签订《巴黎条约》时才告终止。制宪会议从 5 月 14 日持续到 9 月 18 日，《美国宪法》最终在宾夕法尼亚州的费城签署。

美国历史简要概述

从本章目前已经得出的一般性结论中，以下这些是显而易见的：

- 对外政策本身不是外交的结果，而是外交的手段。
- 对外政策有很广的范围，包括政治、经济、文化、社会、环境、军事、道德、思想、心理、外交和国家整体策略中的其他方面等
- 因为对外政策始于国内政策结束后，这两者（对外政策和国内政策）是国家政策的两个方面，必须作为一个整体来对待。举例来说，在美国贫困问题上，美利坚合众国就不能也不应该忽视这个问题的严重性。比如，在 1930 到 1980 年间，是政府在社会福利方面增加投入的五十年。之所以会有这样的结果，是因为在 20 世纪 30 年代

150

151

207

大萧条之前，美国的穷人遭受了严重的创伤，这些创伤主要是来自于经济上的劣势而不是道德上的缺陷。在 20 世纪 60 年代初期，贫穷是美国严重的负担，但是大多数美国人对信息和知识的匮乏程度到了令人震惊的地步。20世纪 50 年代，鲜有帮助惠及占美国人口约五分之一的四千万的贫困人口。国家对贫困的忽视已经对与其他国家的关系产生了消极影响。在非洲，贫困综合征几十年来一直困扰着广大人民。与此相矛盾的是，非洲的自然资源非常丰富，但它仍然是地球上最贫穷的大陆，甚至比 25 至 50 年前还要贫困！

● 美国对外政策的基础建立在机会和自立的美国梦中。非洲政策的基础有着极其不同的因素。现在，让我们简要分析一下美国的情况。

虽然美国在这项研究中的意见，主要是强调从 20 世纪 60 年代开始到新千年头十年美国对非洲的政策和外交，回顾美国外交政策的源头和限制以及美国梦的起源都是很有必要的——这些都是关于价值观、理想、原则、习俗和传统，以及政治和社会经济目标的。在这方面，三个法律文书特别值得注意：

1.《五月花公约》，又称《新普利茅斯公约》，由英国殖民者于 1620 年 11 月 20 日因种种原因（包括寻找宗教自由和经济改善）在"五月花"号船上签署。这份公约是政府在马萨诸塞州的普利茅斯海港及其周围对朝圣者建造的第一个私人永久殖民地的基础。

2.《独立宣言》，由托马斯·杰斐逊起草，1776 年 7 月 4 日在大陆会议通过。

3. 1787 年 9 月 17 日《美国宪法》（虽然它实际上在 1787 年 9 月 18 日上午签署）。

这些第一批法律文书的固化，对美国来说，是将确保民主原则的政府系统，其实也是使政府各个分支机构分离的系统，通过舆论自由的方法，在政府机构公共意见方面起到一个明确和有效的作用。在不同的州，相对于法律的宽容，对于要在联邦一级制定和执行政策的政府的行政分支来说，那些已经成文的法律文书将会使它变得极其困难，因为这可能与美国国会代表的地方和/或国家利益不一致。美国的这一在政府机构中实施的"检验和制衡"的实验在世界上是独一无二的。笔者已经去过全球 68 个不同的国家并且想弄清楚美国政府的这套系统是如何工作的。笔者从来没有发现任何其他政府系统是像美国系统那样工作的——在政府进程中显著的权利分离。

然而，在美利坚合众国，正如在其他任何国家一样，政府的学说、政策和做法基本上取决于那种不得不与之打交道的领袖。一个领导有唯一的职责是把他所带领的船上的所有成员集合成一个团队。小布什的领导是一个令人难忘的例子。布什政府通常被视为是这样一个政府，这个政府决定忽视本民族的愿望和基于错误原则而选择对伊拉克宣战，并且坚决忽视所有反对这一战争的明智的建议。像那样的情况把美国政府推向了一个强大冲突中，而这个冲突是由于美国本身的检验和制衡的系统，这个系统代表了美国政府，这样做的结果可能对美国国内和国外造成巨大的损失。最不幸的例子就是伊拉克的战争和冲突贯穿了小布什政府两届任期。不管这种可能引发美国政府行为的动机如何，是他们的权力，一个傲慢的思想，认识的片面性抑或是美国作为全球唯一超级大国的信念，这种信念使他们可以肆无忌惮做任何未经检查的事情。在国际舞台上，对美国形象的矛盾和玷污是不可避免的，由此带来的后果和损失急剧攀升，并且在人力和物力资源方面也是自掘坟墓。只有在一个强有力的检验和制衡体系中，这种错误才可以被规避和纠正。这正是使美国政府系统成为独一无二的所在。该好好看看如此重大的政治失误中的教训是什么了。国家的国防利益是至高无上的，但是国家利益必须被正确地维护，而不是通过专制的教条和对权力的傲慢。一个很大的教训是一个政府不应该决定去尝试一些新的东西，借口就是"为了国家得利益"。第二个基本教训是，任何人在面对美国政治系统的时候都无法想象分权体制若从美国人的脸上和血液里抹去会是什么样子。实际上，它是国王乔治三世通过他对美洲殖民者的固执和剥削的态度，来推进和塑造的这种未来的美国精神。他加收沉重的赋税，最终目的是使美洲殖民地和他们的居住地完全被控制，从而使殖民地完成彻底的改革，根除英国人在美洲的殖民主义。

接下来是托马斯·杰斐逊对殖民地独立所写的决议草案，经过了辩论、修订、改写最终在1776年7月4日通过实施。这些在美国宪法中的理念确实打开了全球各国政府未来对外政策权力的潘多拉盒子，他们通过政府间组织（比如国联和联合国），甚至通过发展中国家的立法机构来实现。在美国民主和政府的基础上，出现了以下10个美国在传统领域的对外政策：

152

1. 欧洲：北约、欧盟等；

2. 东亚和环太平洋地区：与中国、东盟、印度支那——印度尼西亚等国的关系；

3. 近东南亚地区：阿拉伯——以色列争端地区、土耳其、埃及、地中海地区以及其他中东国家等；

4. 西半球地区：拉丁美洲和加勒比海地区、美洲国家间的体系、以及一个有独特地理位置的与欧洲面对面的门罗主义；

5. 非洲：利比里亚——一个由美国创造的、有独特政治和经济发展的、集区域化、区域主义和区域一体化于一身的、在 20 世纪 60 年代在肯尼迪政府领导下发展表现极其差的国家。这是一个令人神魂颠倒的时期，在这期间包含有美国和平工作队创建和遏制第二次争夺非洲资源的思想。美国总统巴拉克·奥巴马当选为美国第一位非洲裔美国总统，对美国向非洲的挑战是很具挑战性的。对于奥巴马总统，这个挑战是一把双刃剑：他是美国的而不是非洲的总统。因此，他的首要任务是为美国人民服务，而不是非洲人民。尽管如此，他不得不创造一个独特的对非政策。在许多非洲国家，包括他父亲出生的肯尼亚，不仅奥巴马总统被尊为肯尼亚和非洲人的儿子，而且希望他能够做一些具体且实际的事情来帮助非洲。这一预期将会在非洲移民，尤其是美国的非洲裔移民中得到回响。因此，如果奥巴马在担任美国总统期间没有对非洲发展提出明确的后续发展政策，历史也许就不会温和的对待他。此外，其他非洲裔美国人期望对美国总统判断，有时候却是错误地，

153

关于第一位非洲裔美国人在执政时是如何治理国家的。

如果奥巴马总统在他执政期间的确治理得非常好，那么他将获得相对更多的机会来准备着支持以后的非洲裔美国人来治理美国。如果他在政期间做的不好，那么无论白天还是黑夜，他都将会被一遍遍错误地提醒着作为美利坚合众国第一位非洲裔美国总统的失败和遗留的问题。因此，反对者将坚决主张不把另外其他的非洲裔美国人送进白宫，在这种情况下，应该很难有人会羡慕奥巴马总统了。但是所有非洲裔美国人都必须帮助他取得成功。因为他的成功将会是他们将来的成功。因此，如果一个人向奥巴马总统提出关于非洲问题的建议，那么另外什么人就必须提醒总统，他需要提出非洲发展战略，这将会为他卸任后留下一笔遗产。它可能只是为非洲做一些简单的事情。比如，帮助非洲人民为治疗艾滋病建立泛非洲医院，或者要求非洲领导人、总统和总理召开非洲峰会，不管是在非洲还是美国，由奥巴马总统来主持，作为美国对非洲的政策的一部分，旨在让非洲领导人同意某些对非洲有共同利益的基本原则。在非洲所需要协议的例子包括以下几个：

● 使非洲领导人同意停止腐败行为，防止资本外流，并将资金投向和/或用来为非洲的发展；

● 消除非洲贫困；

● 利用非洲的人力资源和自然资源优势；

● 找到一种适用于非洲的方式方法来解决问题，尤其是停止冲突和战争、部族主义和种族中心主义、边境和领土收复主义问题等；

- 向非洲提供适当的教育；

- 非洲社会主义、人道主义和阿玛纳；

- 根除效率低下的领导，

- 消除非洲的大部分矛盾，特别是关于同化，即非洲可以在 21 世纪重拾她的文明。

如果奥巴马总统能够帮助非洲实现以上列举目标中任何一个或几个，那么他将是向非洲提供了历史上最为重要的遗产。

6. 经济事务：不要因为在第三世界中的发展太糟糕而令人印象深刻，官方开发援助效益每况愈下，这会让非洲和其他发展中国家感到非常沮丧；

7. 国际安全：里根政府"拆掉这堵墙，戈尔巴乔夫先生"和限制战略武器谈判（SALT）。里根和戈尔巴乔夫发展了独特的工作关系。一个新的世界秩序，看在单一超级大国用"大棒"政治策略时，很可能被描述成为在一个新的无秩序的世界，冷战政治尽是挫折和失败；

8. 国际组织和法律：条约和协定，外交等等，效益不佳；

9. 社会和科学事务：联合国妇女会议，美国代表团于 1997 年 9 月在当时的第一夫人希拉里·克林顿的带领下来到中国北京参加联合国妇女会议。美国在联合国里对他国的人权问题指手画脚太多，明明美国的人权状况也不怎么好！例如墨西哥的非法移民问题，至今还没找到解决方案。

10. 管理方面：外交上多方面失败（例如，在比尔·

154

克林顿执政时期，在卢旺达和索马里有许多严重侵犯人权和种族灭绝的事件；在小布什执政时期，发动了不必要的伊拉克战争，以及苏丹冲突等）。

应对下列问题的策略在哪里？2008 年由美国开始的全球性的经济危机和金融危机；全球变暖和气候变化；WTO 谈判陷入僵局；一些发展中国家政府的贸易保护主义和债务减免的缺乏；国际恐怖主义；疾病和贫穷；第三世界的无知（文盲）。美国小学和中学的教育体系需要改革，使之与国际教育体系相匹配；千年发展目标（MDGs）、结构调整政策（SAPs）、重债穷国计划（HIPC）和小岛屿发展中国家（SIDS）；华盛顿共识；环境与发展；冷和平政治；石油；食品安全；人权，难民，和无家可归的人；经济不安全和不稳定；疾病和流行病：艾滋病毒/艾滋病；埃博拉病毒，黄热病发热；高原热；丝虫病；疟疾，肺结核等；所有这些都被赋予了社会弱势阶层的特征，这一特征在非洲尤为明显。

1862 年 9 月 22 日和 1863 年 1 月 1 日，亚伯拉罕·林肯总统的《解放宣言》；1823 年 12 月 2 日的门罗主义；伍德罗·威尔逊的《国际联盟的 14 点》，其中第 5 点是赋予世界上殖民地人民自治权；一些外交政策的失误，（例如，在联合国决策会议期间，一些美国外交官侥幸摆脱了一些愚蠢的错误）；未能化解 1950 年的北朝鲜危机使其和平统一，未能解决种族灭绝、贫困综合征，还有一些国家的债务及债务减免还未落实；作为世界上唯一的超级大国，美国将会采取什么策略呢？自由世界正缺乏领导。

　　然而，作者的观点是，无论如何，如果没有外国侵略者入
侵非洲大陆，那么在非洲发生的事情将与今天呈现出来的完全
不同。尤其是如果非洲人通往未来的路线是由非洲和非洲人在
中世纪自己塑造的话，换句话说，非洲的对外政策和外交在中
世纪时就已经定型了的话，情况会大不一样。

155

国家利益和对外政策
——美国的实例：2001 ~ 2008

　　美国对外政策（制定和实施）的影响取决于总统的人格
和性格。一位积极进取的像约翰·肯尼迪、理查德·尼克松、
吉米·卡特等的总统会产生激进有效的对外政策。

　　举个美国外交政策中非常典型的例子，乔治·W. 布什于
2001 年上台，在随后的两个任期中，他的外交政策理念都来
自于副总统迪克·切尼和国防部长唐纳德·拉姆斯菲尔德，这
一点非常值得注意。在 1997 年，迪克·切尼还没有成为副总
统之前，他和同事们共同完成了一个被称之为《美国新世纪
工程》的战略。该战略的支持者有迪克·切尼、拉姆斯菲尔
德、理查德·佩里（布什政府的国家副秘书长）以及保罗·
沃尔福威茨（小布什政府时期的国防部秘书长）。他们提出了
一个在军事和企业网络方面的新的保守主义。

　　相比之下，约翰·肯尼迪的对外政策在非洲是非常受欢迎
的，因为它强调美国和平队的作用，注重对非洲、印度等国家
实施援助，这些援助包括以推动国家建设来防止共产主义在非
洲的蔓延；推动非洲在社会和经济方面的发展，提高在第三世

界的地位；在上述方面加强政府的能力以保障自身的安全，赢得市民对他们的支持。美国中央情报局（CIA）对外国政府的目标是帮助他们实现内部的安全，帮助他们共同打击共产主义煽动和资助的叛乱活动。为了显示他对非洲的重视，肯尼迪任命的第一位内阁官员便是主管非洲事务的助理国务卿。

非洲和美国文化的对比

在此简要比较一下非洲和美国的价值观。我们假设：所谓价值观，即值得做的事，无论是有形的（物质）还是无形的（非物质）。

非洲

非洲的价值观包括以下内容：生命；家庭；谋生或提供物质帮助；真理；土地；超自然；善良；美丽；宗教；祖先；崇拜（非洲文化的祖先）；年龄，荣耀；对非洲习俗的尊重；传统；文化和文明；尊重长者、父母和祖父母；价值观和道德观；音乐；舞蹈；热情好客；对扩展家庭的爱或爱的行动；对种族的忠诚，但不一定包含种族中心主义等内在的倾向，以及其他与非洲的传统价值观相违背的现象；自然，事件和口头故事，仪式；对社会的爱；孩子，有嫁妆的婚姻的传统形式；公平，经济公平，易货；非洲社会主义，民族主义，和泛非洲主义；人道主义、合作经济和哈兰比（斯瓦希里语中齐心协力的意思）；村落和村落联姻；黑人精神；共识解决；农业和非洲遗产等。后来，新的价值观比如基督教和伊斯兰教丰富了上述非洲的传统价值观，而且在城市地区也产生了一些新的价值

体系，比如货币和其他的经济因素，这些原本都不是非洲传统
价值观的组成部分。自我决策和自给自足倾向于强调个人主
义，而这已经被加入到非洲的价值体系中去了。文化特征和个
人身份，以及对社区、社会甚至全球做出贡献的要求，已经成
为非洲历史和文明的一部分，这部分已经被全球的知识体系所
认同，成为体现非洲对外政策、外交和国际关系联盟的重要
原则。

美国

美国的价值体系主要是基于西方的价值观，包括《美国
宪法》的规定，《人权法案》和 1776 年的《独立宣言》：自
由、不可剥夺的权利、言论自由、政府对于人民的民主；权利
和机会的平等；自由和所有权、（正式的）教育、个人主义、
金钱、资本主义、自由和崇拜的权利、不同的政治文化；男女
平等；爱国主义；保护国家利益第一；没有种族优越感；此外
还有保护法律、法治并保障基本自由。

门罗主义和 21 世纪

门罗主义的意义在于它是美国政府政策一个接受或信仰声
明的原则，尤其是在对外事务中。门罗总统委托国务卿约翰·
昆西·亚当斯来起草一个总统演讲，也就是今天我们所知的国
情咨文，这个总统演讲是在 1832 年 12 月 2 日联席会议上所做
的。门罗是美国的国父之一。

门罗主义的实质是欧洲列强不再殖民或者是永远不再干涉
新成立的美洲国家的内部事务。美利坚合众国，也不再支持欧

157

洲的殖民政策，在欧洲列强和他们的殖民地之间采取中立的态度。然而，如果欧洲列强在美洲殖民或发生战事，这将会被视为对美国的敌意。

门罗主义的含义揭示了他们自己所采取的一系列措施。这些措施包括支持总统在 19 世纪初时候回到非洲运动中来，这个运动最终产生了在西非的利比里亚。难怪利比里亚的首都蒙罗维亚，是以美国第五位总统杰姆斯·门罗（1817～1825 年）的名字来命名的。

除了道德上反对殖民主义，美国还通过购买弗罗里达州来与西班牙斗争，并开始于 1822 年承认阿根廷、智利、哥伦比亚和墨西哥的独立。这种美国人认可的殖民地国家自治主张的传统认识后来被美国多位总统推崇，包括有伍德罗·威尔逊和约翰·肯尼迪（美国第 28 任和第 35 任总统）。

文化战线

非洲大陆文化的多样性带来了许多的文化冲突。非洲人和美国人对彼此的看法不同，当然也有不同的意识形态（共产主义和资本主义）。非洲遵从习俗、传统和文化，而这正是每一个非洲民族和非洲人民的精神灵魂。正如我们已经确定的那样，非洲的价值观和美国的价值观的确非常不同。

鉴于美国文化的多样性已经使得美国成为一个大熔炉，而在非洲，这种文化和个体的多样性比美国的更加不一样。在美国人和非洲人之间共同的特征包括他们都有的殖民地历史，"民族之根"的问题，他们的政治文化都是基于欧洲文化以及许多矛盾也是常见的（比如，在美国，在富裕社会也有很贫穷的人，而在非洲，在很贫困的地方也有富裕的人）。

美国和非洲都知道好的和坏的政策和做法、腐败及其后果。美国和非洲都支持《联合国宪章》及其原则和宗旨。非洲人和非洲裔美国人以及非洲流散人口对许多共同的观点，美国人和非洲人，在反对专制、剥削和国际恐怖主义原则上也是一致的。

非洲的价值观包括黑人精神、习俗和传统。在1775至1781年间，美国为争取独立而进行的反抗大英帝国的斗争引起了一场运动和革命，直到起草了一部美国宪法。美国的殖民地反对英国政府所谓的暴政的斗争正如非洲人民反对殖民主义和帝国主义的斗争。

在非洲，为了摆脱殖民主义而进行的独立的斗争同样导致了流血事件的发生。在非洲，和在美国一样，三种学派的思想汇聚（在非洲），融合（在美国）。美国和非洲都变成了西方文明的副产品。

在所有这些不同的特点中，以下几点是需要注意的：非洲是一个大陆，而美国是一个国家。教育和金钱在美国文化中是非常重要的，制约和对权力的傲慢可能成为美国对外政策的指导原则，而这主要依赖于可能出现的管理的类型。另一方面，羞辱、剥削和国家贫弱是非洲社会的事实，它削弱了非洲人的尊严和作为非洲身份基础的泛非洲主义。民主对美国人民是这么回事，对非洲人民是完全另外一回事。类似地，冷战政策对非洲人民是这么回事，而对美国人民却是完全另外一回事。同时，美国1823年在门罗主义提出了"不干涉"式的对外政策。而非洲却没有。事实上，它并没有成功地形成由非洲人领导的非洲合众国。然而在美国，美国人的力量已经嵌入到他们的联合主义中去了。

注　释

1. 让·博丹（1530～1596 年）是法国的政治理论家、经济学家、律师、自然哲学家和研究文艺复兴时期的历史学家。博丹经常被称为国际法之父。他在其著作《国家六论》（Les Six Livres de a République）理阐释了主权思想，见第 8 章。

2. 厄内斯特·萨道义，《外交实践指南》第 6 版（牛津大学出版社，2009）。

3. 托马斯·谢林，《暴力外交》，载《国际政治》，罗伯特·阿特和罗伯特·杰维斯（波士顿和多伦多：利特尔 & 布朗出版社，1984），第 171～185 页。

4. 约瑟夫·弗兰克尔，《国际政治、冲突与和谐》（伦敦：企鹅出版社，1973），第 145～150 页。

5. 约翰·巴斯克斯，《战争》，载于《传统国际关系》第 3 版（恩格尔伍德克利夫，新泽西州：普伦蒂斯霍尔出版社，1995），第 204～243 页。

6. 约翰·斯坦辛琪，《外交与政治秩序》，载于《国际秩序的斗争第三部分国家的力量》（纽约：兰登书屋，1979），第 261～278 页。

7. 亨利·基辛格，《大外交》（纽约：西蒙·舒斯特平装书，1994）。

第8章　奴隶贸易和非洲奴隶制对地缘政治的影响

奴隶制和奴隶贸易是使用强制劳工或无偿劳动力的制度和过程。这其中，劳工遭到非人待遇，或是被虐待。奴隶制先于人类文字记录而存在，有着数千年的历史，并广泛分布于世界上不同的地域和文化背景之下。在有些地方，奴隶制甚至曾经是一种至关重要的社会经济制度。

"奴隶"（Slave）一词源于中世纪词语"Slavic"，意指来自中东欧或俄罗斯南部的人，他们的家乡被神圣罗马帝国占领后，自己被变卖为奴隶。在拉丁语中，奴隶又叫"Servus"。奴隶的生活十分贫穷，他们往往要从东欧去地中海地区寻找生计，打"暑期短工"以挣得少许食物和旧衣服、旧鞋子等其他生活必需品。这些人从临时雇主那里买来或者获赠一些必需品，然后把它们带回给亲人。对于雇主来说，这种劳动力是廉价的。鉴于奴隶制向来与少数富人对社会大众的剥削相关，剥削与压榨一直是奴隶制和奴隶劳动中的常态。在有些地方，贩卖奴隶是十分暴利的，这些地方也因此很难再废除奴隶制。这也是为什么在 21 世纪的今天，尽管贩卖奴隶已经被规定是非法行为，但奴隶制在诸如苏丹等地还依然存在着（虽然只在极少数地方保留着）。

非洲的穆斯林及阿拉伯奴隶

奴隶制的渊源可以追述到《圣经》和公元前 1760 年前后的《汉谟拉比法典》。其中，奴隶制被认为是一种固有的制度。历史上，奴隶制起源于古文明高度发达的国家，譬如埃及、亚述、古希腊罗马以及阿拉伯帝国。1452 年，罗马教皇尼古拉斯五世颁布了教皇诏书，承认了奴隶制和奴隶贸易的合法存在。诏书准许葡萄牙国王阿方索五世将萨拉森人、异教徒者以及任何无信仰的人贬为世代奴隶。由此，教皇这份针对萨拉森穆斯林的诏书给随之而来的奴隶贸易和欧洲殖民主义增加了合法性。

在非洲，奴隶制和奴隶贸易广泛存在，支撑其存在的原因有：战争产生的战俘，人性中的贪婪，以及人们的商业行为。刚开始，葡萄牙人与非洲部落酋长和首领展开的正当贸易仅限于沿海范围。当时非洲内陆的天气恶劣、疾病肆虐，同时非洲人对外族人的仇视非常严重，使得欧洲人无法深入非洲内陆做生意。并且，他们之间的贸易也仅限于商品和服务。但是，当葡萄牙人逐渐了解到酋长也会从事俘虏当地非洲人的非法活动后，欧洲人开始购买奴隶作为劳动力商品，并把他们卖往欧洲。从 15 世纪 40 年代左右开始，奴隶贸易成为一项利润可观的事情，并延续了四百多年，直到 19 世纪早期废奴制的出现。尽管这样，奴隶贸易依然残存至 19 世纪 60 年代。

160

　　然而，早在欧洲人进行贩奴活动前，自从 9 世纪开始，阿拉伯人就一直在非洲从事奴隶贸易。

大西洋奴隶贸易

　　从 15 世纪开始，奴隶被用来在西非的丛林国家里开采黄金和钻石，诸如加纳、马里和贝宁。开采工作需要人手，奴隶们就被卖到这里充当免费或廉价劳动力。15 世纪 70 年代，葡萄牙人发现阿拉伯人早在欧洲宣布发现非洲之前就横穿撒哈拉沙漠，与西非人开展贸易往来。于是，葡萄牙人就开始沿着西非海岸航行直到南非的好望角，试图到达印度，来获取香料等其他能在欧洲大卖的物品。

　　15 世纪 40 年代，随着葡萄牙人沿着非洲大西洋海岸不断向南，他们逐渐清楚了奴隶贸易的操作。于是，葡萄牙人开始俘获非洲人，把他们变卖为奴，从而开始参与到这项有利可图的生意中。15 世纪 80 年代，葡萄牙人在非洲海岸建立了自己的根据地，开始用贝宁（丛林地区）的奴隶，以及从巴西买来的木薯和玉米向阿坎人交换黄金。随着时间的推移，葡萄牙人在非洲的商业利润越来越高。如果葡萄牙人控制了奴隶贸易，那么依赖非洲黄金的欧洲铸币业就会落入葡萄牙人手中。因此，对于葡萄牙人来说，控制好望角和非洲殖民地至关重要，这样他们才能顺利到达印度，攫取诸如香料、香水、丝绸等其他对于葡萄牙人来说利润丰厚的奢侈品。

161

　　葡萄牙人将马德拉群岛向南至圣多美的大西洋群岛资本化，并将甘蔗种植园制度引入位于热带的圣多美群岛。这是当时面向欧洲市场最大的糖料供应地，而当地使用的就是为欧洲人所有并使用的非洲奴隶。

从非洲开始，奴隶贸易和奴隶制的成功被引入南美洲和位于加勒比海的种植园。15世纪80年代以后，葡萄牙人一直利用大西洋岛上的种植园，尤其是美洲岛屿，来生产糖、棉花以及烟草。同时，葡萄牙人还在几内亚湾的圣多美和普林西比建立了殖民地，用从北非内陆买来的奴隶建立当地的甘蔗种植园。

14世纪和15世纪初期，甘蔗种植园制度形成于各个地中海岛国，以及葡萄牙和西班牙南部。在这些种植园工作的奴隶就来自于北非及俄罗斯南部（斯拉夫人）。

从16世纪早期开始，葡萄牙人在印度洋贸易商品中增加了贝壳与高级布料，以之与西非交易黄金、盐和装饰品。他们一路向南做贸易，避开非洲桑海部落和贯穿撒哈拉的贸易路线，直到到达欧洲人设在非洲海岸的交易点。

泛大西洋地区奴隶贸易的起源和发展可以追溯至15世纪和16世纪早期。非洲酋长在首领的协助下将奴隶俘获，然后通过地方首领和丛林部落首领的代理人，将俘虏卖为奴隶。这些代理人中就有那些以抓捕贩卖非洲奴隶为生的阿拉伯人。很多俘虏来自于冈比亚和塞内加尔，他们作为奴隶被运送到葡萄牙或西班牙种植庄园。而一些来自尼日尔三角洲和刚果河地区的俘虏则通常被卖到圣多美。

随着葡萄牙人在西非的商业活动不断扩大，他们又在印度、美洲及加勒比海地区开拓了新的市场。至此，欧洲人对"新世界"的殖民跟着克里斯托弗·哥伦布1942年发现美洲新大陆的脚步不断深入。1532 年，第一批非洲俘虏被直接贩卖到大西洋彼岸成为奴隶。从那以后，整个 16 世纪，载满奴隶的小型货船不断开往美洲，直到 17 世纪 30 年代，荷兰、法国和英国人才开始反思，包括飞速发展的糖料种植园业的欧洲人。

中东及南亚的非洲奴隶

162

阿拉伯人在北非和东非实行奴隶制。非洲奴隶的市场主要在中东和北非。从 9 世纪到 19 世纪，十个多世纪以来，阿拉伯人俘获并贩卖非洲奴隶，他们的活动范围主要集中在从撒哈拉到加纳和塞内甘比亚的北非、西北非一带。阿拉伯帝国兴起于 8 世纪，并在 9 世纪日益强盛。因此，有记载甚至认为，阿拉伯人从事奴隶贸易的历史最早可以追溯至 8 世纪。

但是，历史学家们并不能确定的是，究竟有多少非洲奴隶被运往了美洲、中东和远东地区。大致的数字如下：超过3000 万至 5000 万人被卖到美洲，大约 1100 万至 1800 万人穿过红海和印度洋被卖到东方。在当时，尤其是公元 650 年到1900 年，奴隶贸易是一个利润丰厚的产业。

不论怎样，奴隶贸易的主要内容就是赚钱。人们俘获和对待非洲人的方式极其残忍，而把他们变卖为奴的理由有政治上的、经济上的、军事上的、税收上的，还包括没收充公和对犯罪和其他不法行为的惩罚。

有些非洲人被认为是为危险分子，当他们做出了政治或其他方面的过激行为时，就会被卖为奴隶。一般来说，由于战败或因其他原因而变成奴隶的非洲人都是男性。但是在泛大西洋奴隶贸易中，妇女和小孩也被抓来当奴隶。这样做的国家有：荷兰、丹麦、英国、葡萄牙、冰岛以及西班牙。

奴隶贸易对整个非洲大陆上的人民都有着深刻的消极影响。由于距离目的地遥远，奴隶贸易带走了当地处于黄金年龄段的生产者们，就像今天艾滋病毒在非洲造成的影响一样。这种智力、体能和技能上的损失，导致了非洲国家的发展动力不足，也带来了一系列的复杂问题。在很多地方，非洲人对于欧洲人和阿拉伯人的仇恨和排斥就是从当年的奴隶贸易历史中衍生出来的。

在通常所称的伊斯兰奴隶贸易中，阿拉伯人从肯尼亚、坦桑尼亚、苏丹、厄立特里亚和埃塞俄比亚贩卖非洲奴隶，穿过红海和印度洋，将他们卖至伊拉克、伊朗、科威特、土耳其，以及印度和巴基斯坦。非洲人以这种方式被带到"新世界"和伊斯兰世界。这样的贸易从 7 世纪开始，一直扩大到地中海地区、北非、伊比利亚半岛和部分拜占庭帝国地区（西亚和波斯）。

163　　　非洲的奴隶贸易取代了之前非洲各王国和阿拉伯商人之间的合法交易。在奴隶贸易之前，他们的交易货物为黄金、盐、布料以及农业产品。

由众多阿拉伯王国组成的苏丹狭长地带从东向西横贯苏丹、加纳帝国、马里、卡奈姆—博尔努、努比亚、阿克西姆，以及地中海地区的北非诸国。通常，海盗都会在那里俘获非洲人。从桑吉巴开始，在东非沿岸被贩卖为奴的都是说班图语的非洲人，他们来自坦桑尼亚、莫桑比克以及马拉维。从公元

696 年开始，这些非洲人就开始被运往东方国家，以换取苏丹的衣料、北部的马匹、长卷布料、陶器、彩绘玻璃、珠子、染料以及珠宝。那时候，在整个黑非洲，金币、来自印度洋或大西洋的白贝子、金丝雀和很多来路不明的黑钱都被用作货币，而几袋玛瑙贝就可用作钱使。

在北非西部，奴隶市场包括：丹吉尔、马拉喀什、阿尔及尔、的黎波里、开罗以及阿斯瓦尼。同时在西非，奥杜古斯特（如今的毛里塔尼亚）、通布图和马里的加奥地区都有奴隶市场的存在。而东非的奴隶市场存在于巴加莫约、桑基巴尔、克伊胡阿（如今的莫桑比克的索法拉及维尔拉地区）、非洲之角、索马里首都摩加迪沙以及泽拉。

综前所述，可以说，奴隶制和奴隶贸易是导致非洲人离散状态的重要原因之一。同样，欧洲殖民主义对非洲的改变也主要从非法的奴隶贸易开始。

欧洲基督教徒和非洲奴隶贸易

非洲奴隶贸易的早期，苏丹西部的几个伊斯兰国家参与度最高，例如公元 750 年至 1076 年的加纳，公元 1275 年至 1591 年的桑海。在这些国家，将近三分之一的人口都是奴隶。公元 1300 年到 1900 年之间，塞内甘比亚也有三分之一人口是奴隶。到 19 世纪早期，奴隶贸易已经成为遍及整个非洲的高利润产业了。

横穿大西洋的奴隶贸易最为人熟知，主要原因有以下几点：

● 大西洋奴隶贸易是所有奴隶贸易中最残忍、最不人道、最野蛮的。这一点集中体现在英国人的贩奴运动和对待奴隶的方式上。那些奴隶往往赤身裸体，被堆在轮船的甲板上用绳子绑住，卫生状况十分堪忧。

● "三角"贸易（从欧洲到非洲，到美洲，再从美洲返回欧洲）涉及大量的黄金、钻石和其他矿物，财富可观。农业专家们认为奴隶改善了种植园的土壤并提高了产量。非洲的贩奴者和美国的奴隶主都取得了暴利。因此，即使是1807年美国废除奴隶制之后，他们也不愿偃旗息鼓。

● 泛大西洋地区的奴隶贸易是世界有名的，也最为不同种族的世人所诟病。在英国，政治领袖和人道主义者诸如威廉·威尔伯福斯，一直为反对奴隶制而奔走，并不辞辛苦地在英国议会内外为废奴而走动。

● 也许，更重要的是，奴隶贸易是一个热门政治问题。它使得美国分裂，导致了美国内战，并最终导致美国总统亚伯拉罕·林肯的遇害。

曾经，葡萄牙人发现了在非洲内陆丛林王国之间的"黑金"交易，他们从此也开始踏上贩卖非洲奴隶的道路。在奴隶、香料、棉花、盐、象牙、黄金等其他众多商品中，奴隶成为他们能从西非带走的最有价值的商品。15 世纪 40 年代开始，非洲奴隶就被零零散散地带到里斯本。1460 年，第一批从几内亚湾出发的奴隶正式登陆葡萄牙的里斯本。

从里斯本出发，奴隶们被送往圣多美群岛和费尔南多波岛。1500 年，佩德罗·卡布拉尔"发现"了巴西。不久之后，非洲奴隶就开始从葡萄牙和西班牙被运往加勒比海地区。从葡萄牙、西班牙到美洲要航行将近一个月左右。16 世纪里，大量奴隶集中从非洲来到美洲，尤以受西班牙国王支持的西班牙到伊斯帕尼奥拉岛的贩奴活动最盛。

1618 年，乔治·汤普森船长驾驶英国船只沿着冈比亚河向上游航行至 400 英里（近 643 千米）遇害。但同时，英国人也打破了葡萄牙人对西非奴隶贸易的垄断。从此之后，除了棉花、黄金和象牙，英国人开始从事奴隶贸易。到 1620 年，英国人已经控制了非洲西海岸。也正是在那一年，著名的"五月花"号从英国驶向了今日美国马萨诸塞州的普利茅斯，标志着英国对美国殖民统治的开始。于是，非洲奴隶开始涌入英国在北美的殖民地。随后几年，丹麦、荷兰和其他欧洲国家相继增加了在非洲的贸易活动。

特许公司

为了在欧洲范围及海外开展贸易，欧洲人成立了许多特许经营公司。这样的想法是为了避免不必要的竞争，给公司提供皇家保护。因此，著名的东印度公司和西印度公司受到英国王室的批准，可以悬挂英国国旗。荷兰人的东印度公司也从荷兰君主那儿获得了类似的特权。这使得皇室能够和这些公司同样在奴隶贸易中分一杯羹。

特许公司也往往与剥削、对外贸易以及伴随国家海外扩张而来的殖民主义相联系。公司有了特许经营权就相当于得到了

165

来自国家的支持和保护。特许公司是一个企业集团，由许多个人投资者和商人组成，他们操作自己的资本，并遵守统一的公司规定。特许公司的主要目的就是贸易、剥削和殖民。

特许公司拥有国家许可下的制定法律和签订条约的权利，同时也享有很多其他特权。每一家特许公司都有自己的垄断业务。

欧洲成立的特许公司有：荷兰东印度公司（1602 年）、荷兰西印度公司（1621 年）、法国皇家西印度公司（1664 ~ 1674 年）、德国东非公司（1885 年）、皇家尼日尔公司（1886 年）、英国南非公司（1888 年）等等。这些公司为自己和所属国家带来了大量收入。后来，这些公司转型成了信誉度不高的现代公司。

注　释

1. W. H. 斯科夫（W. H. Schoff），《厄立特里亚海航行记：公元一世纪，一位货商在印度洋的旅行和贸易》（纽约：朗文出版社，1912）。

第9章 结论："瓜分非洲"格局前的非洲地缘政治

历史背景

1800 年标志着非洲历史上一个划时代的开始和结束。有些人认为，这一年是现代非洲的开始。而笔者认为，没有一个特定的、公认的日子能象征非洲现代史的开端。究竟什么才是可以体现非洲"现代性"的普遍而必要的条件呢？

然而，在非洲走向政治独立的这条道路上，里程碑式的事件相继发生。如果将非洲作为一个整体来看的话，从古至今，在作为人类发展摇篮的非洲，无论从对外政策、外交还是国际关系的角度来看，都有许多重大历史事件值得关注。

因此，古往今来，不难看出非洲经历了如下一系列重要事件：宇宙的起源、盘古大陆和冈瓦那大陆的出现；人类的进化，包括习得采集和狩猎技能，学会种植作物和驯化家畜；不同历史时代的经历：包括石器时代、铁器时代、铜器时代、白银时代、黄金时代，直至冶金术的出现；让非洲人民得以扎根发展的农业进步；班图语的扩张，和其在中部、南部和东部古非洲的惊奇发现；公元前 5000 年，撒哈拉沙漠的出现；公元476 年，随着罗马帝国灭亡而出现的新的自然和人类文明规范；古代非洲经历的第一次外族入侵和殖民化。新的政治制度一王国、帝国、超级帝国以及城邦制的兴起；公元 1 世纪到16 世纪之间改变非洲面貌的一系列事件，包括基督教和伊斯兰教的全球化扩张；公元 1415 年，葡萄牙人第一次登抵非洲大陆，以及随之而来的非洲与欧洲人的"现代"接触；非洲的贸易发展，从合法的商品服务（盐、象牙、黄金、钻石等）到非法的商品（非洲"黑黄金"，即非洲奴隶），无所不包。

随着非洲人民对奴隶制和奴隶贸易的强烈抵制，欧洲人在非洲的商业活动逐渐从贩卖奴隶转为了对非洲自然资源的开发利用。那段时期是欧洲将外来统治强加给非洲的前兆。

最早在"现代"非洲从事活动的欧洲人，他们都是作为欧洲母国的代理，像风暴一样席卷非洲，活动遍及西非、北非、东非、中非和南非。他们来非洲寻找着、探索着，就好像这样的自然现象从来没有存在过一样。

然而更重要的是，在 19 世纪，尤其是 1800 年到 1945 年间，"回到非洲"运动的到来对非洲今天的国际关系、对外政策以及外交产生了重要影响。在帝国主义和新帝国主义的刺激下，有许多扩张主义者生活在西欧，他们在非洲建立殖民地（1652 年荷兰人在南非开普地区建立第一块非洲内陆殖民地），并最终实现对整个非洲大陆的改造和殖民化。如卷二所示，这正是为什么 1885 年被认为是非洲历史上的多灾之年——因为这是非洲殖民地受奴役的开始。非洲的去殖民化运动从

167

1945 年英国曼彻斯特的泛非大会就正式开始了。随着时间的推移,支持非洲政治独立的呼声日益增高。但是,非洲应当为谁而存在?是欧洲人的非洲,还是非洲人自己的非洲?这看似修辞学上的问题,直到 20 世纪初至 1960 年才有一个答案。这也正是为什么 1960 年被认为是"不可思议的一年"——令人欢欣鼓舞的这一年标志着非洲的政治独立。

随后,非洲迎来了两次世界大战的间隔期,即第一次世界大战(1914~1918 年)和第二次世界大战(1939~1945 年),紧接着的是后殖民地时期。在这段时间和各种"迷你时期",欧洲人蓄势入侵非洲的全部五大区域——北部、南部、西部、东部,以及中部非洲,这正是尤利乌斯·凯撒的那句"我来,我见,我征服"的体现。也因此,非洲的地缘政治在瓜分非洲之前就已经形成了。

人们很容易发现,非洲国际关系、对外政策以及外交的形成和发展可以追溯到最遥远的古代非洲,例如其发展基础和外交辞令的使用。因此,要了解这些,就需要知道非洲的地理和地形,政府的统治策略,非洲的人类安全状况,非洲对法治、外交、民主化和民主制的观察,人类的权利和义务,以及非洲的奴隶制和奴隶贸易。我们需要纠正邪恶的殖民行径,所以我们必须追溯非洲国际关系、对外政策和外交的规定和决定因素。

对非洲状况的分析表明,这些从远古时期就塑造了非洲现状的事件、主题、问题和叙述可以被划分为三个发展时期:前殖民时期、后殖民时期,以及在这两个历史阶段之间的各个小时期。

本书的第一卷介绍了非洲自 1000 万年前到 18 世纪末,直

168

至 1800 年的状况。奴隶制和奴隶贸易是长久以来对非洲人民最大的也是最为顽固的不公平。没有任何其他种族曾遭受过和非洲人民一样深重的灾难，无论是受羞辱的类型还是非人道待遇的程度，这些都是通过奴隶制和奴隶贸易施加在非洲人民身上的。

如上一章所述，非洲的奴隶贸易有两条主要路径。第一条路径是阿拉伯奴隶贸易，从 7 世纪开始，随后经历了伊斯兰教全球化，并从 9 世纪开始繁荣发展。阿拉伯贩奴商人从印度洋、红海一带购买非洲奴隶，并把他们卖到中东和远东地区。最盛时期，阿拉伯奴隶贸易持续了至少 10 个世纪。

第二条路径是欧洲奴隶贸易，更为人知的名称是"泛大西洋奴隶贸易"，"中央航路"和"三角贸易"（"三角"意为从欧洲到非洲、美洲，再回到欧洲）。首先，欧洲贩奴者带着布料等商品来到非洲，换来非洲的奴隶。然后，他们将奴隶装上货船，穿过大西洋，运送到美洲。横穿大西洋的航行大约需要四个星期，但是一些非洲奴隶在沿途就会被卖掉，卖给大西洋岛屿上的圣多美和普林西比、几内亚比绍和佛得角。早在瓜分非洲开始前，这些贸易航线就为葡萄牙人所垄断了。有观察认为，奴隶制和奴隶贸易一直以来都与文明、剥削和财富相关。例如，在欧洲人主导的三角贸易中，奴隶贸易中的关系一直是有产者剥削无产者，并且有产者是占少数的群体。因此，奴隶制也一直为富人和有权势者操纵着。

奴隶制和奴隶贸易之所以在非洲和世界上的其他地方一直存在，就是因为财富和文明产生了有优劣之分的阶级社会。优越感使得有产者们轻视并剥削、主导着无产者们，而无产者们基本都是社会的最底层人物。

奴隶贸易的废除

在欧洲西部，直到 18 世纪奴隶体系才引起了人们的抗议。启蒙运动产生的一些有识之士批判奴隶制违反了人权，同时，许多基督教宗教团体，诸如贵格会，也批评奴隶制违反了基督教教义。

这些共同导致了以下一系列地区对非洲奴隶输入美洲的禁止：

- 英国殖民地：1807 年；
- 美国：1808 年；
- 英属西印度群岛：1833 年；
- 法国殖民地：1848 年。

在大英帝国，1807 年 3 月 25 日，首相威廉·威尔伯福斯通过一项议会法案废除了奴隶制。1833 年 8 月 28 日，废奴法案得到了王室对议案的御准。截止 1834 年 8 月 1 日，所有在大英帝国和欧洲的奴隶都得到了解放。

在美国，奴隶制的问题从建国开始就备受争议，对奴隶的解放也是循序渐进式的。1775 年，托马斯·潘恩（1735～1805 年）写了《在美洲的非洲奴隶》一文，是第一个在美国主张废除奴隶制，解放奴隶的出版物。1785 年，约翰·杰伊（1737～1805 年），美国第一任司法部长，成立了纽约传教协会。1787 年，美国制宪会议允许联邦政府废除国际奴隶贸易，但不早于 1808 年。1821 年到 1822 年间，利比里亚，在美国殖民协会支持下在非洲建国，并于 1847 年 7 月获得政治独立。美国殖民协会主张将获得解放的非裔美国人遭回利比里亚。这个协会的创始人和支持者包括阿伯拉罕·林肯、詹姆斯·门罗以及亨利·克莱。

由于阿伯拉罕·林肯当选总统，奴隶制在美国的废除被提前到 1860 年。林肯反对奴隶制向美国西部的传播，也反对奴隶制在南方继续存在。1863 年，林肯签署了《解放奴隶宣言》，使得所有奴隶获得解放。随后的内战和宪法第十三条修正案彻底禁止了奴隶制在美国的存在。

因此，随着各国对奴隶贸易的废除，新的全球秩序成为非洲和世界历史上的重大里程碑。非洲人的离散状态不仅在非洲对外政策、外交和国际关系的形成和确立中发挥了主要作用，同时也为非洲各国之间关系以及非洲与其他国家和民族之间的国际关系创立了模式。

可以肯定地说，19 世纪末的瓜分非洲早在欧洲人通过建立殖民地分裂非洲之前就存在了，它由许多塑造了非洲现状的重大历史事件而决定。这些历史事件导致了本研究卷二中提到的真正意义上的瓜分非洲。

注　释

1. 罗兰德·奥利弗，安东尼·阿特莫尔，《1800 年以来的非洲》第五版（纽约：剑桥出版社，2005）。

19 世纪、20 世纪和 21 世纪的非洲地缘政治、对外政策和外交

第 10 章　欧洲人是如何从沿海到内陆征服非洲的

从崇拜自然到欧洲竞争及非洲"和平"

19 世纪的工业革命极大地推动了欧洲的科技和医学的发展。技术进步为欧洲的殖民扩张提供了条件，医学进步使人们战胜了热带疾病。在那个探索发现非洲的时代，欧洲的许多科学家、地理学家、探险家和传道士都因患热带疾病而丧命。

从价值体系角度看，19 世纪和 20 世纪是非洲的"迷失时期"，因为那时欧洲人入侵非洲大陆，摧毁了非洲原有的民族精神和自我认同感，将欧洲（西方）价值观强加给了非洲，并摧毁了非洲的价值观，给予非洲人民非人的对待与羞辱。非洲因此成为西方文化的副产品，其孕育和保留数千年、远远早于欧洲殖民统治的丰富文明被无情抛弃。

第一卷已经分析过，欧洲对非洲的征服和统治可以分成两个阶段：古代，那时有两个欧洲国家（希腊和罗马）以及腓尼基人入侵非洲大陆，对北非进行殖民统治；近代，西欧国家征服了非洲并对其进行殖民统治。

有人好奇，如果大西洋上的奴隶贸易持续进行下去，结果会怎样？欧洲殖民者会将殖民统治延伸到非洲内陆还是只停留在沿海区域？整个非洲大陆都会变成殖民地吗？这个问题至关重要。然而，奴隶制和奴隶贸易的废除确实促使欧洲人重返非洲并对非洲内陆实行殖民统治。

1867～1883 年，欧洲列强争相瓜分非洲。其实在其之前，欧洲人就对非洲产生了很大的兴趣，主要表现在四个阶段。而奴隶制与奴隶贸易早在 1807 年就已经从法律上被废除（尽管奴隶贸易实则一直延续到 19 世纪 60 年代晚期。）

第一阶段，基于三 G 和三 C（光荣/文明，黄金/商业，福音/基督教）①，欧洲列强决定重返非洲，目的是入侵非洲，改变非洲内陆从而使欧洲获益。

第二阶段，往非洲派遣布道团或商队，在非洲设立代理人。其中有的以个人为单位，有的以集体为单位，受命于国王、政府、政府代表、公司等。目的是将欧洲的势力渗透到非洲。这些代理人包括志愿者、医生、探险家、地理学家、传教士、天文学家、科学家、商人、记者、作家、人类学家、研究机构、中介机构等，他们给非洲及世界带来了改变。其中比较有名的有去往埃及和冈比亚的威廉·威尔伯福斯议员和塞缪尔·约翰逊·莱迪亚德博士，以及去往冈比亚的丹尼尔·弗朗西

174

---

① 光荣、黄金、福音在原文中对应的英文单词都以 G 开头，故称三 G；文明、商业、基督教在原文中对应的英文单词都以 C 开头，故称三C。——译者注

斯·霍顿上校。在这一时期，一些代理人与非洲的执政者和国王签订了合作条约。非洲领导人和欧洲外来统治者签订于1837年的一个协议就是由代理人促成的。代理人促成的协议涉及奴隶制的废除、经济问题和其他交易内容。签订这些协议的目的与欧洲侵略殖民扩张的核心内容相同，都是三 G 和三 C。

这些代理人和探险家常常是欧洲一些新成立的协会和组织的代表，比如探险家兼传道士戴维·利文斯通博士（1813 ~ 1873 年）代表伦敦传教会（LMS），有许多探险家受雇于英国海外传教会（CMS）。此外，许多国家的政府也参与其中，比如英国殖民地大臣就曾派遣官员前往非洲，这些官员中比较有名的有领导英国人民抗击拿破仑·波拿巴的巴瑟斯特勋爵。但是很不幸，多数探险家及随行人员都死于疾病，尤其是疟疾，还有的遭到非洲敌意战士如祖鲁士兵的杀害。有趣的是，这一时期去往非洲的探险家大部分是苏格兰人，比如戴维·利文斯通。英格兰人也很多，本章后面还会详细介绍这一点。

第三阶段是探险家在探险过程中对非洲大陆的发现阶段。自然风景、地理特征，包括湖泊、河流、高山在内的地形地貌以及之前从未见过的东西都被欧洲人称为"发现"。

第四阶段，欧洲各国纷纷为争夺势力范围做准备。这一时期，欧洲各国之间竞争激烈，尤以英国、法国之间的竞争和比利时、法国之间的竞争为甚。虽然各国都有自己感兴趣的区域，但是很多区域重叠了，所以欧洲各国之间的竞争愈演愈烈，有时甚至到了肮脏的程度。法国深受奴隶制及奴隶贸易的废除的困扰。1794 ~ 1802 年间，法国首次决定废除奴隶制及奴隶贸易，到 1848 年，这一决定推广到了所有法属殖民地。让法国为难的是，拿破仑登基之前，奴隶制及奴隶贸易就在法属殖民地废除了，但是拿破仑掌权后，他决定在法兰西帝国重新推行奴隶制。

葡萄牙国内废除奴隶制是在 1761 年，印度的葡属殖民地则在 1836 年。和葡萄牙相似，英国于 1776 年先在苏格兰废除了奴隶制，威尔士和英格兰更早（1772 年）。到 1807 年，奴隶制在整个大英帝国内都不存在了，但英属殖民地废除奴隶制则是在 1883 年。其他国家废除奴隶制的情况也基本类似：

- 瑞典、芬兰，1335 年：解放基督教家庭出身的奴隶；
- 美国，1847 年：将奴隶从蓄奴州转移到自由州；
- 丹麦及包括西印度群岛在内的所有丹麦殖民地，1848 年；
- 美国：不同的州废除奴隶制的时间不同，但是在 1777 ~ 1864 年间，宪法第 13 条修正案的颁布解放了许多奴隶；
- 波多黎各（西班牙的殖民地），1873 年；
- 马达加斯加，1896 年；
- 桑给巴尔，1897 年；
- 苏丹，1924 年（官方承认的时间），但是据称该国至今还存在奴隶制；
- 埃塞俄比亚，1936 年；
- 毛里塔尼亚，尽管法国在 1905 年就废除了这里的奴隶制，但该国真正废除奴隶制是在 1980 年；

● 尼日尔，早在被法国殖民时期，该国的奴隶贸易就被定义为非法行为，奴隶市场被关闭，但是奴隶制废除是在 2003 年。

包括英国、葡萄牙、西班牙和法国在内的欧洲国家，采取了一致的国际行动，极大地推动了废除奴隶制和奴隶贸易的运动。在法国，奴隶制的废除以 1798 年拿破仑入侵埃及作为开始的标志。法国为废除奴隶制做过许多努力，勒内·卡耶（1799～1838 年）在廷巴克图开展运动就是其中一例。此外，法国人还于 1799 年发现了写有象形文字的罗塞达石碑。除上述国家外，废除奴隶贸易的非洲国家和地区还有塞内加尔、塞拉利昂、杰内、卡巴拉、撒哈拉地区和菲斯。在英国，威廉·威伯福斯等废奴主义者曾发起运动反对奴隶贸易，并说服英国议会中的法律制定者通过法律废除了非人道的奴隶贸易。1807 年，英国议会颁布了废除奴隶贸易的法案。

东 非

1808～1855 年期间，随着奴隶贸易的废除，欧洲国家侵占非洲领土的野心越来越大。英国首次派人前往非洲寻找黑人奴隶是在 1550 年。19 世纪，英国与桑给巴尔的苏丹赛义德（1797～1856 年）签订协议，赋予了英国在桑给巴尔的特殊存在意义。这位苏丹在政治、经济领域都很有作为，他曾于 1822 年促使英政府与其签订协议。签订协议的英国代表是莫尔斯比上校。根据协议，英国成为桑给巴尔的保护国。沿海区域及印度洋肯尼亚沿岸上一块长达 10 英里的条形土地是赛义德苏丹统治的领土。英属东非大约从 1795 年起成为殖民地，但是这块条形土地仍是受保护地带。所以赛义德苏丹统治的地区一部分成为肯尼亚的殖民地，一部分还是受保护。与英国签订类似协议的还有布干达国王卡巴卡，所以布干达也成为被保护国——被称作乌干达保护地。

在非洲有巨大发现的探险家中，有两位德国传教士，路德维希·克拉和约翰尼斯·雷布曼。作为英国海外传教会在东非的代理人，他们于 1844 年来到了蒙巴萨。克拉从埃塞俄比亚出发，途中遇到雷布曼，两人一同来到了蒙巴萨。他们听说了关于大山和湖泊的谣言，决定去非洲内陆探险。1847 年，两人启程。到 1848 年 4 月，布雷曼就见到了乞力马扎罗山白雪皑皑的山顶（高达 19 321 英尺）。克拉则走得更远，到了肯尼亚山（17 040 英尺）。

中非和南非

1841 年，戴维·利文斯通到达开普敦。1851 年 8 月，他见到了维多利亚瀑布、乔贝河及赞比西河。1854 年，利文斯通开始了从大西洋至印度洋长达 3000 英里的旅行，这趟行程耗时两年完成。他是白人中第一个见到维多利亚瀑布的人，他用英国女王的名字为这世界上最大的瀑布命名。1856 年，他返回英格兰。两年后，他又带着其他传教士和科学家重返非洲。他们前往赞比西，企图在那里通商并使人定居。此外，他

177

还曾致力于废除整个非洲的奴隶贸易。

1862 年，在中/南非的赞比西地区，利文斯通队伍中的大部分人，包括其妻子在内，都因患热带病（疟疾）而死。利文斯通发现，当地仍有很多奴隶卷入种族纷争中。最凶猛的种族当属谷米（Ngumi）族，他们是祖鲁人的后裔。由于利文斯通探险队中死亡人数太多，英国政府将这支队伍召回了英格兰。利文斯通唤醒了政府的良知，他对伤亡情况做了报道，得到了英国民众的支持。英国政府迫于压力，不得不采取行动。到了 1962 年时，威廉·鲍德温与普赖斯·赫尔莫到达该地区，对包括维多利亚瀑布在内的区域进行了科学考察。

西　非

蒙戈·帕克（1771～1806 年）、休·克拉珀顿（1788～1827 年）、沃尔特·奥德莱（1790～1824 年）、狄克逊·德纳姆（1786～1828 年）及理查德·兰德（1590～1675 年）、约翰·兰德（1595～1692 年）兄弟等人曾在尼日利亚、尼日尔、冈比亚、西撒哈拉地区、乍得湖、尼日尔河、尼日尔三角洲、北非等地探险。每次在西非发现河流或者有价值的东西，他们都会争相宣示主权。

德国探险家阿道夫·欧威格、海因里希·巴尔特、阿尔弗雷德·沃格尔和古斯塔夫·纳赫蒂加尔去了在廷巴克图等地，他们的兴趣尤为浓厚。和他们一道的还有亚历山大·莱恩与詹姆斯·理查森。到 1855 年，西非和包括赞比西河在内的南非都被"发现"。

中　非

探险家们也算得上是地理学家。1857 年，两位英国军官理查德·伯顿（1821 ~ 1890 年）与约翰·斯皮克（1827 ~ 1864 年）到达东非的巴加莫约，并前往塔波拉。斯皮克后来到达了维多利亚湖，再后来又发现了坦噶尼喀湖和尼罗河的源头。1860 年，斯皮克被英国皇家地理学会（RGS）再次派往非洲，与他一起的还有詹姆斯·格兰特。在维多利亚湖以西的乌凯雷韦岛上，斯皮克参观了布干达王国。当时的布干达王国由穆特萨国王执政，那里道路宽阔、村容整洁。后来，两人继续前行，在两年半的时间里，去了喀土穆、尼罗河和开罗。1863 年，沿尼罗河而下时，他们见到了塞缪尔·贝克和他的匈牙利妻子。许多欧洲人、布须曼人和传教士因发热而身亡，其中就有约翰·斯皮克。

贝克夫妇继续前行，"发现"了艾伯特湖，并以英格兰女王丈夫的名字为其命名。两年后，两人抵达查鉴（Chartien），之后返回英国。1869 年，贝克被授予爵位，并被派往喀土穆做总督。

178

约瑟夫·汤姆逊是一位苏格兰探险家和地理学家，在瓜分非洲过程中发挥了重要作用。他于 1858 年 2 月 14 日出生于苏格兰的彭庞特。1895 年 8 月 2 日，他受英国皇家地理学会委派，从达累斯萨拉姆出发，抵达了尼亚萨湖和坦噶尼喀湖，行程超过 3000 英里，耗时 14 个月。

1879 年，约瑟夫·汤姆逊的队伍从东非马赛人的居住地一直行进到奈瓦夏湖。汤姆逊是一位苏格兰地质学家，他后来还去了坦噶尼喀湖东边的马拉维湖，之后返回了英格兰。1882年，汤姆逊再次被派往非洲，他从蒙巴萨出发，经由马赛人的居住地去往基库尤森林，然后经过东非大裂谷去到肯尼亚山，最后达到乌干达。他在途中发现了纳库鲁湖、巴林戈湖和埃尔门泰塔湖。1883年，他从非洲东部港口出发，去往维多利亚湖北部地带。1883～1884年间，他在东非从肯尼亚到达了乌干达。他的《行过马赛之地》[1]写得十分优美，可能就是这本书为非洲铁路的建设提供了灵感，几年之后，从蒙巴萨到坎帕拉的铁路开始动工，这就是后来的蒙巴萨—乌干达铁路。

肯尼亚的汤姆逊瀑布就是得名于汤姆逊，位于现在的尼亚胡鲁鲁。此外，纤瘦的汤姆逊瞪羚也得名于他。

另一位探险家亨利·莫顿·斯坦利（1841～1904年）是《纽约先锋报》的记者。他在欧洲工作时，被比利时国王利奥波德二世以朋友相待。他受国王派遣，去开发刚果自由邦，后来又受《纽约先锋报》委任，去非洲寻找利文斯通。赫赫有名的利文斯通当时正在非洲继续他那耗时七年的行程。好几年里他都音讯全无，他在哪儿、情况如何都没人知道，他也许已经身亡，也许被抓，也许活的好好的。斯坦利在坦噶尼喀湖旁的小镇乌吉吉找到了他，即现在的布隆迪境内。当时的利文斯通已经有五年没有见到过白人了，斯坦利在他的居住地呆了四个月。探险史上有句很有名的话就出自斯坦利之口，他与利文斯通初次相遇时，说："我猜，您就是利文斯通博士吧？"1873年5月1日，利文斯通死于疟疾。他一生在非洲大地上跋涉了30 000英里。

　　比利时国王利奥波德二世与英格兰维多利亚女王是表亲。利奥波德牢记着父亲的梦想，一心想让比利时在商业上疯狂扩张。他将目光瞄准东非，决心在东非建立一块比利时的保护地。为此，他召集俄、法、德、意等国，在布鲁塞尔召开会议。他最先提倡开发非洲，并在会上成立了国际非洲协会（IAA）。该协会隶属于比利时，服务于欧洲。接下来的六年里，利奥波德开始派遣探险队去非洲探险。

　　斯坦利受利奥波德的派遣去了非洲。斯坦利在刚果呆了五年，说服了当地部落首领将刚果的主权移交给国王利奥波德二世，这为刚果自由邦的建立打下了基础。刚果自由邦占地近100万平方英里。斯坦利与当地部落首领签订了450多项协议。为使非洲人民屈服于利奥波德国王的统治之下，斯坦利使用了各种野蛮残忍的手段，1000万刚果人民最终屈服[2]。

　　不久，26岁的德国探险家卡尔·彼得斯来到东非。他曾在1884年创立了一个德国殖民协会。像斯坦利在刚果那样，他也与当地签订了协议。所以，斯坦利引发了欧洲各国对非洲的瓜分，而且这场瓜分愈演愈烈。不久，法、葡、比、德等国的势力都进入了非洲。

　　在下一章中将会看到，欧洲势力涌入非洲不同地区，在一定程度上避免了欧洲国家间可能发生的战争和冲突，这与1648年《威斯特伐利亚和约》避免了战争和冲突类似。这些战争中包括百年战争，即1337～1453年间瓦卢瓦王朝与金雀花王朝，也被称为安茹王朝，为争夺法国王位而进行的一系列战争（瓦卢瓦王朝声称具有继承法国王位的资格，而英格兰的金雀花王朝则认为英国和法国的王位都应该属于他们）；西班牙和尼德兰联邦之间的八十年战争（1568～1648年）；还有三十年战争（1618～1648年）。三十年战争以威斯特伐利亚会议的召开宣告结束，两项协议随之诞生，分别是签订于1648年5月15日的《奥斯纳布吕克协议》和1648年10月24日的《明斯特协议》。这些协议不仅使欧洲国家免于战争，还建立了经验主义国家形态，标志着现代国家体系的建立。然而，欧洲获得了和平，非洲却没有获得利益。非洲被分割得支离破碎，这种影响至今还存在。

知识的力量、技术的发明及全球通信技术的发展

造就大国和大洲靠的不是人类的生物机体，而是当地的环境。信息革命及全球通信技术（ICTs）的发展将世界变成了一个地球村。所以，I 在信息革命中发挥的作用不容小觑：信息、灵感、刺激、指标（经济术语）、包容、参与、发明、投资、创新等[3]，都是在信息网络中发挥重要作用的因素。他们代表着信息使用中知识的力量。随着现代技术的发展，西方大国能使用枪支弹药、细菌钢铁以及其他各种发明作为工具，这些不仅能用来防治疾病，还能用来征服、奴役甚至杀戮其他国家的人民。非洲是西方国家获取经济资源的来源，在发明药物、使用武器、运用科学技术方面远远不能跟欧洲国家相比。

180

主要势力

　　虽然意大利只对索马里、厄立特里亚和埃塞俄比亚进行过短时间的占领，并未对非洲进行过长期的殖民统治和掠夺，但是意大利是欧洲的经济大国之一，也是在非洲争夺权力与政治影响力的参与者之一，因此被认为是 19 世纪晚期重要的欧洲势力之一。葡萄牙和西班牙在西欧国家中相对较穷，所以虽然参与了瓜分非洲，但是不能算作是欧洲的主要势力。下一章将分析促使欧洲对非洲进行殖民统治的因素。

注　释

　　1. 约瑟夫·汤姆逊，《行过马赛之地》（伦敦：sampson law, marston, searle&rivington, 1887），第 144 ~ 147 页。

　　2. 约瑟夫·康纳德，《黑暗的心》（伦敦：企鹅图书，1995）。

　　3. 欲了解详细内容，点击 http：//www. wise. virginia. edu/history/wciv2/westphal. html。

第11章 "瓜分非洲"的动机、过程、步骤及结果

非洲殖民化的动机

从前一章可以得知，欧洲对非洲的殖民过程是分散且逐渐进行的。瓜分欧洲的"种子"是在 1808～1883 年间埋下的，1808 年时奴隶制在世界范围内正式废除的时间，而到 1883 年欧洲的殖民活动正式开始。[1]

新殖民主义的原则使欧洲对非洲产生了兴趣。瓜分非洲的柏林会议（1884 年 11 月 15 日～1885 年 2 月 26 日）主要是为占领、控制、开发与管理殖民地制订国际准则。该会议保护的不是殖民地人民的利益，而是欧洲宗主国的利益。

欧洲瓜分非洲的动机还包括：

- 意欲统治世界、传播欧洲文化并向其他国家强加欧洲价值观；

- 希望避免因领土扩张而引发的持久战争，1684 年

《威斯特伐利亚和约》签订,确定了欧洲帝国体系,而在此之前,就曾爆发过类似的战争并撼动了欧洲;

● 比利时国家虽小,但是其国王利奥波德二世继承父愿,为保证本国的利益和自尊,企图向远地扩张;

● 欧洲国家在最大程度上获得三 G 和三 C(光荣/文明,黄金/商业,福音/基督教);

● 从中世纪("黑暗的时期")开始,欧洲人就带着 182 "启蒙"的渴望,想要去古代的图书馆里了解和学习欧洲和整个世界;

● 欧洲人对欧洲边界很好奇,他们与发源于美索不达米亚(介于底格里斯河和幼发拉底河之间)文明的中东地区有来往,来往中产生了嫉妒心理,并且越来越强;

● 企图获得"高级文明",即拥有巨大能力来适应这个"脸宽"且面积小的洲;

● 欧洲理想的环境促使人们思考、想象、预测未来;

● 基督教传播,企图通过让非洲人民信教以教化他们,教给他们"正确的"(即不同于非洲的)生活和做事方式。

换句话说,欧洲企图将自身的价值与文明强加给其他种族,从而统治他们。这就解释了为什么葡萄牙人和西班牙人去了西半球,英、法、荷、德、比等国去了非洲、亚洲和包括加勒比海在内的美洲。因此,19 世纪晚期,主导早期洲际、国际商业关系的除了非法的奴隶贸易和奴隶制,又出现了一种新型关系,即欧洲企图向世界其他种族和地区强加其价值观和体系的关系。

因此，"西方"文明等同于"欧洲"文明。这一表达源自"黑暗的时期"，出现在古罗马帝国覆灭以及其文化、法律秩序和建筑等方面的辉煌成就黯然失色之后。欧洲的扩张极大促进了繁荣，带来了安全感。知识分子们开始更加注重将欧洲的共同价值观和武力相结合。黑暗的时期之后，欧洲文化上的巨变助长了欧洲人的优越感。此外，欧洲人还"发现"了他们发源于美索不达米亚的文明，身上流淌着征服者的血液，再加上奴隶制和畅通百年的奴隶贸易，欧洲人的征服感产生。

作为一门学科来讲，西方文明有两项突出的传统。希腊、罗马的古典文化对西方文明影响很大。作为希腊和罗马文明的副产品，西方文明怎么能否认古希腊文明上是其的曾祖父母、古罗马文明是其祖父母的事实呢？

183　　基督教，尤其是西方的基督教，和近代的启蒙运动（即1684 年保证"欧洲和平"的《威斯特伐利亚和约》签订之后）是人权发展史上的里程碑；对于非洲而言，1800 年之后的时期是非洲现代性的起源阶段，此时，非洲摆脱了奴隶制和奴隶贸易，非洲离散居民积极宣扬泛非主义和黑人文化认同，要求非洲从奴隶制和殖民主义中彻底解放出来，获得政治独立。这些问题较复杂，为便于理解，会在研究中再分析。

欧洲的启蒙时期包括文艺复兴时期及过去的灿烂成就，那些成就改变了欧洲人的价值观，使他们拥有统治者的优越感。文艺复兴或"再生"追溯和赞美的不仅是古希腊和古罗马时期的学问，还有那时的文学、文化、人性以及启蒙运动中的重要因素——理性的哲学（即反对愚昧、反对迷信），此外还有对知识和真理的追寻。因此,三 R①(文艺复兴、追忆过去、改善当下)应运而生。文艺复兴追忆了古希腊和古罗马时期的成就,提高了欧洲人探索和发现世界的多样性的好奇心,并导致了后来欧洲国家对远地的殖民统治。三 R 的影响甚至超过了三 G 和三 C。

因此,向世界其他地区施加价值观成为欧洲的重要目标之一。欧洲人变得比世界其他民族优越,他们的信仰、生活方式及文化习惯都胜于其他民族,尤其是那些数百年来被欧洲控制的民族。因此,对于那时的欧洲人来说,他们的行为,包括开发智力、承受剧变、对抗中世纪——取代了罗马和古代的辉煌——的野蛮、无知及黑暗等,都有益于落后地区文明的发展。

大约 300 年前,西方文明开始盛行。那时,欧洲的知识分子发现,他们在看待事物的方式、价值及文化方面与其他人有巨大差异。所以,西方文明对抗非欧洲地区的"落后无知"或者"原始野蛮"的战役是一场"高贵"之战。因此,不管从民族、文化、经验、知识、文明等哪个方面来解读,"西方"都主导着世界,因为欧洲拥有:

- 先进的军事技术;
- 更加完备和有效的法典;
- 征服其他国家和地区的力量;

① 在原文中,文艺复兴、追忆过去、改善当下三个词都以 R 开头(Renaissance, recollection, reinforcement),故称三 R。——译者注

● 经济实力；

● 好奇心和征服扩张以及获得黄金、开通商贸的欲望，之前已经解释过；

● 向远方国家传播基督教并教化当地人民的企图（即征服其他民族，将欧洲/西方的价值观强加给他们，并使其抛弃原有的价值观）；

● 地中海的战略位置，良好的天气适于智力开发，海路、水路提供了便利的交通，有利于发展国际商业；

● 妒忌心——企图做的比其他种族更好，并将从他人处看到和习得的东西加以改进；

● 欧洲度过"黑暗的中世纪"后，由贫穷转为繁荣，潜在的支配心理将欧洲人带入文艺复兴和启蒙时期；

● 欧洲对远地进行殖民统治的同时，也将语言传到这些地区（尤其是英语、法语、西班牙语和葡萄牙语）——伴随语言而来的是文化；

● 随着1648年《威斯特伐利亚和约》的签订，现代国家（城市）体系建立，始于欧洲的政治体系变革被推广到世界其他地区；

● 随着欧洲哲学家、神学家、诗人、散文家等作品的传播，欧洲的影响（例如理念、传统/文化、风俗）不断扩大。这些人中，有很多重要人物，比如苏格拉底、亚里士多德、柏拉图、马可·奥里利乌斯（罗马皇帝）、圣·奥古斯丁、杰里米、圣方济各·沙雷氏、圣西彼廉、亚历山大的圣凯瑟琳、托马斯·阿奎那、圣文德、约翰·洛克、卢梭、加尔文、马丁路德等；

● 欧洲和世界文学中完美主义的驱使——欧洲在生产力、交流、贸易发展、技术、农业方法和时尚等方面都处于世界前列。此外，商人、医生、探险家、地理学家和传教士也起到了推动作用；

● 全球经济和贸易上的支配权，军事统治——征服和殖民，以及文化传播；

● 文化通过移民、贸易、入侵和宗教等方式从文明中心传播到相对欠发达地区。

人类因为不同于其他动物而自豪，欧洲人则因为他们高度发达的文明而自豪。由于他们的积极推动，文明成为最高级的人类文化群体和最广阔的文化身份。

奥托·爱德华·利奥波德·冯·俾斯麦：欧洲"和平"的建筑师

奥托·爱德华·利奥波德·冯·俾斯麦（1815~1898年），俾斯麦亲王、劳恩堡公爵、俾斯麦—申豪森伯爵。作为德国政治家及贵族，俾斯麦曾担任过普鲁士（1862~1890年）的大臣和首相，见证了德国的统一。1867年，他成为北德意志联邦宰相。普法战争普鲁士击败法国后，德意志第二帝国于1871年成立。他担任德意志帝国的宰相至1890年，是德意志帝国第一位宰相。作为领导者，他践行权力政治，因而被人们称为"铁血宰相"。他是德国最有影响力的领导者之一，无论在职期间和下野之后，都对国内外政治关系产生了巨大的影

185

响，尤其是对欧洲政治。

在外交事务上，俾斯麦统一了国家并且希望运用自己的政治才能提升欧洲的和平。他要面对法国在普法战争战败后的报复，即人们所熟悉的法国复仇运动，因此不得不在外交上孤立法国，并与欧洲其他国家保持友好关系。此外，他避免与当时的海上强国英国发生冲突。1872 年，他提出与奥匈帝国和俄国结盟，奥、俄两国皇帝与威廉一世缔结三帝同盟由此形成。

俾斯麦一直反对殖民掠夺，认为要想获取、维持并守护掠夺来的财产，所需的成本比得到的利益还要高。但是，到 19世纪 70 年代晚期和 80 年代，舆论转向支持殖民，于是俾斯麦有意进行殖民扩张并以经济发展为借口。汉堡的商人影响了他，这些商人是他在福庐时的邻居。德国创立殖民帝国的阻力最小，因为其他国家，尤其是英法，已经在非洲和世界其他地区运用自身实力获取了殖民地。

19 世纪 80 年代，德国加入了瓜分非洲的狂潮中，详细内容将会在本章随后的部分讲到。德国获得了加纳的多哥兰，以及多哥、喀麦隆、德属东非（现在的卢旺达和布隆迪）和坦桑尼亚的坦噶尼喀。之后，又获得了德属西南非（现在的纳米比亚）。此外，太平洋上也有德国的殖民地。俾斯麦的国际政治注重商业利润与和平共存，这使他赢得了国内的尊重。正是泛德国主义促使他对欧洲的在非事务密切关注。

俾斯麦之所以对欧洲对非事务的会议感兴趣，一项根本原因是两百年前签订的《威斯特伐利亚和约》。他清楚记得，在百年战争、八十年战争、三十年战争和七年战争之后，德国为了欧洲和平，主持各国签订了这项和约。他预见到，相似的情况即将发生,所以他要避免战争、防止欧洲国家内讧。

柏林会议之后,德国成为第三大殖民强国。能拥有这样的地位,都是俾斯麦的功劳。与此同时,法国籍海军军官皮埃尔·保罗·弗朗索瓦·卡米尔·萨沃尼昂·德·布拉柴(1852~1905 年)满怀热情地为法国开发刚果共和国,并积极开拓中非。刚果、乍得、加蓬、马达加斯加及非洲的其他部分最终都落入法国囊中。这部分将会在后文中详谈。

《威斯特伐利亚和约》签订的背景

1555 年的《奥格斯堡和约》为德国的宗教冲突画上了暂时的句号。和约只是认可了路德派新教和罗马天主教,但是却为加尔文教派在很多州赢得了教徒。之后,加尔文教徒要求认可他们的权利。三十年战争(1618~1648 年)就是哈布斯堡王朝统治下的波西米亚境内冲突的结果。那时,哈布斯堡王朝统治下的神圣罗马帝国与德意志天主教诸侯缔结了联盟,同新教诸侯展开斗争。这场战争终结了神圣罗马帝国的统治,开启了现代国家制度的新纪元。

波西米亚阶段(1618~1625 年)

1617 年,波西米亚议会选举施蒂里亚的费迪南为波西米亚国王。两年后,费迪南做了神圣罗马帝国的皇帝,成为费迪南二世。他是哈布斯堡王朝中的成员,天主教的狂热支持者。他在选举中获胜后,波西米亚的加尔文教徒感受到了威胁,他们害怕被剥夺宗教权力。1618 年 5 月,一名加尔文教徒发动起义,将两名信仰天主教的帝国大臣扔出窗外,抛出去大概有

186

70 英尺高。所幸两名大臣受伤不重，他们掉进了一堆肥料里。这就是著名的布拉格抛窗事件。

马克西米利安一世（1573～1651 年）是巴伐利亚公爵，也是神圣罗马帝国天主教军团的领袖。巴伐利亚的军队在巴伦·蒂利的指挥下入侵波西米亚。在布拉格附近的白山战役中，蒂利击败腓特烈五世的军团，取得决定性胜利。信仰天主教的哈布斯堡王朝在任何地方都给新教徒造成了威胁。后来，新教徒古斯塔夫·阿道夫（1611～1632 年）成为瑞典的君主。法国与瑞典结盟，一起对抗哈布斯堡王朝。因此，三十年战争以德国的宗教冲突为肇始，后来随着信仰天主教的法国和信仰新教的瑞典一起对抗信仰天主教的哈布斯堡王朝，演变成更大范围的政治斗争。1632 年 11 月，在吕岑会战中，瑞典新教徒军队在国王古斯塔夫二世·阿道夫（1594～1632 年，1611～1632 年期间在位）的领导下，击败了由阿尔布雷赫特·冯·华伦斯坦（1583～1634 年）领导的神圣罗马帝国的军队，但是古斯塔夫二世·阿道夫也在战争中身亡。华伦斯坦与瑞典和法国签订秘密协议几天后就被暗杀了。后来，罗马帝国皇帝的军队在德国南部的纳德林根大败瑞典军。

丹麦阶段（1625～1629 年）

1625 年，信奉路德教的丹麦国王克里斯蒂安四世（1588～1648 年）支持新教徒，反对斐迪南二世，丹麦阶段由此开始。克里斯蒂安四世同时也是荷尔斯泰因的国王和神圣罗马帝国的亲王。斐迪南争取到了华伦斯坦的帮助，并建立了一支 5 万人的独立军队。1626 年，华伦斯坦和蒂利联手击败了新教军队，占领了荷尔斯泰因的领地。之后，起义军又控制了布拉格，并废黜了斐迪南，选举信奉加尔文教的腓特烈五世（1596~1632 年）为新国王。腓特烈五世领导的新教联盟为波西米亚起义军提供了一些援助。1629 年，通过签订《吕贝克和约》，克里斯蒂安四世恢复了对荷尔斯泰因的统治，但是他保证此后不再插手德国的事务。像波西米亚阶段一样，丹麦阶段同样以哈布斯堡家族和天主教的胜利告终。

瑞典阶段（1630~1635 年）

1634 年秋，在纳德林根会战中，斐迪南二世的军队击败了瑞典军。1635 年，《布拉格和约》的签订宣告了瑞典阶段的结束，皇帝的地位也由此提升，位于亲王之上。法国波旁王朝担心哈布斯堡王朝的势力壮大，想从神圣罗马帝国手中收回阿尔萨斯省。黎塞留密谋要对抗西班牙及哈布斯堡王朝的国王费利佩四世（1621~1665 年）。

法国阶段（1635~1648 年）

1635 年，《布拉格和约》终止了战争的瑞典阶段，哈布斯堡王朝力量增强，德国亲王的势力被削弱。后来，法国直接出兵，和约被撕毁。法王路易十三的宰相、枢机主教黎塞留意图将腓特烈五世流放到荷兰。波西米亚方面，腓特烈二世重获皇位。此外，巴伐利亚的马克西米利安一世获得了领地。持续 30 年的波西米亚阶段以哈布斯堡王朝和天主教的胜利告终。但是黎塞留一直想削弱哈布斯堡王朝的力量并获得领土。

《威斯特伐利亚和约》：1648

威斯特伐利亚是个有历史意义的地方，位于莱茵河东岸，以前是德国中西部的公爵领地。该地区最值得纪念的历史事件之一发生在十七世纪，那时正是欧洲的公爵和国王推行领土扩

188

张政策的时候。很多战争都持续了多年——100 年、80 年、30
年、7 年等。德国是这些战争和冲突的多发地，因为当时的德
国已经出现了新教，并且还有一位被逐出教会的罗马天主教牧
师马丁·路德倡导新教运动。1517 年 10 月 31 日，路德写了
《九十五条论纲》，抨击了天主教会的贪婪与腐败。他要求宗
教内部进行改革，由此抗争引发了宗教改革，天主教会内部分
裂，基督新教诞生。100 年之后的 1618 年，新教、天主教和
加尔文教之间的宗教战争爆发。激烈的宗教矛盾引发了欧洲的
其他战争，持续了长达 80 年，导致了欧洲的分裂，1618 ~
1648 年年间的三十年战争就包括在其中。正是在威斯特伐利
亚，欧洲国家签订了《威斯特伐利亚和约》，结束了三十年
战争。

1644 ~ 1648 年，欧洲国家不断考虑和商议，最终签订了
《威斯特伐利亚和约》。他们强调了一些复杂的问题，整理成
了《威斯特伐利亚和约》要点，对现代国家体系产生了巨大
影响。[2-3]

因此，来自 16 个欧洲国家、神圣罗马帝国 140 个公国中
的 66 个成员以及神圣罗马帝国自身的代表出席了《威斯特伐
利亚和约》的签订仪式。签订的主要代表方有神圣罗马帝国、
法兰西王国、瑞典帝国、尼德兰七省共和国又称荷兰共和国或
联省共和国及亲王中的联盟代表、意大利王国和瑞士邦联，其
中瑞士邦联包括：勃兰登堡—普鲁士、曼莎、巴伐利亚、托斯
卡纳区、卢卡、摩德纳和帕尔马。

值得注意的是，三十年战争是在德国土地上进行的，在
"力量均衡"的学说影响下结束。《威斯特伐利亚和约》终结

了八十年战争。八十年战争是天主教、加尔文教、和其他形式
的新教参与的宗教战争,战火从 16 世纪初蔓延到了 17 世纪
初。80 年里,战争在天主教的西班牙和新教的荷兰、法国中
展开。

和八十年战争一样,三十年战争期间,德国的天主教徒和
新教徒也展开了斗争,双方都有得有失。哈布斯堡天主教徒军
队在战争伊始取得了胜利。因此,斐迪南三世与西班牙和奥地
利结盟,共同对抗信奉新教的波西米亚和捷克的诸侯。1625
年起,丹麦支持新教诸侯。1630 年起,瑞典支持新教诸侯。
此后,缔结同盟联合作战的模式延续下来。欧洲的七年战争是
(1756 ~ 1763 年)同盟作战的例子,当时对战的一方是由法
国、瑞典、萨克森、俄国和匈牙利支持的奥地利,另一方是由
英国和汉诺威支持的普鲁士。

《威斯特伐利亚和约》对非洲和世界其他地区都产生了重
大影响,这些影响将在后面谈到。

首先,欧洲的冲突和战争的核心显然是解决领土问题、实
现宗教宽容与自由。在领土更迭上,根据和约,瑞典控制波罗
的海和北海;法国在莱茵河以西的界限——即如今的阿尔萨
斯——得以划清,此外,法国为其盟国提供一些土地;德国诸
侯不再依附于神圣罗马帝国的皇帝,每个诸侯可以决定其诸侯
国内信奉的宗教;瑞士邦联和尼德兰联省共和国成为独立国
家。但是德国并未统一。此外,一些新兴国家出现,并在 17
世纪获得认可,成为拥有独立主权的国家。三十年战争之后,
德、法两国成为欧洲大陆上实力最强的国家。瑞典也从战争中
获益,但是奥地利和西班牙有所损失,英国则没有参与其中。

189

神圣罗马帝国的统治被终结，现代国家体系诞生。

在欧洲，基督教的三大分支中，一向最被仇视的加尔文教获得了同路德教和天主教一样的地位，因每位信奉新教的诸侯都能决定其诸侯国所信奉的宗教，这在前面提到过。

在国际法律、关系及外交上，法国和瑞典最为成功。随着和约的签订，新的世界秩序建立。在现代体制下，所有教派都享有信仰宽容和自由；战时设立的商业贸易壁垒被废除；莱茵河可以部分自由通行；各国须遵守主权平等、领土完整、不干预他国等原则。和约签订之前，国家主权的概念并未真正存在过。和约签订后，各国对任何干涉主权国家内政的行为采取零容忍态度。事实上，不管是否在和约条款范围内，只要有国家发起攻击，都会依据情况被认为是对所有和约签订国的攻击。

因此，国家主权得到高度尊重，比一国的自然资源、经济财产、社会财产、政治财产和环境保护都重要。在这种新型的治国纲领下，一套新的独立国家体系诞生，即经验主义国家形态，这是从希腊罗马传承下来的西方文明的副产品，后来影响了世界上所有的政权。

现代国家体制就脱胎于《威斯特伐利亚和约》建立的这些体系之中。这些体系包括解决国与国冲突的外交政治体系。经验主义国家形态虽然没有说明主权平等，但是引入了国际法律体系，在法律体系下所有国家都享有平等的主权。简而言之，1648 年的《威斯特伐利亚和约》主要确定了四大原则，即：

- 国家拥有主权和政治自决的根本权利；

- 国家一律平等（法律效力上）;
- 和约在国际上具有约束力;
- 不得干涉别国内政。

这四项原则是经验主义国家的基础。《威斯特伐利亚和约》不仅终结了三十年战争，还为主权国家确定了国际秩序。基于这些原则，新的国际秩序诞生。

俾斯麦，欧洲和平的建筑师:
从威斯特伐利亚到柏林

1884～1885 年，柏林会议召开，讨论欧洲在非问题。从上一部分可以看出，这次会议的组织者至少有两点想法。第一，他肯定记得，百年战争之后，德国在维护欧洲长久和平中所发挥的作用。第二，他肯定清楚，到 20 世纪晚期，现代技术——枪炮和其他新型武器——对欧洲国家在非的竞争中发挥着巨大作用，这些武器的杀伤力远远超过了 17 世纪的武器。

因此，具有远见卓识的俾斯麦预见到，如果没有和平的方案解决欧洲国家在非的竞争，那将会在非洲爆发大规模的战争。因此，为了"欧洲在非洲的和平"，必须避免欧洲国家间的内讧和战争。

191

俾斯麦组织柏林会议的另一个目的是他预见到欧非的商贸往来能使欧洲获益。很明显，欧洲的商品和服务在非洲具有很大的消费市场，同样，非洲的商品也是欧洲市场所需要的。俾斯麦想要通过会议制定夺取非洲领土的章程，并且保护刚果盆地一带的自由贸易。

欧洲帝国主义

在本书中，"帝国主义"解释为通过经济、政治手段扩张某一国家的权力，使其凌驾于其他国家之上。按照这个定义，经济和政治实力越强的国家，帝国主义的发展程度越高，因为霸权通常有助于政治及相关统治。因此，欧洲的帝国主义是工业经济和欧洲文化的全球扩张，引发了欧洲对热带地区的开发和掠夺。技术进步推动了海外扩张，正如工业革命推动了欧洲的工业化，欧洲人能够使用从非洲运来的原材料，如棉花、橡胶、兽皮毛皮等。

19 世纪后半叶，帝国主义表现为两种形式。一是"非正式"的帝国主义，从 19 世纪 80 年代持续到 1914 年第一次世界大战爆发。这种帝国主义包括武力、国家影响力和经济主导权。经济主导权离不开欧洲文明的主导，数百年来，欧洲不断占领远地、掠夺奴隶、攫取利润丰厚的商品和服务。但是，1873～1896 年经济大萧条时，欧洲经济开始滑坡，此时，一种新型的帝国主义出现。这种帝国主义表现为 "divide et impera"，即拉丁语"分而治之"的意思，是利用被殖民地区的人和资源为殖民势力谋取利益。由于帝国主义竞争加剧，欧洲国家间的冲突不断升级，同时，为了本国的国家利益以及贸易和市场的发展，欧洲国家又不断缔结同盟，欧洲国家间的竞争包括代理人之间的竞争，美国记者亨利·莫顿·斯坦利就是其中一例。他在《纽约先驱报》工作时，效命于比利时国王，穿过欧洲去寻找戴维·利文斯通博士（前一章已经讲过）。他为比利时国王利奥波德二世发现了刚果自由邦。随着工业化的发展，交通和通讯领域不断取得进步——蒸汽驱动、铁路、先进的航海方法及电报等投入使用。

这些新技术使欧洲人能够更加深入非洲，去寻找土地和自然资源，并且将帝国主义影响强加给非洲。效忠于法国政府的海军军官皮埃尔·萨沃尼昂·德·布拉柴就是其中一例，他在非洲掠夺殖民地的财富。他去了刚果盆地西部，并在 1881 年发现了布拉柴维尔。这些在非的殖民活动其实很早就开始了，比如英国资本家、金融家、殖民主义的虔诚信徒塞西尔·罗兹（1853～1902 年）就曾去往非洲南部，与戴尔比斯矿业公司在那里做矿业生意，"罗得西亚"这一名字就是来源于他。利奥波德二世后来在刚果自由邦也做了同样的事情。

因此，在欧洲各国同意召开柏林会议、根据其势力范围商讨瓜分非洲的事宜之前，这些国家及国内公司就因为非洲的土地、黄金及宗教皈依展开了长时间的竞争。竞争从埃及发展到南非，从佛得角发展到索马里，在竞争过程中，欧洲各国还与非洲当地的部落首领签订了一系列协议。所以，早在柏林会议之前，欧洲的影响就已经渗入非洲——比如英国在 1882 年就已经统治了埃及。

1884～1885 年的柏林会议

柏林会议由葡萄牙最先提出，由奥托·冯·俾斯麦组织和主持。会议在柏林召开，从 1884 年 2 月 26 日进行到 1885 年 11 月 15 日，有以下基本指导方针：（1）欧洲国家间的矛盾应该通过和平方式解决——比如外交途径；（2）国家主权不容

192

商量，"文明"国家要通过国际法来规范自己的行为，尊重他国主权；经验主义国家形态高于司法管辖国家形态。

会议主要有两个目的，旨在：

1. 规范欧洲在帝国主义新时期对非的殖民统治和商业贸易，这与俾斯麦领导下的德国成为新兴帝国主义强国不谋而合；

2. 欧洲国家对非洲的瓜分要采取和平手段，避免出现 1684 年《威斯特伐利亚和约》之前的战争行为。

193　　　所以，和平共存要求欧洲国家既要为自己谋取利益，也要和其他国家在商品和经济上展开竞争。

1885 年柏林总议定书

柏林会议最终达成了柏林总议定书。议定书对贯穿 19 世纪的瓜分非洲行为进行了合法认定，加速了欧洲国家在非洲的殖民活动，打破了非洲想要自治的愿望。

会议结果体现在总议定书中，包括以下七点：

1. 刚果自由邦被划为比利时国王利奥波德二世的私人财产。

2. 所有与会国享有自由贸易的权利。各方在刚果盆地、马拉维湖以南即北纬 5°的地区享有自由贸易的权利。

3. 尼日尔河与刚果河自由通航。

4. 严禁奴隶贸易。

5. 实行有效原则，即宗主国仅把本国的旗帜挂在殖民地，并不算真正拥有殖民地，只有与当地部落首领签订协议、拥有政策效力才有效。（这一点在后殖民主义时期被称作 "lit possidetics uris"，即拉丁语中 "依据法律划定的界限神圣不可侵犯" 之意。）

6. 如若将来任何国家想拥有非洲海岸的任何部分，都必须通知其他签署国或是订立保护国。（这一点适用于部分地区，如埃及、肯尼亚、多哥、喀麦隆、贝专纳等。）

7. 非洲的划分在欧洲强国之间进行。

十四个与会国签署了总议定书，他们分别是：德国、奥匈帝国、比利时、丹麦、法国、英国、意大利、荷兰、葡萄牙、俄罗斯、瑞典与挪威（1905 年前存在邦联关系）、西班牙、奥斯曼帝国和美国。其中七国是非洲大陆上的主要殖民力量：德国、比利时、法国、英国、意大利、葡萄牙和西班牙。

欧洲在非的殖民地

尽管荷兰是首个在非洲推行殖民统治的欧洲国家，但是她并非殖民大国。如此说来，西班牙在对非洲进行殖民统治的国家中，也只算得上是个小国，她将注意力投向了美洲。1847年，利比里亚独立后，美国失去她在非洲唯一的一块殖民地。此外，一些非洲国家（埃塞俄比亚、南非、埃及、利比亚、摩洛哥、厄立特里亚和苏丹等）享有 "殖民豁免权"，因为从严格意义上来讲，这些国家并不属于柏林帝国主义体系之下。

柏林会议的总议定书将非洲划为欧洲国家的势力范围，还确定了非洲国家间的地理分界线。这样的划分后来保留了下

194

来，具体内容如下：

● 德国成为欧洲在非的第三大殖民力量。非洲西南部划分给德国（即现在的纳米比亚、多哥兰、喀麦隆、坦噶尼喀、卢旺达—乌隆地），直到第二次世界大战前，这部分地区都还是德国的势力范围。

● 刚果自由邦划分给比利时，1908 年后，这部分地区以比属刚果著称。利奥波德二世压榨刚果人民的丑闻爆出后，比利时议会通过法案，将刚果划分为比利时的殖民地。第二次世界大战期间，比属刚果成为卢旺达—乌隆地，如今成为刚果民主共和国。

● 法国得到了刚果—布拉柴维尔、塞内加尔、马里、尼日尔、乍得、上沃尔塔、加蓬、突尼斯、阿尔及利亚、毛里塔尼亚、塞舌尔、科摩罗、马约特、马达加斯加、科特迪瓦和多哥。

● 葡萄牙得到了佛得角、圣多美和普林西比、几内亚比绍、安哥拉和莫桑比克。

● 西班牙得到了西撒哈拉、里奥德奥罗、梅利利亚、西属几内亚（赤道几内亚）、西属摩洛哥、里约穆尼（如今在赤道几内亚地区）。

● 除了埃及——柏林体系之前就已经是英国的保护区，英国得到了英属索马里、英属苏丹（现在的苏丹）、英属东非（肯尼亚、乌干达、坦噶尼喀）、南罗得西亚（现在的津巴布韦）、北罗得西亚（现在的赞比亚）、贝专纳（现在的博茨瓦纳）、奥兰治自由邦（1795 年之后成为开普殖民地)、英属南非(现在的南非)、冈比亚、塞拉利昂、尼日利亚、英属黄金海岸(现在的加纳)和尼亚萨兰(现在的马拉维)。

● 除了意属北非(即现在的利比亚)、厄立特里亚和埃塞俄比亚(暂时属于意大利)等之前就属于意大利的地区外,意大利又得到了的黎波里塔尼亚、昔兰尼加和意属索马里。

欧洲强加给非洲的统治标志着非洲的改变和贫穷的开始,此后,非洲大陆和人民长期在贫困中挣扎,直至今天。非洲多方面贫穷的本质、方式及影响将在接下来的章节中讲到,尤其是第十三章。

概念理解:改变非洲的殖民政策和实践

欧洲国家对非洲强加的殖民统治是逐步进行的。很明显,第一阶段是在确定欧洲势力范围的柏林议定书签订之后。这一阶段主要是利用殖民精神控制非洲。欧洲对非洲的殖民统治开始之前,就已经在非洲建立了一些机构(一些欧洲人已经来到了非洲,无论是传教士、移民还是商人),这些人被委以重任,要为之后的殖民统治做准备。到1912年,准备就绪。但是,大多数地区在不到15年前——即1900年,就已经完成了殖民准备工作。

第二阶段是向非洲派遣官员,这些官员管辖本国新获得的土地。一旦到了殖民地,这些官员就要考虑如何在这里设立有

195

效的行政机构。殖民地的建立是一项艰巨的工作。

到了第三阶段，殖民地建立，殖民地人民服从于殖民者，受到他们的剥削。

第四阶段也是最后一个阶段，殖民者开始向殖民地强加欧洲的管理规定。这是殖民者的终极任务：教化（即让殖民地人民学习欧洲的文化、价值、传统和文明）。正是因为欧洲人将其价值观强加给了非洲人民，导致了冲突发生，非洲也由此转变成西方文明的副产品。

与非洲的国际关系、对外政策和外交活动相关的概念表达早已确定。可能类似的表达有不同的定义。但是，这些概念在其他语境下通常具有不同意思，所以需要充分理解。下文中的一些术语即包括在内，这些术语的定义依据它们在本书中的运用来定。

非洲殖民地的概念

在历史政治意义上，不管出于什么目的，殖民地都是一块受国家直接统治的领土。宗主国是拥有殖民地的国家。古希腊时，在政治组织中拥有殖民地的城市被称为"宗主地"。母国是殖民地人民对宗主国的称呼。

现在，"海外领土"、"依附领土"或者"殖民地"都被人们互换着使用。在殖民过程的第三阶段，移民到非洲或其他地区的人，必须为本国效力，控制海外领土。这些代理人被称作殖民者或殖民地定居者。

殖民地人民虽然被赋予了公民权利，但是并不能充分享受到，法国的殖民政策即是如此。在英国和葡萄牙的殖民政策下，殖民地人民被当做臣民。政治进程从各方面给殖民地戴上

196

了枷锁，打消了殖民地人民想要独立的念头。需要注意，南非确立种族隔离制度（"各自发展"）、罗德西亚的伊恩·史密斯政权于 1965 年 11 月 11 日通过发表宣言确立殖民政策时，并没有预想到殖民地会获得独立，可能要到千年之后才会想到。

希腊人谈殖民时，他们实际上指的是建立一座新城市或者一块新定居地。"殖民地"这个词实则来自拉丁语，指的是用作农事活动的一块地方。"殖民主义"是"帝国主义"的同义词，表示一个国家通过建立殖民定居地或者属国，将其主权扩展到自己国家领土以外的地方去，殖民地人民受母国直接统治或者被迫背井离乡。

政策、过程与步骤

政策指选择的行动路线或方法来指导现在或未来的决定，是用来达到结果的一系列行动或者非行动。在非洲的殖民化中，殖民政策和实践要将欧洲列强的愿望施加给非洲国家和人民。过程指关于行动和做法的系统路径或方法，旨在完成结果。步骤指行动过程中的方式方法，或者行动方案。

任何国家的对外政策都受国内因素和国外因素的影响（即通常所说的内因和外因）。首先要确定目标，然后做出反应，继而行动、反应、回应、交互或"不作为"。决策过程受一国的政策制定者操纵，受他们在国际系统中与其他政治实体的交往影响。

因此，非洲的对外政策要顾及国内外环境中很多特定因素，如经济发展、国家冲突、外交活动、和平与安全、人权、健康、贫穷、教育、地缘政治、军备竞赛等。所以非洲的对外政策是相互作用、国际交往和不作为的结合，是拥有主权的非

197 洲国家作为国际社会成员和独立政治实体的表现。制定和实施这些政策时，可能会涉及到其他主权国家或者国际法人。政策的制定者活跃在国际舞台上，将自己的利益追求（防御、发展、外交、荣耀、保护、和平、安全和稳定、和平共存等）体现在外交政策和外交意图中。国家也通过对外政策保护和提升自己的国际利益。

外交的概念

《简明牛津当代英语词典》给外交下了这样的定义："处理国际关系的技巧，国家间谈判和协商的艺术和实践。"[4]因此，外交是一门艺术，而非科学。政治也是如此，它是政府的艺术。外交用来促进谈判，找到解决矛盾的和平方式。因此，它和诉诸战争来解决冲突不同。外交是谈判的艺术，从这种意义上来说，外交政策是处理国家间关系的手段。

文化外交

文化外交有多种意义，是一种特定形式的外交，通过采取一系列方案得到显著成效。这些方案包括明确认可和理解外国文化机制，观察指导基本对话的普遍原则；理解；包括想法、信息、艺术、生活方式、价值体系、传统、信念及其他方面文化在内的交流。

非洲国际关系指定义中所有因素的特性，即非洲主权国家之间的国际行为、交易、行为和不作为。

政治实体指拥有国际法律人格的主权国家或非国家实体，联合国就属于政治实体。在主权国家层面上，主要处理非洲国家之间和非国家国际实体之间的关系。所以，尽管非洲国际关系和其他国际关系一样，包括主权国家间的关系，但是如果在国际法的原则范围之内，还包括非政府组织（NGO）和政府间组织（IGO）的关系。

国家利益

国家利益指一个国家在国际竞争和对外交往中的生存和安全意识。每个国家都必须保护自己的实体身份、经济身份、文化身份和国家财富，不允许被其他国家侵犯。因此，国家利益是非洲国际关系或任何国家关系及对外政策中的核心因素。国家利益是确定对外政策目标的工具，包括一切政治话语和其他大洲一样，非洲的国家利益体现在所有对外政策上，旨在保护其政治、经济、文化、社会、物质和其他利益。每个非洲国家的人，不管是在国内还是国外，都是非洲人。

三个"国家"①

和其他国家一样，非洲的国家也是由一个人类群体构成的，这个群体拥有共同文化、价值观、标准，团结一致，忠于同一个政府。即使这个群体中存在差异，国家纽带的连接也不容忽视。当人们因为民族优越感、种族主义和意识形态产生分歧时，国家纽带的作用就体现出来了。柏林会议后，殖民政策及实践误将不同国家合并或者将同样的民族分开，就是如此。

值得注意的是，人们常用这三个"国家"——"country"、"nation"和"state"来指非洲的主权国家。但是，

---

① 原文的标题是 Country，Nation，and State，鉴于这三个词在汉语里都是"国家"的意思，所以译者将标题译为"三个国家"。——译者注

需要明确的是，在一般情况下，"nation"偏重于这个国家的人们。"country"常和国土交替使用。"state"包括人民以及涉及国家主权的国界、政府、国土，所以它不仅仅指国民。

此外，它既可以指一个国家，也可以指一个洲，如美国的纽约州（New York state）。（纽约没有主权；美国拥有主权。）例如，古巴在国际事务中虽然不能拥有和美国一样的权力（在联合国通过国际法案），但是古巴是一个主权国家。因此，美国和古巴都是国家，而非大洲。非洲是一个大洲而非国家。这样看来，依赖并不等于从属。依赖意味着依靠其他国家，而从属则意味着新殖民主义。

非洲的转变

根据之前内容，可以清楚得知非洲国家的对外政策、外交活动和国际关系受许多内外因的影响。殖民化使非洲国家的情况雪上加霜。非洲国家的国际关系、对外政策和外交活动分为三个阶段——殖民前、殖民中和殖民后，此外，在这三个阶段内部又可以分出许多小的阶段。非洲人沦落成西方文明的副产品，成了古希腊和古罗马人的子孙，欧洲的殖民政策和实践彻底改变了非洲，摧毁了非洲原有的价值体系。非洲人变成欧洲人的玩偶，非洲价值体系变成欧洲价值体系，这简直就是赤裸裸的力量的炫耀！殖民势力完成了一项不可能的工作——将非洲欧洲化。仅凭这一点，非洲应该得到赔偿！

欧洲殖民政策和实践的异同

1885年，柏林议定书签订之后，非洲被七个欧洲国家瓜分——英国、法国、德国、葡萄牙、意大利、比利时、西班牙（西班牙在非洲的殖民地不多，它的殖民重点在美洲）[5]。这七个国家成为非洲大陆上的殖民力量。

建立殖民管理机构的过程缓慢但是很有成效,到 1900 年,非洲这块"大蛋糕"的 90% 已经被欧洲人分完。1912 年,非洲殖民政策确立,不仅如本章之前所述,可以分成四个阶段,此外,还可以分成四类。

- 特许公司管辖
- 直接管辖
- 间接管辖
- 殖民地定居者管辖

在已经被驯服的国家,由宗主国的商业公司根据特许权在殖民地开展殖民活动。殖民时代早期,宗主国创办这些公司就是为了来管辖殖民地。这些公司老板通常对开采非洲的自然资源很感兴趣,他们在非洲占据了大片土地,并建立了税收和劳工招募体系。因此,1888 年,不列颠东印度公司、南非的荷属东印度公司和不列颠东非公司纷纷建立,用以管辖如今的肯尼亚。不列颠南非公司和其他特许设立的公司,挥舞着他们的国旗,为他们的皇室和祖国管辖着殖民地。

第二种管辖方式是直接管辖。殖民地本土政权不参与管辖。这种管理方式把当地政权完全排除在外。殖民统治者不光掌管着自己国内的一切,也管理殖民地的各类事务。殖民者之所以不让本土政权参与管辖,是企图用分而治之的方法削弱当地政权,使之处于从属地位。这样看来,殖民主义占领控制其他国家,采取直接管辖就等同于在殖民地的城市地区采取了中

200

央集权的管辖，强调"同化"政策。这表明殖民主义者企图教化当地人民（即将非洲人民的价值体系变成欧洲的价值体系）。殖民地本土的人民和政权不发挥任何作用。德国、比利时、法国和葡萄牙尤其青睐直接管辖。

第三种管辖方式是间接管辖，采取这种方式的首推英国、当然，德国等其他欧洲国家也采用这种方式。在这种管辖方式下，殖民地本土的政权可以和宗主国在殖民地的管辖机构结合起来。英国主要在英属印度和尼日利亚推行间接管辖。间接管辖来自卢吉（1858~1945年），他最早在尼日利亚使用，之后推广到了东非。间接管辖下的印度、马来西亚及其他地区的殖民地在当时被叫做"土邦"。但是，并非所有英属殖民地都被间接管辖。英国在不列颠南非公司采用的就是直接和间接结合的管辖方式。不列颠南非公司创立于1887年，由塞西尔·罗兹管理。塞西尔使用武力和高压威胁，将中南非的三块土地变成了殖民地：尼亚萨兰（马拉维）、北罗德西亚（赞比亚）、南罗德西亚（津巴布韦）。在这个统治体系下，所有非洲人都是由首领统治的"部落"。

因此，间接管辖体制下，早期的殖民地管理者严重依赖当地"官员"，这些当地"官员"需要根据管理者的指令行事。在殖民地，交流不畅，资金短缺，欧洲人对于非洲的传统习俗几乎一无所知，并且欧洲人的数量也很少。间接管辖作为一种混合管辖制度，能有效解决这些问题。

第四种是殖民地定居者管辖，主要是在南非推行。根据这种方式，在非洲定居的欧洲人有权直接管辖殖民地，这些移民数量众多，既非传教士也非官员。这和美国、加拿大的情况类

201

似，在那里欧洲人想把殖民地变成他们永久的居住地。在非洲，尤其是在南非、津巴布韦、肯尼亚等地，欧洲来的定居者统治着土地和人民。这些殖民地定居者认为，他们能统治非洲千年，直到非洲能够自立自足。

英国殖民政策和实践

英国重视教育，企图在殖民地人民中培养出一群精英，让他们能管理治政府、发展现代化经济。经济发展与国外投资至关重要，能提高殖民地人民的生活水平，发展农业、采矿业和基础工业设施。殖民地将来即使独立了，也能成为宗主国在世界市场上的收入来源。

政治自治有一个逐渐发展的过程，从农村自治发展成区域自治，立法机关中的选举制度从在国会议员中选举内阁发展成政治独立，并且能够选择是否归属于英联邦。

西班牙殖民政策和实践

西班牙对非洲影响很小，因为它的殖民势力主要集中在美洲。西班牙的殖民政策包括两个基本理念：依照西班牙伊莎贝拉女王的指示，促进西班牙和新大陆之间的贸易垄断，这一直持续到 1504 年女王去世；征服和殖民美国的印第安人，向他们传播西班牙信奉的宗教。

1524 年，势力庞大的天主教国王查理五世创立了印度委员会，作为西班牙殖民地的立法机关。创立三百年来，委员会一直尽心为西班牙创造更大的荣誉，但是官僚主义最终主导了新大陆的殖民政策。美洲的印第安人受到了非人的对待，他们成了奴隶，并患上殖民者从欧洲带来的疾病身亡。西班牙的宗教组织反对政府虐待印第安人。

葡萄牙殖民政策和实践

对葡萄牙人来说，他们在非洲占领的地方是他们的海外领土。他们在那里推行同化政策，所以认为那里的本地人和葡萄牙人是平等的，声称葡萄牙在非洲并没有殖民地，只有海外领土。非洲殖民地并没有准备好自治。

比利时殖民政策和实践

比利时在非洲的殖民地主要在中非刚果一带。1876 年，国王利奥波德二世在瓜分非洲的过程中，挑起了欧洲各国开展"非洲竞赛"的兴趣。他命令刚果代理人享利·莫顿·斯坦利用最残酷的方式对待刚果人民。如果有人用左手偷了香蕉或者其他东西，那就要砍掉他的左手。因为这种做法太过残酷，比利时立法机构通过法案，剥夺了国王管理刚果的权力（尽管刚果是国王自己掏钱买的），并恢复对刚果的殖民。这样说来，立法机关拯救了刚果，使其不再因为作为国王的私有财产而受到国际上的嘲笑。

之后，刚果的商业化和工业化迅速发展，但是对当地人技术教育和政治教育迟迟没有推行。直到 1955 年，刚果独立五年前，这些教育才开始推行。比利时人在第二次世界大战后接管了前德国属地卢旺达—乌隆地，该地在 1962 年独立之后成为卢旺达和布隆迪。比利时人当时用分而治之的方法在卢旺达和布隆迪的胡图人和图西人之间制造了矛盾，使这两个小国家的人憎恨彼此，至今仍是如此。比利时的殖民政策和实践与葡萄牙的一样，都是最糟糕的。

荷兰的殖民政策和实践

荷兰是第一个对非洲内陆进行殖民统治的国家。从 1652

年开始，第一批荷兰移民进入开普地区，他们拥有民族优越感，推行奴役非洲人民的政策，并强制推行"肤色障碍"（人的肤色决定其社会地位）

荷兰的殖民政策和实践有助于深化荷兰的文明社会、社会灵活性、宗教皈依（尤其是天主教和新教）等概念，这些是荷兰的重要目标。此外还有分散主义，即把荷兰的文明和文化价值观传播到国外。

荷兰的殖民政策和实践还加剧了种族主义、种族认同和种族歧视。1652 年，荷兰在南非的开普殖民地推行分开治理的"种族隔离制度"。这项制度深刻影响着南非，直到 1994 年，南非多数政党组成的联盟执政，这项制度才被废除。

德国的殖民政策和实践

德国用十分残酷的方式直接管辖着殖民地——铁腕政策。

德国的政治代理人"阿奇达斯"（"akidas"）实施极其残酷的政策。这些人通常是斯瓦希里人和阿拉伯人，与被他们管理的人不是相同民族。他们是殖民地分区的副主管，在部族首领和其他当地管理者之上。

德国人占领了非洲传统的土地，并颁布土地法将这些土地变成王室的财产。接着，他们强迫非洲人做苦力，在德国移民的种植园工作。他们还推行房屋税，向当地人民每人每年收取三个卢比，尽管当地人民并没有钱。

卡尔·彼得斯是值得一提的人物，他曾代表德国管理坦噶尼喀。他对待当地人十分残忍，后来曾被阿道夫·希特勒称为"德国之星"。彼得斯常霸占手下黑人奴仆的妻子，让她们做他的妾。当黑人奴仆来要妻子时，他就把这些人阉割掉，并赶

203

到自己属地外的地方去。

享有"殖民豁免权"的国家

享有"殖民豁免权"的非洲国家如下：

- 埃塞俄比亚，公元前982年独立；
- 利比里亚，1847年7月26日独立；
- 南非，1910年5月31日独立；
- 埃及，1922年2月28日独立；
- 利比亚，1937年12月24日独立；
- 摩洛哥，1956年3月2日独立。

这些国家不在柏林会议确定的殖民框架内，因此，他们能够在非洲的殖民化中"幸免"，没有成为被瓜分的对象。但是，他们并没有完全逃脱欧洲的殖民统治，同时也得到了非洲统一组织（OAU）的帮助。非洲统一组织在非洲独立运动中发挥了重要作用。

204　　埃塞俄比亚

世界上最古老的国家之一。公元前10世纪建立王国，由示巴女王统治了很长时间。一些最原始人类的骸骨（"露西"老祖母），就是在埃塞俄比亚境内发现的，距今约有320万年的历史，这表明该地区是人类的发源地之一。人们在1974年11月发现了这些骸骨，在埃塞俄比亚的哈达尔附近，这是人类进化最早的证据之一。埃塞俄比亚的王朝更迭史开始于皇帝孟尼利克一世统治时期。关于该国的独立时间，有多种说法。一些记述表明，孟尼利克作为示巴女王的子嗣，大约在公元前950年接替母亲继位。还有资料则表明示巴女王大约是公元前960年权势浩大的女王。但是也有资料表明，孟尼利克于公元前1000年继位，公元前980年埃塞俄比亚独立。此外，埃塞俄比亚的前身是阿克苏姆帝国，公元前4世纪改名为"埃塞俄比亚"，但是其强大的国力只保留到公元1世纪。据作者推测，埃塞俄比亚肯定是在公元前982年前后独立的。这就意味着，孟尼利克一世大约是在22岁时从母亲那里接掌皇权的。公元4世纪，埃塞俄比亚正式加入东正教基督教。

后来，两次世界大战之间时，贝尼托·墨索里尼（1883~1945年）极力想将索马里、利比亚、厄立特里亚和埃塞俄比亚等一众非洲国家变成意大利的殖民地。1936~1941年，墨索里尼占领了厄立特里亚和埃塞俄比亚，并用极其残忍的手段对待埃塞俄比亚人民。1941年，在英国军队和本国爱国者的努力下，埃塞俄比亚获得解放。如今，埃塞俄比亚是一个联邦议会制共和国，吉尔马·沃尔德—乔治斯（1924~）担任总统，梅莱斯·泽纳维（1955~）担任总理。梅莱斯·泽纳维是非洲年轻一代的领导人。埃塞俄比亚的人口在2006年达到7506.7万人。

利比里亚

利比里亚比美国的俄亥俄州稍大一些，其人口在2006年预计超过300万。国内的民族有①：

---

① 下列数据有误，原文如此。——译者注

- 克佩尔族：20 000 人；

- 巴萨族：16 000 人；

- 吉尔族：8 000 人；

- 克鲁族：7 000 人；

- 其他民族：49 000 人。

205　　　除了官方语言英语外，利比里亚还有 16 种民族语言。其经济发展主要靠采矿、生产橡胶、种植大量谷物和辣椒籽等。

　　利比里亚是"自由之地"的意思，1820 年由被解放的美国黑人奴隶建立。1820 年 2 月 6 日，86 名美国移民在克里斯托波利斯（Christoplis）建立了居住地，即现在的蒙罗维亚，以美国总统詹姆斯·门罗的名字命名。之后，成千上万个被解放的黑人奴隶从美国来到这里。1827 年 7 月 26 日，利比里亚宣布脱离美国独立，成为利比里亚共和国。

　　南非

　　现代意义上的人类早在十万多年前就居住在南非。南非是非洲大陆首个被殖民的内陆国家。1652 年，开普的海上路线被"发现"之后，荷兰的东印度公司在现在的开普敦建立了补给站。在这里停泊的荷兰船只被叫做哈莱姆。1806 年，英国从荷兰手中夺取该地，此后开普敦归英国所有。

　　到 19 世纪 20 年代，欧洲人像布尔人（早期的荷兰布尔人）一样定居在这里，开普敦得到发展。定居在此的英国人占据了北部和东部的土地。该地的原住民是祖鲁人和科萨人，两族之间不断发生冲突，他们的土地都被新来的欧洲人占了。

　　钻石的发现引发了冲突，英国人和布尔人为控制南非的矿

产，开始了激烈的战争。布尔人战败，双方于 1910 年 5 月 31
日签订协议，布尔人的独立权受到限制，以此作为妥协。那
时，开普殖民地（地区）、奥兰治自由邦、德兰士瓦及纳塔尔
等四个殖民地联盟，成为独立南非。1910 年，南非成为英国
自治领。

1949 年，种族隔离在南非强制推行，南非国内的不同种
族被迫分开发展。亨德里克·维沃尔德是种族隔离政策的主要
设计者，但是这一政策在 1949 年并未发展成熟。种族隔离学
说虽然存在时间很长，但是作为政府体系在南非无条件强制推
行是从 1949 年才开始的。

1961 年，支持种族隔离的国家党执政，种族隔离在南非
更加大肆推行。1990 年，F. W. 德克勒克（1936～）着手于
废除种族隔离法案。1994 年，南非举行第一届民主选举，领
导非国大党（ANC）的纳尔逊·曼德拉（1918～）赢得选举。 206

埃及

和埃塞俄比亚一样，埃及也是非洲人口最多的国家之一，
约 7504.2 万。古文明包括金字塔、吉萨金字塔群和狮身人面
像。这里有公元前 10 世纪人类居住、狩猎和聚会的遗迹。

公元前 8000 年，气候变化和过度放牧导致撒哈拉沙漠形
成。公元前 6000 年，尼罗河河谷出现有组织的农业化生产和
高大的建筑。公元前 3150 年，美尼斯统一了上下埃及，创立
了城邦制度，之后的 3 个世纪，埃及经历了一系列王朝的更
迭。埃及人称他们的统一国家为"多尼"，意为"两块土地"。
文化和文明在此兴盛。

下面是埃及的两个历史时期：

1. 公元前 2700～2200 年，旧王国时期，最早的两代王朝时期；

2. 公元前 1550～1070 年，新王国时期，始于第 18 代王朝。

新旧王国之间，还有一些短期政权（如第一个短期政权存续了 150 年，从公元前 2200 年一直到公元前 2040 年的中间王国）。这期间发生了很多政治剧变。

利比亚

"利比亚"是本土名字（比如柏柏尔）。古希腊时期，生活在尼罗河以西地区的人被叫做"利比亚人"，他们的国家被称为"利比亚"。

腓尼基人最先在利比亚设立了贸易站。那时，提尔（今黎巴嫩地区）的商人与柏柏尔族人建立了商业联系，签订协议合作开采原材料。公元前 5 世纪，腓尼基人最大的殖民地迦太基将霸权扩展到北非一带，独特的迦太基文明在那里诞生。迦太基人在利比亚的欧亚（的黎波里）、烈波达（大莱波蒂斯）和塞卜拉泰定居。这些地区都在今天的的黎波里。

公元前 630 年，希腊人征服了东利比亚，大量希腊人涌入叶拉岛（Island of Yhera）并在那里定居。希腊人建立了昔兰尼城。在之后的两个世纪里，越来越多希腊式城市建立起来。以下城市就包括在内：

1. 巴斯（阿毛依）；

2. 尤斯波里德斯（波波卢斯），即现在的班加西；

3. 特奇拉（阿西诺），即现在的图克拉；

4. 昔兰尼的阿博隆（苏塞）港

这四座城市和昔兰尼城一起并称为"pentapolis"，意为"五座城市"。

后来，罗马人统一了利比亚的三个地区。又过了六百年后，的黎波里塔尼亚和昔兰尼加成为罗马繁荣的大省。但是，即使成为罗马人的殖民地，这两个地区还保留有希腊的特点。

公元 7 世纪，在奥斯曼哈里发的统治时期，阿卜杜拉·伊本·赛德将军攻占了利比亚。随后的几个世纪，穆斯林、伊斯兰教、阿拉伯语和阿拉伯文化席卷了利比亚。

16 世纪中期，奥斯曼土耳其人征服了利比亚，利比亚的三个城邦的黎波里塔尼亚、昔兰尼加和费赞归于奥斯曼帝国之下。

1911～1912 年，意大利在意土战争中取得胜利，利比亚的三个城邦成为意大利的殖民地。从 1912 年到 1927 年，利比亚一直是意大利的殖民地，也被称为意属北非。1927～1934年，利比亚分裂成意属的黎波里塔尼亚和意昔兰尼加，都被意大利管辖。1934 年，意大利用希腊人的名字"利比亚"给除埃及以外的所有北非殖民地正式命名，其中包括的黎波里塔尼亚、昔兰尼加和费赞。

两次世界大战之间，昔兰尼加的埃米尔①伊德里斯一世（1890～1983 年）领导利比亚的反抗力量反对意大利的占领。

---

① 伊斯兰国家对王公贵族、酋长或地方长官的称谓。——译者注

此外，奥马尔·穆赫塔尔（1858～1931 年）也率领武装力量反对意大利。1928～1932 年间，意大利军队饿死了集中营中一半的贝都因人。第二次世界大战过后，昔兰尼加和的黎波里塔尼亚在 1943～1951 年间归入英国的管辖之内。费赞被法国接管。伊德里斯起初被流放到开罗，1947 年，他返回利比亚，只希望回到已经部分脱离国外控制的昔兰尼加。1947 年，意大利与协约国签订合约，意大利宣布放弃占有利比亚。

1949 年 11 月 21 日，联合国大会通过决议，在 1952 年 1 月 1 日前实现利比亚的独立。之后，伊德里斯派代表进行谈判。1951 年 12 月 24 日，利比亚宣称脱离英国独立，在伊德里斯的领导下建立世袭制君主立宪制国家。1959 年，利比亚境内发现大量石油，它成为北非的"金盘子"。

208　　　　1969 年 9 月 1 日，伊德里斯在土耳其疗养期间，27 岁的军官穆阿迈尔·阿布·明亚尔·卡扎菲领导一小队人发动政变。政变过后，伊德里斯的侄儿哈桑·塞努西继位，但是权力已经被削弱。卡扎菲及其从属军官废除了帝制，建立了新的阿拉伯利比亚共和国。直到今天，在利比亚的官方报纸和政府声明中，卡扎菲还被称为"革命的引路人、兄弟般的领袖"。

如今，利比亚的人均 GDP 在非洲国家中位列第三，排在塞舌尔和南非后面。

摩洛哥

今天的摩洛哥与西班牙的两个自治市休达和梅亚接壤，在直布罗陀海峡上，隔大西洋与西班牙相望。摩洛哥取自中世纪的拉丁语"Moroch"，指的是前穆拉比特王朝和穆瓦希德王朝的首都马拉喀什。马拉喀什来自柏柏尔语"Mur-Akush"，意为"上帝的故乡"。柏柏尔人是摩洛哥的原住民。后来,外来者腓尼基人和罗马人占据了这块土地。随着罗马帝国的衰落,西哥特人和汪达尔人也来到了这里,之后拜占庭希腊人接踵而来。公元 670 年,伊斯兰教统治了北非,尤其是沿海平原一带,摩洛哥也受其统治。柏柏尔人被阿拉伯人影响,经过历届阿拉伯王朝和统治者后,摩洛哥变得阿拉伯化了。

1666~1912 年是阿拉维王朝的繁盛时期。虽然遭到了西班牙和奥特曼帝国的入侵,阿拉维王朝保住了国家的政治独立。此后,摩洛哥变成一个富裕的王国。

1684 年,阿拉维王朝获得了丹吉尔。摩洛哥在 1777 年承认美国独立,是第一个承认美国独立的国家,那时的美国羽翼还未丰满。当时欧洲国家对亚美尼亚在大西洋的商船有敌意,1977 年 12 月 20 日,摩洛哥的苏丹穆罕默德三世宣称亚美尼亚的商船受摩洛哥保护,亚美尼亚的商船由此得以安全航行。

摩洛哥和美国的友好协定是美国与其他国家签订的最早的、未被撕毁的协定。协定由约翰·亚当斯和托马斯·杰斐逊签订,从 1786 年开始生效。乔治·华盛顿总统曾写信给苏丹西迪·穆罕默德,以促进两国关系。美国在丹吉尔的领事馆是美国最早的驻外领事馆。

多年来,摩洛哥都不受欧洲影响,但是因为其财富众多,吸引了欧洲国家的关注。法国早在 1830 年就对摩洛哥产生了强烈的兴趣。1904 年,英国承认法国在摩洛哥的势力,德国则对法国的举动反映强烈。1904 年 6 月,法德通过谈判化解了危机。

1906 年,西班牙发现法国有意占领摩洛哥,也表现出自

209 己对摩洛哥的兴趣。第二次法德危机也随之出现，但是通过
1912 年 3 月 30 日的非斯条约得以解决。根据该条约，摩洛哥
成为法国的被保护国。此外，在该条约下，西班牙于 1941 年
11 月 27 日成为撒哈拉以北和以南区域的保护势力。第二次世
界大战期间，摩洛哥士兵在法国军队和西班牙国民军中效力。

总结：欧洲国家对非及其他地区的殖民政策与实践

相同点：

1. 剥削非洲人民；同样的工作，给欧洲人如政府官员的薪酬高，给非洲人的薪酬却很低；

2. 在奴隶制问题上：奴役女人，实行殖民统治；

3. 把非洲人民从原住地赶到贫穷、疟疾常发的沼泽地带——"黑人保护区"。

4. 在偏僻地区，黑人劳工被当成奴隶对待；

5. 让非洲人民种植经济作物，并向他们收取高昂的税收，从而让欧洲迁入者获益；

6. 欧洲人和非洲人以及欧非国家之间的关系并非国际关系，而是上下级的关系。殖民宗主国和非洲国家关系恶劣；

7. 欧洲对非洲间接管辖，尤以德国和英国为甚；

8. 欧洲对非洲直接管辖；

9. 人为划定非洲殖民地的界限；

10. 即使非洲独立后，从属关系和依靠关系还长期存在。弱小的国家独立后，也不得不严重依赖前宗主国；

11. 即使独立后，非洲国家的政治和经济体系也发展落后；

12. 分而治之的政策摧毁了非洲的身份意识与和谐发展的意识，阻止了任何前景乐观的国际关系的产生；

13. 一种"我们—他们"意识长久存在于非洲人的思维中，严重的部落主义和地区主义至今仍影响着非洲国家和人民；

14. 依据肤色划分种族产生了深刻影响；

15. 为方便管理，殖民地被分成更小的单位：省、区、市、县、镇、村。

殖民地的管理者是本土的官员，其中一些先前是活跃的警察、军官、总督或高级官员；非洲独立后，殖民时期的行政体系仍旧保留了下来。210

不同点如下：

1. 一些国家直接管辖，一些国家间接管辖；

2. 葡萄牙将其殖民地当成"海外领土"；

3. 荷兰在南非的殖民政策和实践（种族隔离）包含了种族歧视、种族暴行和种族划分；

4. 法国对殖民地采取"同化"和与母国"相连"的政策（1945 年后）；

5. 英国、法国在其殖民地上训练出一小批具有宗主国价值观的人才，这些人才作为管理阶级管理着殖民地，德国也在一定程度上也采取了这样的做法；

6. 比利时、葡萄牙和其他殖民势力弱化殖民地的教育，以此能够长期的控制和征服殖民地。

注　释

1. 文森特 B. 卡普亚，《非洲的经历》（上马鞍河，新泽西州：普伦蒂斯·霍尔，1998）。

2. 康纳德·荣根，《协商威斯特法利亚和约》，发表在《1684：欧洲的战争与和平，第三卷》，克劳斯·巴斯曼、海因·茨席林（合编），（威斯特法利亚和约欧洲委员会第 26 届博览会目录，1998）。

3. C. V. 韦奇伍德，《三十年战争》（伦敦：乔纳森·凯普公司，1938）。

4. H. W. 福勒、F. G. 福勒合编，《牛津当代英语词典，第五版》，麦金托什修订，（伦敦：牛津大学出版社，1946），第 387 页。

5. D. D. C. 唐·楠吉拉，《外来入侵者在东非的地位．坦桑尼亚、乌干达和肯尼亚的亚洲人和欧洲人》（纽约：普雷格特别研究，1976），第 1 ~ 12 页；第 28 ~ 51 页；第 76 ~ 102 页。

第12章 理解奥斯曼帝国的外交活动和非洲女性领导的影响

欧洲和奥斯曼帝国的外交活动及其对非洲的领导人、统治模式和传统的影响

14世纪，奥斯曼一世在建立了奥斯曼帝国。奥斯曼帝国下的土耳其人于1453～1683年间向非洲扩张，受到了柏柏尔人长时间的抵抗。1830～1880年间，土耳其人利用计谋和外交手段征服了北非，北非从此屈服于土耳其的封建统治之下，土耳其对其的统治被称为宗主权。受此影响，土耳其人在世界强国奥斯曼帝国的支持下，将宗主权扩展到了撒哈拉以北的非洲地区。但是对于这些地区，土耳其人只控制其对外事务，国内事务还是由本国处理，并且拥有主权。

伊斯兰教在世界范围内的传播给北非地区的文化和宗教带来了巨大影响，因此，到了19世纪30年代时，奥斯曼土耳其已经在阿尔及利亚、突尼斯、的黎波里、埃及和现代利比亚的法马和昔兰尼加建立了宗主权。到1891年时，利比亚仍处在

奥斯曼土耳其的紧密控制之下。

但有趣的是，奥斯曼土耳其帝国并没有用伊斯兰的法律规定约束非穆斯林。奥斯曼土耳其帝国的人虽然是穆斯林，但是他们的目的并不是将在自己的宗教强加给他人。实际上，他们允许被统治的人——基督教徒、犹太教徒或者拥有其他信仰的人坚持自己的宗教信仰。在奥斯曼治世时期，奥斯曼帝国向西南方扩张，进入北非。帝国的舰队和军队进入了印度洋地区，并且帮助世界各地需要帮助的穆斯林，比如肯尼亚和印度尼西亚的穆斯林。在欧洲殖民帝国对非洲进行帝国主义统治的背景下，奥斯曼治世以及奥斯曼土耳其人对穆斯林的帮助显得十分可贵。

在北非，巴巴利国家的黎波里塔尼亚、突尼斯和阿尔及利亚是奥斯曼帝国的重要财富，因为巴巴利国家的海盗有助于奥斯曼土耳其人威胁和攻击西班牙人和葡萄牙人。奥斯曼土耳其的海军控制了地中海一带，这对他们非常有利。他们还靠着成功的外交活动征服了更多国家和土地。例如，土耳其人和法国的弗朗索瓦一世结盟，于1536年打败了皇帝查理五世（西班牙的查理一世）。苏莱曼一世（也被称为苏莱曼大帝）也加入到法国国王的势力中，与其共同击败了西班牙国王。

奥斯曼对北非的统治衍生出一种航海和海盗文化，这种文化甚至威胁到了西欧的海域。在非洲，大名鼎鼎的奥斯曼帝国于1517年征服了埃及，1519年征服了阿尔及利亚，1585年征服了东非海岸和蒙巴萨的斯瓦西里海岸。19世纪，随着法国占领阿尔及利亚和突尼斯、英国占领埃及、意大利占领利比亚，奥斯曼帝国在北非地区的势力逐渐削弱。

　　意土战争是个值得关注的历史事件，爆发于 1911 年 9 月 29 日，结束于 1912 年 10 月 18 日。这场战争由意大利挑起，意大利想要成为现代帝国，反对土耳其控制利比亚就是其实现目标的一部分。意大利同法国、德国、俄罗斯和奥匈帝国结盟，违背了意大利国会的条例和 1885 年柏林和约总议定书中的条款。在这些条例和条款中，欧洲国家曾许诺要保护奥斯曼帝国的主权和领土完整。意大利获得了其他国家的支持后，出兵利比亚，打败了土耳其人。后来建立土耳其共和国的穆斯塔法·凯末尔·阿塔图尔克（1881～1938 年）就是当时土耳其士兵中的一员。土耳其帝国瓦解之前，曾经占据苏丹和东非一带。第一次世界大战后，帝国瓦解了。1535 年，苏莱曼一世建立了法国和土耳其之间的友好关系，两国共同对抗哈布斯堡王朝统治下的奥地利和西班牙。建立在伊斯兰教基础之上的奥斯曼帝国秉持着反对异教徒的精神。根据《古兰经》，在护教战争（圣战）中牺牲的人能升入天上，所以，如果穆斯林打着圣战的旗号实行国际恐怖主义、大规模屠杀和斩首行为，那也是不可辩驳的。历来信仰基督教和印度教的人们，在处理穆斯林的这些教义时，遇到了很多问题。不仅仅是基督教徒和印度教徒反对这些宗教文化的信仰和追求，就连非洲以及全世界的人类学家都不能接受这些教义和原则。

　　受伊斯兰教义的影响，奥斯曼帝国势力深入的非洲国家被称作北非地区的巴巴利国家。非洲国家领导人被迫采用侵犯人权的统治模式。现在苏丹境内的阿拉伯政权就是个很好的例子，他们支持用恐怖主义和谋杀等方式反对达尔富尔的非洲人。伊斯兰教在原教旨主义的主导下，会出现很多违背法律程序和国内外法律的行为。比如汉谟拉比法典中"以牙还牙，以眼还眼"的原则就对伊斯兰教徒的行为和传统产生了长久的影响。一些信仰伊斯兰教的非洲国家领导人在国内推行了伊斯兰教法。例如，在索马里和尼日利亚的的穆斯林地区，根据伊斯兰教法，女性无论犯什么罪，都要被施以石刑；在沙特阿拉伯，穆斯林禁止与基督教徒通婚，甚至约会都不行。此外，还有很多严重违背人权、却打着使国家"更文明"的不合理行为。

奥斯曼帝国衰落后，意大利对利比亚的占领更加凸显出奥斯曼帝国的不堪一击。欧洲大国开始面临外交难题：要怎样瓜分奥斯曼帝国的领土才能保证实力均衡。

奥斯曼的传统

奥斯曼帝国留下了优秀的遗产。之所以这样说，有以下原因：

●奥斯曼帝国创立了一套领导人继承体系，能避免土耳其人因为争夺领导权而展开竞争。从奥斯曼一世开始，王位继承的方式几乎没有改变，从帝国建立到帝国灭亡一直如此。

●奥斯曼帝国采用的法律体系在帝国时期从未被践踏过。奥斯曼帝国是建立在伊斯兰教教义和《古兰经》基础之上的。同时也有明确法律规定，要保护伊斯兰民族，保护宗教信仰自由。

●早期的奥斯曼人都是侵入者、盗贼，支持征服"异教徒"并将"异教徒"找出来绳之以法。奥斯曼帝国领导的是一群热爱战争的人，他们崇尚征服。因此奥斯曼治世推行了一些政策和措施，这些政策和措施被后世的其他地区的领导人不断仿效，包括非洲的领导人在内。

● 奥斯曼帝国的教义和措施至今仍深刻影响着对非洲穆斯林国家的领导人，因为领导人会颁布和实施类似的法律和惯例。奥斯曼帝国的外交技巧的成功之处在于，允许民众依据信仰做事、坚持自己的文化价值观，并能够与信仰基督教的君主进行交易、缔结联盟（例如，为了能征服敌人，保证奥斯曼治世的长久，奥斯曼帝国采取来到、看到、征服的奥斯曼主义）。

214

从历史观点看待非洲女性领导人的重要作用：通过案例研究她们对非洲古往今来所做的贡献

作为国际系统的子系统，非洲的领导问题是非洲处境的重要部分。非洲的领导是一个巨大的悖论，坚持要谈这个问题，是因为非洲的繁荣、贫穷和"落后"都根植于非洲国家的领导。决定非洲处境的基本因素包括正当的教育和自力更生。作为非洲领导问题的一部分，非洲的女性问题和女性领导问题，迄今还没有深入讨论过。这里用"掌权的女性"来指那些在政局或其他政府职位中行使或者行使过权力的女性。

研究女性在非洲传统社会中的地位，涉及的范围很广。在非洲社会中，女性的经济、政治以及家庭地位是非洲价值观的一部分，由非洲的传统和习俗决定，但这些并没有在历史中充分展现。

本章的"非洲女性的领导"指的是女性对非洲发展进程做出的政治及其他方面的贡献，此外还有非洲女性数百年、甚至数千年来对非洲的领导作用，并且毫无疑问，这些作用还会持续下去。非洲女性领导也是国际系统下的子系统。

根据非洲传统，女性和男性在非洲社会中都扮演了基本角色，并且他们的角色由风俗惯例决定。但是，虽然许多非洲女性发挥了巨大作用，甚至在历史上产生了重要影响，她们的作用却被人轻视或忽视，甚至被认为毫无价值。她们的作用得不到应有的关注和分析，真是十分讽刺的事。

215　　从远古时期起，非洲社会对男女分工就有明确的划分。女性，不管是作为妻子、母亲还是配偶，都要为孩子和整个家庭提供着日常生活的必需品。她的职责包括为家人做饭；找木头生火、从河里、井里和泉里打水来供做饭和饮用；耕地、种植谷物，尤其是那些能维持一家生计的谷物；保护和养育年幼的孩子等。

男性作为丈夫和父亲，主要负责保护家庭，保护一家人免受天灾人害；捕猎、耕种，其中大多是经济作物（甘蔗、咖啡、可可和剑麻），这些作物比粮食作物生长的时间长；喂养牲口，给牛、羊等牲口提供饲料等。非洲社会的这种生活秩序可以追溯到远古时代，后来随着人类的进化，慢慢发展成型。在游牧时代早期，这种生活方式有了一定进化，生活在非洲大地上的人类开始成群迁移、寻找草地，人类进入智人阶段。这在第一章中已经讲过。在撒哈拉沙漠出现之前，这种生活方式在非洲很普遍，撒哈拉出现之后，非洲的人类开始定居。

　　撒哈拉沙漠以南、以北地区出现定居生活后，研究非洲男女劳动和角色的分工显得更为必要。后来，欧洲人踏上了非洲大地，他们将新的生活方式施加给非洲人民，破坏了这里从古代至今的分工方式。欧洲殖民者将非洲男人从农村里带出来，强迫他们在城市里做奴隶，而这些男人的妻儿则被抛在家中。家中的女人们不得不放弃种植粮食作物，改种经济作物。这样的发展不仅破坏了非洲多年的社会秩序，更使非洲女性忽略了他们的传统社会角色，反而承担起男性的角色。

　　殖民秩序给非洲带来的最终结果是，非洲女性被后来施加给她们的负担击垮，她们不得不屈服于男人，以抛弃自己的传统角色为代价。这导致了非洲在许多方面的落后。例如，非洲被迫大量种植经济作物并开发矿产，非洲的茶、可可、咖啡、黄金、钻石、盐、锰、剑麻等被运往欧洲，供欧洲人吃、喝、享受和利用。19 世纪工业革命后，欧洲出现了工业，欧洲工业的发展离不开大量的非洲资源。

　　如之前的章节所述，一些殖民政策和实践致使非洲长期陷入贫穷，使非洲现在的发展情况还不如 25 年前甚至更早时候。殖民政策和实践，与奴隶制和奴隶贸易、保护主义、资源流出等其他原因一起，导致了非洲的长期贫穷。

216

女性领导者对殖民非洲的反对

　　显然，对于欧洲的剥削、羞辱和非人的对待，非洲和非洲人民必须奋起反抗。这种情感一直存在于非洲大陆上，直到脱离殖民和非洲化取代帝国主义、殖民主义和殖民统治为止。反对占领和剥削非洲的声音中,有一部分来自非洲的女性领导者——她们在非洲独立过程中做出的贡献,提升了她们各自国家和整个非洲的形象,扩大了影响,促进了发展。由于性别原因,她们没有得到应有的认可和赞扬。因此,下面的部分将会重点介绍一些非洲女性领导者——女王、皇后、女领导人等——的丰功伟绩,展现她们在提升非洲人权、促进非洲繁荣上所做的贡献。

非洲女性的领导

非洲国家的女性领导者往往富有浪漫情怀,尤其是那些拥有至高权力的领导者。这些成功的女王和皇后身上有一些特质——她们处在浪漫故事之中。实际上,非洲古代众多女性领导者,尤其是女王和皇后,都因其魅力、美貌、权力和爱情成为传奇人物,古埃及(在古代也被叫做 Kemet 或 KMT)和古埃塞俄比亚的女王、太后、女法老等都包括在内。在那时,埃及是国际市场,是超级大国。最古老的世界文明出现在非洲和美索不达米亚,埃及就因享有最古老的世界文明而自豪。在埃及与美索不达米亚接近的地区,诞生了世界上最早的伟大发明(石制和铁制的工具和武器;书写用具、雕刻用具、金字塔、天文学等),所以埃及在很长一段时间内都领先于世界其他地区,成为当时全世界的中心和典范。

埃塞俄比亚在当时也是高度发达,仅次于埃及。那时的埃塞俄比亚名字众多(除了被叫做埃塞俄比亚外,还被叫做阿

217

比西尼亚、示巴、塞巴、阿克苏姆、库什、麦罗埃等），其中部分原因是源自国家的女性领导者。这些女性领导者因其个人魅力及浪漫的生活方式，至今仍存活在人们的记忆中。接下来就是对这些传奇女性的描述。

埃塞俄比亚的伊路卡女王（公元前 4530～3240 年）

这位女王也被称为达路卡哈，她拥有无上的权力，统治埃塞俄比亚 45 年。

埃及法老美丽奈茨（约公元前 2952～2939 年）

在埃及，女性可以担任国王、继承王位后，这位法老便开始掌权。她继承了哲尔的王位，称为埃及第一王朝的第三任统治者。起初，她的儿子是国王，她担任摄政王，到了后来，她成为了统治者。

埃及摄政遗孀王后尼—玛特—荷比（约公元前 2720 年）

作为王后，她是第三王朝的鸠赛尔之母，她在儿子执政期间摄政。

埃塞俄比亚女王娜海塞·娜斯（约公元前 2585～2145 年）

这位女王执政 30 年，比示巴女王掌权早 2500 多年。

埃及女王哈特谢普苏特（公元前 1503～1482 年）

哈特谢普苏特从小做事效率就高。她的父亲法老图特摩斯一世注意到了这一点点，并且印象深刻。后来，他栽培她做王国的统治者，并将她许配给了自己的异父兄弟（异母兄弟）图特摩斯二世。图特摩斯二世执政 13 年，之后哈特谢普苏特继承王位。哈特谢普苏特起初为儿子图特摩斯三世执政，后来做了法老，统治埃及 21 年。

哈特谢普苏特是埃及历史上最有智慧的统治者之一，也是

218

埃及女王中最伟大、浪漫故事最多的一位。她证明了，女人可以，并且能够成为强有力的统治者。她是史上第一个为人们熟知的伟大女性！

这位战士般的女王野心勃勃、纪律严明并且非常强势，但与此同时，她也是一位伟大而且经验丰富的外交家，能与其他国家如库什、努比亚等和平共处。她曾向东非和亚洲派遣了外交使团。作为一个征服者，她非常支持埃及与周边国家或地区的商业活动或商业冒险。埃及征服了不少遥远的地区，战胜了当地的国王，使他们屈服于埃及的权力和统治之下。与此同时，这位女王还是一位真正的非洲主义者：她积极推进埃及与其他王国之间的贸易往来；提升外交关系；提高埃及的防御水平和影响力；修建公共建筑等。她还有一些浪漫事迹，据称，她命令手下的男子为其做事，被她看上的男子要做她的丈夫。她统治的 21 年是埃及第二个黄金时期。埃及的和平与稳定也离不开她出色的外交活动，她多次出访其他国家，当时被称为"上帝土地"的普特兰就是其中之一。

此外，她还被称为南北埃及之王、苏尼之子、上帝的Heru、时间的赠与者、升起之神、两地的女子、时代的生机、阿蒙的主配偶、神圣的人。她的死突然且神秘。据说是被其子图特摩斯三世法老谋杀。

埃及女王克娄巴特拉七世（公元前 69～30 年）

据称，公元前 69～30 年是女王克娄巴特拉的统治时期。她是古埃及最受欢迎的七位国王之一。她是一位出色的语言学家，并且擅长外交，在她的统治下，埃及成为当时的超级大国。此外，她与一些罗马皇帝和统治者有暧昧关系，其中包括凯撒大帝和马克·安东尼。

埃及努比亚王后泰伊（公元前 1415～1340 年）

据记载，美丽的努比亚王后泰伊是埃及最有影响力的王后
之一。她曾被亲切地称为迷人的努蝴公主，之后又因嫁给法老
阿蒙霍特普三世而被称为"伟大的妻子"。丈夫死后，由于孩
子还小，她就扮演了母后和摄政王的角色。她的长子是国王阿
蒙霍特普四世，即阿蒙霍特.S.孟轲哈拉，次子是国王图坦卡
门。儿子成为国家的君主后，她不再摄政。

埃及王后雅赫摩斯—纳菲尔泰丽（公元前 1292～1225 年）

这位王后是下埃及国王拉美西斯二世的妻子。她与拉美西
斯的婚姻结束了上下埃及之间的百年战争。

埃及王后娜芙蒂蒂（公元前 1372～1350 年）

娜芙蒂蒂王后，也被称为埃及的娜芙泰塔，是一位积极主
动的王后，运用自己丈夫的权力重塑了埃及文明。她希望能以
阿肯纳顿法老妻子的身份被人们铭记，她是丈夫之后又一位埃
及城邦之神，被称为阿顿神。她非常支持丈夫的做法，是丈夫
的主要伴侣，并且拥有多重头衔。她因美貌而受人尊崇。

埃塞俄比亚女王玛柯达，又称埃塞俄比亚示巴女王（公
元前 960 年）

玛柯达女王又称示巴女王，是非洲最具传奇色彩的女性之
一，因为她拥有大量财富，并且和以色列国王所罗门有一段情
史。而所罗门则是让埃塞俄比亚在非洲崛起的伟大人物。

示巴女王也是美的象征。起初，她被人称为玛柯达（她
的臣民更愿意这样称呼她）、玛可达等，也被称为埃塞俄比亚
女王。她具有鲜明的君主特质。示巴本是埃塞俄比亚的皇后，

其父是来自也门的示巴。按照伊斯兰的传统，她被称作"巴尔吉斯"或者"巴尔奇斯"。她可能来自示巴（现在的也门）的阿拉伯城市或者阿拉伯半岛。罗马历史学家菲利克斯·约瑟夫斯曾把她称作妮考勒。她具体的出生年份不详，但是可以确定她出生于公元前 10 世纪某年的 1 月 10 日。详细内容见 *Kebra Nagast*（《国王的荣耀》）。

示巴女王从埃塞俄比亚商人塔姆林那里得知了以色列的所罗门国王。塔姆林去过以色列经商，对拥有众多财富、权力无上的所罗门记忆深刻。他回到埃塞俄比亚后，将自己的经历告诉了示巴女王。

女王听闻了这位传奇国王的故事后，很想一睹真容。她派人传话给所罗门国王，要求安排官方访问。她带着随从和骆驼商队到了耶路撒冷，见到了智慧的所罗门国王，并互相交换了礼物。她带了许多黄金、宝石和香料来，成为所罗门王的座上宾，并陪在所罗门身边处理事务。六个月后，示巴女王发现自己被所罗门欺骗了感情，只好怀着身孕回到埃塞俄比亚。所罗门用自己的父亲、国王大卫的名字给女王生下的孩子取了名。这个孩子就是后来埃塞俄比亚的国王孟尼利克一世——埃塞俄比亚的开国君主，这在之前已经提过。

埃塞俄比亚王后坎蒂丝（公元前 332 年）

坎蒂丝是麦罗埃的皇后，也是古代非洲最受人尊崇的女性统治者之一。据记载，坎蒂丝有一目失明，但是她仍是古代最出色的军事谋略家和指挥家之一。公元前 332 年，亚历山大大帝起兵意欲攻打埃塞俄比亚。坎蒂丝警告亚历山大大帝，称其军队定会被击败，蒙羞而归。亚历山大大帝只得撤兵。此外，坎蒂丝也是一位爱国主义者和非洲主义者，被称作"女王"或"王储之母"。

柏柏尔女王卡希姗（公元 7 世纪，约于公元 705 年逝世）

她的真名叫做达亚或者达米亚，据称有犹太血统。她出生于 7 世纪早期，可能于公元 700 年左右或公元 705 年死于今天的阿尔及利亚。据称她也是毛里塔尼亚的王后。作为一位伟大的爱国主义者、民族主义者、非洲主义者、军事谋略家和领导人，她曾率兵往北进入的黎波里塔尼亚。她对柏柏人的信仰十分忠诚，拒绝皈依基督教或伊斯兰教。历史记载，伊斯兰教徒想拯救非洲，但是却视她为一个极大的障碍，因为她阻止了伊斯兰教向南传播、进入苏丹西部。但她去世后，北非国家和苏丹都被伊斯兰化了。柏柏人是埃及以西、北非地区古老的土著人。他们的部落保留了紧密的文化联系和荷米迪克语，并且拥有一直强有力的军队。他们攻击北非并击败了汪达尔人。卡希姗女王的使命之一就是在 7 世纪将阿拉伯人驱逐出境。阿拉伯人在 680 年席卷了北非，他们拥护"圣战"。"圣战"的字面意思是"进攻或斗争"，即穆斯林教徒对所有非穆斯林的战争，旨在通过战争让非穆斯林皈依伊斯兰教。创立伊斯兰教的是穆罕默德先知，他于 570 年生于沙特阿拉伯的麦加。620年，圣战在麦加出现。之后，伊斯兰教传播向外传播。640 ~ 710 年，伊斯兰教传播到北非，在阿尔及利亚、突尼斯和摩洛哥等国盛行。当然，这些是在伊斯兰教最大的敌人、北非的征服者卡希姗女王去世之后才发生的。

安哥拉女王安娜·恩津加（约公元 1581 ~ 1663 年）

安娜·恩津加是恩东戈和马塔姆巴的女王，是非洲最伟大

221

的统治者之一。她也有一系列头衔：安哥拉和刚果皇后，马塔姆巴、西非或西南非女王。她继承了父亲的王位，是最出色的军事战略家，曾经与葡萄牙的军队展开交锋。一开始，她是为了捍卫自己兄弟的军队和王国，后来，她组建了自己的军队来对抗葡萄牙军，双方交战近 30 年。她执政期间的主要任务是打击葡萄牙从她的国家抢夺黑人、开展奴隶贸易的行为。为了驱逐葡萄牙人并阻止奴隶贸易，她和邻国结了盟。此外，她还与荷兰结盟，成为第一个反抗欧洲压迫的欧非联盟。

恩津加女王很受臣民爱戴。在非洲的统治者中，她排名很高。此外，她还是精明的外交家、有谋略的政治家、有远见的军事家和优秀的谈判家。她成功抵抗了葡萄牙的入侵，阻止了在她国家内的奴隶贸易，并与葡萄牙和安哥拉等其他敌人通过谈判获得了和解。

后来，她与效忠于她兄弟的人政见不合，继而产生矛盾，她被流放。不过，由于她利用外交手段为国家赢得了和平和自由，她仍给非洲领导人带来巨大的鼓舞。

扎利亚女王阿米娜（1588～1589 年）

扎利亚王国位于今天尼日利亚的豪萨地区。阿米娜之父巴克瓦·图鲁库国王在 1536 年创立了扎若王国。阿米娜在 1588～1589 年间执政。她智慧、强硬、有谋略，天生具有领导才能。她打过许多胜仗，扩展了疆土，修建了扎利亚城墙。她迫使当地统治者同意附属于她的王国，并保证豪萨的商人能安全通行。她死后，人们称她为尼卡涛的女儿阿米娜，像男人一样强的女人。

祖鲁兰王后南迪（1778～1826 年）

南迪是祖鲁兰伟大的军事战略家——沙加祖鲁国王（生于 1786 年）之母。她赋予了儿子勇气、忠诚及其他领导人特有的品质，因而受人尊敬。她的儿子将全国上下团结起来，击退了包括欧洲人在内的入侵者。

王后、女王雅阿·阿散特瓦（1863～1923 年）

这位女王实则是加纳北部库马西地区阿散蒂人的王后，这块地区后来变成了其他国家的附庸国。阿散特瓦勇敢、强硬，但是却很谦卑。她是阿散蒂国王埃吉苏的母亲。1896 年，当时的国王、君主普伦佩一世（1870～1931 年）被英国流放，但是国内的各首领却不愿与英国展开战斗，这些人的怯懦令王后非常伤心。国王及其家人——父母、兄弟和两个要继任皇位和军权的儿子——都被英国人逮捕，起初被发配到海岸角，之后又被发配到埃尔米纳堡，再后来到了塞拉利昂。

1897 年 1 月 1 日，国王和除王后之外的其他家人被流放到了塞舌尔岛。国王离开了阿散蒂王国，让其妻阿散特瓦王后代理执政。在被逮捕和流放之前，国王拒绝和英国开战，他不想让自己的子民流血牺牲。结果，不管英国总督和其他入侵者提什么要求，国王都一一答应了。然而，在英国要求将阿散蒂王国变成其保护国时，国王拒绝了，他让自己的妻子阿散特瓦王后管理国家。在阿散特瓦王后的统治下，阿散蒂王国参与了抗英斗争，并成为非洲国家的典范。

1811～1874 年间，阿散蒂和英军交战过七次。甚至在北部的诸侯国分崩离析、国王受到英方很大压力时，他都在耐心等待时机，后来他又一次统一了国家。但是，三年后的 1884

年，欧洲列强掀起瓜分非洲的狂潮，1885年签订的柏林总协定将加纳和阿散蒂王国划分给了英国。但是阿散蒂真正被英国吞并是在1902年。1824年时，英国曾派远征军前往库马西，被阿散蒂军队击败。1826年，英军重返阿散蒂，统治了阿散蒂人民。此后阿散蒂王国一直在抗英，直到1874年，阿散蒂彻底被英军击败。

223

作为一国之母，阿散特瓦王后非常关心子民。她常出席部落首领会议，在一次会上批评了部落首领们，说他们太过懦弱。部落首领们被她激励，加入了她在1901年发起的抗英战争并且担任司令指挥阿散蒂的军队。这次战争是英阿流血最多的十大战争之一。英国军队入侵阿散蒂王国的目的是得到这里的黄金。王后和部落首领们的势力在库马里勇敢地对抗着英军。起初，王后的军队战胜了英军，取得了一些战役的胜利；但是英军撤退后，又重整旗鼓，带着1400名战士卷土重来。王后和部落首领们被打败并俘获，王后被流放到塞舌尔岛，与她的丈夫和家人呆在一起。直到1923年逝世，她都没有再离开这里，国王也是如此，在岛上一直呆到1931年去世。

阿散特瓦王后领导的抗英战争，是反抗殖民统治晚期由女性领导的重要战争。因此，阿散特瓦王后存活在人们的记忆中。

后殖民时期非洲的女性领导者

除上述女性领导者外，古代非洲还有许多王后和女王在造福国家和人民、抗击外来侵略者方面做出了巨大贡献。下面是现代的非洲女性领导者，当然，名单并不详尽：

●伊丽莎白·多米蒂恩总理（1925～2005 年），于
1974～1976 年间担任中非共和国副总统。她是皇帝让—
贝德尔·博卡萨的表亲，在 1975～1979 年间，被皇帝任
命为黑非洲统治社会演变运动的副主席兼政府第二首脑。
但是在 1980 年，皇帝罢免了她，把她关进监狱并进行审
判。1979 年，皇帝的权力被剥夺，紧接着，1980 年，伊
丽莎白获得自由，之后成为一位很有影响力的成功商人。

●莱索托主要领导人马特斯布·阿米利亚·马特萨巴
（1941～1960 年）。

●斯威士兰太后因洛维拉斯·泽利维·雄圭（出生
于 1927 年），1982～1983 年间担任太后。她是国王索布
扎二世之母，国家首脑之一，1982 年 8 月 21 日国王去世
后，她成为太后。在儿子执政期间，她代为摄政，任命了
黎戈戈的 15 位成员（黎戈戈是一个传统的顾问团或最高
法院）。她于 1985 年退位。

●利比亚总统埃伦·约翰逊·瑟利夫（1938～），
2006 年当选。

●布隆迪总理及政府首脑西尔维·基尼吉（1952
～），1993 年 10 月 27 日至 1994 年 2 月 5 日之间担任总
统。后来她辞掉总统一职，加入了布隆迪中央银行。本书
创作期间，她在联合国工作。

●卢旺达总理阿加特·乌维林吉伊马纳（1953～ 224
1994 年），在职期间被暗杀。

● 圣多美和普林西比总理玛利亚·达斯内维斯
（1958），2002～2004年间在任。

● 圣多美和普林西比总理玛利亚·多卡尔莫
（1960），2005年至今在任。

非洲女性领导人的普遍观察

纵观历史，要想讨论非洲从古至今的女性领导人，以下观察不容忽视。

人们普遍认为，女性比男性更富有耐心、更善于和解，她们更崇尚人道主义、遵守法律法规、坚持实事求是，与此同时，又不像男性那样易于腐化并拥有强烈的民族优越感和自我中心意识。但是，在部分情况下，女性的破坏性更强，更死板，更加感性且易怒。人们也称女性为"弱者"。从上述内容来看，社会上不应出现性别歧视和宗教分离（如基督教和伊斯兰教的问题）；也不应该财产继承权（如土地权和所有权）上歧视女性。

探讨非洲的女性领导问题，最好从历史的观点出发，回望过去，看看女性领导者是怎样统治或辅佐君主统治非洲社会和王国的。在传统的非洲社会，统治方式有两种，一种基于父系、母系的继承，一种是统治权的继承。

许多非洲女性领导人都领导了现代独立运动。她们为争取民族独立而抵抗外来侵略者，比如坎蒂丝，她是加纳埃吉苏和埃塞俄比亚的女王，作为一名出色的军事指挥官，她以男性般阳刚的领导震慑了亚历山大大帝，使其在埃塞俄比亚边界望而却步。这些女性领导者还致力于推翻暴君统治，禁止侵犯人权的行为。例如在 20 世纪 90 年代，利比里亚的叛乱军阀想要推翻时任总统查尔斯·泰勒（1948 ～ ）的独裁统治，利比里亚的女性向查尔斯·泰勒施压，要求其与阿克拉和谈，并与叛军停战。查尔斯·泰勒后来被国际刑事法庭（ICC）起诉并逮捕，本书创作期间，这一案件仍在审理。

本书中提到的王后和皇后，要么是国王的妻子，要么是皇帝的妻子，数千年来一直受到国内外的崇敬和膜拜。其中一些在政坛并不活跃，只是拥有统治者配偶的身份。有的则非常活跃，在丈夫执政期间辅佐丈夫。还有的是统治者，她们通过继承夫权，由丈夫、父亲或丈夫的父亲选定或者摄政等方式获得政权。她们反抗外来势力，充分扮演了外交家和军事谋略家的角色。这些英勇的女性往往还是谈判高手，她们强势且有权威，在非洲发挥了积极作用。

在古代非洲，埃及和埃塞俄比亚是唯一两个拥有独立主权的国家，埃及排名世界第一，埃塞俄比亚位列第二，女性领导人也出现在这两个国家里。"王后"和"皇后"自古以来往往通用。这些女性大多活跃于非洲被殖民之前，即在远古时期。在殖民时期，前赴后继的殖民者成为非洲的管理层并改变着非洲。后殖民时期，由于现代政府结构下特定的宪法和民主要求，一些作为领导者配偶的女性不再活跃。

然而，遗憾的是，非洲女性领导人的巨大作用并没有得到应有的赞扬。自古以来，女性在非洲社会中发挥的作用，尤其是女性政治领导人发挥的作用，常被人记载为"感性的接触"。前殖民时期的非洲，尤其是古非洲，女性领导者往往是性格强硬、做事高效、能力十足、有影响力的女王或皇后。但是，她们也是浪漫的，其中有的人还有一些风流韵事。

殖民时期过后，非洲成了"混合遗产"的聚集地。受欧洲影响，非洲女性开始从属于男性。过去，非洲的男女分工明确，但是后来，这一分工被破坏，女性处于从属地位，男人在社会中享有更高的地位。在欧洲社会，男性地位高于女性，女性要服从男性。后殖民时期就再没有什么大的变化了。非洲本土、阿拉伯、欧洲和不同宗教（基督教和伊斯兰教）都对非洲产生了影响，直至今天。随着现代主义的出现和非洲的现代化，这些影响不断加剧。此外，教育和其他西方价值观也产生着影响，这些价值观与非洲的传统和习俗发生着碰撞。这些影响和作用导致女性在非洲社会中处于弱势，尽管她们在非洲社会的方方面面都发挥着巨大作用。

所以，性别不平等问题在非洲社会保留了下来，大部分领导职位都分配给了男性。在非洲大部分地区，女性无权拥有土地，男性处于最高层、女性处于最底层这一观念从殖民时期留存到现在。与此同时，一些好的东西却正在消亡，如民主化、民主政治、良好的治理、责任、对人权的尊重等，这些东西必须被重视，并且用来提升非洲女性的领导地位。

同样，非洲还需要提高女性教育，创立新女孩秩序（NGO），这是实现平等公正、根除腐败和民族中心主义的要求，也有利于资源的合理使用和管理，有利于加入世界市场、实现资源国家主义等。壮大妇女和女孩的新趋势日益加强，以帮助女性参与到商业和其他领域，并且能与男性平等竞争。

随着女性领导人的不断增加，变化注定会发生。因此，从长远看，利比里亚的埃伦·约翰逊·瑟利夫不会是非洲唯一担任总统的女性，肯尼亚的旺加里·马塔伊不会是非洲唯一获得诺贝尔奖的女性。非洲男性在今后不会持续霸占政治、经济等领域而不让女性参与。随着非洲民主化进程的不断推进，越来越多的女性会获得选举权，性别平等势必会不断取得进步。

照这样看，联合国必须实现女性50%的就业率。

总而言之，非洲之前和现在的状况都不会维持下去——不只非洲，其他地方也是一样。必须加大对非洲女性的关注，认可、赞美和宣传非洲女性领导人的作用。这不是时间能解决的问题，而是需要从现在做起。

非洲领导的目标与挑战

任何分析非洲领导问题的人都会对大致的观察产生兴趣。通过观察，非洲领导者，不论男女，都应该会面临至少14条目标和挑战，对他们的评判会基于他们在这些方面的表现和成果：

1. 泛非主义是非洲领导人在后殖民时期最早遇到的目标与挑战。但是，泛非主义的实现仍然任重而道远。

2. 非洲的解放也是遥不可及，因为在一些非洲国家，冲突和内战持续多年，从它们获得政治独立至今，几近半世纪之久。此外，部落主义、裙带关系、种族中心主义、新依赖现象、任人唯亲、腐败、抢劫、剥削、能力不足和

227

并发的贫穷现象也成为一些国家持续面临的挑战。

3. 和谐统一是一个异常艰难的目标。政治上的分歧有时会演变成个人仇恨和宿怨。种族差异以及缺乏持续有效的解决方法给非洲国家的进程造成了多方面的阻碍。

4. 民主进程仍是巨大挑战,正如教育——减少文盲——和疾病。

5. 全球化仍是一把双刃剑,对非洲而言是巨大挑战。

6. 全球非洲化要求非洲人民和所有非裔团结起来,不管他们在哪里,都要为非洲的发展而共同努力。

7. 提升教育、赋予权利、保证平等、促进就业、保护环境、融入社会、减少诱惑、根除贫穷及贫穷诱发的问题是每个非洲领导人都面临的巨大挑战。

8. 政府管理和民主化进程仍是巨大挑战,需要促进公平、正义、平等、人权、道德观和法律权威,合理利用人力和自然资源,迎战灾害、气候变化和全球变暖,根除贫穷和全球共同灾害(GPBs)等。

9. 发展和可持续发展的挑战是多方面的,要克服缺陷、破除个人崇拜、淡化个人荣誉,此外还要重视社会、环境、政治和经济的稳定与发展。

10. 民族主义和爱国主义。

11. 非洲归非洲人民所有。

12. 在教育、政治统一、人类安全等方面要具有竞争力并且能够独立。

13. 发展商业以促进非洲发展。

14. 动员资源并改变非洲自给自足的思想观点。

合格领导者所具备的能力和条件　　　228

需要重复，不论是男性还是女性领导者，如果想在领导岗位上有所作为，都必须具备相应能力，满足相应条件。要求和条件如下：

性格上的要求：

● 公平，对国家和人民具有责任感——具有爱国主义；

● 正直、宽容、上进、明达，通情达理、富有智慧、坚忍不拔、善于决断、拥有耐心和理性，在做决定之前能够听取他人意见；

● 坚持法治；

● 支持参与民主原则。

促进民主、性别平等，提高就业机会和全民教育水平：

● 能够接受失败，并且能够摒弃失败的或立不住脚的传统、实践、政策和发展目标；

● 忠于宪法，不可延缓民主进程，不可废除民主结构。

国家发展的人力机构和机构的职能：

● 能够克服根深蒂固的挑战，抵制恶政劣治、浪费公共财富等；

● 避免做不必要的意识形态的划分，避免受外界影响；

● 坚持泛非主义、非洲社会主义和黑人文化认同。

第13章　非洲在欧洲市场和世界市场中的边缘化地位

从历史观点看非洲经济：前殖民时期并不贫穷

在卷一中已经提过，非洲的贸易发展历史悠久，其五大经济区包括东非等地。经济是人类活动参与商品和服务的生产、分配、交换和消费的过程，非洲人民早在远古时期就参与到了经济活动中。

500多万年前，非洲作为人类的摇篮，孕育了人类，之后人类不断进化，出现了文化与文明，非洲的游牧、家庭和定居等方面都包含其中，各种经济形式也在此时出现：

- 养活家人和社会群体；
- 开发农业；
- 通过种植、牲畜饲养获得食物；
- 通过外交手段和联姻等方式扩大和其他社会群体的联盟，以此来共存；

●分享共同财富，如土地、水域、养活人类的物品和
服务，在物品缺乏时互相帮助，共同抗击敌人和自然威
胁，为人类的共同利益而保护社会群体。

因此，在古代和前殖民时期，非洲大陆上到处都是国王、
王国和城邦，那时的经济是人类活动的系统，人类活动通过生
产、分配、交换和消费非洲内外的商品得以发展。在那个时
期，初级商品在消费和贸易中至关重要，如棕榈油、花生、可
乐果、豆子、豌豆、咖啡豆、可可豆、糖、棉花、剑麻和橡胶
等，此外还有用来交换的商品，如贝壳、黄金、钻石、铜、
银、锌、锡、象牙、动物以及奴隶，这些商品无论在战争时期
还是和平时期，都至关重要。

虽然这些贸易并没有内在的组织性，但是在这些贸易盛行
时，非洲并没有被烙上贫穷的印记。到了殖民时期和后殖民时
期（此时的非洲贸易只为欧洲入侵者带来利益），非洲才变得
贫穷。

230

殖民时期非洲的经济和商业联系：
1885～1960 年

1885 年柏林总议定书签订后，非洲处于欧洲的殖民统治之
下，非洲的经济被颠覆。非洲成为一个由西方意识主导的大洲，
完全依靠欧洲的帝国主义和资本主义剥削的经济体系。这也导
致非洲在国际关系中从主动变为被动。因此，殖民者和被殖民
者并不平等，分属优势和劣势，扮演着主人和仆人的角色。

概念理解

非洲殖民地意味着非洲处于外国势力的统治之下。

在这样的语境下讨论外来统治时，应该注意，非洲曾被外来势力统治过三次，如下：

- 公元前，北非被腓尼基人统治（公元前 1200 ~ 公元前 800 年）；

- 被罗马人统治（公元前 146 ~ 公元后 476 年）。罗马人征服了迦太基和北非，使其变成罗马帝国的领土，最终成为罗马帝国的西部省；

- 1885 年柏林会议后，被欧洲国家统治。

除宗主国以外，殖民地不能和其他任何国家打交道。所以，非洲商人只能将他们的初级产品出口到大都市，以此来换取（购买）制造产品。此外，殖民地的出口商只能出口一小部分商品（例如油类产品、以农业为基础的商品和服务、以矿产为基础的商品和原材料等，出口这些商品能使欧洲国家获益，对非洲和非洲人民却并无益处。）

引进经济作物和低值的农产品也对殖民地没有益处（例如，从肯尼亚、布隆迪、埃塞俄比亚引进咖啡豆；从肯尼亚引进除虫菊；从加纳、科特迪瓦、圣多美和普林西比引进可可，从坦噶尼喀引进剑麻；从马里和乌干达引进棉花；从尼日利亚、安哥拉、阿尔及利亚、利比亚、加蓬、苏丹和刚果利奥波

231

德维尔等地引进石油产品等）。这些商品被运到了欧洲国家，
造成了以下后果：

- 对非洲进行长达世纪之久的掠夺，将非洲儿女运走，并迫使其成为奴隶；
- 掠夺非洲的自然资源和初级产品；
- 实施不公平的税收政策，如棚屋税；
- 实现资源的永久转让；
- 避免对非洲人民进行能力培养，以防他们壮大；
- 促使非洲的初级商品价格容易受到冲击（这种情况今天仍旧存在）；
- 采取其他殖民政策和措施以防非洲经济发展。

欧洲殖民者所有的这些措施都使非洲陷入了贫穷，使其依赖于欧洲的大都市。在世界资本主义的剥削下，非洲不堪一击。由于价格波动、官员腐败、对珍贵原材料和铀、铂、黄金、钻石、铜、锡等矿产资源缺乏管理和控制，非洲靠出口有限的产品来换取制造产品的现象日益加剧。资源国家主义的意识缺乏，即把材料和产品用来使非洲和非洲人民获益，从而避免外来剥削、掠夺、腐败和其他将非洲隔绝在欧洲和世界市场之外的行为。这一事实将非洲推入贫穷的深渊中。非洲的贫穷和边缘化带来的负面影响在后殖民时期仍有体现，这也是非洲为什么比半个世纪前独立之初更加贫穷的原因之一。

保护主义、经济孤立、不公平的国际经济关系及缺乏竞争力和协商的能力，导致了一系列债务和债务的偿还。国际协商

体系极大地阻碍了非洲国家发展商业以实现可持续发展的目标。

总的来说，1884～1885年之前，非洲处于边缘化位置，1885年柏林会议之后，这种情况更加严重。边缘化带来的负面影响至今仍然存在，可能比殖民时期更甚。

因此，1885年被称为非洲的"灾难年"。但是，1960年是非洲的"奇迹年"，因为这一年标志着非洲殖民统治的正式结束，也是非洲政治独立的开始。1960年，欧洲国家的许多前殖民地都获得了政治独立，尤其是法国的殖民地。

政治独立但是贫穷依旧

1960年标志着非洲国家摆脱殖民统治、获得政治独立，但是在此之前，就有少部分国家获得独立了，埃塞俄比亚、利比里亚、南非、埃及、利比亚、突尼斯、摩洛哥、加纳和几内亚就在其中。1960年，索马里和尼日利亚脱离英国独立。同年，多哥、毛里塔尼亚、上沃尔特（布基纳法索）、达荷美（贝宁）、喀麦隆、加蓬、中非共和国、刚果布拉柴维尔（刚果共和国）、刚果利奥波德维尔（刚果民主共和国）、乍得和尼日尔脱离法国独立。

殖民政策和措施至今仍影响着非洲。非洲的各个方面都被改变了，政治、经济和商业等。殖民时期，非洲经济遭遇重创，因为当时欧洲和非洲属于上下级关系。在没有殖民宗主国的允许下，殖民地不能与宗主国外的第三国有任何买卖商品与服务的贸易往来。

这种上下级关系出现在非洲被外来势力统治之后，由此，殖民时期之前的成功的商业和贸易不再。以物易物的贸易体系被现金经济取代，殖民势力将外国货币引入非洲，最有名的法郎和英镑。

欧洲的殖民政策和措施不顾非洲的要求，将其种植了上千年的生存作物换成了经济作物。之前的生存作物生长期短，而经济作物的生长期却较长。这些商品被卖到欧洲市场供欧洲人消费。此外，之前非洲明确的男女分工也被打破了，欧洲人将非洲男性——父亲、儿子、丈夫——从农村运到欧洲的城市里做奴隶。之前在家带孩子、打水、搜集火种的女人则不得不从事丈夫抛下的工作——种植经济作物。这样一来，男女分工被打乱了，同时现金制度又将棚屋税等税收引入非洲，非洲人民不得不向殖民者缴纳税收。这导致了一系列的结果，非洲更加贫穷，剥削、奴隶制、奴隶贸易盛行，农村女性的传统角色改变，女性在非洲社会中的地位降低，如同欧洲女性的地位不如男性一样。

殖民时期，非洲的经济和商业只对殖民者有益。没有殖民地总督的允许，非洲的企业家不能向殖民地之外的任何人出售商品。这种上下级的关系流入非洲各个阶层。

因此，后殖民时期的非洲仍受殖民时期经济体制的影响，好的方面被欧洲殖民势力占据，坏的抛给了非洲国家和人民。所以，在讨论非洲的贫穷问题时，一定不能漏掉欧洲殖民主义的所作所为：将奴隶制和奴隶贸易引入非洲；侮辱非洲人民，将其等同于商品；剥夺非洲人民进入世界市场的权利；阻止非洲人民作为人的正常发展；剥夺企业的自由，强行改变非洲传

233

统的商业形式（即以物易物）；摧毁非洲精神、黑人文化认
同、非洲之魂和非洲性；给非洲人民灌输欧洲的价值观，企图
将非洲人变成欧洲人。

第14章　第一次世界大战期间和两次　
世界大战期间的非洲人民

　　总体来看，奠定非洲政治独立的领导者大多都经历过第一次世界大战，其中有的还在其殖民宗主国的军队里当过兵。非洲的一些年长的开国领袖都记得第一次世界大战，如加纳的夸梅·恩克鲁玛、肯尼亚的乔莫·肯雅塔、埃及的贾迈勒·阿卜杜—纳赛尔、几内亚的艾哈迈德·塞古·杜尔、尼日利亚的纳姆迪·阿齐基韦等。尽管第一次世界大战是一场欧洲国家间的战争，但是却使非洲国家看到了政治独立希望。这可以分两方面来谈。首先，泛非主义的会议和欧洲国家的代表大会给非洲上了一堂政治独立的课。其次，许多非洲人为支持其殖民宗主国参与了战争，很多人在战争中丧生。非洲人还受到了美国总统伍德罗·威尔逊的影响，威尔逊提出的十四点和平原则中，第五点实则是在启示被殖民国家和人民，无论国家大小、发展程度高低，他们都有权自治。第一次世界大战结束时，信奉威尔逊原则的非洲人开始号召自治和从殖民束缚中解放。

第一次世界大战的起因

第一次世界大战是一场欧洲战争，爆发于 1914 年 7 月 28 日，结束于 1918 年 11 月 11 日，以停战协议的签署为标志。这场战争的起因很多，但是都指向一个主要问题：欧洲国家间的力量抗争。

235   起因可以分成两类：直接原因和其他原因。直接原因是奥匈帝国的弗朗茨·斐迪南大公于 1914 年 6 月 28 日在萨拉热窝的街道上遇刺。斐迪南和夫人起初逃过了塞尔维亚民族极端分子的炸弹袭击，但是在前往医院的路上被塞尔维亚激进学生普林西普射杀。大公夫妇由萨拉热窝的总督陪同，本来要去探望爆炸中的遇难者，结果在路上被塞尔维亚民族主义分子刺杀。波斯尼亚人不满被奥匈帝国统治，他们希望建立塞尔维亚人的政权。波斯尼亚人和塞尔维亚人一样，都是斯拉夫民族。

另一个原因是欧洲国家长达 50 年的权力斗争。在权力斗争中，欧洲国家形成两派。一派是同盟国：参与国家签订同盟协议，一起对抗共同的敌人。另一派是协约国，由两三个国家组成的友好组织。按照惯例，双方阵营各有三个国家组成。参与其中的国家有德国、法国、英国、意大利、俄国和奥匈帝国。这些国家间的斗争十分激烈，引发了下面一些剧烈冲突和分歧：

•1879 年：德国统一后，总理奥托·冯·俾斯麦和奥匈帝国缔结德奥同盟以孤立法国。

●1882 年：俾斯麦与奥匈帝国、意大利缔结三国同盟。

●1887～1888 年：俾斯麦与俄国签订同盟协议，将法国置于更加孤立的位置。1888 年 6 月 15 日，威廉二世继位，成为德意志国王和普鲁士皇帝，一直统治到 1918 年 11 月 9 日。

●1890 年：威廉二世迫使俾斯麦下台，并撕毁同俄国的协议。俄国迅速与法国结盟。

●1894 年，俄法订立同盟协议。

●19 世纪 90 年代：本是英国维多利亚女王外孙的威廉二世与英国反目，开始建立帝国、筹备海军和英国竞争。德、英间的海军竞赛开启，此时英国惧怕实力强大的德国。所以，英国结束了其不结盟的状态，1904 年与法国结盟，1907 年和法、俄结盟。

这些事件促使欧洲权力斗争的两大阵营形成：德、奥、意在内的三国同盟和英、法、俄在内的三国协约。

欧洲的权力斗争致使巴尔干半岛上的局势一触即发。几百年来，巴尔干半岛上的人一直想脱离奥斯曼帝国的统治。到了 20 世纪，奥斯曼帝国陨落，巴尔干半岛的解放时期到来，阿尔巴尼亚、希腊、保加利亚、黑山、罗马尼亚和塞尔维亚等一系列新国家在巴尔干半岛上诞生。约瑟普·布罗兹·铁托元帅（1892～1980 年）掌权后，统一了巴尔干半岛上的多个国家，成立了南斯拉夫共和国。民族主义在这些国家很盛行，成立南斯拉夫后民族主义也持续获得支持。奥匈帝国统治波斯尼亚和

236

其他巴尔干国家令巴尔干半岛上的国家十分不满，后来奥匈帝国将领土扩展到原奥斯曼帝国的领地，这更是加剧了斯拉夫民族的憎恨。

作为斯拉夫民族，俄国支持巴尔干半岛上斯拉夫国家的民族主义，鼓励他们与奥匈帝国抗争、获得政治独立。这促进了俄国和斯拉夫国家的友好关系，因而保证了俄国在地中海的出海通道。

到了1908年，奥地利吞并了波斯尼亚和黑塞哥维那。心急的奥地利四处寻求帮助，企图向巴尔干地区开战。此时欧洲国家间的权力斗争也日益激烈。奥匈帝国也在寻求机会，为费迪南大公的萨拉热窝被刺事件复仇，给波斯尼亚下了最后通牒。获得了德国的支持后，奥匈帝国对塞尔维亚宣战。俄国为塞尔维亚介入战争，在与德国的边界处动员兵力。

1908~1909年，巴尔干地区得到发展，但是第一次世界大战爆发后，发展中止。德国向俄国宣战。不久之后，协约国为战争开战部署。

1914年8月2日，德国向法国宣战。在俄国的支持下，法国加入战争。德国不久就意识到，自己的东西边界都在开展。8月4日，德国不顾比利时在1839年发布的中立声明，派兵越过比利时，进攻法国。战火几乎烧到了英国，愤怒的英国只好对德宣战。到1914年年中，战线已经划清。估计有超过两百万的非洲人参与了战争。非裔美国人在战争中能处于领导地位，但是来自非洲的非洲人却不太可能占据高层地位，因为在欧洲殖民者眼中，他们只是奴隶，更甚者不把他们当人[1]。

对非洲而言，第一次世界大战是一个收集信息的平台。非洲国家通过第一次世界大战了解到如何解放、如何获得自由和自治。此外还有一段时间，泛非主义会议大量召开，为非洲国家规划争取独立的战略，这些会议在英格兰召开得居多。美国总统威尔逊大大提升了非洲人民和世界其他发展中国家人民的希望。第一次世界大战结束时，威尔逊提出了一系列原则，其中包括以下部分：

> 世界和平的计划就是我们的计划，也是现在唯一可行的计划：
>
> 第五点：调整对殖民地的管理，自由、开明和绝对公正地对待殖民地人民。严格遵循所有问题要兼顾当地居民的利益和殖民政府之正当要求的原则……[2]

在两次世界大战之间（1919～1939年），即从第一次世界大战结束到第二次世界大战开始，非洲政治家们要求解放的呼声越来越高，他们组织起来向殖民主义和殖民宗主国不断施压。他们的动员得到了一些国家领导人的支持，如埃塞俄比亚的海尔塞拉西就曾在国联的会议上要求非洲尽早获得独立。1919年，首届泛非大会在伦敦召开，W. E. B. 杜波依斯在会上引用了他所著书籍《黑人的灵魂》中的一句话："20世纪最主要的问题是肤色界限的问题。"[3] 同样也在1919年，第二届泛非大会在巴黎召开。在会上对独立呼声最高的是马科斯·加维。19世纪是个巨大的分水岭，之前是非洲思想的前现代阶段，之后是非洲思想的现代阶段。有人认为1919年标志着非洲"现代阶段"的开始。但是这一说法仍具争议，从下面的分析中可以看出来。

对于非洲现代化的争论

　　与非洲传统价值观相对的现代化问题是必然出现的，因为欧洲殖民者在非洲的一系列殖民政策和措施推动了非洲的转变。学者和政治家们，特别是历史学家们，都想知道如何将非洲划分为一个"现代大陆"。什么是"现代"的非洲？"现代化"在非洲意味着什么？

　　"非洲的现代化"指什么，或者这一表达是什么时候开始用的，都没有定论。但是，不管出于什么目的，讨论"非洲的现代化"都不得不从欧洲人在公元后首次与非洲接触开始，这意味着必须考虑欧洲对非洲的影响和改变。如果这一论断合理，那就得承认，1415 年是非洲也是欧洲"现代时期"开始的标志，因为从 15 世纪起，在所有外来势力中，欧洲对非洲的影响最大。1415 年，葡萄牙人来到非洲，与摩洛哥交战并取得胜利后，将摩洛哥的休达变成其海外领土，葡萄牙也成为第一个在非洲拥有殖民地的国家。1500 ~ 1750 年被认为是欧洲现代时期的早期。1900 年至今则被认为是"现代阶段"。值得注意的是，1876 年，比利时国王利奥波德二世迈出了对非洲进行现代化瓜分的第一步，这在之前已经讲过了。

　　但是，谈到欧洲对非洲的影响，要注意的是欧洲人首次踏上非洲大陆远远早于 1876 年，早在之前欧洲人就公开表明了他们对殖民非洲的兴趣。1625 年，荷兰在南非建立殖民地，成为现代非洲历史最早的推动者。到 1800 年，非洲已经成为欧洲、美洲和亚洲探险者（比如马可波罗和后来的追随者）在去往亚洲贸易中心途中的必经站，为世界所熟知。

不管对非洲现代化问题有多少争论，也不管现代化对非洲和全球政治经济带来多大影响，非洲现代化的进程可以归结为：现代世界政治体系开始于 1684 年的《威斯特伐利亚和约》，这项和约也标志着"欧洲国家争取欧洲和平"时代的开始，标志着现代国家制度下城邦体系的开始。

两次世界大战之间的非洲

欧洲的殖民统治深刻地影响了非洲的现代政府体系。然而，现代政府体系出现在 1807～1808 年奴隶制废除后。那时奴隶贸易时代结束，非洲人民结束了同奴隶制和奴隶贸易的抗争，摆脱外来统治、寻求自治的想法在非洲出现。因此，我们可以认为，19 世纪泛非主义的重返非洲运动推动了现代非洲的发展（受饥饿和非洲解放驱使）。这场运动发生在美国，在被解放的黑人奴隶、社会精英、知识分子、思想家和作家中开展。

239

这场运动的委员会创立的目的是给居住在欧洲河流附近的人提供商业交流和日常服务。最早提供的服务是邮件、海港和铁路等方面的，之后覆盖了航空。一系列国际组织随之建立，例如万国邮政联盟（UPU）、国际电信联盟（ITU）等。

第一次世界大战结束后，国际联盟成立，这些组织归入国际联盟，相继成为国联的第一批下属机构。非洲作为独立的大洲，并没有充分参与到新创立的国联中。国联的参与国须是主权国家，而当时非洲只有三个国家（埃塞俄比亚、利比里亚和南非）获得了政治独立。在两战之间，20世纪早期召开的泛非主义会议对非洲至关重要。随着殖民时期非洲人民受教育程度的提高，国联建立之后人们对殖民主义和帝国主义的反对日益强烈，国际上要求帮助贫穷群体和被忽略群体的呼声越来越高，非洲独立的势头越来越猛。殖民地和人民独立的要求得到了国际支持。在海外，尤其是在欧美居住的非洲人，坚持不懈地与殖民主义进行抗争，此外他们还得到了非裔美国知识分子、激进主义者、作家和解放协会的支持。所以两战之间是非洲摆脱殖民统治的重要时期。大部分要求政治独立的非洲人之后都成为了非洲国家的开国元勋。

注　释

1. D. C. 海尔斯，《过去的世界历史观》（列克星敦，马萨诸塞州：D. C. 海尔斯公司，1992），第620页。

2. 见"十四点和平原则"维基百科：自由的百科全书. http：//en. wikipedia. org/wiki/Fourteen_ Points。

3. 见 W. E. B. 杜波依斯，《黑人的灵魂》（剑桥大学出版社，1907）p，vii。

第15章　从泛非主义到非洲一体化

第二次世界大战的起因

第二次世界大战爆发的起因很多，包括 1939 年 9 月 1 日德国入侵波兰和日本入侵中国。这些是战争的主要原因和直接原因。德国、日本和意大利先发起了挑衅，进行军事侵略和扩张。德国由阿道夫·希特勒领导，意大利由贝尼托·墨索里尼领导，日本则受军国主义鼓动，企图占领中国和整个亚洲。三国的侵略受到了被侵略国家的抵抗，并且被侵略国家还得到了外来援助（如英国援助波兰），战争由此正式打响。第一次世界大战主要发生在欧洲，是欧洲国家争夺势力的斗争。第二次世界大战则不同，具有全球化的特征，并且是由许多长期累积的原因造成的：

- 反共产主义——1917 年 10 月，在列宁的领导下，俄国共产主义诞生，许多西方国家的领导人害怕共产主义和苏维埃主义扩张至整个欧洲，对他们推行的帝国主义和殖民主义造成威胁。

●扩张主义（帝国主义和殖民主义）——扩张主义即扩张一国的领土或是经济影响力，通常伴随着经济侵略。第一次世界大战结束后，扩张主义非常盛行。第二次世界大战时，包括英、法、俄（1917年后改名为苏联）在内的许多欧洲强国都通过帝国主义和殖民主义获得了大片海外领土。但是，德国和意大利却因为第一次世界大战战败以及第一次世界大战前的种种历史事件，没能够像其他国家一样进行海外扩张。因此，德国和意大利感到十分"委屈"。墨索里尼认为，意大利本是罗马帝国的后裔，但是其昔日的荣耀却被人抛在脑后；德国也是如此，作为普鲁士王国的后裔，其领土曾包括波兰及其周边地区。因此，墨索里尼认为，有必要夺回之前罗马帝国在地中海周围的领土。1935年，他派兵入侵埃塞俄比亚，1939年，侵略了阿尔巴尼亚。墨索里尼认为，意大利在第一次世界大战中出力不少，但是《凡尔赛和约》承诺给意大利的好处却没有兑现（第一次世界大战后承诺将奥地利、阿尔巴尼亚和小亚细亚的部分地区划分给意大利），这令他一直耿耿于怀。德国也是一样，部分领土割让给了波兰、法国、立陶宛和丹麦。德国割让的领土包括波兰走廊，位于现在的波兰格但斯克地区；梅梅尔领地，归立陶宛所有；波兹南省，给了法国；阿尔萨斯—洛林省，也给了法国。此外，上西里西亚的经济中心割让给了波兰，富裕的塞尔州和莱茵兰地区由法国占领。这些领土割让无论对德国还是对希特勒个人，都是无法承受的，尽管希特勒在第

241

一次世界大战时还只是一名德国士兵。希特勒认为，大德国应该包括波兰西部和捷克斯洛伐克的部分地区。而且，他认为德国应该回到 1871 年时的状态，那时的德国刚刚在 1870 年的普法战争中击败了法国，还在第一次世界大战前还与奥匈帝国缔结了同盟。此外，苏联也想夺回俄国在第一次世界大战中割让给波兰、芬兰、爱沙尼亚、拉脱维亚、立陶宛和罗马尼亚的领土。匈牙利是俄国的盟国，也想夺回其之前的领土。因此，在第一次世界大战后的欧洲，当谈到大德国、大波兰、大匈牙利、大罗马尼亚、大保加利亚、大巴尔干地区、包括西伯利亚在内的大俄罗斯时，就会出现了大量由强烈的革命情感而引发的民族统一主义的讨论。这些必须被重视，否则战争不可避免。

● 法西斯主义——法西斯主义是一种政府严厉控制社会和经济的政治哲学，权力高度集中于一位领导者。法西斯主义诞生于贝尼托·墨索里尼统治下的意大利，后来演变成疯狂好战的民族主义。法西斯主义在第二次世界大战前广泛传播于欧洲各国，是一种强烈的意识形态。正如墨索里尼在其书中写道："总体而言，法西斯主义不相信会有永久和平。"[1]

● 孤立主义——美国的一项主要外交政策，在 1823 年门罗主义的影响下产生。后来，英、法由于在第一次世界大战中损失了大量人口，也采纳了这项政策。英国首相内维尔·张伯伦就十分赞同这一政策，他说"这是来自灵魂深处的平静。"[2]

● 军国主义——军国主义受到德、日、意三国领导人的强烈推行，三国在第二次世界大战时结成了同盟。

● 民族主义——根据民族主义的观点，一群人因为领土、文化和种族等原因会联系在一起。民族主义出现在欧洲，之后也出现在非洲。德国领导人利用民族主义获得公众的支持，意大利的墨索里尼企图利用民族主义来重建罗马帝国，日本则充分利用了民族主义中的责任感和荣誉感。一场新的世界大战势必会爆发，因为欧、亚国家的要求得不到满足并且互不妥协。有大量研究支持这一观点。[3-5]

第二次世界大战对非洲国家领导人的影响

虽然许多非洲国家的"开国元勋"出生在第一次世界大战爆发之前，但是他们还太过年轻，或者被压抑而不能采取任何行动来反抗欧洲的殖民主义和帝国主义。比第一次世界大战大约早40年的1885年，欧洲正式对非洲进行殖民主义压迫。

但是，两次世界大战结束后，这些国父中的大部分人已经活跃在国际政局和非洲政局。他们记得战争爆发的原因，明白从资产阶级的剥削和压迫中获得自治和政治独立的可贵性和必要性。他们参与了从美国发起的泛非主义会议，要求非洲从殖民主义和帝国主义的束缚中解放出来。

因此，对于非洲国家领导人来说，两次世界大战是政治独立道路上重要的里程碑。战争是他们的政治自觉和为自由而牺牲的灵感来源，鼓励他们为非洲争取独立和自治，领导同胞反

抗欧洲殖民者的外来压迫。为了更好地理解非洲的自由和独立
精神，我们必须分析非洲去殖民化过程的起源、发展和成熟。

去殖民化最先开始于美国和加勒比地区的非裔美洲人，他
们在 19 世纪初提出了泛非主义的思想，意味着"覆盖所有非
洲国家和人民"。这些学者是非洲人的后裔，有的还是黑奴的
后裔，他们动员黑人教会，一同与奴隶制和奴隶贸易、殖民主
义、压迫和剥削进行抗争。

这些学者中有非洲国家的国父，有重返非洲运动的领导
者，比如 W. E. B 杜波依斯、从牙买加搬到哈莱姆居住的马科
斯·加维、威尔莫特·布莱登、乔治·帕德莫尔和艾梅·塞泽
尔（1913 ~ 2008 年）等。这些学者都是接触的泛非主义者，
他们表达了以下思想：

243

- 非洲人和非洲后裔拥有共同的利益、经历和历史。
- 因此，所有非洲人，不管在哪里，都应该为获得自
由而共同斗争。
- 泛非主义会促成非洲统一组织的建立，旨在将所有
非洲人民和非洲国家，以及非洲散居侨民团结起来，实现
共同进步。

黑人文化认同——一种非洲意识形态

黑人文化认同的内容与泛非主义一致，由马提尼克的艾
梅·塞泽尔提出，受到塞内加尔诗人和总统利奥波德·塞达尔

的提倡。Negritude（黑人文化认同）是个法语词，意为黑色，与泛非主义的内容十分相近。两者传播的信息相同，都是强调非洲的重要性和自豪，支持获得自由的黑人奴隶的重返非洲运动。两者也都强调了将非洲从欧洲的殖民统治中解放出来。

因此，泛非主义和黑人文化认同提倡黑人艺术，特别反对模仿欧洲的风格、传统和价值观。在殖民时期，欧洲将这些强加给非洲，并无视非洲的文化价值观和表现形式，认为其是"落后"和原始的。

泛非主义和黑人文化认同都是文化工具，包含了三个因素或要求：黑人性/非洲性；将非洲从所有压制和剥削中解放出来；自治、自主和自我执政。[6]

非洲与泛非主义的意识形态、观点、理想和精神

意识形态的定义

意识形态就是支持或颠覆已接受思想或行为模式的任何观点体系。它是一个思想和理想体系，有不同表现形式——政治、经济、生态、"希腊"等。非洲的意识形态植根于泛非主义。所有意识形态都有其历史背景，并且随着情况变化而变化。意识形态来自危机，依靠冲突发展壮大，它们是思想家思考的结果。意识形态包含下列构成因素：

● 政治事件需要合理解释才能被人正确理解，意识形

态就通过构建马克思主义、共产主义、资本主义、社会主义、保守主义、自由主义等发挥了这样的作用。

- 与拥有商品和服务的生产分配方式相匹敌的经济政治学说。

非洲意识形态的来源和种类

非洲意识形态来自非洲传统，之后成长为支持和促进非洲价值体系的系统。例如，非洲社会主义就是建立在协商决定、农村父母身份、尊敬老人、尊重知识、大家庭等价值原则的基础之上。非洲共产主义的基本形态就在这些思想和实践中诞生。殖民时期的传统则全是殖民主义的残留，不仅要使欧洲/西方的价值体系在非洲延续下去，还要继续剥削非洲，加剧非洲的贫穷，继续向非洲强加欧洲的价值观。因此，这些不仅能解释为什么欧洲能扩张其文化和文明并统治世界，还能解释他们对非洲的长期影响。

从黑暗的中世纪起，文艺复兴思想从意大利的威尼斯传到了整个欧洲，期间，知识分子们企图通过探索和思考将这一思想变得更加系统并适用于全世界。欧洲的世界化导致了世界的欧洲化，欧洲思想统治了世界，正如三 G（光荣、黄金、福音）和三 C（文明、商业和基督教）所反映的一样。如果说欧洲殖民主义的意识形态基于欧洲文艺复兴思想、三 G 的扩张主义、向非洲和非洲人民强加欧洲思想，那么这一系列历史事件是在欧洲与非洲的来往中以及最终殖民非洲而产生的，下文能突出这一点：

现代阶段，欧洲与非洲的首次接触是在 1415 年，此后一直持续到了 1798 年。1415 年，葡萄牙发动了对摩洛哥的战争，占领了摩洛哥的休达。从这时开始，欧洲进入非洲的新时期开启。在此之前，非洲与其他民族有合法的贸易往来，最著名的是与腓尼基人和阿拉伯人，但从此之后，这些贸易被一项更赚钱的新贸易所取代——捕捉贩卖黑人奴隶。1415～1798 年是自然商品和加工商品交易频繁的时期，而黑人奴隶也被当做物品进行买卖，他们受到了剥削、压制和奴役。

在非洲历史中，1798～1808 年是探索的时代。期间，一项由欧洲个人和机构发起、由其政府支持的运动如火如荼地展开着。这项运动主要是为了发现"黑暗大陆"内部隐藏着什么。这项运动由欧洲的废奴人权运动引起，受到了人类学家威廉·威尔伯福斯及其同事和许多积极分子的拥护。威尔伯福斯致力于废除奴隶制和奴隶贸易。1808 年 1 月 1 日，奴隶制终于在法律意义上废除。但是，这项获利丰厚的贸易实则一直持续到 20 世纪后半叶。奴隶贸易废除后，被发现仍然从事该贸易的船只和个人都要受到处罚。对非洲很感兴趣的欧洲人，此后转向研究非洲的自然环境。这也就是为什么那段时期被称为"探索时代"，欧洲人对非洲的地质、地理景观很感兴趣，如河流、山川、湖泊和相关的自然秩序等。他们对这些进行了探索、记录和报道。在此期间，传教活动也使很多非洲人皈依了基督教和伊斯兰教。

1804 年，法属殖民地海地的美洲黑人奴隶发生叛乱，这引发了海地革命的爆发。海地因此成为西半球第一个、同时也是世界上第一个黑人后裔从殖民者手中获得政治独立的国家。为了获得前宗主国法国的认可，海地不得不向法国缴纳相当于今天 210 亿美元的赔偿费[7]，因为法国认为海地的独立使其丧失了奴隶的所有权，因而其利益受损。

奴隶制和奴隶贸易的废除

反对奴隶制和奴隶贸易的运动是由人类学家发起的，讽刺的是，这些运动开始于英国，而英国曾是最提倡奴隶制和奴隶贸易的国家之一。英国的奴隶贸易开始于 1562 年，正值伊丽莎白一世统治时期。1562 年，约翰·霍金斯开始首次贩奴航行。后来，英国出现反对奴隶贸易的联盟，被称为"圣徒"，该联盟由英国人类学家、国会成员威廉·威尔伯福斯领导。"圣徒"成员成为坚定的废奴活动者。1807 年 3 月 25 日，英国国会通过奴隶贸易法案。这项法案只是禁止在英国开展奴隶贸易，但是并没有废除奴隶制。直到 1883 年，英国通过奴隶制法案，奴隶制才被废除。

246

值得注意的是，美国废除奴隶贸易是在 1807 年 3 月 2 日，那时美国刚建国不久，正值第三届总统托马斯·杰斐逊在任（1801～1809 年）。杰斐逊签订了废除奴隶贸易的法案，法案于 1808 年 1 月 1 日生效。奴隶制和奴隶贸易涉及政治、道德、经济和国家政策问题，非常棘手。奴隶制来自一种优越感，是少数享有特权的富人阶级甚至专横的统治阶级对穷苦的大多数人实行的压迫。

非洲贫穷的悖论——意识形态新形式的先导

悖论就是矛盾。在我们的讨论背景下，有很多悖论。从非洲"黑暗"的悖论衍生出奴役和跨大西洋的奴隶贸易。之后又有了非洲自然环境管理的悖论，以及在奴隶贸易废除之后、在"探索时代"中欧洲人感叹非洲拥有自然美的悖论。之后是 1884～1885 柏林会议之后殖民时代的到来。

这段相对较短的历史产生了五个悖论，分别是：

1. 非洲黑暗的悖论，非洲不仅仅是人类诞生的地方，也是世界上能享受最长日照的地方；

2. 耻辱的悖论，非洲人民所受的奴役和非人对待；

3. 自然美的悖论，非洲的天真和慷慨使其成为世界上负担最重、最委屈的大洲；

4. 贫穷的悖论，非洲拥有丰富的资源、深厚的文化、多样的文明和根本的价值观，然而这些却被认为是原始的，被人们所忽略，并被欧洲（西方）的价值观所摧毁和取代；

5. 贫穷的悖论，施加在非洲人民身上的多种殖民政策和措施导致了非洲的贫穷。

这些悖论在殖民化的非洲引发了新形式的问题和挑战，包括：

●非洲的文化适应——非洲在改变之后遇到的另一个重要悖论；

●欧洲生活和行为方式侵入非洲；

●欧洲的文明、教育、宗教、金钱以及在政治、经济、社会、宗教、文化、法律、环境等方面的思维行动方式——因此，欧洲的文明残留物仍留在非洲，种族划分和种族隔离就是很好的例子；

●19 世纪晚期，瓜分非洲的浪潮掀起，欧洲国家（英、法、葡、意、西、比、德、荷）纷纷划分势力范围；

247

●非洲和欧洲文化的碰撞导致非洲丧失了自我意识（黑人文化认同），导致了腐败、部落主义和种族中心主义、裙带关系和地区主义、与爱国主义相对的狭隘主义的诞生；

●非洲人才增加了，其中一些是受到殖民地统治者培训过的，殖民者通过非洲人来推进殖民事业和政策，以提高他们的利益；

●非洲的排外情绪高涨，比如反对奴隶制、奴隶贸易、帝国主义、新殖民主义、殖民化、剥削以及对非洲人民的非人对待等。

●民族主义、泛民族主义、非洲民族主义、泛非主义以及由这些产生的后殖民主义时期的意识形态（非洲悲观主义、非洲社会主义、非洲资本主义、非洲共产主义和非洲自由主义等）陆续产生和传播，东西方意识形态有了划分；

● 非洲国家领导人非常支持通过抗争获得政治自由和独立、以及经济和社会发展的平等；

● 在后殖民时期，东西方意识形态发生碰撞，致使外来思想不断涌入非洲，大部分来自欧洲；

● 非洲独立这一意识形态的发展和扩散给政府执政带来了难题，对非洲发展也有一定负面影响。

以下是主导非洲意识形态阶段的三点思想：

1. 民族主义；
2. 非洲民族主义；
3. 泛非主义。

民族主义

民族主义主张一群人构成一个自治团体，且不论这个团体是否是被认可的国家。

非洲民族主义

非洲民族主义与部落主义、狭隘主义、民族中心主义不同，它要求在确定的领土边界上创立国家，由非洲本地人执政。爱国主义必须取代民族中心主义。因此，非洲民族主义就是将讲不同语言、拥有不同传统文化的人汇聚到一个国家的桥梁。

248

泛非主义

泛非主义源自重返非洲运动，倡导者是非裔美国和加勒比的学者，以 W. E. B. 杜波依斯和马科斯·加维为代表，他们宣扬反对奴隶制、奴隶贸易和殖民主义，反对对非洲人民和非洲后裔进行压迫和剥削。泛非主义和非洲民族主义的提出者有有一些相同点，他们拥有共同的利益、经历和历史。因此，他们坚信世界各地的黑人都应该团结起来为获取自由而抗争。因此，在泛非主义的基础上出现了非洲国家的团结，通过在1963 五月建立非洲统一组织（OAU）进行抗争并取得胜利。当加纳在撒哈拉以南的非洲获得政治独立、夸梅·恩克鲁玛成为首位总统后，非洲国家去殖民化的运动日渐蓬勃。

因此，在非洲，意识形态可以被定义为一种根植于泛非主义和黑人文化认同的思想体系，旨在形成非洲自身的思想意识，不受外来影响。[8]

去殖民化的两个阶段

非洲去殖民化的过程有两个重要阶段：19 世纪初至 1945年；1945 ~ 1980 年。但是，也应该注意，纳米比亚、厄立特里亚和南非分别在 1990、1993 和 1994 年获得了政治独立。

重返非洲运动对第一阶段产生了重要影响。不得不提，这一运动实际上开始于 1776 年的美国，在美国脱离英国、获得独立之后。但是，直到 1818 年这一运动才发展壮大，这是在

1808 年奴隶制废除之后，那时美国的非洲人被鼓励回到非洲定居。这也是利比里亚诞生的原因，同时也推动了 1900 和 1911 年泛非会议的召开。

独立的类型

非洲国家摆脱殖民统治、获得独立的方式有以下三种：

1. 抗争；
2. 殖民宗主国的放手；
3. 协商，应用于从两次世界大战的战败方手中夺取的托管地。

第一次世界大战后，德国和意大利的托管地（坦噶尼喀、喀麦隆、多哥、卢旺达—乌隆地和西南非）交由国联统治。第二次世界大战后的托管地由联合国管理，之后通过协商实现了独立。

非洲民族主义者对外来统治的回应

泛非主义、非洲民族主义、非洲意识形态、非洲外交政策和外交手段以及非洲国际关系都来源于离散居民。离散居民来源于希腊词"diasporeia"，意思是"人民分散"，最初指犹太人被带到巴比伦尼亚为奴。但是在现代，非洲离散居民包括散落世界各地的非洲后裔，无论是在非洲，还是在美国、美洲、欧洲（尤其是西欧）、地中海地区、撒哈拉以北、中东、阿拉伯和亚洲等地。

作为非洲后裔的统一者，非洲离散居民开始与种族主义、帝国主义和殖民统治抗争。所有泛非会议都极大地支持了非洲统一和团结。但是直到 1945 年，泛非大会的召开才是反抗殖民主义的转折点。这项协议首次发布了一项泛非协议，并通过了两项历史性的文件——殖民地人民宣言与殖民地力量宣言。前者要求殖民地所有人民摆脱帝国主义的统治，获得自由，并拥有自由选举政府的权利；后者要求通过暴力尽快获得自由，以免"非洲人民在迫不得已的时候才使用武力"。从这些要求以及 1958 年的阿克拉会议的决议可以看出，非洲的政治独立是迟早的事，只不过是时间问题。所以，非洲领导人将非洲梦解释为成立和巩固非洲一体化的组织，使其成为非洲统一体的核心。

需要注意的是，1945 年柏林会议讨论了非洲去殖民化和对国联和后来联合国托管地的管理问题。

泛非主义和非洲的新兴国家

非洲人民对欧洲的殖民政策和实践非常不满，非洲各处都是反对声。他们不满是因为，非洲国家参与了两次世界大战，两百多万非洲人民上了战场，非洲的利益受到了损害，然而欧洲国家却不知恩图报。因此，非洲的民族主义不断发展，成为一种意识形态。泛非运动的政治影响力不断扩大，黑人文化认同、加维主义、反对奴隶制和反对外来殖民统治的思想获得越

250

来越多的支持。所以，泛非主义是植根于奴隶贸易、殖民主义、压迫和剥削的。泛非主义的首倡者来自西印度群岛和北美，他们及其思想对倡导废除殖民地的非洲民族主义者产生了巨大影响，因此要求政治独立的呼声越来越高。第二次世界大战后，非洲离散居民的政治意识苏醒。独立运动开始。联合国于1960年12月通过了《允许殖民地及人民独立》决议，此后，关于自治的决议大量增加。

在独立问题上，非洲人民还有很多问题需要解决：对西方的依赖及新殖民主义，为发展而进行的统一与合作，欧洲殖民统治的遗留影响，性别不平等，非洲在世界体系中的身份，环境恶化，气候变化和全球变暖，自然资源的利用以及全球通用商品等。非洲国家能成为国际舞台上的政治团体，离不开美国总统伍德罗·威尔逊的作用。威尔逊在第一次世界大战结束后提出了十四点和平原则，第五点中提到了发展中国家政治团体自治的重要性。这一点强调，不管一个国家国土大小、地位高低、财富多少，其政治独立都不能被否定。

1945年泛非大会后，非洲去殖民化的进程不断加快。阻挠势力也随之而来。1957年，加纳获得政治独立，标志着去殖民化时期建立新国家的开始。随后，非洲去殖民化进程可以从广义上分成以下六个阶段：

1. 1958～1963
2. 1963～1965
3. 1965～1975
4. 1975～1985

5. 1985 ~ 1990

6. 1991 ~ 1995

但是，从狭义上讲，可以将后殖民时期划分成三个阶段。第一阶段（1958 ~ 1963 年）推动了泛非主义思想在非洲内陆（政治）统一体的发展。

第二阶段（1964 ~ 1990 年）期间，非洲的政治领导经历了无数试验与挑战。1964 年，非洲统一组织发布"依法占有原则"（即根据法律划定的边界神圣不可侵犯），此后非洲自由主义的政治经济思想产生并迅速发展。冷战对非洲也产生了许多影响。冷战的政治观点影响了非洲的政治观点，由此东西方意识形态有了区分。有一段时间，非洲还出现过一党制和独裁统治。

第三阶段（1991 至今）正值与苏联解体和冷战结束。冷战之后出现了冷和平，而在非洲，多党制回归。非洲统一组织也转变成非洲联盟（AU）（1963 ~ 2002 年）。

因此，非洲内陆的一体化必须基于三个思想流派的结合之下。三个流派都认为自己能保证非洲独立后的目标，因此这三个流派有三个不同的方法，如下：

1. 激进思想派，卡萨布兰卡集团是其代表，提倡非洲的完全独立。

2. 极简主义思想流派，由法国前殖民地布拉柴维尔集团倡导。

3. 温和思想派，蒙罗维亚集团倡导。

这些流派在 1958 ~ 1963 年间倡导的内容大相径庭，但是最终却一致同意劝说埃塞俄比亚成立非洲统一组织。1963 年 5 月 25 日，他们都签署了非洲统一组织宪章。

1958 年 4 月 15 日，夸梅·恩克鲁玛在阿克拉主持了首届非洲独立国家的会议。非洲和北美的领导人、学者、作家和政治积极分子参加了会议，此外还有来自加纳、埃塞俄比亚、利比亚、埃及、苏丹、摩洛哥、突尼斯和几内亚的国家代表。南非由于种族隔离政策而未受邀参会。那时的阿拉伯联合共和国是由埃及和叙利亚组成和联盟。但是，到 1958 年非洲国家领导人会议召开时，非洲已经有了 10 个独立国家。

阿克拉会议有两个目的：

1. 巩固非洲的民族主义、泛非主义、政治自由和独立、自由及统一等；

2. 非洲国家领导人讨论建立什么样的政治组织以加快非洲一体化。

需要指出，民族主义是权衡国际关系紧张及民族仇恨、为独立国家争取主权的有力力量。因此，阿克拉会议在独立的非洲大陆上具有历史意义，是非洲人民对欧洲殖民主义和帝国主义反感和仇视的表达。

1960 年通常被称作"奇迹年"，因为这一年是非洲大多数国家获得政治和法律独立的开始。实际上，仅在这一年，就有 16 个非洲殖民地变成了独立国家（索马里、尼日利亚、尼日尔、中非共和国［CAR］、刚果民主共和国［DRC］、刚果共

252

和国、喀麦隆、乍得、毛里塔尼亚、马达加斯加、达荷美
［贝宁］、塞内加尔、上沃尔特［布基纳法索］、多哥、科特迪
亚和马里）。加上之前已经独立的 10 个国家（埃塞俄比亚、
利比里亚、埃及、利比亚、突尼斯、摩洛哥、苏丹、几内亚、
加纳和南非），1960 年非洲总共有 26 个独立的国家，真是名
副其实的奇迹之年。

非洲一体化的思想

非洲制度化洲内一体化的起源

克瓦米·恩克鲁玛是加纳首位总统，而加纳是撒哈拉以南
非洲首个独立的国家。恩克鲁玛在林肯学院接受过教育（现
在宾夕法尼亚的林肯大学），是一位有智慧、有远见的领导
人。基于美国的政体形式，他提倡非洲统一。1958 年 4 月，
他同好友——几内亚的塞古·杜尔和马里的莫迪博·盖塔——
在阿克拉召开了非洲独立国家的会议，呼吁参会的非洲国家的
领导人建立政治王国。参会的有非洲 8 个国家的国家元首和政
府首脑，分别来自加纳、埃及、几内亚、尼日利亚、利比里
亚、摩洛哥、突尼斯和苏丹。此外还有其他一些国家的领导
人、学者、作家和政治积极分子。

在会议企图达成非洲一体化的目标时，一个巨大的分歧出
现，三个思想流派产生：克瓦米·恩克鲁玛（1909～1972 年）
为首的卡萨布兰卡集团；利比里亚的威廉·塔布曼（1895～
1971 年）、尼日利亚总统纳姆迪·阿齐基韦（1904～1996

253

年）、尼日利亚总理塔法瓦·巴勒瓦带领的蒙罗维亚集团；和
以说法语国家组成的布拉柴维尔集团。

这三个集团分别召开不同的会议，但是后来在埃塞俄比亚
皇帝海尔·塞拉西和埃塞俄比亚外长科特玛·优素福（1929
~1994 年）的劝说下统一了。他们商议的结果促成了 1963 年
非洲统一组织在埃塞俄比亚的亚的斯亚贝巴的成立。非洲国家
领导人的思想趋势可以从他们在三个集团中的学术中看出来，
这在接下来会重点谈到。非洲一体化实际上最终是妥协的
结果。[9~19]

卡萨布兰卡集团

该集团内有克瓦米·恩克鲁玛、贾迈勒·阿卜杜·纳赛
尔、艾哈迈德·塞古·杜尔、莫迪博·凯塔等领导者。他们反
对妥协，主张"做大海里的小鱼"。他们所在的国家都是由激
进分子领导的社会主义国家。他们反对蒙罗维亚集团和布拉柴
维尔集团召开的一切会议。他们通过宪章，要建立一个泛非咨
询会并召开泛非政治、文化会议。他们提倡完全独立。为了建
立一个像美国一样的政府间泛非组织机构，非洲各国应该放弃
主权和自身利益，这是非洲统一体的基础。

卡萨布兰卡集团最初是由加纳、几内亚和马里成立的。这
些国家邀请了许多欧亚国家参加，但是最终只包括八个国家：
加纳、几内亚、突尼斯、埃塞俄比亚、埃及、利比里亚、摩洛
哥和利比亚。以下是一些重要的时间：

1. 1961 年 1 月 7 日：集团首次会议在摩洛哥的卡萨

布兰卡召开。埃及、几内亚、马里、突尼斯、利比亚、阿尔及利亚和加纳等国出席。其中摩洛哥和利比亚属温和派。

2. 1961 年 1 月 7 日：会议在阿尔及利亚的阿尔及尔召开。会议目的是商讨应对刚果危机的集体措施。1961 年 2 月，刚果危机导致了 P. E. 卢蒙巴被刺事件。

3. 1962 年 6 月：集团第二次会议埃及的开罗召开。集团成员主张进行反对殖民主义的革命。他们反对其他两个集团的温和政策。

此外，卡萨布兰卡集团还主张非洲革命，商讨了非洲统一体和社会经济和文化合作等问题。除了接受非洲宪章外，集团成员同意将致力于非洲领土的解放，获得援助以打击外国势力在非洲的军队和基地，使非洲脱离欧洲国家的经济压力和政治干预。在非洲问题上，他们的所站的立场极端，希望其他国家也参与卡萨布兰卡集团，呼吁采取进步性的、有革命意义的措施来获得政治独立。他们慎重地讨论了刚果、阿尔及利亚、毛里塔尼亚和巴勒斯坦的问题，认为非洲的独立和安全必须受到保护。

1958 年 12 月 23 日，加纳和几内亚以美国为模型进行了联盟，1960 年马里加入了这一联盟。

支持行动包括：

1. 恩克鲁玛推行的激进的方法；

2. 非洲必须独立：恩克鲁玛说，"先建立政治王国，

254

之后才能繁荣昌盛"[20]；

3. 非洲国家只有先根据泛非主义实现政治统一，非洲才有可能获得安全和发展。

4. 非洲国家的独立以美国为模板。

1961～1999年在位的摩洛哥国王哈桑二世是该集团的支持者，除他之外，还有其他非洲国家的领导人。下面是集团内的领导人、所属国家及在任时间：

● 艾哈迈德·塞古·杜尔，几内亚，1958～1984年；

● 本·贝拉，阿尔及利亚，1962～1965年（过渡政府）；

● 贾迈勒·阿卜杜—纳赛尔上校，埃及，1954～1970年；

● 克瓦米·恩克鲁玛，加纳（撒哈拉以南非洲首个获得政治独立的国家），1957～1966年；

● 莫迪博·凯塔和穆萨·特拉奥雷上校，马里，1960～1968年；

● 国王穆罕默德五世，摩洛哥，1961年；

● 朱利叶斯·尼雷尔，坦桑尼亚，1961～1999年；

● 海尔·塞拉西（1916～1930年间摄政，1930～1974年间在位）及其外长科特玛·优素福，埃塞俄比亚。

布拉柴维尔集团

布拉柴维尔集团包括 12 个国家的国家元首和政府首脑，他们在 1960 年 12 月 15 日至 18 日的一个会议上成立了非洲和马达加斯加联盟。会议在布拉柴维尔召开，会上通过了所有说法语的国家进行北非合作并组建非洲和马达加斯加联盟（UAM）的决议。此外，会议还决定于 1961 年在雅温得召开一次泛非会议。

该集团的第二次会议如期于 1961 年在雅温得召开，会议证明布拉柴维尔集团在 1960 年没有制定任何盲目的规定。该集团的宗旨是外交政策要坚决依和平而定，外交手段也要与和平保持一致。该集团的成员极力避免独裁专政。在国际冲突中，他们的观点是：不站队，但是会在对立的派别中间调解。

他们不会提出任何妥协方案，但是会邀请对立的派别进行对话，从对话中得出解决方案，推进和平与国际合作的进程。他们只想在外交中巩固国家经济政策，维持与前殖民宗主国的亲密关系与合作。他们遵循独立的国际惯例，遵照联合国的规定，遵守国际法。他们认为无需建立大洲性的组织。

该集团成员主要是 12 个说法语国家的民族主义者和领导人（除几内亚和马里外，原法国殖民地都在其中）。下面是集团内的领导人、所属国家及在任时间：

- 阿赫马杜·阿希乔，喀麦隆，1960～1982 年；
- 富尔贝·尤卢，刚果—布拉柴维尔，1959～1963 年；

255

- 费利克斯·乌弗埃—博瓦尼，科特迪瓦，1959~1993 年；

- 于贝尔·马加，达荷美（贝宁），1960~1963 年；

- 莱昂·姆巴，加蓬，1961~1967 年；

- 莫里斯·亚梅奥果，上沃尔特（布基纳法索），1959~1966 年；

- 菲利贝尔·齐拉纳纳，马达加斯加，1960~1972 年；

- 哈马尼·迪奥里，尼日尔，1960~1974 年；

- 大卫·达科，中非共和国，1960~1965 年；

- 利奥波德·桑戈尔，塞内加尔，1960~1981 年；

- 弗朗索瓦·纳加塔（托姆巴巴耶），乍得，1960~1975 年；

- 穆克塔尔·乌尔德·达达赫，毛里塔尼亚，1960~1978 年。

蒙罗维亚集团

该集团的首次会议于 1960 年 5 月在布拉柴维尔召开，之后成立了非洲和马达加斯加联盟（UAM）。

第二次会议即蒙罗维亚集团的首次峰会，于 1961 年 5 月 8 日~12 日在蒙罗维亚召开。该峰会是在布拉柴维尔集团的倡导下召开的，卡萨布兰卡集团由于抵制这次峰会而没有参加。参加这次泛非会议（峰会）的还有埃塞俄比亚、利比里亚、利比亚、尼日利亚、塞拉利昂、索马里、多哥和突尼斯等国的

256

国家元首和政府首脑。

该集团内成员国多是态度温和的、说法语的非洲国家。他们接受了五项原则和决议，反对卡萨布兰卡集团的方式，坚持国家的主权不可侵犯。该集团的第三次会议是在蒙罗维亚召开的峰会。1963 年 5 月，他们在亚的斯亚贝巴通过决议，制订了非洲统一组织的宪章。非洲统一组织是非洲政治家互相妥协的结果，一部分政治家希望非洲所有国家结成政治联盟，一部分政治家则希望非洲国家间进行功能性合作，促进非洲社会心理群体的建立。

集团内的领导人、所属国家及在任时间如下：

- 海尔·塞拉西皇帝，埃塞俄比亚，1930～1974 年；外长科特玛·优素福，埃塞俄比亚；
- 威廉·塔布曼，利比里亚，1944～1971 年；
- 哈吉·阿布巴卡尔·塔法瓦·巴勒瓦爵士，总理，尼日利亚，1960～1966 年；
- 米尔顿·马尔盖爵士，总理，塞拉利昂，1963～1966 年；
- 亚丁·阿卜杜拉·奥斯曼，索马里，1960～1967 年；
- 斯尔法纳斯·奥林匹欧，多哥，1960～1963 年，被刺杀；
- 总理帕特里斯·卢蒙巴，刚果：利奥波德维尔（DRC），1960 年 6 月～1960 年 9 月，被刺杀；总理冲伯，1960～1965 年，总统卡萨武布，1960～1965 年；

● 哈比卜·布尔吉巴，1956～1987 年。

蒙罗维亚集团包括以下成员：

● 协定委员会的 20 个成员国，协定委员会是成立于 1959 年的法属西非组织，目的是促进经济发展；

● 1960 年获得独立的四个国家（科特迪瓦、尼日尔、上沃尔特和达荷美 ［贝宁］，这些国家在 1959 年就独立了，但是在 1960 年才得到认可）；

● 非洲和马达加斯加联盟（UAM）的 12 个成员国（喀麦隆、刚果—布拉柴维尔、科特迪瓦、达荷美 ［贝宁］、加蓬、上沃尔特 ［布基纳法索］、马达加斯加 ［马达加斯加共和国］、尼日尔、中非共和国、乍得、毛里塔尼亚和塞内加尔）。

此外，苏丹也是该集团里的一员。苏丹自 1956 年起频繁更换领导人，曾出现过易卜拉欣·阿布德、穆罕默德·西亚德·巴雷和加法尔·穆罕默德·尼迈里等几位总理。

257　　蒙罗维亚集团主张"做大海里的小鱼"。他们不提倡将非洲变成一个联合国家，希望非洲国家能在一个松散的组织下实现最大程度的合作而非政治统一。他们重视主权，重视社会、金融、经济和立法方面的合作，与东非的东非共同体（EAC）相似。蒙罗维亚集团抵制卡萨布兰卡集团的会议，反对恩克鲁玛和纳赛尔关于非洲政治统一的主张。他们希望能保证非洲国家的领土完整，实现最大程度的合作，建立一个类似"俱乐部"或协会的组织，成员国在其中不受限制，这个机构不要太宽松，也不能太束缚。

他们根据联合国宪章制订了国际规范，提议在非洲国家间建立一个宽松的协会，比布拉柴维尔集团建议的协会拥有更多的权力。他们捍卫非洲独立，促进非洲在政治、经济、法律、社会等各领域的合作，反对独裁，旨在使非洲的政策更和谐，使其受到监管，有所提高。

非洲统一组织宪章条例

非洲部分国家希望组建非洲所有独立国家的政治联盟，另一部分则希望建立一个松散的联盟或协会，非洲统一组织是双方妥协的产物。非洲统一组织的宪章以自然法和联合国的宪章为基础，推动了非洲的独立，抑制了新殖民主义和新帝国主义。非洲独立的特点是不用矛盾冲突和军事干涉来解决问题，不侵略，提升和保护人权和独立权。根据非洲统一组织的设想，非洲会寻找方法解决经济、社会和其它问题，并且通过能力建设、教育和培训实现经济发展、和平、安全和人民幸福，实现自给自足。该组织提倡尊重成员国的主权和领土完整，成员国在国际上的独立权不可被剥夺。

此外，非洲统一组织的成员国主权平等，互不干涉内政，不参与颠覆其他成员国主权的国际行为。其宪章充分谴责了政治暗杀，鼓励经济发展、社会福利、人权、教育和文化价值观。此外，宪章鼓励非洲国家面对欧美国家的恐吓，要加强抵抗力度，积极参与非洲事务，重塑非洲大陆。还要维护国家利益，加强非洲国家间政治、经济、军事、社会等方面的合作，

258

以权力理论、力争上游为原则，采用联合国的千年政治和千年发展目标。

消除分歧，非洲统一组织诞生

三个集团得以和解，多亏了埃塞俄比亚的一位年轻的外交大臣科特玛·优素福从中调停。他说服德高望重的海尔·塞拉西皇帝，在亚的斯亚贝巴召开了一场覆盖所有非洲国家的峰会，消除了集团间的分歧，达成了妥协/和解。在海尔·塞拉西的邀请下，三个集团统一在 1963 年 5 月会面。埃塞俄比亚年轻的外交大臣优素福很有远见，他看出三个集团无意妥协，尤其是卡萨布兰卡集团，但是大多数支持蒙罗维亚集团的方法，尤其是蒙罗维亚集团和布拉柴维尔集团合并之后。在塞古·杜尔总统的劝说之下，卡萨布兰卡集团参加了埃塞俄比亚峰会。

1963 年 5 月 26 日，亚的斯亚贝巴峰会通过了非洲统一组织宪章，在埃塞俄比亚的劝说和优素福的外交技巧之下，蒙罗维亚集团的方法也被与会国接受。在非洲统一组织中，蒙罗维亚集团寻求创立一个洲际的监督者，提高非洲国家政策的一致性。非洲统一组织采纳了蒙罗维亚集团在非洲国际关系上的观点，成为首个拥有明确结构（主席、总秘书长、秘书）、基于国际法和联合国宪章建立的泛政府组织。其根本原则是安全、领土完整、主权平等和不侵略。

克瓦米·恩克鲁玛富有远见性的设想成真了。他有以下提议：

●组建非洲统一组织执行委员会，作为非洲政府首脑大会的执行部门；

●执行委员会的主席在各非洲国家的国家元首或政府首脑中挑选（委员会主要负责向各国家首脑或政府首脑制定简易性或倡导性政策）；

●设立总秘书处。

蒙罗维亚会议于 1961 年 5 月 8 日 ~12 日召开，将非洲统一体定义为目标和行动上的统一体，立足点是社会和政治上的一致，而不仅仅是非洲主权国家的政治统一。因此，非洲统一体实则是一个观点和目标一致的团体，其中成员国通过一致的行动实现目标。三个集团中，蒙罗维亚集团获胜了，非洲统一组织是一个合作且自救的组织，这在很大程度上要归功于埃塞俄比亚年轻的外交大臣科特玛·优素福。

259

因此，非洲统一组织成立的目的是：

1. 促进非洲国家的团结和一体化；

2. 协调非洲国家间的关系，促进非洲国家间的合作，提高非洲人民的生活水平；

3. 保护非洲国家的主权、领土完整和独立权；

4. 根除非洲一切形式的殖民主义；

5. 就 1945 年联合国宪章和 1948 年世界人权宣言提升合作。

非洲统一组织的宪章体现了主权的左右原则，除南非外的

31 个非洲国家都签署了这一宪章。因此，到 1963 年 5 月 25 日非洲统一组织宪章签署时，已经有 32 个非洲国家获得了独立。1963 年，在非洲统一组织的峰会上，非洲的国家间的边界得以重新划分，一项新的依法占有原则通过。1965 年，非洲统一组织峰会通过了关于颠覆问题的宣言，内容如下：

- 谴责成员国之间一切颠覆活动和来自非洲外部的所有颠覆活动；
- 制止反对其他国家的媒体活动，反对以挑衅性或侵略性的民族对抗来制造边界冲突；
- 维持地区和平秩序；
- 提高非洲人民反对殖民主义和反对种族隔离的意识。

1975 年，葡属殖民地独立。南非的反殖民和反种族隔离运动不断加强，1910 年，南非获得独立。尽管获得了独立，南非并未参加亚的斯亚贝巴会议，因为南非国内存在种族隔离政策和激进的少数派统治。1994 年，纳尔逊·曼德拉成为南非首任黑人总统，南非迎来多种族统治，种族隔离时代画上句号。此时的南非才签署了非洲统一组织宪章。

非洲统一组织并非没有争议。1982 年 8 月，非洲统一组织认可了阿拉伯撒哈拉民主共和国（SADR）。然而，摩洛哥声称该地是自己的领土，并称之为西撒哈拉。对于非洲统一组织对阿拉伯撒哈拉民主共和国的认可，摩洛哥十分反对，并因此退出该组织。此后，摩洛哥没有参加过非洲统一组织和非盟的任何会议，并且直到本书撰写之时（2010），仍将西撒哈拉视为自己的领土。此外，非洲统一组织还面临着其他挑战，包括冲突、战争、政变、腐化、内乱、难民及流离失所人员等问题，还有发展上遇到的挑战、教育和领导、世界商贸发展的合作伙伴关系和非洲悖论等。

经过 1999 ~ 2002 年长期的谈判协商，非洲统一组织迎来了改变。2002 年，在南非德班召开的非洲统一组织/非洲联盟峰会上，非洲统一组织变成非洲联盟。利比亚的卡扎菲上校是这一转变的设计师。非洲联盟拥有 54 个成员国，是世界上最大的地区性国家集团。

260

非洲联盟

2000 年 7 月 11 日，49 个非洲统一组织成员国的国家元首和政府首脑通过了一项非洲联盟的基本法案，这项法案代替了非洲统一组织的宪章。这项法案于 1999 年 9 月 9 日正式通过，但是 2002 年才生效。法案中重复声称，非洲独立后，大多数非洲国家领导人都没有通过西方民主和领导力的测试，而非洲必须在这些测试中紧跟时代步伐。

非洲在独立后的民主和领导

20 世纪 50 年代后，由于非洲被授予了独立的权利，一大批非洲国家分期抵抗国内外殖民势力，赢得政治独立。19 世纪初，美洲的非裔离散居民发起重返非洲运动，推动了 20 世纪泛非主义和非洲民族主义的发展，进而引发了 1963 年的泛非主义运动，非洲统一体的概念也在非洲国家独立的浪潮中逐渐成形。以下是非洲国家独立的时间：

- 第一阶段，截止到 1963 年
- 1848 年：利比里亚
- 公元前 982 年：埃塞俄比亚（在国王孟尼利克一世的统治下）
- 1910 年（1931 年，1961 年）：南非

261

表 15.1　后殖民时期非洲的语言体系

讲英语国家	讲法语国家	讲葡语国家	讲西语国家	讲阿语国家
埃塞俄比亚 加纳 利比里亚 尼日利亚 塞拉利昂 索马里 坦喀尼喀 坦桑尼亚联合共和国（坦噶尼喀与桑给巴尔于 1964 年 4 月 26 日合并） 乌干达	阿尔及利亚 贝宁 布基纳法索 布隆迪 喀麦隆 中非共和国 乍得 刚果，布拉柴维尔 刚果，利奥波德维尔 科特迪瓦 马达加斯加 马里 毛里塔尼亚 尼日尔 卢旺达 塞内加尔 多哥 几内亚	安哥拉 莫桑比克 几内亚比绍 圣多美和普林西比 佛得角	无	埃及 利比亚 摩洛哥 突尼斯 西撒哈拉或阿拉伯撒哈拉民主共和国（SADR）

- 1922 年：埃及

- 1951 年：利比亚

- 1956 年：苏丹、摩洛哥、突尼斯

- 1957 年：加纳

- 1958 年：几内亚

- 1959 年：达荷美（贝宁），1960 年获得认可

- 1960 年：奇迹之年的国家

- 1960 年：英属南喀麦隆加入法属喀麦隆（1961 年，重新命名为喀麦隆联邦共和国）

- 1961 年：坦噶尼喀、塞拉利昂

- 1962 年：阿尔及利亚、布隆迪、卢旺达、乌干达

- 第二阶段，1963～1965 年   262

- 1963 年：肯尼亚、桑给巴尔

- 1964 年：马拉维、赞比亚

- 1965 年：冈比亚

- 第三阶段，1965～1975 年

- 1966 年：博茨瓦纳、莱索托

- 1967 年：加蓬

- 1968 年：毛里求斯、斯威士兰、赤道几内亚和普林西比

- 第四阶段：1975～1985 年

- 1976 年：塞舌尔

- 1977 年：吉布提

- 1980 年：津巴布韦

- 1982 年：阿拉伯撒哈拉民主共和国（SADR）＝西

撒哈拉

- 第五阶段：1985～1995 年
- 1990 年：西南非（纳米比亚）
- 1993 年：厄立特里亚从埃塞俄比亚脱离
- 1994 年：南非

独立国家总数

如上所述，到 1958 年时有 10 个非洲国家获得了独立，两年后数量攀升到了 26 个。到 1963 年，非洲总共有 32 个国家获得了独立。

非洲领导面临的问题与挑战

概念理解

什么是领导？

领导有不同类型，有天生的、自然获得的、通过学习/勤奋获得的。领导能力包括下列内容：

- 民族主义/爱国主义 VS 民族中心主义/狭隘主义，友好 VS 划分等级；
- 善于决断/机智 VS 犹豫不决/优柔寡断/含糊不清；

表 15.2　1963 年 5 月 25 日签订非洲统一组织宪章的非洲国家

	成员国	领导人
1	阿尔及利亚	贝拉总统
2	贝宁	马加总统
3	布基纳法索（上沃尔特）	亚梅奥果总统
4	布隆迪	恩杜威总统
5	喀麦隆	阿希乔总统
6	中非共和国	达科总统
7	乍得	托姆巴巴耶总统
8	刚果利奥波德维尔	卡萨武布总统
9	刚果布拉柴维尔	马桑巴—代巴总统
10	科特迪瓦	乌弗埃—博瓦尼总统
11	埃及	纳赛尔总统
12	埃塞俄比亚	塞拉西皇帝
13	加蓬	姆巴总统
14	加纳	恩克鲁玛总统
15	利比里亚	塔布曼总统
16	利比亚	伊德里斯国王
17	马达加斯加	齐拉纳纳总统
18	马里	凯塔总统
19	毛里塔尼亚	乌尔德·达达赫总统
20	摩洛哥	哈桑二世国王
21	尼日尔	迪奥里总统
22	尼日利亚	阿齐基韦总统 塔法瓦·巴勒瓦总统
23	卢旺达	卡伊班达总统
24	塞内加尔	桑戈尔总统

续表 15.2

	成员国	领导人
25	塞拉利昂	马尔盖总理
26	索马里	奥斯曼总统
27	苏丹	根阿博纳总理
28	坦桑尼亚	尼雷尔总统
29	多哥	奥林匹欧总统
30	突尼斯	布尔吉巴总统
31	乌干达	奥博特总统

注：南非没有签署非洲统一组织宪章。

● 听取建议/有耐心 VS 自我主义/无耐心：善于倾听、学习的能力；

● 智慧/公平/正义 VS 愚昧/不公正；

● 得体/正确/行为良好/性格 VS 贪婪腐化/不得体/道德；

● 勇敢/果断 VS 恐惧/胆怯；

● 拥有美德/好的典范/勤奋 VS 自大/虚伪/懒惰狡猾/剥削他人；

● 组织性强 VS 无组织性；

● 有远见/富有想象力/思维开阔/能提出正确的问题 VS 想法混乱/目光短浅/思维狭隘；

● 有建设性的质疑/想法成熟/宽容/理智；

● 观点符合实际/意志力强/拥有思考、创造和总结能力 VS 缺乏思考/缺乏创新能力；

- 愿意承担责任/做事不拖沓/处事果断；
- 能够将责任委托给他人/相信自己和他人正确的判断；
- 坚韧/顽强/有纪律性 VS 松懈/软弱；
- 能得到同事的尊重/性格/个性 VS 迟钝/无恒心；
- 尊重家人、尊重权威、尊重权利 VS 行为不合法纪/专权独裁；
- 正义/平等对待他人 VS 有偏见/不公平/歧视他人。

后殖民时期非洲的领导人

非洲国家独立后，各国的首届领导人大多是政治独立的领导者（非洲国家的第一代领导人）。总统和总理都在这些人中产生。

非洲国家的第一代领导者通常通过两种方式产生，一是组建政党并在大选中获胜，二是在殖民势力的支持下上台。殖民势力虽然已经被驱逐出去，但是他们采取分而治之的政策，在非洲人中培养了一小批精英，这些精英听命于之前的殖民统治者。这么一来，殖民时期的传统和残留能保留在非洲国家中。即便是今天，非洲已经独立多年，殖民时期的一些政策仍然影响着非洲。

之后的领导人则来自各个阶层，包括平民、军人和君主后裔等。个人崇拜和民族、民族中心主义、政变、官员腐化等现象，给非洲的领导力烙上了负面的标记，增加了许多缺点。

现阶段，非洲的领导人中仍然有军人、君主后裔和平民，　265

但是军事政变比以前少了。个人崇拜和独裁专政仍然出现在许多非洲领导人身上。民主、投票做决定取代统治阶层独裁专政的趋势日益明显。此外，领导层日益年轻，教条主义也明显减弱。具有思想意识的领导人较之前减少，但是执政时间过长（权力终身制）的趋势还是很强。

领导力是一种统治能力

领导力的核心是多方面发展。因此，领导就是统治，统治保护、防御、适应、提高，就是依照法律维护人民、国家和政府的利益。国家利益包括人民、财产、尊严、形象和国家财富。能维护上述利益的人就是一个全面发展的领导者。所以，领导也就是提供引导，承担责任，透明化执政。领导就是为发展而工作。

在这样的背景下，好的领导力就意味着高效的领导力。在非洲，领导力应该超出民主的范围，应该注重非洲多方面的发展。需要注意，非洲的民主不同于欧洲的民主。因此，非洲领导者不应该仅靠投票（多数裁定原则）来判断。毕竟，非洲领导人的失败就是西方文明的失败，因为非洲领导人是西方教育和价值观的副产品。因此，民主和领导力在非洲的失败实则是西方文明在非洲的失败。个人崇拜对非洲的领导力产生了巨大影响。非洲领导人热衷于个人崇拜（比如他们认为自己具有神一般的能力，如名望、优越和权威）。

非洲自独立以来的领导人可以分成以下五组：

表 15.3　非洲国家的首都、独立时间、政体及独立时期和现在的领导人（2009）

国家	首都	独立时间	政体	领导人/统治时间
阿尔及利亚	阿尔及尔	1962.7.5	共和国	总统艾哈迈德·本·贝拉：1962~1965年；总统阿卜杜勒—阿齐兹·布特弗利卡：1999~
安哥拉	罗安达 1979	1975.11.11	共和国	总统安东尼奥·阿戈什蒂纽·内图：1975~1979年；若泽·爱德华多·多斯·桑托斯：1979~
达荷美（1975年改称贝宁）	波多诺伏	1960.8.1	共和国	总统于贝尔·马加：1960~1963年；总统亚伊·博尼：2006~
博茨瓦纳	哈博罗内 1966~1980年；1998~	1966.9.30	共和国	总统塞雷茨·卡马爵士：1966~1980年；总统伊恩·卡马：2008~
上沃尔特（1984年8月改名为布基纳法索）	瓦加杜古	1960.8.5	共和国	总统莫里斯·亚梅奥果：1959~1966年；总统布莱兹·孔帕奥埃：1987~
布隆迪	布琼布拉	1962.7.1	共和国	国王姆瓦米·姆万布查二世：1962~1963年；总统皮埃尔·恩库伦齐扎：2005~
喀麦隆	雅温得	1960.1.1	共和国	总统阿赫马杜·阿希乔：1960~1982年；总统保罗·比亚：1982

4

续表 15.3

国家	首都	独立时间	政体	领导人／统治时间
佛得角（与几内亚比绍同属一个联邦）	普拉亚	1975.1～1981.1	共和国	总理佩德罗·皮雷斯；1975～1981年；总统安东尼·马斯卡雷尼亚斯·蒙泰罗；1991～2001年；总统佩德罗·皮雷斯；2001～
中非共和国	班吉	1960.8.13	共和国	总统大卫·达科：1960～1965年；让一贝德尔·博卡萨：1966～1979年；1976年10月皈依伊斯兰教，并改名为萨拉赫丁·阿迈德·阿迈德；自封为陆军元帅，国家首脑（1966）；终身总统（1972.3）；皇帝博卡萨一世（1976～1979年）；被大卫·达科推翻政权（1979.9）；总统弗朗索瓦·博齐泽：2003～
乍得	恩贾梅纳	1960.8.11	共和国	弗朗索瓦·纳加尔塔、托姆巴巴耶，又称弗朗索瓦·托姆巴尔巴耶，1960～1962年总理，1962～1975年任总统（后被伊德里斯·代比刺杀死亡）；总统伊德里斯·代比：1991～
科摩罗	莫罗尼	1975.7.6	共和国	总统艾哈迈德·阿卜杜拉·阿巴里西·所里曼、姆查齐瓦：1975年7月～8月；总统阿里·索里赫：1976年1月1日～1977年10月日；艾哈迈德·阿卜杜拉·穆罕默德·阿亚图拉"①；桑比：2006～

① 对伊朗等国伊斯兰教什叶派领袖的尊称。——译者注

续表 15.3

国家	首都	独立时间	政体	领导人／统治时间
刚果民主共和国,即之前的刚果利奥波德维尔	金沙萨	1960.6.30	共和国	总理帕特里斯·卢蒙巴:1960年6月~9月(遇刺身亡);加丹加省领导人,分裂主义者莫伊兹·卡奔达·冲伯于1964~1965年出任刚果民主共和国总理;约瑟夫·卡萨武布:1960~1965年;军事统治者约瑟夫一德西雷·蒙博托·塞塞·塞科(1972年1月10日后改名为塞塞·塞科),并在1971年10月27日将国名改为扎伊尔。1997年5月17日,其子约瑟夫·卡比拉担任总统:2001~
刚果	布拉柴维尔	1960.8.15	共和国	富尔贝·尤卢:1960~1963年;总统德尼·萨苏一恩格索:担任四届总统:1979~1992年,1997~2002年
科特迪瓦	亚穆苏克罗	1960.8.7	共和国	费利克斯·乌弗埃一博瓦尼:1959年5月~1993年12月;洛朗·巴博:2000~2005年;总理夏尔·班尼:2005~2007年;总理纪尧姆·索罗:2007~
吉布提	吉布提	1977.6.27	共和国	总统哈桑·古莱德·阿普蒂敦:1977~1999年;总统伊斯梅尔·奥马尔·盖莱:1999.5~
埃及	开罗	1922.2.28	共和王国	国王法鲁克一世:1922~1952年;贾迈勒·阿卜杜勒一纳赛尔:1952~1970年;总统安瓦尔·萨达特:1970~1981年;总统穆罕默德·穆巴拉克:1981~
赤道几内亚	马拉博	1968.10.12	共和国	弗朗西斯科·马西亚斯·恩圭马:1968年10月~1972年7月;弗朗西斯科·马西亚斯·恩圭马·比约戈:1972年7月~1975年9月;特奥多罗·奥比昂:1979~;总理里卡多·曼格:2006~

续表 15.3

国家	首都	独立时间	政体	领导人/统治时间
厄立特里亚	阿斯马拉	1993.5.24	共和国①	伊萨亚斯·阿费沃尔基:1991 年 5 月,权力共享;1993 年 6 月 8 日,当选为总统
埃塞俄比亚	亚的斯亚贝巴	公元前982 年	帝国	公元前 1000 ～公元前 982 年之间,连续有多位皇帝和女皇。示巴女王(王后):约公元前 960 年 孟尼利克一世,示巴女王与以色列国王所罗门之子:约公元前 982 年 其他皇帝 皇帝海尔·塞拉西:1930 ～ 1974 年 海尔·门格斯图,军事统治者
			社会主义国家	总统吉尔马·沃尔德—乔治斯:2001—
			共和国	总理梅莱斯·泽纳维:1985 ～

---

① 厄立特里亚是个小共和国,从战略上看,位于非洲之角,红海南侧。1890 年 1 月 1 日成为意大利的殖民地,1936 年同埃塞俄比亚、意属索马里兰合并成为意大利东非的一个省。第二次世界大战期间,埃塞俄比亚和英国军队赶走了厄立特里亚和埃塞俄比亚境内的意大利人,1951 年,联合国 390A 法案将厄立特里亚划归为联合国托管地。1993 年,经过公民投票,厄立特里亚成功脱离埃塞俄比亚,成为独立国家。——译者注

续表 15.3

国家	首都	独立时间	政体	领导人/统治时间
加蓬	利伯维尔	1976.2.17	共和国	总理加布里埃尔·莱昂·姆巴·莱昂:1959~1961年,担总统,1961~1967年;奥马尔·邦戈:1967~2009年6日;总理让·埃耶格:2006~;阿里·邦戈·翁丁巴:2009.6~
冈比亚	班珠尔	1965.02.18	主权国家	总理达乌达·凯拉巴·贾瓦拉:1962~1970年;任总统,1970~1994年
加纳	阿克拉	1957.3.6	共和国	总统叶海亚·贾梅:1996~
几内亚	科纳克里	1958.10.2	共和国	总理夸梅·恩克鲁玛:1957~1960年,1960~1966年担任总统;总统约翰·库福尔:2001~2009年;约翰·阿塔·米尔斯:2009年1月7日~
几内亚比绍	比绍	1974.9.10	共和国	艾哈迈德·塞古·杜尔:1958~1984年;兰萨纳·孔戴:1984~;总理兰萨纳·库亚特:2007~
肯尼亚	内罗毕	1963.12.12	共和国	总统路易斯·德·阿尔梅达:1973年9月24日~1980年11月14日(被刺杀);总统若昂·贝尔纳多·维埃拉:2005~;总理阿里斯蒂德·戈梅斯:2005~2007年;总理马尔科·达法:2007~;总统马兰·巴卡伊·萨尼亚:2009年9月8日~
				总理乔莫·肯尼亚塔:1963~1964年,1964~1978年;总统丹尼尔·莫伊:1978~2002年;姆瓦伊·齐贝吉:2002~;总理拉伊拉·奥廷加:2008年4月8日~

续表 15.3

国家	首都	独立时间	政体	领导人／统治时间
莱索托	马塞卢	1966.10.4	王国	国王莫舒舒二世:1966~1970年;乔纳森:(通过政变)1970~1986年;国王莱齐耶三世:1966~;总理帕卡利塔·莫西西里:1998~
利比里亚	蒙罗维亚	1847.7.6	共和国	总统约瑟夫·詹金斯·罗伯茨:1856年1月1日到1876年1月3日(担任七届总统,第七届是从1872年3月1日到1876年1月3日);威廉·塔布曼:1944~1971年;总统埃伦·约翰逊-瑟利夫:2006~(非洲首位女总统)
利比亚	的黎波里	1951.12.24	王国 社会主义国家 阿拉伯利比亚人民社会主义民众国	国王伊德里斯:1951~1959年 总理穆阿迈尔·卡扎菲:1969.9~1972年,革命的领路人1972~①
马达加斯加	塔那那利佛	1960.6.26	共和国	菲利贝尔·齐拉纳纳:1959年5月1日~1972年10月11日;总统马克·拉瓦卢马纳纳:2001~2009年;总理夏尔·拉贝马南贾拉:2007~;总统安德里·拉乔利纳:2009.3~

① "革命的领路人"是利比亚统治者穆阿迈尔·卡扎菲自己的称号。1971年,卡扎菲拒绝了总理上尉的称号,他称自己为"阿拉伯利比亚人民社会主义民众国九月伟大革命的领路人",或者"革命的领路人和兄弟般的领袖"。——译者注

续表 15.3

国家	首都	独立时间	政体	领导人/统治时间
马拉维	利隆圭	1964.7.6	共和国	总理海斯廷斯·卡穆祖·班达博士:1966～1994年;宾古·瓦·穆塔里卡博士:2004～
马里	巴马科	1960.9.22	共和国	莫迪博·凯塔:1960～1968年;阿马杜·图马尼·杜尔:2002～;总理奥斯曼·马伊加:2004～
毛里塔尼亚（毛里塔尼亚伊斯兰共和国）	努瓦克肖特	1960.11.28	共和国	总统穆克塔尔·乌尔德:1961～1978年;总统兼军委主席埃利·乌尔德·穆罕默德·瓦勒:2005～2007年;总理扎因·乌尔德:2005～2007年;谢赫·阿卜杜拉希:2007～
毛里求斯	路易港	1968.3.12	主权国家共和国	总理西乌萨格拉姆·拉姆古兰爵士:1968～1982年;贾格纳特:2003～;纳温钱德拉姆古拉姆·拉姆古拉姆:2005～
摩洛哥	拉巴特	1956.3.2	王国	国王穆罕默德五世:1961;国王哈桑二世:1961～1999年3月～1999年7月;国王穆罕默德六世:1999年7月;总理阿巴斯·法西:2007～
莫桑比克	马普托	1975.6.25	共和国	萨莫拉·莫伊塞斯·马谢尔:1975～1986年;若阿金·希萨诺:1986～2005年;阿曼多·格布扎:2005～;总理路易莎·迪奥戈:2004～
纳米比亚	温得和克	1990.3.21	共和国	萨姆·努乔马:1990～2005年;希菲凯普涅·波汉巴:2005～;总理纳哈斯·安古拉:2005～
尼日尔	尼亚美	1960.8.3	共和国	哈马尼·迪奥里:1960～1974年;总统马马杜·坦贾:1999～2010年;总理阿马杜·阿里:2001～2007年;总理赛义尼·奥马鲁:2007～

续表 15.3

国家	首都	独立时间	政体	领导人统治时间
尼日利亚	阿布贾	1960.10.10	主权国家	总理哈吉·阿布巴卡尔·塔法瓦·巴勒瓦爵士:1960~1966年(被刺杀);纳姆迪·阿齐基韦博士:1963~1966年;第一总统奥卢塞贡·奥巴桑乔:1999~2007年;奥马鲁·亚拉杜瓦:2007~
卢旺达	基加利	1962.7.1	共和国	多米尼克·姆博纽穆图瓦:1961年1月28日~1961年10月26日;格雷瓜尔·卡伊班达:1961~1973年;朱韦纳尔·哈比亚利马纳:1973~1994年(飞机失事/暗杀);保罗·卡加梅:2000~
阿拉伯撒哈拉民主共和国(SADR)	1982年2月的非洲统一组织内罗毕峰会上,非洲统一组织认可了该国,但是摩洛哥声称主权归其所有,国际社会也站在摩洛哥一边,认为该国只是西撒哈拉地区,西班牙之前的殖民地。该地只是非自治领土,所以没有首都。但是,自1982年在非洲统一组织内罗毕峰会上被确定为独立之共和国后,并加入非洲统一组织之后,该国最大的城市阿尤恩被认为是其首都。但是,摩洛哥并不认可阿尤恩。在1882年非洲统一组织峰会上,摩洛哥退席,此后再未参加国任何非洲统一组织和非洲联盟的会议。联合国并未认可该国或者且撒哈拉持续声称享有SADR或西撒哈拉地区的主权,能将其当做自己国家的一部分。		共和国,仍存争议	埃尔-瓦利·穆斯塔法·赛义德:1975~1976年;解放运动的领导人,国父,后被刺杀。总统穆罕默德·阿卜杜勒-阿齐兹:1967年8月30日~

续表 15.3

国家	首都	独立时间	政体	领导人/统治时间
塞内加尔	达喀尔	1960.8.20	共和国	利奥波德·塞达尔·桑戈尔:1960～1981 年;迪乌夫:1981～2000 年;阿卜杜拉耶·瓦德:2000～;总理麦基·萨勒:2004～2007 年;总理谢赫·哈米杜:2007～
塞舌尔	维多利亚	1976.6.29	共和国	詹姆斯·曼卡姆:1976～1977 年;詹姆斯·米歇尔:2005～
塞拉利昂	弗里敦	1961.4.27	主权国家共和国	总统米尔顿·马尔盖爵士:1961～1964 年;艾哈迈德·泰詹·卡巴:1909～2007 年;米尔顿·马尔盖:2007～
索马里	摩加迪沙	1960.7.1	共和国	亚丁·阿卜杜拉·奥斯曼:1960～1967 年;西亚德·巴雷:1967～1991 年;总统阿卜杜拉希·艾哈迈德·优素福:2004～;总理亚里穆罕默德·盖迪:2004～
南非	比勒陀利亚	1910.5.31	联盟共和国	总理亨德里克·维沃尔德,1958～1966 年(遇刺身亡);其他支持种族隔离的总统:1966～1994 年
		1961.5.31	种族隔离政权	总统纳尔逊·曼德拉:1994～1999 年
			共和国,非洲首个多数统治政权	塔博·姆贝基,1999～

续表 15.3

国家	首都	独立时间	政体	领导人/统治时间
苏丹	喀土穆	1956.1.1	共和国	总理伊斯梅尔·爱资哈里:1956;总理根·易卜拉欣·阿布德:1958~1964年;奥马尔·巴希尔:1989~;萨尔瓦·基尔·迪尔迪特(在总统加朗死于可疑的飞机事故后继任总统一职)
斯威士兰	姆巴巴纳	1968.9.6	王国/君主制	国王索布扎二世:1922~1982;国王姆斯瓦蒂三世:1986~;总理滕巴·德拉米尼:2003
坦桑尼亚	达累斯萨拉姆	1961.9.9	主权国家(坦喀尼喀)	总理朱利叶斯·尼雷尔:1961~1962年;1964~1985年间担任总统;副总统 K. 琼布:1963~1964年;姆卡帕:1985~2005年;总统贾卡亚·基奎特:2005~;总理爱德华·洛瓦萨:2005~
		1963.12.10	桑给巴尔共和国	
		1964.4.26	联合共和国	
多哥	洛美	1960.4.27	共和国	总统斯尔法纳斯·奥林匹欧:1960~1963年(在1963年1月的军事政变中被士兵、后来的总统纳辛贝·埃亚德马刺杀);总统古拉斯·格鲁尼兹奇:1963年1月~1967年1月;总统福雷·纳辛贝:2005~;总理阿博伊博:2005~
突尼斯	突尼斯	1956.3.20	共和国	总理哈比卜·布尔吉巴:1956~1957年;1957~1987年间担任总统;总统阿里:1987~;总理穆罕默德·加努希:1999~

续表 15.3

国家	首都	独立时间	政体	领导人/统治时间
乌干达	坎帕拉	1962.10.9	共和国	总理阿波罗·米尔顿·奥博特:1962～1966 年,1966～1971 年间担任总统;总司令伊迪·阿明(1971 年 2 月 25 日发动政变):1971～1979 年;总统穆塞韦尼:1986～;总理恩班比:1999～
赞比亚	卢萨卡	1964.10.24	共和国	肯尼思·卡翁达:1964～1991 年;姆瓦纳瓦萨:2002～2008 年(在巴黎的一次会议上突然中风逝世)
津巴布韦	哈拉雷	1980.4.18	共和国	总统、国家元首穆加贝:1980～1987;总理罗伯特·加布里埃尔·穆加贝:1980～1987,1987 年起担任总统

1. 统治类型（领导力和目标），

2. 多代领导人，

3. 领导人的特点和能力，

4. 意识形态，

5. 非洲领导力在现在和未来遇到的挑战。

非洲领导类型

领导类型以及典型的领导人和重要事件如下：

●传统的战士型，源自前殖民时期，典型事例如肯尼亚的茅茅起义，安哥拉、佛得角和阿尔及利亚的游击战等；

●乌贾马领导类型，代表人物是坦桑尼亚的朱利叶斯·尼雷尔；

●动员型，动员人民反对压迫，刚果民主共和国的特里斯·卢蒙巴、埃及的贾迈勒·阿卜杜—纳赛尔和坦桑尼亚的尼雷尔都属于这一类型；

●魅力型，鼓励大众支持他们的目标（肯尼亚的肯雅塔、埃及的纳赛尔、坦桑尼亚的尼雷尔、加纳的恩克鲁玛、尼日利亚的阿齐基韦、尼日利亚的总理哈吉·阿布巴卡尔·塔法瓦·巴勒瓦爵士都采用了这种方法）；

●管家型，政府没有多余的领导职位，没有领导力的存在，没有行动（不是总统层面而是其他政府层面），20世纪80年代出现在肯尼亚；

●纪律型，被暗杀的尼日利亚总统穆尔塔拉·穆罕默德将军以及另一位总统穆罕默杜·布哈里都是这一领导类型的拥护者；

● 族长或国王型，代表人物有肯尼亚的肯雅塔，被称为"mzee①"，意味老人或长者；科特迪瓦的首位总统费利克斯·乌弗埃—博瓦尼，1960～1993年间担任总统职务；还有南非首位黑人总统纳尔逊曼德拉，由于反对种族分离，从1964～1990年间被关在监狱；

● 个人政治型，和君主型类似，马拉维的卡穆祖·班达和中非共和国的让—贝德尔·博卡萨都属于这一类型；

● 技术统治型，乌干达的穆塞韦尼、南非的姆贝基、肯尼亚的齐贝吉都是由学者变成了政治家；

● 解放型，几内亚的塞古·杜尔、莫桑比克的萨莫拉·莫伊塞斯·马谢尔、加纳的恩克鲁玛和津巴布韦的穆加贝属这一类型；

● 和解型，代表人物是尼日利亚的奥卢塞贡·奥巴桑乔；

● 专制独裁型，许多非洲领导人都是这一类型，包括尼日利亚的萨尼·阿巴查将军、刚果民主共和国的蒙博托·塞塞·塞科和乌干达的陆军元帅伊迪·阿明·达达。

多代领导人

非洲领导人的"代"并不一定要重叠。因此，第一代非

---

① 东非英语。——译者注

洲领导人是泛非主义者，他们是平民出身，在由美洲黑人（基本上在美国和加勒比地区）发起的反对殖民统治、获取非洲自由的过程中成为英雄。这些美洲黑人中，包括倡导黑人言论自由的 W. E. B. 杜波依斯、马科斯·加维、乔治·帕德摩尔和艾梅·塞泽尔等人和受奴隶制和殖民主义统治的黑人后裔。

第一代非洲领导人包括肯尼亚的肯雅塔、尼日利亚的阿齐基韦和巴勒瓦、加纳的恩克鲁玛、几内亚的塞古·杜尔、塞内加尔的利奥波德·塞达尔·桑戈尔、坦喀尼喀的朱利叶斯·尼雷尔、阿尔及利亚的本·贝拉、突尼斯的哈比卜·布尔吉巴、埃及的纳赛尔、喀麦隆的阿赫马杜·阿希乔、刚果利奥波德维尔的卢蒙巴、马拉维的海斯廷斯·班达、赞比亚的肯尼思·卡翁达、科特迪瓦的博瓦尼、赤道几内亚的马西亚斯·恩圭马·比约戈、中非共和国的大卫·达科、埃塞俄比亚的塞拉西、布基纳法索（上沃尔特）的莫里斯·亚梅奥果以及乌干达的奥博特。

你可以把这些人称作非洲独立的"老卫士"或者非洲独立的"老枪杆"。这些人中，大部分参与签订了 1963 年的非洲统一组织宪章。这代领导人的领导时间是 1951 ~ 1977 年，1977 年非洲殖民化的最后一年，是吉布提从法国脱离、获得独立的时间。1976 年 12 月，所有葡属非洲殖民地都获得了独立。

这些人普遍是从大选中选出来的，但是也有很多人是殖民势力挑选的，是被伦敦、巴黎、布鲁塞尔、里斯本和罗马的政客们接受的。

　　根据我的分类，第二代领导人活跃的时间是 1976～1990 年。这些人中有的是平民，有的是军事统治者。比起第一代领导者，这些人更年轻，并且不再那么教条主义，但是，在掌控权力上，他们和那些"老枪杆"们没什么两样。其中一些人统治较早，在非洲政治独立的第一个十年 1960～1970 年就活跃在政坛上。第二代领导人包括：安哥拉的安东尼奥·阿戈什蒂纽·内图、中非共和国的皇帝让—贝德尔·博卡萨、乌干达的伊迪·阿明、吉布提的哈桑·古莱德、扎伊尔刚果民族共和国的蒙博托、几内亚比绍的路易斯·德·阿尔梅达·卡布拉尔、圣多美和普林西比的曼努埃尔·平托·达科斯塔、塞舌尔的詹姆斯·曼卡姆、津巴布韦的罗伯特·穆加贝、莫桑比克的萨莫拉·马谢尔、纳米比亚的萨姆·努乔马、肯尼亚的丹尼尔·阿拉普·莫伊。

　　按我的分类，第三代领导人活跃的时间是 1991～2009 年（现在）。领导人中既有平民出身、也有军事领导人出身，包括乌干达的约韦里·穆塞韦尼、卢旺达的保罗·卡加梅、埃塞俄比亚的总理泽纳维、肯尼亚的齐贝吉和南非的姆贝基。尽管这些人是老一辈领导人的继承者，但是他们更加年轻，不像前辈们那么教条主义、民族主义和看重理论。和前辈们相似的一点是，他们也紧握权力。

282

非洲领导人的特点和能力

　　根据非洲的风俗习惯，领导者是社会上举足轻重的人物，无论他是酋长国王，还是政治领袖。通常，如果不是因为逝世或暗杀，或者遭到敌对党和民主人士的反对，领导人会一直在位，而且领导人很少培养后继者，以防政变发生。这会导致一个权力真空，那些不称职的领导人无人支持却执掌权力。

非洲第三代领导人目前关注的是重塑非洲和权力的传递，他们挑选年轻人担任国家各部门的大臣和政策的实施者。他们尽量避免那些会缩小他们权力的政策。因此，非洲领导者们大都以满足自身利益为基本目标，只有少数是例外，如尼雷尔、肯雅塔和曼德拉。个人崇拜、心理状态和统治者的类型都至关重要。

非洲国家领导人和他们的生活方式极大影响着他们各自的国家、国内外政策和国际关系。因此，维护国家利益依靠政治领导人的政治感知，但是许多领导人却扮演着类似于神的角色。一个国家往往只依赖总统。非洲国家的外交政策基本上是掌权领导人的政策，能反映出领导人的性格、生活方式和迷信等。而这种领导方式决定了政府的命运和外交政策。非洲国家独立以来，出现了多种类型的领导人，有民族主义者、政治家、知识分子、军事暴君、嗜血君主、独裁者等，这些领导人有不同的性格特点和领导方式。腐化和任人唯亲在这些领导人身上普遍存在，与军人和精英分子分享战利品也是普遍现象，领导者这样做来保证自己长时间的执政。

有的领导人在职期间没有改变国家的贫困状况，但是却大量从国内外为自己的家人和亲信敛财。对待这些领导人不应该宽容。还有一些领导人，虽然人数不多，但他们是国家真正的领导者，忠于国家，将国家放在首位（如加纳的恩克鲁玛、坦桑尼亚的尼雷尔和南非的曼德拉）。

非洲的思想意识和迷信崇拜

所有的统治者/总统都是受人崇拜的，大部分非洲领导人都热衷于迷信崇拜。迷信崇拜上升为一门艺术：领导者们也拥有神一样的能力，他们给授予自己不可置疑的权威。这已经脱离了领导人的真实意义。他们成了人们的想象——在非洲式公共关系运动中产生的想象。

283

建立在大众中的无上权威也是有一定价值的——如果不是剥削人民，而是让人民感受到喜悦，那尚可接受。热衷于迷信崇拜的非洲国家统治者有刚果民主共和国的蒙博托、肯尼亚的肯雅塔、坦桑尼亚的尼雷尔、科特迪瓦的费利克斯·乌弗埃—博瓦尼、赤道几内亚的马西亚斯·恩圭马、肯尼亚的丹尼尔·莫伊、赞比亚的肯尼思·卡翁达、中非共和国的让·博卡萨。这些领导人和其领导思想或口号如下：

- 蒙博托·塞塞·塞科，"nkuku ngwebendy wa zabanga，"意为"以耐力和毫不动摇的意志，从征服走向征服，在身后留下一片火海的无敌战士"；
- 尼雷尔，"Mwalimu①，"老师；
- 肯雅塔，"Mzee，"智者，哈兰比的支持者，即"让我们齐心协力"；
- 班达博士，"首领，""首领中的首领，""村庄的首领"；

———————

① 斯瓦西里语。——译者注

- 费利克斯·乌弗埃—博瓦尼，"农民"，"第一位农民"；
- 马卡斯·比永戈，"国家的奇迹"；
- 丹尼尔·莫伊，"nyayo"，意为"脚步，循着历史的足迹"；
- 伊迪·阿明·达达，乌干达没有人能被叫做总统；
- 肯尼思·卡翁达，"人权先生"，"人权主义者"。

这些口号如果具有进步意义，那就是好的。

非洲领导面临的挑战

1991 年以来，新的世界秩序产生，世界上只剩一个超级大国。非洲国家普遍推行多党制，要求民主的呼声越来越高。非洲必须要有土生土长的政治体系，从国外引入的政治体系是不行的。非洲的民主和领导必须基于并且来自非洲社会主义和资本主义的特点。

这能实现吗？能。曼德拉和尼雷尔就做到了——他们证明了这是可以做到的。非洲领导人必须以人民利益为出发点。迷信、神权及统治者拥有的无上权威都是站不住脚的，并且对非洲的和平、安全、稳定和发展有破坏作用。所以，非洲必须恢复原来的价值观。

研究非洲的学生和非洲未来的领导人应该从非洲过去的民主和领导中吸取教训，重塑非洲，为非洲找到一条不同与之前的、更符合 21 世纪要求的路。就这一点而言，非洲领导人需要摒弃迷信。

此外，随着不同事件的发生与改变，非洲也应该随着做出改变。因此，必须接受女性领导（比如利比亚的埃伦·约翰逊—瑟利夫和肯尼亚的旺加里·马塔伊）。非洲国家领导人需要解决国家地位问题以维护国家利益，促进政治对话、多方面发展以及国家和地区的经济发展和整合。他们必须保护民族利益，防止外来的共产主义、资本主义、社会主义或平民主义入侵，重视非洲的社会主义。将泛非主义和不结盟主义结合起来，根除殖民时期残留的不良影响。建立人与人之间的信任，利用外交手段与和平方法来解决分歧和冲突。重新审视非洲联盟的少数服从多数原则，并将其提上非洲的议程。重视非洲的发展和自主权。

非洲的转变

1885 年之前，欧洲的探险家、科学家、地理学家、商人、航天员、传教士来到了非洲。欧洲人在非洲推行帝国主义和殖民主义政策，对非洲人民进行无情的剥削和羞辱，彻底否定了非洲文明，将欧洲文明强加给非洲，使非洲大地陷入贫穷。从非洲和欧洲的第一阶段的接触到第二次世界大战结束，殖民主义和帝国主义都贯穿其中。帝国主义指的是一个国家在其国境之外行使权力。帝国主义势力控制被统治国家的经济、政治、文化等各方面。这样看来，由欧洲推动的非洲的转变是复杂的，并且至今仍影响着非洲。这场转变能否改变或者如何改变是个大问题。对于非洲而言，改变寄希望于其外交政策、外交活动和国际关系上。非洲领导人对非洲的改变等同于重拾非洲在国内外的身份和自主权。

285   1985～2000 年间，非洲经历了许多重大改变，比如废除单一制，设立多党制。其中苏联的社会主义体系崩塌对非洲转变的影响巨大。此外，埃塞俄比亚也在这一时期分裂，厄立特里亚分离出来，1993 年成为独立国家。1990 年，纳米比亚获得政治独立，南非的种族隔离制度废除，多数党获得领导权，纳尔逊曼德拉成为南非首位多数党民主总统。

注　释

1. 贝尼托·墨索里尼，《法西斯的教条》（罗马，阿尔迪塔，1932）。

2. 内维尔·张伯伦，《寻找和平》（怀特菲什，蒙大拿州，Kessinger 出版公司，2005），第 393 页。

3. 希尔·格鲁贝尔译、安东尼·C·卡比，《德国与两次世界大战》（剑桥，马萨诸塞州，哈佛大学出版社，1981）。

4. 唐纳德·卡梅伦·瓦特，《战争是怎么爆发的：第二次世界大战的直接起源，1938～1939》（纽约，潘西昂出版社，1989）。

5. 罗伯特·扬，《法国与第二次世界大战的起源》（纽约，圣马丁出版社，1996）。

6. 艾梅·塞泽尔，《返乡之路》（巴黎，volontés，1939）。

7. 若想看到有趣的分析，请查看安东尼·菲利普、布莱恩·小康坎农，"海地的经济公平需要偿还债务，" 2006.9.7，可通过该网址查看：http：//americas. irc-online. org/pdf/commenyary/0609Hati'sDebt. pdf。

8. 兰迪·策梅洛，《泛非主义：非洲统一组织的先驱》，《周日民族报》，内罗毕，1988.5.15，第 6 页。

9. 兰迪·策梅洛，《泛非主义：非洲统一组织的先驱》，《周日民族报》，内罗毕，1988.5.15，第 6 页。

戈弗雷·P·奥克斯编，《21 世纪初的非洲》（内罗毕大学出版社，2000）。

詹姆斯·西克瓦提编，《非洲再生》，区域间经济网络 IREN（肯尼亚），内罗毕，2004。

10. 阿鲁·欧卡、威廉·奥西昂合编，《非洲的政治与领导，东非文化局》（坎帕拉，内罗毕，达累斯萨拉姆，1975）。

11. 约翰·哈奇，《非洲的现在与将来：基本事实与重大问题概述》（丹尼斯·多布森图书出版社，伦敦，1959）。

12. 马卡里亚·穆内内、J. D. 奥勒维·恩允亚、科尔瓦·埃尔达合编，《美国与非洲：从独立到冷战结束》（东非教育出版有限公司，内罗毕，1995）。

13. 卡瓦多·科纳杜—阿格耶芒、克瓦米纳·潘福德合编，《21 世纪非洲的发展：相关的社会经济和发展问题》（阿什盖特出版公司，伯灵顿，佛蒙特，2006. 发展问题第五部分）。

14. 范图·切鲁，《非洲文艺复兴：全球化挑战的路标》（Zed 出版社，纽约，2002）。

15. 亚瑟·杰斯顿弗尔德、拉斐尔 J. 恩乔罗格，《非洲：下一个十年》（国际商务图书出版社，新迦南，康涅狄格州，2005）。

16. 大卫·S. 菲克，《非洲的企业家精神：成功的研究》（扩拉姆图书出版社，康涅狄格州，2002）。

17. 《城市：非洲 2009》（每年更新再版），（非洲企业理事会 & 国际商务图书出版社）。

18. 戈弗雷·P·奥克斯编，《21 世纪初的非洲》（内罗毕大学出版社，2000）。

19. 戈弗雷·P·奥克斯编，《21 世纪初的非洲》（内罗毕大学出版社，2000）。

20. 克瓦米·恩克鲁玛，《独立非洲国际首次会议》（阿克拉，加纳，4 月，15～22，1958）。

286

第16章 非洲发展与安全的理论意义和现实意义

非洲背景下的发展和安全

在发展和安全方面，很多学者从不同层面对此做过讨论和研究。要知道与其他大陆相比，非洲的最不发达国家数量最多。而且与其他大陆相比，只有非洲的经济倒退到不如50年前、甚至25年前的水平！非洲既然拥有如此丰富的自然资源和人力资源，为何经济发展还如此落后？——这是一个悖论。为何南非的经济水平强于葡萄牙和西班牙，在非洲却只能算是发展中国家，而葡萄牙和西班牙在欧洲却算是发达国家？什么是发展？什么是安全？这些问题及相关定义能反映出非洲发展上的困难。本章将尝试剖析，发展作为提高人民福祉的途径的意义所在。此外，还将探讨非洲悖论的复杂性——为何一方面资源丰富，一方面经济落后，并探讨非洲实现发展和安全应采取的具体实际措施。

此外，很有必要探讨非洲的和平以及非洲的发展在完善其对外政策、外交及改善国际关系方面所发挥的作用。而这些也是非洲提升形象、优化发展目标的主要途径。作为全球体系中的子系统，整个非洲大陆及非洲国家的利益都会受到一定影响。

概念理解：发展及常见的发展方式

288

本书所讨论的发展及常见发展方式虽仅限于非洲，但同样适用于其它发展中地区。如何定义非洲的发展？很难有定论；理论和实践的界限究竟在哪里？为何某些贫困国家被划定为"最不发达国家"，例如很多非洲国家？什么样的国家既是发展中国家又是"最不发达国家"？"最不发达国家"的划定对于一个发展尚可的发展中国家来说意味着什么？无论是对于非洲还是全世界，这些现有的矛盾都是巨大挑战，都需要进一步阐明。

然而，对于非洲、亚洲、拉丁美洲和加勒比海的发展中地区来说，发展仍是第一要务。这一事实不容改变。

非洲的发展[1~3]

我们所谈的非洲发展和其他发展中地区的发展属于同一概念。本书中提到"发展中国家"，所指的是非洲、亚洲、拉丁美洲和加勒比海的发展中国家。"发达国家"指的是欧洲、北美等发达国家和新西兰、澳大利亚等。

发展是一个非常复杂的过程，涉及各个层面，并非只是涉及提高经济财富以及人民生活中的物质经济层面的传统手段。

对于非洲来说，发展过程中会发生一些重大变化，特点如下：

● 国民收入、生产力、实际国民产出（通常以全国水平或人均水平为测量单位）均有所提高，国民生产总值年均增长率在5%以上；

● 制度结构、精神面貌、国家和人民的态度、行为、素质、品质、风俗、思想、信仰都发生了彻底的改变；

● 重新定位并重组整体经济和社会体制；

● 经济增长加速；

● 绝对贫困消除；

● 在整个社会体系中，个人和社会的多种基本需求均得到满足，人民生活水平提高；

289　　　因此，非洲的发展旨在提高人民生活质量，并帮助人民提高自身能力，从而改善未来的生活。国民生产总值并非衡量社会福利的唯一标准。非洲人民自身素养的提高也将有助于非洲的发展。

非洲的安全

非洲的安全同样也涉及多个层面，不仅涉及一些维持法纪的军事、政治措施，还需维护非洲及非洲人民的福祉。

非洲的安全保障同其他地区和人民的安全保障一样，与非洲的发展息息相关，因为安全和发展的总体目标是一致的。发展是一个过程，并不仅限于意识形态和理论的范畴，而是一种切切实实的进步，一种实实在在的成绩。发展的过程必定能大大减少非洲人民的贫困、无知和疾病，取而代之的是和平、稳定、幸福和高质量的生活。而基本需求得到满足并且能体面地生活也正是非洲人民的凤愿。

这里所谈的安全就是没有战争、内乱、斗争、动乱、饥荒、武装冲突和灾难，并且公平和正义能得到保障。非洲的安全包含以下七项基本要求：

1. 保障知识发展稳固独立；
2. 保障教育发展健全完备；
3. 保障男女平等；
4. 保障土地、树木、森林所有权；
5. 建立在非洲长期投资的奖励机制；
6. 保障个体农户对土地、树木和水资源再利用的合法权力和义务；
7. 鼓励自主发展。

非洲安全的发展目标

为保障非洲的可持续发展，必须重视非洲安全的四点要素。社会安全对粮食保障至关重要，此外还涉及环境的可持续性和可持续发展科学；减少社会背景下各群体、团体、国家和地区物质基础和组织基础的脆弱性；增强抵御敌对势力和阻碍势力的能力和机制建设；确保经济繁荣发展。发展是一个过程，而经济则是一门科学。

经济学源于古希腊术语，意为"家庭的管理"，经济学是

290

关于财物分配和生产的科学，经济学家亚当·斯密的著作
《国富论》[4]中详述了经济学的概念。作者在本书中的观点是自
由市场经济更有利于提高生产力和社会效益。因而，经济学是
一门社会科学，涉及货币、价格、生活成本、储蓄和就业。经
济学就是"在匮乏时节约计算后再做出决定"，从而满足某种
需求，即用有限的手段实现最终的目的；而人类会使用所得收
入来获取自身福利，因此，财富研究和人类研究归根结底是为
了提高人类的福祉。

经济学与本研究息息相关，因为非洲的发展和经济增长对
非洲的财富十分重要。只有不断增进、经营、保持、维护非洲
的经济利益，推进非洲经济增长，促进非洲各国发展，才能保
证非洲在对外政策、外交活动和国际关系方面取得进展。非洲
的经济发展是可持续发展的基本要求，因此，经济学是十分重
要的研究领域。

非洲发展标准

保障非洲的可持续发展，需达到以下要求：

- 可持续经济增长要求收入和产出均有所提高；
- 财富、财产、权力平等分配，减少不公平现象等；
- 保障人民尊严，帮助人民实现独立自主、自我保
障、自信自立，改善人民精神面貌，培养人民正确看待竞
争和合理物价的良好品质；
- 独立自治权和自主发展权是把握自身发展命运和思

想行为独立的必要条件;

• 基层大众积极参与发展,鼓励人民积极参与关乎国计民生的决策过程,正如俗话说,"人民的呼声就是上帝的旨意"(vox populi, vox dei);

• 增强国力,采取治理措施,发展非洲人力资源,破解非洲经济和发展困境,提高人民生活水平;

• 发展教育,教育是发展的通行证。缺少行之有效的教育体系,自主发展就无从谈起;不能自给自足,出类拔萃的竞争力和公平有效的领导力就无从谈起,可持续发展也无法保障。教育所传授的信息和知识就是力量。如果教育培养的人才能各尽其用,那么这份力量将会带来巨大的发展;

• 认识到发展的多层面性对可持续发展十分重要;

• 将双边主义和多边主义运用于公平公正的经济关系等其他关系当中,能有效促进可持续发展,包括发展伙伴关系、投资伙伴关系、技术材料金融合作伙伴关系,还可促进旅游业的发展,推进研发项目的交流与合作。(可吸引交换生,并且推动商贸、外援、裁军等领域的双边和多边协商,加强灾难管理,提高能力培养,从而促进发展)

可持续发展的先决条件和决定因素

正确对待决定非洲未来可持续发展的几点要素,将有助于提高非洲人民的生活质量和幸福水平。当务之急是提高人民的受教育程度,因为促进教育公平可带来诸多就业机会。无论对整个非洲还是非洲国家来说，合理有度地享用非洲的自然资源才能提升幸福水平，增加物质财富。安全保障是可持续发展的关键，也是和平和稳定的保证，而安全保障涉及诸多领域，包括思想安全保障、行为保障、饮食等基本需求保障、基本自由保障，保障人民免于忧虑、冲突、战争、无知、债务以及其它有碍发展的绊脚石。可持续发展需要全民参与，而不仅仅局限于局部民众，因而，妇女、儿童、青年、残疾人等非洲社会的弱势群体需要获得更公平的对待。非洲社会底层民众的人均收入需有所提高，从而其基本需求才能得到满足。患病及营养不良群体缺乏劳动力，因此，提高人民健康水平、保障人民营养充足是增强劳动力、保障社会繁荣的关键。干净且可持续发展的自然环境有助于提升人民健康水平。丰富的文化生活、文化发展和多样化发展有助于提升人民的自豪感和幸福水平，从而增进人民福祉。共同建设、振兴并维护活力社区，发扬积极进取和主动参与的精神，最终实现可持续发展的目标。充满活力的都市生活应该保障公民自由和政治自由，还应具备基本的医疗卫生设施、教育设施、基础设施和有效的社会服务。此外，公平的司法体系也是可持续发展的重要一环。

非洲的发展实践、发展范式及其理论运用

简单来说，范式就是一种模式或典型。发展范式就是将研究结论进行升级的结果，而研究主要围绕"如何最有效地攻克发展面临的挑战"，此外再将解决发展问题的方法和手段归纳总结为某些概念，而这些发展问题往往涉及到非洲（任何一个大洲都同理）的核心价值观。

从研究目的来看，适用于非洲的发展范式可分为两类。第一种范式可追溯到第二次世界大战之后，第二次世界大战所引入的发展范式需满足非洲、亚洲、拉美及加勒比发展地区的需求。自 19 世纪末，这些第三世界的国家沦为欧洲国家的殖民地。1945～1990 年间，国际社会大力发展建设。1945 年联合国成立之后，发展力度进一步加强。1945～1960 年间，很多非洲国家及第三世界国家纷纷获得政治自由，加入联合国组织。这些独立不久的国家答应加入联合国的条件是联合国必须把扶助这些国家优先发展的目标提上议程。

因而，"当代"发展范式在本研究中指的是"旧式发展范式"，尽管 1945～1990 年标志着新时代的到来，但这里的"旧"是指新独立国家所推动的第一种发展模式，这些国家不仅追求现实意义上的独立，还追求其他形式的独立、其他方式的竞争以及其他方式的自给自足。

非洲是国际体系下的一个子系统。就如何解决经济等方面可持续发展的问题，非洲尤其关注国际社会针对这些问题所引入的新理念。因而，旧式发展范式一直持续到 1990 年。1989 年 11 月，苏联及其东欧邻国的旧式苏维埃制度崩溃，国际社会出现新秩序，美国作为超级大国在政治、经济等领域处于主导地位。

东西方意识形态的分歧消除，1947 年以来盛行的建立在全球资本主义和共产主义基础上的经济和发展意识形态也随之土崩瓦解。1991 年至今，尤其是 1992 年联合国环境与发展联合会议召开之后，新的发展范式应运而生。因而，自 1945 年起，这两种发展范式在非洲及全球范围内开设施行。笔者认

293

为，旧式发展范式从 1945 年延续到 1990 年，而从狭义上来讲，新式发展范式从 1992 年延续至今。下文将详述两者的特点。

非洲和旧式发展范式

1989 年苏联解体之后，新的世界秩序形成，旧式发展范式因此于 20 世纪 90 年代开始瓦解。当时，众多发展中的地区当中，新的发展观念首先在非洲展开实践。新的战略、策略和调整形成了新的发展模式，从此代替了旧有模式。但旧有模式真的需要更新吗？哪一个种模式真正有效？

如前章所述，通过简单回顾 1990 年前的发展模式，可见前殖民时期非洲的经济、社会、政治体系均充满活力，商业贸易蓬勃发展。在过去，尤其是非洲人民"永久"定居在撒哈拉以南之后，其经济发展势头尤为强劲。与非洲价值观相契合的农业生产取代了之前的游牧业。到 19 世纪，非洲沦为欧洲殖民地，由此，大范围的贫困现象开始出现。帝国主义和殖民国对非洲进行改造——包括大量的人口贩卖。当时非洲人民沦为交易的货物，毫无发展经济的资格和权利。非洲殖民地的经济发展关系形成了一种雇主和雇员的关系，这种关系要求非洲所有的商品、服务、资产和经济必须要（而且也确实是）为欧洲人谋利，而不是为非洲人谋利。在这样的社会经济、商业、发展背景下，非洲的经济发展范式根本无从谈起。然而，随着外来文化不断影响着非洲的经济、政治等领域，非洲的民族主义者出现，19 世纪的独立运动将非洲对政治自由和经济公平的呼声推到高潮。

1945 年，很多重大历史事件在非洲上演，这一年对非洲来说意义非凡。1945 年，泛非大会在英格兰的曼彻斯特召开，会议通过了非洲在众多方面拥有自我决定权的议程，标志着非洲在自治和发展方面的重大变革。随后，1945 年联合国的创建也令非洲获益匪浅，第三世界国家得到联合国的认可，包括非洲的四个国家（埃塞俄比亚、利比里亚、南非和埃及）。从此，政治独立和发展独立成为非洲的诉求。发展是一个过程，因此往后还需经历很多不同的阶段。1945～1958 年间，非洲共有 10 个国家获得独立并加入联合国。

1960 年堪称非洲的独立年，这一年很多非洲国家获得政治独立。同年，联合国大会通过 1514 号决议，同意赋予殖民地国家和人民独立自主的权力。1960～1970 年间，同意非洲以及亚洲、拉美和加拉比海发展中地区的殖民地政治独立。发展中国家最需要的就是发展，而协助这些国家发展也是联合国力所能及的，因而，发展成了联合国的首要主题。

借助国际发展策略体系，联合国的十年发展计划得以实现，并沿用至今。自 1962 年联合国首次启动十年发展计划（1962～1972 年）开始，联合国十年发展计划便一直延续至今。值此之际，第五个十年发展计划正在实施。

20 世纪 70 年代到 80 年代间，石油输出国组织于 1973 年引发了的全球能源经济危机，非洲作为人类发展和国际合作的重要伙伴，遭受了最为沉重的打击。联合国提出了"发展与国际经济合作"的口号。当时，联合国努力创建国际经济新秩序，以求将经济社会范畴纳入联合国体系，但是直到 20 世

294

纪 80 年代都收效甚微。1979 年联合国系统发起的全球谈判以及一直进行的关税及贸易总协定的贸易谈判均效果不佳，这就是众所周知的"迷失的十年"。

旧式发展范式失败的原因有很多，主要包括以下几点：

● 政治阻碍：对于国际论坛的决策，缺乏顺从和施行的政治决心。由于联合国并不具备政府权力，因此存在很多限制条件且缺乏实施机制。若缺乏成员国的政治承诺，任凭成员国自愿参与，联合国将寸步难行。

● 经济阻碍：全球经济不断衰退，非洲国家也随之引来史上最贫困的时期。非洲的贫困现象可追溯到 20 世纪 70 年代早期，并且持续至今。非洲本地的一连串冲突、内战、政变均导致其贫困加剧。从全球范围来看，发达国家呈现了新殖民主义、结构调整计划、保护主义、资本主义剥削等消极策略的制约性。联合国官方开发援助（ODA）没有惠及"南方国家"①，而"南方国家"的资源反而流向"北方国家"，由此带来了很多问题。天灾人祸、偿还债务的压力、逃离内战、冲突、自然灾害的难民和无家可归者、日益恶化的援助资金流、自下而上发展动力的缺乏均对非洲的人口产生了一定影响。随着现代化社会的到来，城市化进程加速，都市生活在非洲广泛普及，

① 这里的"南方国家"（South）和"北方国家"（North）是指位于南半球的发展中国家和北半球的发达国家或地区，与"南北问题"、"南南合作"中的"南"、"北"意义相同。——译者注

但社会平等的带动依旧不够。非洲的农业经济发展衰败，由此引发越来越多的饥荒、饥饿和贫困现象。社会政治权力的缺乏、能力建设的缺乏再加上人口爆炸让非洲的人居环境和经济发展危机重重。

● 其他阻碍：非洲极度缺乏社会公平和社会发展的道德基础，这一缺乏日趋严重。

● 科技阻碍：非洲殖民地的教育体系无法为非洲培养科技人才。科技乃可持续发展的动力所在，因此，缺乏科技人才，后果十分严重。

● 社会阻碍：非洲政治独立的前三十年，社会普遍存在医疗问题、贫困问题、教育问题、不公平问题、女性和社会弱势阶层受歧视问题等，这些问题都严重阻碍了非洲的发展。社会不发展、不平等、不公义、缺乏良好的环境及对环境的保护，经济就不可能得到真正的发展。

新发展范式

从当前的研究来看，1990 年前的旧式发展理念显然未得到充分施行。不幸的是，非洲如今所面临的发展挑战远远超过20 年前的水平，艾滋病等流行性疾病、难民及无家可归者、全球化和全球主义、城市化和城市主义、较高的孕产妇和儿童死亡率均带来了新的发展挑战，其他的发展挑战则在"联合国千年发展目标"即《21 世纪议程》当中有相应分析。此外，还伴有现代化发展、经济农业改革、基础设施发展所带来的种种挑战（信息通讯技术包括信息革命的网络等因素）。

《21世纪议程》仅有部分内容获得了成功。以上种种挑战以及新式发展范式的弊端将长期困扰非洲的发展。

"新式发展范式"是一种多元化表达。因为发展在本质上就存在不同的标准。发展这个方程式有很多解法。当代的发展范式总体可以划分为14类，每类之间联系紧密，其中某些类别我们已经有所涉及，分类如下：

1. 持续性；

2. 可持续发展；

3. 环境可持续性；

4. 可持续科学；

5. 全球化；

6. 全球公益和全球公害

7. 发展议程上的新兴问题；

8. 国际协商中的双边主义；

9. 全球协商中的多边主义；

10. 千年发展目标；

11. 灾难与发展的预备、防范、减少、减缓和管理；

12. 最不发达国家的标准及重债穷国的发展类别；

13. 多边全球协商，联合国会议体系即关税与贸易总协定或世界贸易组织体系。

可持续性

1712 年，"可持续性"一词首次出现在汉斯·卡尔·冯·卡洛维茨的《森林经济》一书中。卡洛维茨是德国一名采矿学家、护林员及税收员，他在书中描述了可持续性的问题（德语是"Nachhaltgkeit"）。之后，英、法的科学家在树木栽培方面采用了这个概念。继 1972 年联合国在斯德哥尔摩召开人类环境会议之后，20 世纪 70 年代开始采用"可持续收益林"的说法。此后，由于基本生态支持系统存在不均衡的现象，因此环境问题日益严峻，并受到重视。

如今，可持续性旨在维持经济、文化、社会、体制、人类社会、非人类环境可持续发展。可持续性包含以下四项因素：

1. 将文明和人类活动建设为人类社会的手段和方法；

2. 在保护生物多样性和自然生态系统并且长期努力践行这些理念的同时，建立国民经济，主要为满足社区人群的需求以及帮助他们充分发挥潜力；

3. 影响各级组织，小到当地街坊，大到全球；

4. 无论现在还是未来，都努力建设最好的人类自然环境。

可持续性的类型

可持续发展关系到连续性以及维持过程、功能、发展、生物多样性、生产等方面均平衡的能力。可持续发展的概念适用于诸多情况及诸多发展领域。这些领域包括人类财富和发展的可持续性、经济发展、公平的社会发展、环境、城市主义、经济、教育、权力、能源发展、科学、农业、所有权、财政（普遍）、投资、激励方式、指标发展、信息、刺激方式、创新、鼓励、投入、发明、工业化和旅游。

发展离不开以下这些可持续性的类型：

- 体制可持续性：强化体制结构，开展技术合作；
- 经济金融可持续性：技术合作产生经济效益；
- 生态可持续性：技术合作所得收益可用于保护自然环境、发展生产、以及为社会群体谋福利。
- 可持续发展：除了依靠资助者的资助之外，发展依旧持续产生效益。
- 智囊团可持续性：知识可保障项目正常进行。

影响可持续发展的因素

以下几点对可持续发展至关重要。参与发展和所有权是让利益方真正参与发展的设计和实施，并把发展建立在他们的呼吁和需求之上。项目一旦实施就开始进行能力建设和利益方培训，并贯穿整个项目过程。该过程需要发动群众积极性，随后向技术发展转移。发展项目与当地政策的协调程度直接关系到项目的成功率。训练筹集资金、对私有部门有效定位、与私有部门联合、鼓励政策改革均有助于经济发展。管理组织应将这

298

些举措与当地的结构相结合。有关性别分工和文化偏好的新观念、新技术、新技能应当充分考虑到社会、性别和文化层面。技术应当适应文化。贫困群众也当参与环境的管理，并且加入负责废物处理和污染防治的城市管理委员会。

可持续发展的关键领域

显然，非洲经济的支柱为农业。然而，商业生产和加工制品的销售（即工业和工业化生产）对非洲的长期发展也起着至关重要的作用。非洲的经济发展部门大概分为国有部门、私有部门和非正规部门。所有这些发展形式，只要能持续改善非洲的状况，都将长期造福于非洲人民，不论对非洲的环境、技术、劳动力、教育、儿童福利还是精神面貌，都是如此。如上所述，只有这些发展形式在多个领域改善非洲的状况，才能长期造福于非洲人民（例如，领导力、教育、自然资源基础——改善自然资源使用状况，可帮助非洲在不牺牲未来资源的前提下，满足当前的需求，这一点至关重要）。

除了依赖工农业，发展也离不开旅游业、能源业、公共用水和公共卫生、基础设施建设、经济贸易、教育和领导力、以及其他发展非洲必须优先考虑的问题，如和平、安全、稳定、民主（民主化）、扶贫、债务减免、商贸市场准入、艾滋病等传染病的减缓、能力建设、人权的管理和考察以及政府内外资源调动。由此表明，非洲的发展和与发展休戚相关的信息通讯技术，离不开非洲的资源民主主义、文化保护和官方开发援助资金流。

可持续发展因素间的相互作用

可持续发展过程包括经济发展、经济增长及环境保护。这些都是可持续发展的重要组成因素，而它们之间的相互作用也是可持续发展的要素。实际上，非洲各经济体的经济发展状况紧密相连，但又各有侧重。经济增长离不开生产力的提高，而发展则离不开实际收入和产出的提升。

非洲的经济发展指的是非洲国家的人均实际收入和产出将有所提高并带来重大的结构性变化的过程——在基础设施建设以及工、农、服务业的资源再分配方面，该变化尤其显著。在以下三个阶段采取适当的实际措施，有助于保障非洲经济的有效发展：

1. 农业发展阶段。此阶段非洲大部分人口均在务农；

2. 加工业发展阶段。此阶段非洲大部分人口均在工厂做工；

3. 服务业发展阶段。此阶段非洲劳动力从工、农业转移至服务业，分布在餐饮、互联网（远程通讯网络）维护、通讯、运输等服务行业。

非洲国家经济发展的表现包括消除贫困、增加就业、全社会实现公平、平等。此外，非洲的经济增长也是商品生产和高标准服务业发展的结果。就这一点而言，国家生产力的提高表现为实际国民收入的提升，这可以通过人均国民生产总值来衡量。国民收入的提高具有可持续性，可在一段时间内加以衡量。普通股和优先股的供应量必须有所提升、劳动力有所增长、劳动力市场有所发展，非洲的经济在未来才有发展可言。

除了这三点组成因素之外，必须发展技术技能，因为技能发展也是刺激经济发展的重要因素。

经济/环境的可持续性

技术技能的发展对非洲的环保工作非常重要。保护环境必须防止环境恶化和抵制破坏环境的行为，该过程则与环境生态的可持续性紧密相连。合理利用自然资源并用可持续的方式保护环境，对于任何一个国家来说都是一种能力。

维持环境的可持续性是一个过程，已经持续了多年。然而，现代的这种观念可追溯到第二次世界大战后时期，过去认为技术主导经济增长，而当时，新的认知取代了这种理想化的观念，认为经济发展与环境质量密不可分。因此，20 世纪 60 年代兴起的环保运动期间，越来越多人支持将环境的可持续发展作为一种发展范式，大众由此意识到合理使用环境以及保护环境的必要性。

在斯德哥尔摩召开的人类环境会议对此问题进行了认真探讨。1973 年，罗马俱乐部组建了一群经济学家和科学家，专攻环境相关问题。1974 年，受罗马俱乐部委托，德内拉·梅多斯、丹尼斯·梅多斯和乔根·兰德斯出版了《增长的极限》，书中预测了各国人民不断开采利用自然资源的可怕后果。[5]

该书提供了解决经济问题的可靠方法。此后几年，其他作者也相继提出警告说非洲等地人口的快速增长将耗尽地球资源。人们呼吁必须采取具体措施，防止环境恶化的灾难继续上演。

1973 年，公众对环境问题的关注促成了联合国环境规划署的成立，其总部位于肯尼亚的内罗毕，该组织也是联合国唯一一个总部位于第三世界国家的组织。有关环境问题的讨论持续到 20 世纪 80 年代，于勃兰特委员会成立时期达到高潮，该委员发表了所谓的《布伦特兰报告》，报告将可持续发展定义为"可持续发展既满足当代人的需求，又不损害后代人满足其需求的能力。"[6]

在环境与发展的大背景下，可持续发展的定义应运而生。因而，"不损害"实际指"不危害"。此外，环境的可持续发展特别要求在满足人类需求的同时，维护生物多样性、保护生态系统、持续计划实现以上目标。

因此，环境问题是影响非洲对外政策、外交活动、国际关系的决定性因素之一。为了人类的福祉，必须负责任地合理有效利用一切人类社会资源，包括自然资源、人力资源以及经济资源。[7]

科学的可持续性

科学可持续发展是一种新的发展范式。发展科学的可持续性是关切人类生活状况的一种表现形式，也是对人类生活状况的新探索。近 20 世纪时，欧洲学术界曾探讨过这个问题，这种发展范式最早由全球变化挑战大会提出，是 21 世纪新的学科。国际科学理事会、地圈生物圈计划、国际全球环境变化人文因素计划以及世界气候研究计划共同于阿姆斯特丹进行了有关该新学科的探讨，该学科包含学术与实践、全球和本地的视角、南方和北方的视角，并且横跨自然科学、社会科学、工程学、医学多个学科。因而，可持续科学发展的概念源于环境科学。

科学的可持续发展这门学科培养的是有关地球系统方面的知识，包括地球系统知识的融合和应用，主要源于历史上的各种科学（如地质学、生态学、气候学、海洋学）。该学科涉及社会科学和人文科学中所谈到的人际关系，以期缓解未来人类对地球及全球社会所造成的地区和全球性后果（运用科技手段了解地球，再加上对社会科学和生态系统的充分考虑，有助于可持续发展）。

尽管科学的可持续发展是一门新兴学科，但其规律早已有所显现。例如，易洛魁人的第七代哲学认为首领必须考虑所行所为对未来七代子孙的影响。科学的可持续发展这种发展范式需满足以下先决条件：

　　●随着世界人口不断加增，在维持世界基本生活保障系统以及维护生物多样性的同时，努力探寻生有所养、住有所居、学有所教、劳有所聘的方法和途径。

　　●从人类活动尺度、空间尺度、时间尺度多个方面，齐心协力将自然科学、社会科学、工程学与环境和发展联系融合在一起。要想实现这一目标，必须在融合和联系的过程中，不断积累促进环保事业和人类发展的相关知识。

302

●加强人与自然积极互动的可持续性，人类和部分环境均能双双获益。

●考虑到人与自然相互作用的不断扩展，自然与社会体系的联合不断深化。进一步鼓励人与自然相互作用并为之创造条件，并合理运用相关的知识和方法，可带来更好的发展和收益。

简言之，增强科技发展就是增强可持续发展。为保障人类的可持续发展，必须努力强化科学知识和方法。科学可持续发展的范式包含以下四个基本条件：

1. 满足社会需求的前提是不损耗、不破坏、不损害地球基本的生命维持系统（水、土地、大气、自然资源）。

2. 以造福人类为前提，控制人口增长，有效规划环境，防止环境和生态系统遭到破坏。

3. 人与自然的相互作用必须以不危害地球生命维持系统为前提。

4. 为帮助人类社会在不耗尽环境资源的前提下取得繁荣昌盛，自然科学、社会科学等科学应当积极参与其中，成为发展的有效手段。

非洲和科学的可持续性

由于环境恶化所带来的后果，非洲无法从科学的可持续发展中获益。自20世纪60年代，非洲持续受到干旱、荒漠化、疾病、洪水、饥荒、粮食短缺、水资源短缺、营养不良（如萨赫勒地区）等问题的困扰，也无力解决这些复杂难题。要想攻克这些难题，非洲必须加强人力和机构能力的建设（例如，用现有技术提高生产效率，生产可再生的干净新能源来促进发展）。有必要采取措施解决水资源问题、自然灾害的防治问题、气候变化的适应问题、生物多样性问题，并且努力减少、防止自然灾害给非洲带来的消极影响。这一系列举措必须从全球层面、地区层面、次地区层面及国家层面里里外外开始实施。

303

注　释

1. C·扬，《非洲的意识形态和发展》（纽黑文市，耶鲁大学出版社，1982年）。

2. 沃尔特·娄德尼，《欧洲如何导致非洲的欠发达》（华盛顿特区，霍华德大学出版社，1982年），第3～29页，第31～71页，第149～211页，第283～288页。

3. 保罗和简·威廉·冈宁，《非洲为何发展如此之慢》，《经济视角》杂志13，（夏季，1999年），第3页。

4. 亚当·斯密，《国富论》（牛津平装本，1776）。

5. 德内拉·H. 梅多斯，丹尼斯·L. 梅多斯，乔根·兰德斯，《增长的极限》。

6. 联合国大会42/187决议，《布伦特兰报告》（联合国，1987）。

7. 联合国大会A/42/427报告，《世界环境与发展委员会报告》（联合国，1987）。

第17章 非洲对外政策的决定因素：以部分非洲国家的对外政策模式为例

介 绍[1~6]

本章通过调查分析了影响南非、佛得角、埃及、加蓬、尼日利亚、肯尼亚及刚果民主共和国的对外政策的主要因素。

如卷一所述，非洲"对外政策"是一个复数概念，代表非洲多个国家的对外政策，实际上是指跻身国际舞台的非洲国家所出台的国内政策，通过这些政策，非洲期望促进、保护、谋划、维护非洲国家的国家利益和形象。分析非洲对外政策的同时，必须考虑到非洲国家在自然条件、意识形态、发展职能方面的差异性，以及不同的发展水平和情况。

南非、埃及、加蓬、尼日利亚、肯尼亚、佛得角及刚果民主共和国的对外政策既有差异性又有相似性，本章将对此进行详述。本章将对比、调查这些国家的外交案例以及它们与其他主权国家的关系。针对这些国家对外政策、外交活动、国际关系的对比性研究设计到多个领域，包括殖民化进程、消除殖民化进程、政府领导系统、对外政策的制定和实施、国际组织中的成员身份、国家利益以及新千年对外政策的含义。本章将在结尾对上述七国对外政策中值得注意的相似性和分歧进行分析。

非洲对外政策的目的

对于上述七国在内的所有非洲国家来说，以下几点是非洲对外政策的基本目标：

- 保护、提升、谋划及维护国家利益和形象，完善对内和非洲各国的关系以及对外和世界各国的关系；
- 在国际法的保护下，按照国际法、联合国宪章及非盟宪章所推行的国际普遍规范和原则，推动人类的发展进程；
- 在全球关系、国际关系、非洲国际关系和外交活动方面，加入、促进全球探讨和协商，和平共处，在发展、裁军、社会福利方面共同合作，以求造福全人类以及非洲国家的人民；
- 通过保护全球环境，抑制气候变化和全球变暖带来的影响，实现国家、国际乃至全球范围的和平与安全；
- 促进合作，共同消除贫困、疾病（包括艾滋病等传染性疾病）、无知（文盲）的现象。

概念定义

修昔底德（约公元前 460～公元前 395 年）曾提出无论是国家还是个人，关系的根本保障是利益的一致性。保障利益一致也是对外政策的重要目标之一，是非洲国家在对外交往政策中的关键。国家利益是一个国家对外竞争和交往的生存之道。任何一个国家都必须保护其自然、政治、文化特性，防止其他国家的侵犯。国家利益是确定对外政策目标的手段，是政治话语中一个含义广泛的概念。对于任何国家来说，国家利益是衡量一切政治行为的绝对标准。

从对外政策和外交活动的根本来看，政策可定义为按步骤采取一系列举措的计划或具体进程（如国家目标），政策用于实现广义的目标。因此，对外政策乃是国家利益的政治概念，也是提升、维护国家利益的手段。对外政策是各国根据其外交关系而提出的行动方案，背后有很多配套项目加以支持。

"权力理论"是一种适用于非洲的国际关系理论。其他适用于非洲的国际关系理论包括自然法理论、国家建设理论及本书第 18 章详细论述的各种理论。

国家安全是一个既复杂又敏感的问题，就像对外政策一样，涉及国家所有政策的多个层面，并涉及政治、外交、经济、军事等方面。然而，普通政策的其他因素也常常发挥作用，包括意识形态、道德、文化、心理等因素。通常，所有这些因素都集结在政治这把大伞之下。

尽管对外政策与国内政策所涉及的范围不同，但是两者之

306

间没有明确的分界线，因为对外政策也属于国内政策的一部分。两者共存于同一类，都是同一领导体系的成果，并且都是基于相同的国家基本目标。

权力理论是埃及、加蓬、佛得角、肯尼亚、尼日利亚、南非、及刚果民主共和国对外政策的一部分，该理论要求这些国家以系统有效的方式参与国际政策的制定及七国国际关系互动当中。

相似性

上述七国有以下相似性：

- 尽管各国具体的殖民政策和实际情况各不相同，但七国都有被殖民的历史；
- 七国均通过抗争获得政治独立；
- 对外政策、教育、经济、政治体系均以之前的殖民力量为基础；
- 均与之前的殖民国保持着某种特殊联系；
- 均是联合国成员，均在其区域、政治、社会经济体系之下；
- 对外政策的决定性因素在很多方面均相似，对外政策的实施过程和步骤也有很多相似性。

可见，以上相似性包括非洲政策及其外交活动的实质、非洲国家利益和意识形态的问题、目标和系统性方针、联合国系统中的非洲目标及其外交策略。此外，还包括冲突的原因、结

307

果和解决办法、非洲的腐败及对外政策的决定性因素，如政治、安全、经济、历史、社会（如非洲社会主义）、价值体系（传统）。

不论是整个非洲还是本章所研究的几个国家，以下都是它们共同面临的挑战：

- 殖民所遗留的问题；
- 庶民主义或弱势群体：司法独立问题；
- 占领地保有原则的规定；
- 发展过程中出现的分裂主义、非法结党、共产主义、管理问题、环境问题及所有权问题。

差异性

非洲国家对外政策的差异性如下：

- 殖民豁免权：南非、埃及、埃塞俄比亚、利比里亚、利比亚、摩洛哥均享有殖民豁免权，即这些国家可以不受殖民统治（殖民活动始于 1884～1885 年瓜分非洲的柏林会议）。因此，尽管这六国在 19 世纪末受束于殖民的枷锁，但它们殖民化的类型相对比较特殊。实际上，有人认为埃塞俄比亚和利比里亚是非洲唯一未被欧洲殖民的国家。然而，这一结论不太准确，因为尽管两国的殖民历史非常短暂，但两国曾是美国（利比里亚）和意大利（埃塞俄比亚）的殖民地。

● 殖民遗留问题: 自 1652 年, 路德派和加尔文派教义对南非产生了上百年的影响。1994 年之前, 南非一直深受其害。其教条主义推出一套 "各自发展" 的理论, 也就是众所周知的种族隔离, 该理论不仅加强了种族的划分, 而且将非洲人与白人分别对待, 使其遭受非人的不公待遇。显然, 殖民带来了种族的划分, 有时, 非洲人民被当作货物贩卖为奴, 没人顾及他们的灵魂! 始于 15 世纪的罗马天主教会甚至一面支持这种卑劣、伪善、可耻的观点, 一面却在传讲彼此互为弟兄、人人生而平等和拯救。

● 殖民政策: 比利时的殖民政策忽略了基本人权, 残忍压榨、虐待刚果人民, 并剥夺他们接受基础教育的 308 权力。

● 政治文化从属关系: 埃及属于非洲和阿拉伯中东文化, 但在政治方面, 埃及从属于非盟、阿盟及其当地组织。肯尼亚则融合了英国、斯瓦西里、阿拉伯和非洲文化。尼日利亚曾被多国殖民, 因此所融合的文化更加丰富。

● 种族 "融合": 上述七国均出现了生硬的种族融合和种族混合。《柏林议定书》在非洲地图上敲定地理名词后, 带有不同文化、文明、习俗、传统的不同民族就这样被生硬地放在一起, 完全不考虑其种族各自的价值观。种族融合是欧洲对非洲殖民控制所遗留的一大后果。

● 种族 "分裂": 种族分裂最初源于种族隔离——按照种族、文化和文明将原本属于同一国家的人隔离开来。

而种族分裂最终导致对民族统一的追求。索马里就是一个很好的例子。索马里不断声称民族统一，并声称肯尼亚（东北部）和埃塞俄比亚（南部）的部分地区为其领土。在这些国家与全球其他政治实体的交往过程中，殖民化所遗留的这些影响将对这些国家的对内和对外政策构成挑战。

上述七个国家被殖民势力的强加了西方的价值观。例如，尼日利亚和肯尼亚受英国价值观影响；加蓬受法国价值观影响；刚果民主共和国受比利时的价值观影响；埃及受英国和阿拉伯的价值观影响。

南非的对外政策

南非对外政策的核心是增进国家利益。1994 年 4 月，南非普选提出了新的对外政策，1994 年 5 月 10 日，南非总统就职开始启用新的对外政策，代替了束缚非洲多年、为人唾弃的种族隔离政策。种族隔离政策的终结及东西方意识形态的划分奇妙地转变了南非的对外政策，因为新政府不用再担心国际社会基于种族隔离政策而对其施行禁运、孤立和制裁。

南非是非洲的经济强国，在国际和平、安全、环境和发展方面均背负着领导非洲在国家、次区域、非洲大陆及全球各层面取得进步的期望。尤其在南北关系和南南关系中，南非必需在国际协商中起主导作用，包括在新千年主导国际讨论的各种发展范式中，南非也必需起带头作用。

要想动摇种族隔离政策，当务之急是建立一个对外政策的制定和实施机构，负责改进和重构过去负责对外政策事务的各政府部门。因此，从外交事务开始改革，对于负责内务、国防、金融、国家规划、法律秩序等事务的各级部门来说，改革也相当关键。学术机构和私营企业应当集思广益，帮助南非以非洲超级强国的身份在国际事务中起带头作用。南非是非洲一个中立的发展中国家，尊重国际法原则和联合国宪章，其追求"和平和友谊"的国家理想应当作为制定和实施对外政策的核心。南非的政策关注人的尊严和权力、民主的实现、国家和国际的和平和安全、南非人民和世界各国人民的经济权力和义务。

南非新推出的对外政策强调以下七项原则：

309

- 充分观察、承认、尊重、推动人权及一切目标和理想；
- 所有政府，不管什么形式，都相信民主必然实现；
- 各国关系应遵循国际法和国际法院的指导；
- 各国的差异和冲突应通过谈判和协商的方式解决，不使用武力解决问题；
- 南非的对外政策需维护和增进非洲的利益；
- 南非经济发展应促进区域的融合及国际经济的合作；
- 南非国际关系应增进和巩固国家的民主进程及全球经济的相互依赖性。

此外，南非对外政策还涉及联合国理想、全球经济发展合作、环境问题、气候变化问题、全球谈判问题、全球变暖问题、及有关臭氧层破坏问题的《蒙特利尔议定书》。

当前，南非和中东、亚洲、大洋洲、西欧、中欧和东欧、北美、拉美、加勒比海地区均有外交关系。国际经济关系旨在鼓励各国积极加入国际贸易体系，包括与联合国的关系、多边关系、南南合作、南极地区并参与难民救助、安全问题和裁军问题的讨论当中。南非是英联邦成员国，并参与了不结盟运动、77 国集团和外交、外事服务机构。

310

佛得角的对外政策

要想充分了解佛得角对外政策的决定性因素，需要从历史的角度入手。佛得角是大西洋上的一个非洲岛国，和圣多美和普林西比、几内亚比绍一同沦为葡萄牙在大西洋的殖民地。葡萄牙是现代第一个与非洲建立关系的欧洲国家。1415 年，葡萄牙入侵摩洛哥，攻破并占领了摩洛哥的休达，将休达变成其在直布罗陀海峡的飞地。

自 1415 年占领休达后，葡萄牙大大增加了与非洲的贸易往来，包括黄金等自然资源的合法贸易和针对被占领地区的非法贸易。葡萄牙人把西非和中非森林王国的非洲奴隶运到大西洋的三个岛上，安置在岛上的种植园里，最终从海上运往美洲。

葡萄牙的殖民政策将其占领的土地和岛屿列为其海外领土。直到反殖民浪潮席卷整个非洲，那里的人民才获得受教育的机会。反殖民斗争为非洲赢得了政治独立，也确定了佛得角至今仍在推行的的对外政策和外交活动的倾向。佛得角虽是非盟、联合国成员，也参与非洲区域管理如西非国家经济共同体，但它仍与前殖民国保持密切往来，这是佛得角对外政策的一大特点。佛得角是非洲最小的国家之一，1975 年获得政治独立，2007 年经联合国决定脱离最不发达国家称号。佛得角对外政策的指导原则包括以下几点：

1. 联合国宪章和非盟宪章所囊括的国际原则：

  a）不干预别国内政；

  b）尊重别国领土完整和主权；

  c）和平解决国际冲突；

  d）和平共处；

  e）睦邻友好；

  f）促进合作、民主和人权观察。

2. 为了佛得角和非洲各国的可持续发展，促进公平、平等，促进就业，保护环境。

3. 加入不结盟运动等其他国际组织。　311

4. 一般而言，遵循非洲外交方针，该方针由非盟和非洲区域组织的安排可体现，佛得角是成员国之一，这很大程度上决定了佛得角对外政策的制定和实施。

2007 年，石油的发现大大推动了佛得角经济的发展。佛得角成为第二个脱离最不发达国家队伍的小岛国。博茨瓦纳是第一个，它在 1994 年从非洲 33 个最不发达国家中脱离。佛得角也是小岛屿国家联盟中的成员，该联盟包括六个非洲的小岛屿发展中国家，分别是佛得角、几内亚比绍、圣多美和普林西比、毛里求斯、科摩罗、塞舌尔，其中三个位于大西洋，三个位于印度洋。在小岛屿国家联盟和小岛屿发展中国家中的优先地位对佛得角意义非凡。此外还包括灾难的防治、预防和管理。

小岛屿国家联盟和小岛屿发展中国家是非洲地区商品和服务的重要市场。非洲人民的语言各不相同，为了方便交流，通常使用阿拉伯语、西班牙语、葡萄牙语、法语、英语和斯瓦西里语。

作为葡萄牙的前殖民地，佛得角施行的是多边化、多语言化的对外政策，有助于佛得角发展双边和多边关系。另一个决定佛得角对外政策的因素是宗教因素，尤其是基督教和伊斯兰教。佛得角广受各种欧洲文化的影响。

近年来，佛得角获得和平与稳定，这也是可持续发展必不可少的条件。在未来的十年甚至将来，佛得角将面临 21 世纪的各种新兴挑战，包括疾病（艾滋病和埃博拉等传染病）、环境恶化、气候变化、全球变暖等相关挑战。要想解决这些问题，需要国际社会和非洲共同努力，当然也离不开佛得角的努力。

刚果民主共和国的对外政策

刚果民主共和国是比利时的殖民地。比利时国王利奥波德二世利用 1884 ~ 1885 年瓜分非洲的柏林会议将其攫取，建立了刚果自由邦。

比利时的殖民政策极为残忍，在 1960 年刚果宣布独立之前，刚果并没有做好充分有效的独立准备工作。结果，自 1960 年之后，冲突、腐败、内战震动了整个刚果。尽管刚果有丰富的矿物资源、石油资源和经济作物，但仍旧属于最不发达国家。但是其战略位置十分重要。

自然资源是决定刚果对外政策的因素之一，却让刚果成为易受攻击的对象，兴起了黄金战争政治学，并且让非洲在解决刚果问题方面发生了分歧。

刚果几度更名。1885 年前，名为刚果自由邦，后更名为比属刚果，并经历了严酷的殖民政策，由此阻碍了刚果准备政治独立的进程。

1960 年 9 月 30 日，刚果总理帕特里斯·卢蒙巴就职，不久就于 1961 年 1 月 17 日被暗杀。卢蒙巴的儿子一直在追查父亲死亡的原因和方式。这次暗杀是否得到了前殖民国的默许？是当时几个超级强国争夺黄金带来的后果？还是由约瑟夫·卡萨武布总统、莫伊兹·冲伯总理、瑟夫·蒙博托上校所发动的种族对抗的结果？以上三位领导人于 1965 年推翻了当局政府，并统治刚果长达 32 年，直到 1997 年 5 月 17 日下台。

不管哪个国家，经历过这样一段政治历史，所采取的对外政策都会取决于发动政变者和掌权者。领导者会采取相应的对外政策，辅佐国家的管理和统治。蒙博托总统 1971 年将国名更改为扎伊尔，但 1997 年 5 月，洛朗·德西雷·卡比拉推翻蒙博托政权之后，又将国名改为刚果民主共和国。2002 年卡比拉遭到暗杀，他的儿子约瑟夫·卡比拉保留了这一国名。

312

自 1960 年以来，刚果对外政策的方向和侧重点一直不断变化。起初，卢蒙巴的对外政策强调对外独立，独立于欧洲势力，并强调与非盟组织结盟，实现共同的目标和原则，对社会主义有强烈倾向。这一度引起西方国家的担忧，西方国家在黄金战争中曾努力阻挡苏联的影响力触及刚果。蒙博托统治时期，刚果明显依附于西方，比利时和美国政府大力支持蒙博托，并在政治、军事、发展等方面远程操控扎伊尔。蒙博托用财阀的方式治理国家，使国家日渐贫困，并允许西方政府和企业持续开采刚果的资源。这样的对外政策丝毫不能增进和保护扎伊尔的国家利益，相反，只会牺牲国家利益，增进和保护了总统的个人利益及比利时和美国等西方势力的利益。这样的政策打错了算盘，政策的实施也欠考虑，最终导致国内冲突和战争不断升级，直到 2010 年才稍有缓和。政府一旦面临内战的困扰，根本无暇顾及发展，也不可能有发展的积极性，只能竭力维持统治。只要国内的冲突、斗争、内战持续进行，国家的对外政策将持续受到阻碍。解决冲突也是刚果人民的基本诉求。

313

加蓬的对外政策

加蓬，和刚果一样位于非洲中部，是法属殖民地，1960 年宣布政治独立。

在非洲，一个国家的对外政策、国家形象、国家声望、国内国际表现都与其领导人的性格、人格和生活方式密切相关。并且，领导人执掌的权力越小，对外政策剧烈变动或被歪曲的可能性就越小。

确保加蓬稳定的因素主要有两点：首先，加蓬的民族成分特点较少，而非洲很多国家的民族构成特点非常丰富，由此导致部落抗争不断。其次，长期执政的奥马尔·邦戈·翁丁巴总统采取了很多举措，保障加蓬的稳定。

1967 年，奥马尔·邦戈就任总统，成为国家唯一统治者和政府首脑，直到 2009 年逝世。与其他法属非洲殖民地一样，法国对加蓬施行了相同的殖民政策。殖民所遗留的影响并未波及加蓬在国际事务中所享有的和平与稳定。世界各国都非常佩服加蓬的政治的稳定、国家的发展和旅游业的发展等，在法国、海外及非洲，加蓬向来得到合理的尊重。

预计加蓬在政治的稳定、投资和旅游业的发展、和对外建立良好商贸关系方面都会取得成功。

奥马尔·邦戈·翁丁巴总统推出积极的对外政策，增进区域的合作与融合，改善加蓬在多个组织当中的经济表现，包括非盟、中非国家经济共同体、中非经济和货币共同体、中非国家银行、中非发展银行等组织。 314

在奥马尔·邦戈·翁丁巴总统的领导下，加蓬取得了显著成果。加蓬现由其儿子阿里·邦戈·翁丁巴接替治理。毫无疑问，奥马尔·邦戈是一位廉正、正直、值得尊敬的总统。在他的治理下，加蓬成为重要的石油生产国，并且加入了石油输出国组织，后其成员国位置被安哥拉替代。加蓬肩负着在区域发挥重要作用的使命，在国内的发展则相对成熟。然而，在联合国宪章和非盟宪章的指导下，阿里·邦戈·翁丁巴总统是否具备其父亲那样的国际调解能力，仍需拭目以待。阿里的父亲曾成功推进了加蓬对外的经贸关系，包括在非洲、加勒比海地区、太平洋/欧洲联盟、洛美协定、77 国集团和法兰西联邦当中。取得这一系列的成功经验之后，大众要求继续沿用奥马尔·邦戈的有效方法，解决非洲的经济、政治问题。

尼日利亚的对外政策

1960 年，尼日利亚脱离英国殖民，获得政治独立。在 1884～1885 年的柏林会议上，欧洲国家犯了一个非常严重的错误，就是决定合并本不该合并的国家，如尼日利亚，以及分开了本该统一的国家，如索马里。那些殖民政策的实施后果就是给非洲多国之间带来了冲突。在制定和实施对外政策和外交活动中，这些国家必须处理好殖民主义和殖民所留下的负面影响。

影响尼日利亚对外政策的因素如下：

首先，国家政治当中的军事利益对尼日利亚的对外政策有很大的负面影响。20 世纪 60 年代末，非洲开始出现军事统治，70 年代时，已经推广到整个非洲大陆。在尼日利亚，军事集团轮番上台，军事政变主要靠血腥的暴力推翻政权，如同一种系统化的模式。直到奥卢塞贡·奥巴桑乔将军（生于 1937 年）就任尼日利亚总统，才结束了这种血洗模式。他的任期开始于 1976 年 2 月 13 日，至 1979 年 10 月 1 日结束，之后便和平让位给下一位总统。1999 年至 2007 年，奥卢塞贡又重新掌权。

其次，种族多样性主导着尼日利亚的国内政治，导致尼日

利亚陷入狭隘主义，易普博兰德也在 1967 年分离出去。当时
的领导人是奥杜梅格伍·奥朱古名誉上校，他在 1967～1970
年间出任比夫拉总统，得到了坦桑尼亚和中国等国家的认可。
但是，尼日利亚联邦政变极力阻拦分裂，因而，比夫拉的主权
国身份并未持续太久。

315

当军事集团对政权的欲望慢慢减少，平民统治出现，新的
民主观念随之兴起。这是走向国家长期民主的关键一步，因为
国际捐助团体总是指控尼日利亚缺乏平民治理和统治。

尼日利亚首位平民总理哈吉·阿布巴卡尔·塔法瓦·巴勒
瓦（1912～1966 年），在 1966 年 1 月尼日利亚独立后的第一
次军事政变中遭到暗杀。

20 世纪 90 年代，尼日利亚平民统治恢复之后，对外政策
的关注点从非洲问题转向了国际问题。1990 年之前，对外政
策关注非洲问题是因为尼日利亚受到了来自外部的强烈批判，
尤其是非洲以外的发达国家。他们要求尼日利亚政治领导人管
好他们的非洲朋友，因为这些人总是漠视外部对尼日利亚军事
政变的批判。

再次，当时，世界上只剩美国一个超级大国，并且黄金战
争政治活动退去，迎来了黄金和平时代，非洲等地所面临的问
题性质有所改变，问题的范围更加全球化，与尼日利亚和非洲
在二十世纪九十年代到 1990 年所面临的国内主要的问题和挑
战完全不同。

因此，人们期望尼日利亚对外政策重视全球问题，如民
主、全球化、人权问题等。尼日利亚是非洲人口最多的国家，
截至 2010 年 5 月，将近 1.5 亿人口。

尼日利亚拥有包括石油在内的丰富自然资源，因此，在世界的舞台上，人们期望尼日利亚在经济问题和社会政治问题上发挥带头作用。由于严重腐败和狭隘主义，军事统治受到指控，显然，全球对尼日利亚在非洲作领头军的期待并未得到实现。

由于尼日利亚人口最多，国内共有 250 种语言，大众期望尼日利亚用文化外交手段促进国内的种族多样性，促进各种族和非洲人民间的合作。

因此，尼日利亚的对外政策的各领域顾问任务重大，需要对对外政策举措进行详细说明，尤其通过以下方法：

- 促进文化合作和发展
- 促进经济发展
- 促进发展中国家的技术和经济合作
- 推动联合国改革，例如，赞同联合国安全理事会增添成员国，这样，尼日利亚和南非有可能由此受益
- 在未来十年及将来，增进非洲政策和国际关系的改革和回顾

尼日利亚作为人口最多、少数民族最多的国家，应该努力在非洲内外推动非洲文化的发展、促进文化外交、和平解决冲突以及维护非洲国家利益。

只要尼日利亚的政治、经济、科学、文化、环境利益能提升到足以满足非洲人民及非洲散居侨民的水平，尼日利亚的对外政策方针将会惠及整个非洲。非洲人民及非洲散居侨民期望

316

促进旅游业的投资以及非洲各语系系统间的合作。例如，通过这样的合作，西非国家经济共同体将讲英语的国家、讲葡语的国家和讲法语的国家集结为一个区域集团。

尼日利亚能有效促进非洲各国的经济和技术合作，在联合国改革中引领非洲，最终推动非洲共同事业的发展。

埃及对外政策

埃及人口众多，在很多方面都有较为显著的特点。例如，埃及是世界文明古国，与美索不达米亚文明发源地有深厚的渊源。公元前 3100 年，埃及成为首个创立城邦的国家。当时，埃及第一位法老那尔迈，也就是内梅什将上埃及和下埃及统一到了一起。

决定埃及的对外政策的因素还有很多，如其战略性的地理位置。埃及邻近中东、欧佩克的石油生产、出口国（包括安哥拉、阿尔及利亚、利比亚和尼日利亚）、地中海地区以及欧洲地区。国际社会希望埃及能在巴勒斯坦和以色列之际起到调节作用，并担任当地的权力掮客。这对中东最大的军事集团来说是个好兆头。

同样，由于埃及在中东和非洲占有战略性的地理位置，因而埃及政府与世界各国政府持有一种特殊的关系。埃及乐于同以下国家建立这样的关系：

● 美国。主要考虑到以色列和巴以问题，中东石油路径问题，美国在非洲之角和中东地区的战略性国家利益。

317　　　　● 全球的穆斯林国家：包括伊斯兰会议组织及其他区
域组织例如不结盟运动。

　　● 阿盟和非盟：如北非其他国家（阿尔及利亚、突尼斯、摩洛哥、阿拉伯撒哈拉民主共和国和利比亚），埃及属于中东的阿盟，也属于非洲。这就是埃及必须与其他国家发展特殊关系的原因所在。埃及经常在非洲相关事务中扮演极特殊的角色。联合国第一位来自非洲的秘书长布特罗斯·布特罗斯·加利博士就是一位埃及人。非洲领导人讨论创立非洲发展新伙伴计划，该组织的创建者正是埃及总统穆罕默德·胡斯尼、阿尔及利亚总统阿卜杜勒·阿齐兹·布特弗利卡、南非总统塔博·姆贝基和塞内加尔总统阿卜杜拉耶·瓦德。

　　● 地中海国家如塞浦路斯、马耳他，北非国家，以及意大利、葡萄牙、西班牙、以色列、土耳其、黎巴嫩、叙利亚和巴勒斯坦当局。多数为伊斯兰国家。

　　● 欧盟

　　● 其他捐助国如新西兰、澳大利亚和加拿大

　　● 包括俄罗斯和波兰在内的东欧国家

　　● 全球社会

　　● 联合国系统等

肯尼亚的对外政策

过去，肯尼亚的人口增长率在非洲堪称最高，但近年来有

所下降。

1963 年独立之后，肯尼亚总理乔莫·肯雅塔（1894～1978 年）继承了英国政府的管理体系，将英联邦作为对外政策的重要论坛。这样的方法应用到了所有英属非洲等殖民地上。1964 年，肯尼亚共和国成立。肯雅塔（人们亲切地尊称他为老人家）成为肯尼亚的首任总理。但是，肯雅塔是一位泛非洲主义者，也是非洲民族主义和非洲统一的奠基者。他比较关注对外政策当中有关泛非洲主义的内容，以及将非洲从殖民统治和剥削中解放出来的内容。因此，肯尼亚的对外政策一直强调不结盟、泛非洲主义、非洲的政治学说和意识形态、以及公共国际法和公共外交的原则。

肯尼亚对外政策基础还包括：联合国宪章、非盟宪章、1948 年联合国通过的《世界人权宣言》。友好睦邻原则、非洲稳定原则、社会主义原则、和平共处原则均可作为其他非洲国家对外政策和外交活动的基本原则。

近年来，压力有所平衡。可持续发展、文化外交、环境保护、平等问题、社会边缘化阶层的权利问题均有所平衡。因此，肯尼亚的对外政策除了在政治领域维护其原本的政治、军事、经济、国家安全利益之外，同时也致力于从多个层面满足肯尼亚人民的需求。肯尼亚对外政策和外交活动融合了双边主义和多边主义，这一融合如今大大惠及该国，借此，除了联合国系统和其他国际组织之外，肯尼亚还与多个国家保持着特殊关系，包括前殖民国家英国，以及其他重要的捐助国，例如美国、加拿大、德国、法国和意大利。

在经贸方面，欧盟依旧是肯尼亚最大的市场。但是，肯尼

318

亚在诸多方面依旧面临很多发展挑战，包括文化外交、发展外交、商业外交、贸易外交、全球化、全球金融。此外，在自然灾难、疾病及艾滋病和埃博拉等传染病、教育、全球环境气候问题、自我发展举措方面也面临挑战。在新千年里，这些新兴问题将给肯尼亚的对外政策和外交活动带来艰巨挑战。问题和解决办法将随着时间的变化而变化。只有各国在相互交往中不断检讨和更新自身的对外政策和外交举措，才能解决这些挑战。

肯尼亚战略性的地理位置和其安全利益有促进商业、旅游业、贸易发展的巨大潜力，也有利于促进世界各国和各组织的调和。在次地区层面、非洲大陆层面、以及全球层面，肯尼亚政府制定积极进取的对外政策的态度，将有助于肯尼亚在国际舞台上提升其形象和声望，这一点非常重要。

在新千年，肯尼亚的对外政策和外交活动将继续参照那些能体现出肯尼亚独立后对外关系的原则、目标和方针。然而，考虑到某些必须执行的命令，在区域和全球的背景中，新兴问题显然将影响诸国的对外政策和外交活动。[7]

注　释

1. G. M. 可汗迪阿加拉、特伦斯·莱昂斯合编，《非洲对外政策：权力与过程》（博尔德，科罗拉多：林恩·瑞德出版社，2001）。

2. C. 克拉珀姆，《非洲与国际体系：国际主权政治学》（剑桥：剑桥大学出版社，1996）。

3. J. W. 哈比森、D. 若斯乔德合编，《世界政治中的非洲：政治秩序改革》第 4 版（博尔德，科罗拉多：西方视角出版社）。

4. R. 加德纳，J. M. 安斯蒂，C. L. O. 帕特森合编，《非洲与世界》，（亚的斯亚贝巴：剑桥大学出版社，1970）。

319

5. 阿里·马兹鲁、迈克尔·泰迪，《民族主义与非洲新国家：1935年至今》（朴茨茅斯，新罕布什尔：海尼曼出版社，1986）。

6. W. 塔道夫，《非洲的政府与政治学》（贝辛斯托克，英国：帕尔格雷夫·麦克米兰出版社，2002）。

7. 肯尼亚对外政策对外政策和外交方式当中的重要问题请参看，《政府引导》（华盛顿特区，国际商务出版社，2006），第 128 ~ 157 页。

第18章 非洲国际关系的理论意义和现实意义

非洲国际关系理论的理论层面

研究非洲时，人们可能会好奇非洲国际关系的理论到底指什么。实际上，不管在哪个领域，人们都想知道什么是理论。就像"外交政策"，"外交活动"一样，理论一般指多个理论，因为国际关系理论有很多层面。概念的定义是学术本质的基本问题。然而，世界上的国家，尤其非洲的诸多国家，实则不用理论总结或假设相关的议题，这就是理论。如果一个国家的人民食不果腹，那么其国家领导人根本不可能进行理论讨论！

因此，在国际关系理论的探讨中，本章尝试定义和分析非洲的立场，并重点突出适用于非洲这个国际社会成员的国际关系理论。此外，本章还将解决非洲遇到的实际问题和挑战，作为国际社会的参与者，非洲如何在内外关系中交往行事。本章还会从理论意义和现实意义方面，就非洲未来的国际关系进行总结。

非洲国际关系的"理论"指什么？

在国际法、国际关系和外交方式中，理论指什么？如上文所述，这是一个学术问题，并且到目前为止，没有任何以非洲及第三世界国家为背景的分析讨论。有关国际关系的理论主要集中于西方，但即便在西方，也很难看到对其深刻、有建设意义的讨论。

然而，学术界通常用"理论"这个术语来表示某个命题或假设的三点构成要素，无论是解决理论性问题还是实证问题，都需要对问题有一定理解，并提出解决方法。三点构成因素如下：

1. 将一对或一组性质相关的命题或假设放到一起进行研究。

2. 用具有逻辑性的系统方法对这组命题或假设进行分析，得出具体结论、知识和研究结果，为实现学术目标做准备。

3. 研究结果用作该领域下一步实证性规范研究的指导方针，最终实现某一实际目标。因此，理论是指一些观点、概念、假设、命题、倾向性认识、结论。理论并没有现实意义，除非可用于解决现实问题。要解决现实问题，必须先判定哪些问题是国际事务和国际政治中必须解决的现实问题和现实挑战。而国际事务和国际政治就涉及国际关系。例如非洲所涉及的问题就是如何担任国际体系中的

321

成员。

然而，非洲子系统是全球系统的一部分，非洲子系统将如何受益于国际关系理论还有待探究。当人们用某些观点和概念进行系统性探讨的同时，为了判断有关既定问题、参与方（如主权国）行为问题的具体目标和整体目标的实现情况，这些理论如果能激发参与方采取行动或引发对国际关系法或外交方式的进一步探究，那么，这些理论将非常具有实用价值。在学术界，真正有价值的理论能够不断延伸知识、累积知识、辅助研究、指导研究、衍生概念，并运用于国际关系的不同领域，包括法律、社会、政治、经济领域，最终惠及非洲各国。因此，本章显然可以看出，除了某些案例之外，国际关系理论不太可能广泛运用于非洲的国际关系。

322
国际理论示例

以下是一些相关理论、惯例、知识，集合起来则为国际关系理论整体：

- 国际系统下的子系统
- 国家理论
- 国家和法律理论
- 国家形态：经验主义国家形态和司法管辖国家形态
- 国际法理论
- 国际关系理论

- 国际外交

- 国际/全球系统

- 利他主义

- 庶民主义

- 下层国家

- 领土收复主义

- 依法占有原则

- 马吉布主义（非洲区域主义）

- 多党主义

- 一党主义

- 无政府理论

- 合理选择

- 联盟

- 一般体系

- 权力斗争

- 政治学

- 国家利益

- 其他等等[1~4]

发展范式示例如下：

- 科学、环境、教育、农业、权力、发展等方面的可持续发展

- 主权

- 现实主义（传统的）、新现实主义、自由主义、新

自由主义

- 科学理论
- 国际社会
- 势力均衡

323

- 国家主权和国家权威
- 国家体制
- 国际（国家）体制
- 自然法
- 国家建构理论
- 依赖性
- 外交方式
- 独立性

　　简单验证这些国际关系理论就会发现多数理论都适用于西方民主国家（即美国和西欧）。第三世界国家在对外交往方面有其他各种更重要的考量。因而，经验主义中有关"国家"的理论仅是一个西方的概念。1648 年，欧洲国家签署了《威斯特伐利亚和约》之后，这里所说的现代的国家体系才开始产生。该和约引入了政府划分为三支的观点和实践方法：行政分支、立法分支、司法分支。用"制约和平衡"的体系促进责任制的施行。西方"民主"机构的基本要求是立国必须依照宪法，国家必须配备政治机构，国家边境不可侵犯。国家统治者无论是施行主权或是用武力实行垄断都只能在本国国界内。国界内的人民享有自由，但必须承认国家和政府的权威，人民必须效忠于本国国旗。

西方将这种国家概念强加给非洲及其他发展中国家。之后，非洲的欧洲殖民者开始在地图上划分地界，并创立"非洲国家"，一系列问题由此引发。在欧洲殖民者敲定决议施行措施过程中，非洲并未有任何参与，只能被迫接受结果。1885年，由此引发了一些国家和边境问题。这些问题至今仍旧困扰着很多非洲国家。在划地界的过程中，一些原本分开的国家被合并到了一起作为一个国家（如尼日利亚），而一些原本统一的国家又被划分开来（如索马里）。

国家理论和法律理论同样也是欧洲的概念，不太适用于非洲。来自波兰华沙大学的斯坦尼斯劳·埃利希（1907～1997年）教授堪称国家理论和法律理论方面的权威（本书作者是埃利希教授的学生，从教授对国家理论和法律理论的权威研究当中获益匪浅）。[5]

324

国家理论源于签署《威斯特伐利亚和约》的和平时期，是西方民主机构所衍生出的副产品。然而，《威斯特伐利亚和约》引入了经验性国家的概念。1885年，关于瓜分非洲的柏林议定书引入了司法国家的概念。两者差异非常明显。然而，经验性国家要求国家必须有完整的领土、军事、经济和政治，在这些方面不容有任何"裂口"。司法国家的概念引入非洲之后，非洲国家极易受外界的干涉、入侵，甚至面临国内的分裂危机。这些殖民国所遗留的问题持续影响着苏丹、刚果民主共和国、索马里等国，内战和无政府状态也一直在动摇这些国家的根基。

国际关系理论的其他部分虽然不适用于非洲，但却施用于非洲，本章下半部分将对此作出特别解释。[6]

非洲和国际关系理论

综上所述，国际关系理论有很多不同的侧面。[7~13]

然而，作为全球体系下的一个子系统，非洲的国际关系体系可当做一个研究领域或一个学科，主要研究政治单位或团体相互交往过程中所产生的所有作为、不作为、联系、互动、方法、主动行动、贸易、交易、连系、关系，可能涉及主权，例如非洲内部国家之间的关系或非洲国家与其他国家的国际关系，无政府关系，也可能涉及国际法人。

在主权国之间进行的交易由此演变为非洲国家与其他国家的国际关系或非洲国家之间的内部关系。在这方面，非洲国际关系有以下特点：

- 国家性的；
- 主权国之间的；
- 内部的或非洲内部的。

从时间上来划分，非洲国际关系可分为三段：

- 远古时期至1884年，即前殖民时期，要么是游动的状态、无国家状态，要么只有帝国、城邦之间有一些来往。
- 1885～1960年，即殖民时期，既没有主权国之间的交往，也没有主权平等国家之间的来往，只有首领之间的来往（即殖民国及其大都市），以及民间往来（即非洲被殖民地区人民）。

● 1960 年至今，即后殖民时期，主权是非洲这一时期国际关系的共同特点，国际关系包括非洲国家之间的内部关系以及非洲国家与其他国家之间的国际关系。非洲内部关系和国际关系均得到认可并强调主权平等。

在非洲，关系的发展离不开远古时期的传统：家庭关系不断拓展，随后变成群落关系、村落关系、次宗族关系、宗族关系、次部落关系、部落关系、部落王国关系、帝国关系、民族关系、国家关系、超级国家关系、最终变为超级民族关系。

因此，非洲人民就是从游牧状态和无国家状态一路发展而来，后来，尤其在城邦和永久殖民出现之后，才慢慢产生跨国际关系。

国际关系学科的定义

如前文所述，尽管国际关系主要研究所有主权国或具备国际法人身份的组织（如联合国组织）之间的互动、贸易、交易、作为、不作为，但对于非洲来说，这些关系的主要有以下特点：

● 国际关系通常包括非洲国家之间的内部关系以及非洲国家与其他国家之间的国际关系。从这个意义上来看，国际关系是一种研究过程，并且涉及到多个学科领域，如国际政治学，但国际关系的范围比国际政治更广。学科只是整体知识的一个分支，可以帮助我们系统地理解整个科目。

　　●国际关系中，交易可以且常常在主权国家和非主权国家之间进行（如违反国际规则或国际法的非政府组织）。

　　因此，非洲国际关系和对外政策都同时运作于内外环境当中，并且都解决同样的问题。因为，外交政策将国内议程提上了国际舞台。非洲国际关系和对外政策之间的差异在于前者的范围宽于后者。因此，如上所述，非洲对外政策"管理"着非洲的国际关系。也就是说，非洲的外交方式在非洲国际关系的舞台上施行其外交政策决议。

　　由此可见，非洲国际关系包括了非洲主权国及其他国际关系参与者之间的互动、交易、联系、作为、不作为、主动行动和手段。因此，国际关系是研究有关国家关系及国际法人关系的学科。国际关系是涉及观察和分析的研究领域和科学，此外，还涉及理论，需要用理论去验证和解释国家之间的互动过程。

　　在这方面，非洲国际关系与国际关系理论相连系，并且对于全球体系下的国家，可对其来往过程的研究结果进行预测。

　　因此，研究国际关系的目的就是从理论传统、假设、命题中总结系统性规律，并运用这些规律，最终促进合作，在交易来往中增进国际关系。具体来说，国际关系属于国际政治、国际事务和政治科学的一部分。在这方面，非洲国际关系是研究人类行为的学科，是国际关系的一部分。国际关系理论则属于政治理论或政治思想。

336

非洲国际关系的现实情况

在国际关系理论背景下，非洲国际关系研究表明该研究并没有理论框架。针对这一点，并没有出现相关讨论。因为国际关系理论和系统的大部分内容不适用于非洲的国际关系，基本是以发达国家（尤其是西方）利益为出发点的西方概念。

以下适用于非洲的国际关系理论值得特别注意：国家、民主、外交、庶民主义、领土收复主义、马吉布主义、一党主义、多党主义、依法占有原则、国际体制、国家利益、发展范式、无政府状态、依赖性、从属国及独立性。然而，严格来讲，适用于非洲最基本的国际关系理论就是建立民族国家理论、自然法理论和"权力（平衡或斗争）"理论。以下是其他一些能够自动调节的理论以及国际体系的特点：

327

- 国家和国家主权（国家主权是指一个国家政治独立于其他国家，威斯特伐利亚体系下的国家都享有独立主权）
- 国家可算作一个政治单位
- 运用某一体系（特别指用一些组织方式和步骤调和而成的结构网络和通道网络）

在那些生活在不同领地上且彼此独立的人类政治群体当中，国家体制维护着这些群体之间的关系。国家体制的基本价值在于维护安全、自由、秩序、正义、机会平等、福利、领土（即政治单位）。因而，国家是一种政治单位或政治组织，并具有以下特点：

- 具有能发挥作用的政府
- 边境不受侵犯
- 在边境地区实行武力垄断
- 具有绝对的权威（即具备一定主权，且有主权统治者）
- 领土明确
- 人民有归属感，自愿凝聚到一起，受主权约束，愿意效忠于本国国旗。

所有国际关系理论当中，以下几点需特别注意：

- 现代国家权力机关（即有关高度集权政治权力的相关安排）
- 无秩序状态，在国际关系体系中，缺乏集中治理的情况下，没有权威力量或集中治理（政府）可以遏制别国野心的情况下，这种状态时常发生。
- 国家选择理论（即提升本国物质利益的选择）
- 主权（即对本国的控制权不受外界干涉，自 1648 年，《威斯特伐利亚和约》签订之后，主权获得了合法地位）
- 结盟理论（即在国际关系当中，改变盟友是政治结构和环境发生变化的一种体现，如北约就是集团政治和集团联盟）
- 庶民国家是指国力较弱的下层国家（1885 年柏林会议之后，形成了威斯特伐利亚体系和非洲国家体系之间的对抗）

科学理论

国际关系是一门科学，也理应当作一门科学。因此，国际关系中并没有"权力"理论或"实际"理论的说法。

非洲国家利益

非洲国家利益是一种确定非洲对外政策目标的衡量手段，也是非洲主权国家的政治论述中所出现的一个范围极广的概念，可阐明具有倾向性的非洲政策。由此表明，影响非洲国家政策的基本决定性因素来自外部环境。

可持续发展

可持续发展包括国内发展、国际发展和经济增长。

均衡理论

在该理论指导下，国家在国际关系和互动中达到最佳均衡状态。但是，这个理论可没那么简单，因为在国际体系中，只存在平等的主权，而不存在实力均衡的主权国。因此，无论在非洲国际关系还是其他国际关系中，均衡很难保证。

"权力斗争"理论,即所谓的"现实"理论

该理论以现实主义为基础。国际关系关乎权力斗争,关乎国际政治学,实际上,国际舞台上的竞争最终会导致生存权之争、主导权之争、控制权之争、权力政治之争。该理论非常适用于非洲的国际关系,因为非洲长久以来都牵涉于生存权之争。非洲国家必须包含其主权、领土完整和独立权,必须努力为其人民提供基本生活必需品,必须竭力争取经济政治权力,并以此作为国家目标,借此获得军事权力,增强国防建设,增强非洲国家的实力和声望,及其在国际关系中的影响力。

329   通过该"权力均衡"理论的指导,某个国家或某些国家的权力(即声望和影响力)可通过其他国家的抗衡势力得到检验。权力政治学的优势主导了非洲的国际关系。要想取得政治独立,非洲国家必须竭力斗争,甚至付出流血的代价。这样的斗争还在继续。因此,在当代国际关系中,无论从哪方面调查非洲的民主、意识形态、领导问题,该理论都会有所显明。

国际体系

国际体系就是政体或政治单位(尤其是作为基本主要参与方的主权国)的集合。国际体系中的国家相互之间有定期的跨国互动(包括回馈、主动交往、不作为、建立关系等)。定期的跨国交往即相互独立又相互依赖,通常以结果为主,反对集权,分散权力。

其他参与方如联合国和国际民间社会组织，也属于国际体系的一部分，因为这些组织属于国际法人。在国际体系中，既有相互独立关系，又有相互依赖关系，还有生存权之争等等，某一领域的某一事件常常会影响到其他领域。

非洲是全球体系下的一个子系统，联合国也同样是一个子系统。

国际体系包含以下 5 点基本标准：

1. 边界；

2. 政治单位的性质（即主权国、国际组织、国家个人参与者如总统、总理、外长或大使）；

3. 权力和影响力的结构（即主权平等但并非实力平等的主权国、生存权的竞争和斗争、主导关系和附属关系等，可能某一参与方的权力、权威、能力在来往中占上风，但各国都有自己一定的权力）；

4. 互动模式；

5. 体系规则。

因此，国际体系实为主权国体系，并将现代（第二次世界大战后）世界划分为以下两部分：

● 和平、繁荣、富足、民主区域（即北方）；

● 动乱、贫穷、战乱、不发展区域（即第三世界的南方）。

330　　　因此，国际体系的主要特点是：

- 无秩序状态，没有超自然政府或权威；
- 没有集中统治，没有权威规范涉及国家利益的活动和仲裁，正是这些国家构成了国际体系的主要单位；
- 相互来往的常规模式；
- 规范来往的规则。

对外政策和非洲的对外政策

非洲的对外政策和许多其他国家的外交政策一样，是非洲国家在国际体系中确定目标的一个过程。如本研究所述，国际体系是主权国（政治单位）的集合，这些国家有的相互保持联系，有的相互无联系。非洲对外政策指一系列作为、不作为、主动行为等所有非洲和其他主权国及法人之间的互动和联系，借此实现决策者所制定的一些目标，活跃在国际舞台上，追求自身利益（计划、增进、维护、保护国家利益），而这些决策者通常来自非洲某国、非洲不同地区的国家或某国与其他国家有联系的政府部门。

国际"新"秩序下的非洲

世界秩序的概念

纵观本研究，"国际秩序"和"世界秩序"两个概念可互换使用。世界秩序就是一些事件或环境所决定、形成、引发的政治等秩序和年代方面的世界规律，而这些事件或环境通常会导致某些全球性的变化。

18 世纪，法国爆发法国大革命之后，世界秩序的概念并未盛行，但这一事件却成了未来世界秩序的主要参考点。世界秩序产生于远古时期。实际上，在古希腊和古罗马时期就已经存在一定的世界秩序。例如马其顿的亚历山大大帝以他所征服的海外地区为基础，建立了希腊世界秩序。罗马也是同样。古罗马帝国试图用政治手段控制全世界，这正是创建世界秩序。

同样，法国的拿破仑皇帝也创立他自己的世界秩序。拿破仑所创的世界秩序正是第一次世界大战、第二次世界大战之后、甚至是当今世界秩序的原型。当今的世界秩序源于法国，因为法国社会划分为三大阶级，在法语中意为"阶层"或"顺序"，包括以下内容：

331

- 顶层阶级，指统治阶级（贵族），掌握绝对权力，剥削下层阶级。
- 上层阶级，指中等阶级（封建君主），拥有土地，但多数是被剥削的对象，不管其土地有多少产出，必须缴纳十分之一作为税收。
- 下层阶级，指普通民众，如奴隶一般工作，同时受到顶层阶级和上层阶级的剥削。

法国大革命旨在废除这种社会阶层的划分。拿破仑支持法国人民的这一目标，因此广受拥戴，并且得到了人民大众的绝对支持，支持他对两个特权阶层的反抗。由此，拿破仑创建了新的世界秩序。

阿道夫·希特勒也试图创立新的世界秩序，但是第三帝国的没落表明这一努力最终以失败收场。世界秩序可指在特定时期内对世界产生激发、主导、流行、影响作用的所有事件，但是通常这些事件又被另外一些事件压倒，影响力更大的事件从而成为了主导世界秩序的标准。

因此，世界秩序、国际秩序或全球秩序实际上是一种国际体系，具有以下特点的世界秩序除外：

●具有某些特殊性质或特点；

●指某些事件或环境的政治等秩序和年代方面的规律，而这些事件或环境通常会导致某些全球性的变化；

●符合某些既定的、有规律的行为模式；

●事件发生在某一特殊的时间段之内，持续发生作用，直到另一事件胜过为止，新的世界秩序由此产生。

现代全球体系和秩序的原型

现代国际体系的原型源于 1648 年 10 月 24 日签订的《威斯特伐利亚和约》。如上文所述，该和约标志着城邦制的产生。因此，现代世界秩序的原型源于 1789 年至 1815 年间发生的法国大革命，大革命开启了现代世界秩序的新纪元。

世界新秩序时期

1648～1885 年，17 世纪和 18 世纪的欧洲见证了世界新秩序的诞生。1648 年，经验主义国家形态开始出现。17 世纪时，欧洲各国势力较为平均。18 世纪，引入了欧洲中心论，在此期间还发生了工业革命和拿破仑战争。但这一时期最重要的事件是发生在 1789 年至 1815 年间的法国大革命。而法国大革命主要受 1776 年的美国革命所影响。

19 世纪时，1815 年召开了维也纳会议。出席会议的主要是欧洲各国大使。伟大的德裔奥地利政治家、著名外交家克莱门斯·文策尔·冯·梅特涅王子（1773～1859 年）主持了此次会议，他是奥地利的国务大臣，也是维也纳会议的主要谈判专家，会议在维也纳举行，从 1884 年 9 月持续到 1815 年 6 月。会议的主要目的是重划欧洲政治地图，解决法国大革命战争、拿破仑战争和神圣罗马帝国的瓦解所引发的一系列问题。法国战败于德国，并于 1870 年宣布投降，结束了长达 25 年征战不断的战争时期。

1884～1885 年间，欧洲的权利斗争导致柏林会议的召开，非洲未来新的殖民国（德国—普鲁士、英国、法国、意大利、比利时、葡萄牙和西班牙）由此产生。

以上所提到的"特殊"事件都导致了新的世界秩序。

世界秩序的划分

世界秩序可划分为两个部分：

1. 1789 年法国大革命之前的世界秩序。1792～1802
年间，根据等级制度的划分，统治者居于欧洲社会的最上
层阶级。然而，1648 年却发生了特殊事件：签署《威斯
特伐利亚和约》。

2. 法国大革命之后的世界秩序，通常称之为"新世
界"或"国际秩序"。在新的世界秩序之下，人人生而平
等的观念随之产生。

因此，在欧洲国家体系出现之后，《威斯特伐利亚和约》
的签署标志着现代国家体系的产生——经验性国家体系或
"世界新秩序"，因为这一秩序产生于一系列事件和时间表之
后。因而，每一个特殊事件都见证了新的世界秩序的产生。
世界秩序有以下几种：

1. 国际世界秩序

2. 经济世界秩序

3. 政治世界秩序

4. 社会世界秩序

5. 法律世界秩序等

333

然而，我们今天所熟知的这些世界秩序的概念来源于和平组织、政府、哲学家、宗教思想家如圣托马斯·阿奎那、宗教狂热者、帝国主义者和民族主义者。这些都可以称作"现代"世界秩序，多数在第一次世界大战、第二次世界大战之后才出现。

冷战期间的非洲和世界新秩序：1945～1991 年

1945 年联合国成立之前，1919～1939 年间，现代世界还在实行过去的世界秩序，即国际联盟世界秩序，实为内战前的世界秩序，以及 1934～1945 年间的第二次世界大战秩序。1933 年，希特勒在德国掌权。

第一次世界大战、第二次世界大战之后的世界秩序将非洲政治史划分出一段有趣的时期。这段时期包括以下重要特点：

1. 从非洲 1885 年被殖民开始，至非洲获得政治独立（通常认为从 1960 年开始，这一年堪称非洲政治史上的独立年）这段时期，必须正确认识非洲在全球政治学上的地位。

2. 在 1885～1991 年这 106 年的时间里，非洲至少经历了三种世界秩序：分别从 1885～1900 年，1901～1960 年，1960～1991 年。1989～1991 年是冷战到冷和平的过渡期。

3. 由于 1885 年沦为殖民地的原因，非洲自 1991 年起开始经历第四种世界秩序，

4.1945 年见证了非洲在国际体系或国际新秩序中得到认可，成为其中一员。

1945 年所发生的几个事件决定了非洲在国际社会中的地位。1945 年，在英国曼彻斯特召开了第五届泛非大会，会议主要讨论非洲的未来发展，在这次会议当中，非洲是与会者，而不再是被讨论的对象。非洲很快就能摆脱殖民、奴役、贫穷、剥削，获得自由。国际联盟体系始于 1919 年，1945 年在美国加利福尼亚州的旧金山创建联合国后，取代了国际联盟体系。联合国是新的世界政治组织，不同于国际联盟。因为相比国际联盟，联合国用更具体的方法创立了维护（世界）和平及促进（世界）繁荣的机制。此外，联合国成员主要是世界发展中地区曾被欧洲殖民的新国家，当然包括非洲国家。

经国际社会多数成员国要求，包括非洲、亚洲、拉美、加勒比海地区国家，世界秩序或国际体系的重心从政治转向了发展。

1945 年联合国的成立不仅标志着旧秩序的终结，也标志着新秩序的开始。新的秩序将带来新的对抗和竞争，以及本章前文所述的国际关系理论。1917 年，苏联在俄罗斯建立。在西方发达国家和势力的支持下，另一个一枝独大的剥削性的资本主义国家由此受到了挑战。新的世界政治秩序因为社会主义和苏联的出现而产生，而苏联也成了资本主义国家的最大敌人。这一挑战一直持续到 1947 年才结束，当时，英国第二次世界大战时广受爱戴的领导人温斯顿·丘吉尔将苏联共产主义比作铁幕。

334

　　此后，东西方开始彼此分裂，形成了苏联领导的东欧和美国领导的西欧和北美（美国和加拿大）之间的对抗。东西方的分裂主要以意识形态为基础（即支持或反对现有思想行为模式的一系列观点或行动）。

　　东西方关系就此进入新纪元，主要涉及意识形态上的碰撞、对抗、竞争和权力斗争。因此，必须充分发挥权力理论（也就是所谓的权力均衡理论和现实理论）的作用。西方领导人如同东方领导人一样人性化。他们以人性化的方式对待民众。全球范围内的冷战就此展开。

　　东西方在意识形态上的分裂不仅贯穿了 20 世纪的两次世界大战期间，而且还引发了两种世界秩序、两个欧洲（东欧和西欧）、两个军事联盟（北约和华沙条约）、两种经济体系（资本主义体系和共产主义体系）、两个超级大国（苏联和美国）。在第一世界（欧洲）和第二世界（美国和欧洲之外的发达国家）当中，第三世界必然应运而生。

全球权力新格局下的非洲

　　在所有的世界秩序当中，在 20 世纪和 21 世纪的权力格局当中，非洲的位置何在？只有先简单回顾一下非洲进入殖民时代之后甚至殖民之前的政治外交情况，才能在冷战期间的世界秩序当中，在冷战政治影响下的世界秩序当中，看清非洲的命运。

　　如本研究前文所述，非洲幸免于两种城邦制（即公元前时期的腓尼基、希腊和罗马，以及 1648～1885 年时期）。因

335

此，影响全球的重要事件，同样也会对非洲造成一定影响，这类事件示例如下：

- 城邦制始于远古时期，持续至公元700年
- 从700~1600年，随着王国、帝国、超级帝国大量出现，非洲出现各种政治经济秩序
- 从700~1884年，慢慢从城邦制过渡到外来强行统治阶段
- 从1514~1632年，在欧洲对非洲开始实施剥削并否定其价值体系的初期阶段，随着欧洲与非洲的联系增多，最终导致非洲出现奴隶制度和奴隶买卖，并导致非洲产生贫困现象。
- 1652年，欧洲最早定居于非洲的是荷兰人，在南非建立开普殖民地。
- 1847年7月，利比里亚脱离美国殖民，成为自由的非洲国家。
- 1884~1885年，欧洲的柏林会议最终将非洲进行瓜分，均在欧洲影响范围之内。
- 1885~1900年，欧洲开始在非洲建立殖民据点。当时，北美和西印度群岛开始觉醒，非洲散居侨民要求获得人权的自由和解放。
- 1900~1914年，欧洲局势越来越紧张，第一次世界大战蓄势待发。
- 1900~1916年，欧洲开始在非洲等地设立的殖民地，欧洲中心论（欧洲产生激励竞赛和斗争）开始风行。

●1900~1945 年，泛非大会引起了全球对非洲政治自由和政治独立需求的关注。

●1914~1918 年，第一次世界大战打响，作为殖民地之一，非洲也卷入了战争。伍德罗·威尔逊提出的十四点和平原则当中，第五点就谈到殖民地人民的绝对权力和自治自决的领土问题，非洲意识到了这些问题。这十四点原则是建立国际联盟的基础，而威尔逊可算是国际联盟的缔造者。

●1919~1939 年，第一次世界大战、第二次世界大战期间，一些思想学说（民族主义、法西斯主义、纳粹主义）开始产生，并流传到非洲。1935 年，贝尼托·墨索里尼入侵并占领埃塞俄比亚，直到 1941 年，埃塞俄比亚在英国等国的支持下，才将贝尼托赶走。至此，非洲已有 4 个国家获得独立（埃塞俄比亚公元前 982 年独立，利比里亚 1847 年独立，南非 1910 年独立，埃及 1922 年独立）。

●1945 年，联合国建立，非洲的主权国成为其成员国。

●1947 年，东西方意识形态开始产生对抗

●1949 年，签署华沙条约军事联盟

●1958~1963 年，随着越来越多的殖民地开始自治，非洲新建了很多国家。这些国家的主要目的是建立一个政治平台，以求在非洲统一大业中充当支柱力量。首先，它们想获得政治自由，然后在非洲创立机制，形成统一，保障非洲多层面的发展。1960 年，非洲迎来独立年，当时，面对殖民者所施加的压力和殖民主义所制造的分裂，非洲

336

领导人正努力寻找出路，在之后政治解放的过程中，这些问题一直困扰着非洲。

然而，实际上，非洲一直缺席全球舞台、国际舞台，直到1885 年，在欧洲中心论的国际关系讨论中，非洲才终于出现，不过非洲这时的身份并不是参与者，而是被讨论的对象。致使非洲发生这样巨大变化的是非洲的殖民地。

世界秩序要么通过战争创立，要么通过和平创立。在创立世界秩序过程中，由于人们的态度各不相同，共有以下 4 种身份模式：

- 区域来源
- 语言
- 共同的血统
- 宗教或意识形态

非洲获得政治独立之后，才真正以参与者的身份加入到世界秩序当中——一般认为在 1960 年独立年之后。

1945 年，如前文所述，非洲只有少部分国家获得独立，包括埃塞俄比亚、利比里亚、南非和埃及。1963 年 5 月 25日，这些国家签署了联合国宪章，成为最初的成员。1991 年，除了厄立特里亚和南非之外，所有非洲国家都获得政治独立。1993 年，厄立特里亚举行全民公投之后，脱离埃塞俄比亚，获得独立。1994 年，南非自由普选废除了种族隔离制度之后，根据少数服从多数原则，纳尔逊·曼德拉当选为南非第一位非裔总统。

冷战期间，非洲国家陷入东西方意识形态的分歧当中。在
超级大国冷战政治的影响下，非洲被争来争去，最终被分裂成
三个阵营。非洲资本主义、非洲共产主义、非洲自由主义都是
非洲新出现的意识形态。很多非洲国家同时宣布"不结盟"，
并参与不结盟运动。

对于 1957～1963 年期间非洲新成立的独立国家来说，这
些情况将使它们面临一系列困难的挑战。当时出现三个思想派
别，非洲第一代领导人正努力探索如何在独立之后开拓非洲政
治的新道路，实际上，非洲的欧洲殖民地开始出现幻听（一
些国家用前殖民国的不同语言进行官方交流）。由于幻听的缘
故，新成立非洲国家不仅需要保护与前殖民国的特殊关系，也
需维护与文化方面、经济方面和"意识形态方面的盟友"之
间的关系。

在非洲的国际关系中，北非属于阿拉伯文化的国家群体就
是一个"文化主义"的例子，它们也保持着较强的经济联系
（例如和阿拉伯半岛的欧佩克国家之间的关系）。意识形态方
面的盟友可用例子加以说明，例如如果某个非洲国家领导人坚
持社会主义的观点，那么该国就会扩展与东欧（就当时来讲）
和古巴这样的社会主义国家集团之间的关系。这里必须强调的
是，直到今天为止，非洲国家内外政策的情况、方向、利益、
实施情况一直都取决于国家领导人的类型。因此，非洲领导人
不同的个性、风格、兴趣和能力决定了非洲国家在全球和国际
舞台上的姿态和表现。

1957～1977 年，非洲殖民地开始积极自治，并形成自己

的意识形态。因此，矛盾的是，非洲在互为竞争的欧洲殖民势力当中，尤其是对英国，运用权力均衡理论帮助，领导人当中出现现实感，例如哈罗德·麦美伦（1894～1986 年），20 世纪 50 年代末至 20 世纪 60 年代出任首相，1960 年 2 月 3 日在南非联合议会上发表著名演讲，承认"改革之风"开始吹向反方向，也就是说由于殖民需付出高昂的代价，并且国内外的经济、政治等压力不断增加，在联合国体制下，努力维持殖民统治的行为已经站不住脚了。

显然，冷战时期的试验和磨难加快了废除殖民统治的速度，并使非洲殖民地的国家和人民及其他发展中地区获得了独立。并且，自从非洲撒哈拉以南地区的加纳第一个获得政治独立之后，非洲完全打开了要求独立的潘多拉之盒，最终，1957～1977 年，每一年都有国家获得独立，详情可参看表 18.1。

338

表 18.1　非洲撒哈拉以南地区的国家获取政治独立时间表

	国家	独立时间
1	加纳	1957
2	几内亚	1958
3	达荷美(1959 年,1960 年获得认可) (1975 年后改称贝宁)	1960
4	至少 16 个国家,主要分布在法语区	1960
5	坦噶尼喀、塞拉利昂	1961
6	乌干达、蒲隆地、阿尔及利亚、卢旺达	1962
7	肯尼亚、桑给巴尔	1963
8	马拉维、赞比亚、冈比亚	1964
9	博茨瓦纳、莱索托	1965

	国家	独立时间
10		1966
11		1967
12	斯威士兰、赤道几内亚、毛里求斯	1968
13		1969
14		1970
15	冈比亚	1971
16		1972
17		1973
18	几内亚比绍	1974
19	安哥拉、莫桑比克、塞舌尔	1975
20	圣多美和普林西比	1976
21	吉布提	1977

因此，冷战后，尤其在这些国家选择了某个发达国家的意识形态之后，

所引入的世界"新秩序"使发展中的国家发生动荡。

在东西方的分歧中，冷战在非洲引发了三种意识形态体系：

1. 阿尔及利亚总统艾哈迈德·本·贝拉和坦桑尼亚总统朱利叶斯·尼雷尔追求平民社会主义。后者以中国为榜样，推行了乌贾马共产主义体制，该体制持续了10年之久（1967～1977年），但因为效果不佳而取消。尼雷尔总统坦诚勇敢地承认乌贾马体制并未实现预定的效果。据

推测，朱利叶斯·尼雷尔的乌贾马体制之所以不适用于坦桑尼亚是因为施行体制的高级官员并不相信这一体制。因此，他们阻碍了体制的实施。马克思主义、基督教社会主义、赞比亚的肯尼思·卡翁达的人道主义、马提尼克艾梅·塞泽尔和塞内加尔利奥波德·塞达尔·桑戈尔的黑人性和人道主义、刚果布拉柴维尔马里安·恩古瓦比（1938年12月31日～1977年3月18日）的科学社会主义、肯尼亚的乔莫·肯雅塔的哈兰比主义、肯尼亚的丹尼尔·托洛依提奇·阿拉普·莫伊的尼亚央主义、利比亚穆阿迈尔·卡扎菲的阿拉伯伊斯兰主义、加纳夸梅·恩克鲁玛的"恩克鲁玛主义"（道德主义）、扎伊尔的蒙博托·塞塞·塞科的"蒙博托主义"，非洲领导人认为，平民社会主义体系就是努力将以上观点完美合并起来。

2. 非洲的马克思主义以马克思主义和列宁主义为基础，并受多国领导人支持，包括莫桑比克总统、萨莫拉·马谢尔以及埃塞俄比亚改革委员会主席海尔·门格斯图，他曾在军事政变中取代海尔·塞拉西一世皇帝。

3. 尼日利亚的纳姆迪·阿齐基韦总统、肯尼亚的乔莫·肯雅塔、科特迪瓦的费利克斯·乌弗埃·博瓦尼、加蓬的加布里埃尔·莱昂·姆巴等施行非洲资本主义。

冷战将各种意识形态引入非洲，故意容忍甚至怂恿非洲的动乱力量。这样一来，非洲的纷争和冲突将很难解决。联合国等第二次世界大战后建立的国际组织在解决冲突方面并未起到任何作用，如1960年，联合国安理会未能制止刚果民主共和国的内战，直到第一任总理帕特里斯·卢蒙巴遭到暗杀之后，战争才得以平息。这位极有远见有极具魅力的非洲年轻领导人只活了半个世纪左右，是一个走在时代前列的伟人。

照此看来，由于冷战所推动的国际经济政治学和国际政治经济学存在一定冲突，所以冷战并未帮助非洲和第三世界实现发展目标。因此，冷战让非洲再一次发生混乱。

冷战后秩序：1990

1989 年 11 月发生了一些政治事件，接下来的几个月中，柏林墙倒塌了，"冷和平"时期的世界新秩序开始建立。在这个超级大国（美国）的时代，西方资本主义意识形态、多党主义和大众民主开始复兴。但这并非冷战时期的特点，在这一时期，各种其他的世界秩序也开始复兴，特别是与全球经济、环境、法律、社会议程相关的世界秩序。

340

一党主义一直鼓励施行一党制和垄断，并鼓励政治领导人在非洲施行数十年的独裁统治。非洲显然还面临很多民主、管理和责任制、发展、权力和真正不结盟方面的挑战。然而，非洲国家和其领导人已经迈入了新千年，并充分认识到非洲要想最终实现全方位的发展，根本在于非洲政府、人民和机构。因此，非洲在未来将有怎样的表现，还需拭目以待。

冷和平秩序（新的世界秩序）下的非洲问题

1991 年至今，非洲所面临的问题如下：

● 国家生存权问题和国家斗争问题；

● 非洲及海外的和平与冲突问题，平等与不平等问题（边缘化和现代化或全球化）；

● 兄弟会、合作、伙伴关系、公义、法律与秩序及自由问题（关于人权、管理、风化、公平和腐败和效率方面）；

● 独立和新殖民主义问题；

● 不公平贸易问题，国际货币基金组织和世界银行结构调整以减少财政不均衡现象；

● 消除贫困和疾病问题（如艾滋病等传染病）；

● 种族主义、部落主义、裙带关系和歧视问题；

● 爱国主义、民族主义、主导非洲人民行为和命运的问题；

● 女性问题、性别平等问题；

● 环境保护问题；

● 改善教育问题；

● 在新的世界秩序下获得公平对待问题。

1989 年 11 月 9 日，柏林墙倒塌之后，后冷战时期（"和平秩序"时期）开启。而非洲在 1989～1990 年不得不努力适应新的世界秩序。1991 年 12 月 25 日，苏联总书记米哈伊尔·戈尔巴乔夫（1931 年至今）辞职，俄罗斯联邦的鲍里斯·叶利钦（1931～2007 年）接任，至此，苏联和东欧的共产主义正式瓦解。

苏联解体之后的世界秩序具有以下特点：

1. 世界只有一个超级大国，不再有超级大国的对抗（意识形态分歧）。

2. 1991 年至今，冷战（1947～1989 年）不再，冷和平出现，殖民国宗主国对非洲的影响减弱。

3. 非洲必须在西方世界、东方世界和第三世界中努力奋斗，以求获得生存权并恢复发展，并在前面提到的"两种"分类中努力奋斗。（即欧洲的两部分、两次大战、两种军事组织、两种经济、两种政治、两种权力和两种意识形态）

总结：当代国际体系下的非洲

如本章所述，国际关系理论有很多种，几乎所有理论概念都来自欧洲或美国等西方国家体制。然而，作为国际体系的子系统，非洲发挥着一定的作用，包括充分参与国际事务。

如前文所述，非洲在国际体系中主要经历了三个阶段：前殖民阶段、殖民阶段、后殖民阶段。然而，1648 年《威斯特伐利亚和约》的签署拉开了现代国家体系的帷幕。为便于理解，将非洲的国际关系史分为三个阶段：1648 年之前、1648～1900 年、1900 年至今。

1648 年之前，在国际关系当中，非洲只是一个被讨论的对象，而没有任何主动权。这一阶段出现了各种世界秩序、体系、子系统，如从古希腊、亚述、波斯到古罗马、中世纪、再到罗马帝国没落。在这一阶段中，埃及于公元前 3100 年在世界上首次创立城邦，随后非洲的帝国、王国和城邦便开始和外国的君主、主权国家、巴巴里国家建立国际联系。

1648～1900 年，包括经验主义国家形态和司法管辖国家形态的城邦制出现，非洲属于司法管辖国家形态，是两种类型当中相对较差的一种。国际秩序中的各种系统和子系统在这一阶段开始复兴。非洲作为殖民地，在国际关系中不可能获得主动的主权国地位。这一阶段的另一重大事件是奴隶贸易的废除，此外，欧洲和美国出现了"人民政权政治"，1776 年的美国革命和 1789 年的法国大革命作为全球政治学、民主和外交进程上的里程碑事件，也非常值得研究。18 世纪和 19 世纪，从欧洲强国的联盟及其所取得的战争胜利当中可见非洲必然会为争取自治而不断努力。非洲独立只是时间问题。文艺复兴和工业革命之后，非洲将迎头赶上。

1900 年至今是当代国际体系阶段，从全球层面看，1900～1918 年是非常重要的时期，分为以下几个阶段。1900～1914 年期间，泛非大会使非洲开始慢慢觉醒。而对于欧洲来说，一场风暴即将袭来，1914 年，第一次"全球"大战，但是这实则是一场欧洲战争，持续了四年之久，直到 1918 年才结束。这一阶段产生了新的政治学说，以 19 世纪初德国思想家卡尔·马克思和弗里德里希·恩格斯的理论为基础。在他们思想的影响下，一位年轻、睿智、热情的俄国革命家弗拉基米尔·列宁（1870～1924 年）出现，他于 1917 年创立了苏维埃政权，该政权持续半个多世纪，于 1990 年崩溃。

非洲先是受到了共产主义或社会主义这种新的政治意识形态影响，随后又被以欧洲为基础的政治学说影响，如法西斯主义、纳粹主义等。法西斯主义和纳粹主义的诞生离不开第一次世界大战中的两个战败轴心国——德国和意大利。法西斯主义和纳粹主义的势力在美国内战前不断增强,直到 1939 年。同时,在美国总统伍德罗·威尔逊的十四点和平原则的影响下,国际联盟在 1919～1939 年间形成发展。因此,伍德罗堪称国际联盟的缔造者。

19 世纪末期,第一批全球组织诞生,河流委员会沿莱茵河等欧洲重要河流创立,从而开启了成立公共国际组织和管理机构的阶段。因此,联合国替代了之前的国际联盟,并合并了国际联盟的部分组织(国际电信联盟、万国邮政联盟等),从而推进了国际关系在全球范围内促进和平、发展和社会福利方面的作用。此外,1917～1945 年间,公共国际组织逐渐产生,这对非洲的发展来说至关重要。考虑到非洲资源的基础和其战略性的地理位置,公共国际组织的成立也对非洲作为全球体系下的重要成员身份给予重要认可。1945～1960 年,非洲从殖民阶段过渡到后殖民阶段,期间,一些新兴国家成立。随着这些国家的成立,1960 年以后,非洲被殖民的历史结束。

在非洲的发展过程中,新的问题和新的发展范式不断出现,仍有待检验。21 世纪,肯尼亚和非洲所面临的气候变化、全球变暖和传统矛盾问题,在新千年,将继续为非洲和非洲人民带来众多政治、经济、社会文化等方面的挑战,只有呼吁解决这些问题增进非洲人民的福祉。

343

注　释

1. E. H. 卡尔，《十二年的危机》，1919~1939。

2. S. G. 纽曼，《国际关系理论与第三世界相矛盾吗》。

3. 汉斯·摩根索，《国际政治学》(1948)。

4. R. H. 杰克逊和 C. 罗斯博格，《弱小国家为何坚持?》。

5. 有关此问题的详细研究请参看斯坦尼斯劳·埃利希的《权力和利益：资本主义政治结构研究》(华沙，波兰，华沙大学，1967)。

6. S. 埃利希，《法治国》(华沙，波兰，华沙大学，1970)。

7. C. 克拉彭，《非洲与国际体系：国家生存政治学》(剑桥，英格兰：剑桥大学出版社，1996)。

8. 乔舒亚·S. 戈尔茨坦，《国际关系》第六版 (新德里：多林金德斯利，2007)。

9. 彼得·A. 托马、安德鲁·捷尔吉合编，《国际关系基本问题》(波士顿：阿林和培根股份有限公司，1969)。

10. S. D. 克拉斯纳，编辑，《国际机制》(伊萨卡，纽约，康奈尔大学出版社，1989)。

11. 丹尼尔·克拉德，《1945 年至今的国际关系》第五版 (巴黎：马松出版社，1993)。

12. J. W. 哈比森、D. 罗斯柴尔德合编，《世界政治学中的非洲：改革政治秩序》第四版 (西景出版社，2009)。

13. H. M. 莱文，《世界政治学争论》第四版 (麦格罗·希尔，1992)。

第19章 非洲与公共国际组织、行政机关及其发展

现代公共国际组织的产生

先前的章节（特别是第 18 章）已经试图定义发展的概念以及与之相伴随的发展理论和范例。本章将考察公共国际组织和行政机关的概念及其缘起以及为国际组织在 19 世纪的欧洲诞生而铺平道路的国际规则，19 世纪的欧洲目睹了众多在本质上具有革命性的新变化。工业革命期间产生了一种新的帝国主义，它起源于 1760 年的英格兰，成熟于 1860 年，从此改变了欧洲和整个世界。这种帝国主义于 1860～1954 年进入第二阶段，产生于欧洲的资本主义剥削和扩张主义席卷整个世界，导致剧烈的竞争与殖民，也催生出一种新的外交——欧洲与其他国家之间建立起联盟关系。这在拿破仑战争后变得愈发明显，因为拿破仑战争迫使欧洲形成政治、经济和社会合作组织来确保国际和平与发展。正如 5000 年前文明初生时一样，这种合作也需要河流，因为河道是理想的运输、交流、贸易、发

展以及提供公共服务的媒介，这与底格里斯河和幼发拉底河河谷产生文明时类似。

345　　19 世纪，特别是 19 世纪下半叶，一些欧洲河流也开始被用于类似的用途。多瑙河和莱茵河就是很好的例子。欧洲沿河国家开始将河流用于商业、运输和交通并提供公共服务。于是，各国纷纷接受河流开发倡议，特别是有关多瑙河和莱茵河的共同利用。

　　多瑙河位于德国西南部，向东南方向途经奥地利、匈牙利和塞尔维亚，全长约 1700 英里（约合 2848 公里）。瑞士东部两条河流在西欧汇合而成莱茵河，向北和西北方向流经德国和荷兰注入北海，全长约 820 英里（约合 1319 公里）。在这两条欧洲大河沿岸产生了河流管理委员会。由于委员会服务于公共利益，故其行政机构和服务管理也是面向大众的。于是多瑙河和莱茵河河流管理委员会就这样成为了 19 世纪下半叶产生的公共国际组织的雏形。沿河国家签署协议或条约来规范他们使用公共服务时的行为，而且他们还需要从各自国家指派一些公务员或工作人员共同组成国际秘书处，制定行为、收入和管理要求的规范和准则。1865 年，在法国政府的倡议下，国际电信联盟（ITU）成立大会在巴黎召开会议，而那时欧洲河流管理委员会内部早已建立起了国际秘书处。甚至在 1865 年以前，全球性的邮政联盟也已于 1863 年成立。1874 年 10 月 9 日，万国邮政联盟在瑞士伯尔尼签约成立。1878 年，该组织更名为万国邮政联盟（UPU），目前成员国有 189 个。

　　此后，出现了越来越多的公共国际组织，目的也多种多样。在国际联盟（LON）时代，这些组织都被并入国际联盟体系之下。1945 年以后，不少组织又被划归到联合国体系之下。这里所说的公共国际组织和行政机构是指主权国家之间根据自己的意志签署协议而形成的机构或机制，目的是建立起各种类型的联系以便为人们和相关组织的公共利益服务。此类组织的行政管理安排——不论是国际联盟这样的政治组织，还是世界卫生组织这样的健康专业机构，还是 ITU 和 UPU 这样的电信和交通相关的机构——都由秘书处规定。

1945 年以前非洲的公共国际组织和行政机构 346

前几章已提及，在联合国成立之前，非洲并没有从国际组织这边得到多少好处。非洲的殖民史让非洲在国际组织里更多地是个客体，而非主体，所以，第一次世界大战和第二次世界大战之前、之间甚至战争期间，非洲都在不断地寻求从殖民枷锁中解放出来。那时非洲的状况在本卷第 14 章已有论述。

非洲在主要的国际组织中的现身始于国际联盟，1954 年之后，非洲大陆在去殖民化之后取得了独立，也在联合国取得了一些利益。也就是在那个时候，真正的利益开始在非洲显现。风起云涌的 20 世纪初，伴随着公共国际组织的诞生，泛非洲主义的呼声愈发强烈。然而非洲参与国际组织的路径依然不明朗（如果不是虚构的话），因为威尔逊主义 14 条中的第 5 条只能增加非洲对于政治发展倡议的诉求。但联合国成立以后，这种诉求变为了现实，非洲在国际组织中的出现不得不受到承认。

非洲在联合国体系

这一小节强调了自从以下组织提出的问题影响到了全非洲人们的日常生活后非洲在多个维度[1,2]能够并确实获得了巨大利益的领域：

- 联合国（UN）
- 世界卫生组织（WHO）
- 国际货币基金组织（IMF）
- 世界银行集团
- 世界贸易组织（WTO）
- 各个非政府组织（NGOs）

首要领域是有关可持续发展。如果非洲愈发关注、更广泛参与并出色胜任有关发展的谈判和其他国际活动，那么非洲定能在其国际关系中收获良多。只要非洲继续作为一个国际行为主体，它就总会与公共或私人国际组织、行政机构和发展组织的事务相关。这点将在下一章中详述。

347　非洲国家是联合国、世界银行集团、世界贸易组织、世界卫生组织和国际货币基金组织的成员。非洲也与一些非政府组织保持工作层面的关系。非洲在这些国际组织中的利益及对这些国际组织的贡献涉及从政治到经济、商务、金融和社会问题等领域。[3]

联合国

联合国是政治性机构，处理各种与非洲的利益和利害关系相关的问题。然而，联合国却是有着多重意义的一个词。联合国是一个伞形组织，它可以指其下将总部设在纽约的所有组织以及它的六大机构，这六大机构分别是托管委员会、联合国安理会（SC）、联合国大会（GA）、联合国经社理事会（ECOSOC）、总部设在荷兰海牙的国际法院（ICJ）和联合国秘书处。所有这些机构都在联合国秘书长（UNSG）的领导下开展工作。

此外，联合国还有一些机构享有自治权，但其主要行政官员是由联合国秘书长与成员国商量后任命的，这些机构包括联合国环境计划署（UNEP）、联合国人居署（UN-HABITAT）、世界粮食计划署（WFP）等。联合国还有一些所谓的专门机构，这些实际上是使命和主要行政官员各不相同的国际组织，由成员国单独选举产生。这些机构处理专门事务，比如卫生、发展、天气与气候（世界气象组织［WMO]）、粮食与农业（联合国粮农组织［FAO]）、劳动（国际劳工组织［ILO]）以及教育、科学、文化（联合国教科文组织［UNESCO]）、海洋事务（国际海洋组织［IMO]）、民用航空（国际民用航空组织［ICAO]）等。由于这些专门机构承担了联合国的管理职能，故其与联合国之间签有谅解备忘录（MOUs），这种制度安排叫联合国系统。所以，联合国可以单指联合国本身，也可以指联合国组织（UNO）或联合国系统。

非洲是上述体系组织的成员，其中与非洲利益特别相关的不仅仅是政治安全和全球和平，而且还包括发展、环境、社会问题（比如人权）、难民以及健康问题（包括 HIV/艾滋病、埃博拉出血热、结核病（TB）和疟疾等疫情）。总之，社会福利和发展领域的努力要多于维持世界和平。

联合国日程表上的新型问题层出不穷，包括全球变暖。由于非洲在法律上类似于一个国家，故非洲尤其需要联合国。在社会方面、经济方面和发展方面，非洲是最需要联合国系统的。

世界卫生组织

对非洲来说，世界卫生组织（WHO）是联合国系统里另一个极其重要的机构。近年来，随着破坏性的疫情的暴发，甚至是无法治愈的疾病的出现（比如 HIV/艾滋病），WHO 对非洲来说就显得尤为重要。世界卫生组织是一个国际性的机构，是联合国的专门机构之一，成立于 1948 年 4 月 7 日，总部在日内瓦，是联合国公共卫生问题和措施的协调当局。成立之初有 26 个国家签署了其章程。1946 年国际健康大会召开后，WHO 继承了国际联盟的国际卫生组织的职能。WHO 在全球有地区办公室，其非洲办公室处理非洲大陆所面临的健康问题。非洲每个国家都有自己的卫生部，其卫生部长通常率其本国代表团出席 WHO 的会议。

国际货币基金组织

另一个联合国的专门机构，国际货币基金组织（IMF），成立于 1944 年 7 月，联合国在美国新罕布什尔州，布雷顿森林的华盛顿山饭店（Mount Washington Hotel）召开的货币与金融大会上。目前 IMF 有 168 个成员国，监管全球金融体系，观察成员国是否遵循适合其自身的宏观经济政策，特别是像美国和西欧国家这种对汇率和收支平衡具有影响力的国家。IMF 并未给非洲经济带来多少真正的好处，因为有些 IMF 提议的政策在非洲施行以后（像第 20 章将要讲述的结构调整计划（SAPs））对非洲和世界上其他发展中地区带来的更多的是坏处，而非好处。

世界银行集团

世界银行是一个集团，由下述 5 个机构构成：

1. 国际重建与开发银行（IBRD）
2. 国际发展协会（IDA）
3. 国际金融公司（IFC）
4. 多边投资保障机构（MIGA）
5. 国际投资争议处置中心（ICSID）

世界银行集团对非洲来说也是至关重要的，因为世行的主　349

要目标便是帮助非洲及其他发展中国家和人民达到可持续发展，消减贫困。作为一个国际机构，世界银行为非洲最贫困国家提供杠杆贷款，为非洲其他国家提供以减贫为目标的资本项目。这样，国际重建与开发银行为社会—经济发展提供投资贷款，国际发展协会为有需求的国家提供发展政策贷款和融资支持，并着力满足机构改革的需要。减轻非洲债务负担，改善卫生状况和饮用水供给，为非洲国家提供公民社会的支持，抗击HIV/艾滋病，降低温室气体排放以及其他服务尤其符合非洲的利益。世界银行、国际重建与开发银行和国际货币基金组织1944年成立于布雷顿森林会议，是联合国的智库。这也就是为什么它们被称为布雷顿森林组织。世界银行和国际货币基金组织在非洲和其他地区致力于能力培养、研究和发展等类似活动，它们确实帮助该地区应对了腐败问题，但在很多领域，也导致非洲更加贫困。纵观世界银行自1945年至今的历史，我们发现，世行的行为收到的报告是综合性的，特别是我们将这些举措分割为以下四个时期：

　　1945～1968 年

　　1968～1980 年

　　1980～1989 年

　　1989～本文写作时

　　世界银行和国际货币基金组织是在美国国务卿乔治·马歇尔（George Marshall，马歇尔计划的设计师）的倡议下成立的，旨在帮助第二次世界大战后的欧洲恢复重建。此后，马歇

尔计划作为联合国专门机构保留下来，监测发展中国家对资金
和发展的需求，其中就包括非洲。有关马歇尔计划的概念我们
将在第 20 章详述。

世界贸易组织

　　世界贸易组织是专注于贸易和发展问题的国际机构，总部
设在瑞士日内瓦。世界贸易组织前身是 1947 年在联合国系统
中成立的关税和贸易总协定（General Agreement on Tariffs and
Trade，GATT）。关贸总协定是一个致力于通过国际贸易促进
全球商务和发展的国际组织。有关 WTO 的本质和功能我们将
在第 20 章中讨论，在第 20 章中我们还将探讨非洲和国际发展
实践。

350

各种非政府组织

　　这类组织俗称民间社会组织（Civil Society Organizations，
CSOs）或简称为 NGOs。在过去 20 年间，它们作为在非洲的
国际非政府实体的价值已显提升。冷战时期很多人对 NGO 是
持怀疑态度的，认为它们是为西方国家服务的谍报机构。1989
年苏联解体以后，NGO 在联合国体系内的国际关系上显现出
重大的意义，对于作为全球体系中的一个次体系的非洲来说也
是有所助益的。

　　比如，非洲部分政权由于各种各样原因受到指责，其中不
乏侵犯人权，非政府组织则可为弱势群体提供帮助。类似于无

国界医生组织（Medecins Sans Frontieres）、妇女进步组织以及其他一些涉及发展、人类定居、教育、难民、青年的非政府组织已被用于促进可持续发展。非洲已经在很多领域受益于非政府组织，比如在发展伙伴关系领域。另外，很多非政府组织在非洲的运作也与联合国经社理事会保持一种协商的姿态，在帮助非洲方面也做的很好。作为非洲国家和国际社会（特别是援助出资方，像联合国系统或援助出资国）的中间人，非政府组织给非洲及其他地方国家的政府施加了压力，促进了这些国际实现民主化、实现良好的治理以及其他形式的改革等。特别是妇女权益、消除贫困、根除非洲社会的不平等等领域已成为重点目标。

联合国系统概览

联合国宪章规定了联合国的目标和原则，界定了联合国的功能及其与受联合国与各系统组织之间签订的谅解备忘录影响的联合国系统组织的关系，规定了系统组织与机构的自治层级和独立程度，还包括区域安排。

联合国系统内组织的本质和功能如下：

- 它们完全独立于联合国，但与联合国服务于同一批的成员国；
- 比联合国久远得多——有些（比如 UPU）甚至在国际联盟建立前就已成立，另外一些是在国联时代成立的。

联合国宪章规定的目标可以分为两个大类（双重目标），一是作为和平的守护者，承担着维护国际和平与安全的责任，

二是促进国际福祉，实现可持续发展。

联合国宪章的原则是支持和实现国际关系自然法理论（比如：各成员国主权平等，领土完整，和平共处，通过和平方式解决国际争端）。宪章第 7 章涉及应对威胁和平、破坏和平和侵略行为的行动。在强制规则中提到了自卫。宪章第 51 条明确，袭击任何一个成员国相当于袭击所有成员国，成员国可以采取个别行动或集体行动来对抗侵略者。

351

联合国系统组织的共同特征

联合国系统中每一个机构、组织和团体都有根据各自的章程（总纲）建立起的结构。每一个联合国系统组织和团体都有其完成自己各项使命的机制。（比如人道主义问题，突发事件与自然灾害，裁军问题，发展，环境和性别问题，自然自语问题，贸易和全球化问题，改革，资金，能力建设问题，全球公共物资问题以及外交、一般性辩论，谈判等）

联合国体系下的非洲国际政治与经济

非洲的国际关系与联合国都是国际全球体系下的子体系。作为联合国系统的成员，非洲国家（53 个）参与到联合国双重目标之中——一方面在政治上参与国际和平与安全，另一方面，在更广领域内，参与今天人们熟知的可持续发展领域

（比如国际经济政治和国际人道主义政治）。这三方面（国际和平与安全，国际经济以及国际人道主义）都以如下方式构成联合国会议的国际日程：

- 国际和平与安全政治：
  - 联合国宪章条款；
  - 冲突预防、削减、管理和解决；根本原因及解决提议；
  - 国际恐怖主义。

352
- 国际人道主义政治（社会、性别问题、人权、平等、突发事件、卫生和疾病）：
  - 冲突的后果；产生难民和无家可归人员；
  - 恢复、重建、舒缓和发展；
  - 人权问题；联合国人权教育年代 1995～2005 年；
  - 疾病、疫情和发展；
  - 性别问题，包括赋予女性权利；
  - 贯彻国际峰会和大会评估（1995 年 3 月哥本哈根峰会、1995 年 9 月北京峰会、1994 年开罗峰会等）；
  - 人居问题；
  - 毒品及吸毒。
- 国际经济关系政治：
  - 在国际关系研究中政治与经济不可分割。国际政治经济问题出现。
  - 国际经济和国际政治是国家间关系的组成部分。国家间的政治关系多受经济现实的影响。

■ 政治因素以三种基本方式影响经济成果：（1）
政治体系形成经济体系，因为国际经济体系的结构和运作
常常是由国际政治体系的结构和运作所决定的；（2）政
治关注点常常形成经济政策，因为经济政策常常是主流政
治利益的表达；（3）国际经济关系本身就是政治关系，
因为国际经济交往，就像国际政治交往一样，是国家主体
与非国家主体之间调解冲突或调解冲突失败的一个过程，
也是它们之间为共同目标合作或合作失败的过程。

国际日程上的全球问题

第二次世界大战结束以及之后的 1945 年联合国成立之后
的第一个十年，是过渡、重组以及西方世界与东方世界意识形
态斗争的十年。去殖民化不仅使得欧洲在第三世界的殖民地取
得了法律和政治上的独立，也使得它们努力尝试去提供国家经
济援助以使新兴独立国家找到经济上自给自足、政治命运上充
分依靠自己的方式方法。秉持这样一种观念，联合国开始制定
非洲和其他发展中地区的国际战略和发展计划。首个发展战略
在 1960 年代初提出。联合国发展战略，特别是从 1970 年代开
始，外加联合国会议、峰会、联大特别会议以及联合国系统的
组织和机构的作用，对非洲的发展起到了至关重要的作用。这
就是联合国会议体系的开端，该体系可以划分为两个阶段，分
别是 1945～1990 年以及 1991 年至本文书写时。

除了先前提到的东西方政治意识形态斗争以及经济、政

353

治、社会观念和行为方面的意识形态对立，1945～1990 年见证了以下发展：

- 殖民地国家和人民取得独立（非洲：从 1960 年起）；
- 接纳联合国发展战略或每十年接纳十年发展规划；
- 接纳了联合国大会 1970 年的两个重要决议——（1）关于承认殖民地人民和国家决议；（2）联合国决定启动官方开发援助（ODA），这项援助占经合组织（OECD）发展援助委员会国家的 0.7%；
- 联合国大会关于经济问题的第 6 轮特别会议于 1974 年召开；
- 联合国大会关于经济问题的第 7 轮特别会议于 1975 年召开；
- 1976 年在加拿大温哥华召开的首次人居大会（HabitatI）是联合国第一个有关人类安居问题的会议。1977 年，联合国沙漠化会议在内罗毕召开。1978 年，77 国集团在阿根廷召开峰会。1979 年，联合国科学技术会议在奥地利维也纳召开。1980 年，联合国第三次工业会议在印度新德里召开。

通过这些举措，一个新的国际秩序诞生了。从整个 70 年代到 80 年代，全球贸易相关的谈判（全球范围内的多边谈判）层出不穷，直到 1992 年 6 年，联合国环境和发展大会在里约热内卢召开。里约会议掀开了全球问题国际谈判的新篇章，表现在三方面：

（1）全球人类安全被提上联合国主要机构的日程
之中：

● 裁军与国际和平和安全；

● 发展及其相关的问题，诸如法律、文化、社会、经
济和环境，包括天气和气候相关问题。

（2）需要不同的解决方案的新兴问题；全球化、　354
HIV/艾滋病和其他疫情；

（3）全球公共之优与全球公共之劣；

（4）里约会议及联合国日程 21 条催生出的新的发展
典范，这 21 条是 1992 年 6 月在巴西的里约热内卢召开的
联合国峰会上得到采纳的可持续发展平台。

里约会议之后 1992~2005 年

1989 年 11 月 8 日，柏林墙倒塌，这标志着新的政治秩序
诞生了。联合国系统召开多次大会与峰会讨论 1990 年之后的
发展问题，这些会议包括但不限于：

● 1990 年：在巴黎召开 LDC 会议；

● 1991 年：在都柏林召开有关水的会议；

● 1992 年：UNCED 会议，里约热内卢；

● 1993 年：维也纳，人权大会；

● 1994 年：开罗会议，发展与生殖；巴巴多斯，小岛屿发展中国家可持续发展国际会议（SIDS），横滨，世界减灾大会；

● 1995 年：哥本哈根：社会发展大会；北京：世界妇女大会；纽约联合国总部：联合国成立 50 周年纪念大会；

● 1996 年：伊斯坦布尔：第二届世界人居大会；

● 1997 年：京都议定书；

● 2000 年：联合国千年发展目标大会（MDGs）；

● 2001 年：布鲁塞尔：LDC 大会；卡塔尔：世界贸易组织多哈回合谈判；

● 2002 年：墨西哥蒙特雷：联合国金融与发展大会；世界可持续发展峰会（8 月在约翰内斯堡，9 月在里约热内卢）；

● 2005 年：纽约联合国总部：小岛屿发展中国家可持续发展国际会议；神户：世界减灾大会。

发展的阻碍

在国际经济关系中，联合国体系内的国家之间的相互交往与谈判都缺乏政治意愿。结果是绝大多数谈判的承诺和成果终停留于纸面上，最终到达联合国档案室。真正能够实施的却充满条件。对于各国政府在联合国及其系统中做出的决定缺乏政治上的管理是主要的阻碍。

从历史视角看待并分析存在的
问题及面临的挑战

　　贯穿整个研究，我都强调可持续发展的意义以及它的重要作用。可持续发展作为一个多维度的进程，对于非洲每个国家和居民实现繁荣都至关重要。可见，没有发展便导致贫困。因此，非洲的贫困综合征是非洲发展与安全所面临的所有敌人之根源。

　　在本章的剩余篇幅里，作者要特意解释以下问题、事件和挑战。这些问题若得到恰当理解和妥善处理，那将能够且定将帮助非洲找到解决这些问题的方法与道路：

- 非洲持续贫困的原因；
- 第三世界的困境；
- 债务成为非洲最大的发展负担；
- 非洲与国际发展：与东南亚国家和中国的关系；
- 非洲与国际发展：从历史的角度看非洲经济；
- 联合国面向 21 世纪的行动计划对非洲发展进程的影响；
- 联合国千年发展目标能否适应非洲的发展目标？
- 定义全球化；
- 国际谈判：非洲商业与发展的问题、挑战和机遇；
- 气候变化和非洲政治。

非洲持续贫困的原因

作者在此对非洲的状况给出三点命题：

● 非洲有丰富的资源和良好的禀赋，人文的和自然的皆有，故非洲不应该贫困。

● 今天的非洲比 40 年前更为贫困。事实上，非洲绝对不是唯一一个比之前 25 年更为贫困的大洲。

● 非洲如此贫困，资源如此丰富，这是一个天大的矛盾。

概念理解

非洲是什么？非洲不是一个国家，它是一块大陆。

贫困是什么？贫困是缺乏获取生活基本必须品之方式的状态。

356　贫困综合征是什么？贫困综合征是指某些事件或条件导致、加剧、直至缺乏获得生活必需品的能力或丧失获得生活必需品的欲望的一种状态，或者说无法确保生活基本需要。贫困是一种不安全状态，也是一种丧失发展的状态。贫困的反义词是以可持续的方式获得安全和发展。

安全是什么？安全是一种自由，且免遭下述状况：

● 欲望；

- 恐惧；

- 饥荒、饥饿；

- 贫困综合征；

- 暴力或惩罚；

- 凶杀、刺杀；

- 死亡、疾病（比如 HIV/艾滋病、疟疾、结核病疫情；埃博拉病毒等）、灾难（人为或自然灾害，例如洪水、干旱）以及沙漠化、沙漠蝗灾等；

- 缺乏领导力、腐败、裙带关系、迷信活动、无能、领导无方；

- 攻击、侵略、冲突、政变和战争；

- 新殖民主义，国家软弱与国家垮台，侵犯主权和领土完整；

- 人口压力；

- 无家可归和难民；

- 贫民窟，以及其他城市健康/卫生风险；

- 生态系统灾难，例如空气污染、水污染、大气层污染和土地污染以及环境恶化；

- 国家、地区和全球层面对于全球公益（GPGs）的破坏；

- 破坏或不合理使用自然资源（矿、能源、水、资产和财产）和农业产品，例如小麦、咖啡、玉米、茶、糖、可可、椰子、橡胶、剑麻等；

- 经济衰退和经济疲软；

- 商业投资和商业行为上的欺诈、诡计和不公正待遇等等。

发展是什么？发展是一个多维进程，不仅仅指人们生活的物质和财富，还包括以下主要特征：

- 收入和产品的增加，通常从一个国家的层面来衡量，国家 GNP 增长和人均 GNP 增长；
- 制度、社会（比如教育、政治和行政架构）和人们的主流态度、甚至风俗习惯、观念和信仰的剧烈改变；
- 整个经济和社会体系重新定位与重组；
- 经济增长加速；
- 减少不平等；
- 消除绝对贫困；
- 满足感，在各人和各社会团体基本需求和欲望多样化的整个社会体系中，确保为他们提供更好生活的条件。

简言之，发展是整个社会和社会体系往更好或"更人性化"的方向上的持续提升。发展是为着经济和社会条件、制度、看法、风俗、观念甚至信仰的改变或"进步"，其代表特征包括但不限于经济学上的指标和收入、失业和不平等等定量指标。

为实现持久发展，或者说可持续发展，则需要包括以下七项基本的可持续发展指标：

- 增长——增加；

357

486

- （财富、繁荣、财产和权力）分配平等；

- 自治、自立；

- 人类尊严；

- 民众参与（"自下而上"的参与）；

- 国力扩张；

- 教育（例如知识与信息）。

实现成功发展的首要努力应该是什么？为了切实达到上述目标，只有一项首要任务：执行已提出的/或将要提出的举措。

悖论是什么？悖论就是矛盾。

非洲：天大的矛盾

为什么非洲是个天大的矛盾？因为非洲不应该穷困，但它确实相当穷困。非洲很贫穷，然而同时又富有人文和自然资源和禀赋（水、能源和自然资源例如金、铜、钻石、锌、锡、纯碱、铝、铂、铀、铅、镍、锑、石棉、铬、铝土矿、钴、铁矿石、锰、磷酸盐、银、石油、天然气、煤以及农业产品诸如咖啡、茶、可可、棉花、橡胶、剑麻等）。

358

非洲的主要矛盾有哪些？非洲的贫困综合征是由一系列矛盾引起的，并由此维持着，特别是以下这些矛盾（之前在第一卷第二章已有论述）：

- 人居；

- 地理位置；

- 文化融合；

- 分裂;

- 屈辱;

- 教育;

- 领导层;

- 国家地位;

- 持续的冲突、政变和腐败;

- 自然风光;

- 类别归属;

- 极度贫困。

为什么非洲比它 25～50 年前更为贫困? 为什么非洲是当今世界唯一一个比它 25 年前更穷的大洲? 问题的答案就在于几个世纪以来,非洲的统治权如何撼动、如何塑造了非洲大陆,以至于这个庞大的大陆会陷入贫困综合征而长久得不到发展,从而成为世界上最为贫穷的大陆。这种统治权和历史事件可以粗分为五个大类:(1) 自然和环境;(2) 历史;(3) 经济;(4) 政治;(5) 社会文化环境。

自然和环境

非洲是个广袤的大陆,以下事实可以证明:

- 从非洲的最北端——突尼斯的本萨卡角 (Ras ben Sakka) 到非洲最南端——南非的阿古拉斯角 (Cape Agulhas) 的距离约为 5000 英里 (8000 公里);

- 从最西端的佛得角 (Cape Verde) 到最东端的凸角——索马里哈丰角 (Ras Hafun) 的距离约为 4600 英里

（7400 公里）；

●非洲的海岸线长度约为 16 100 英里（26 000 公里）；

●非洲占地球总表面积的 6%，占陆地表面积的 20.4%；

●非洲大陆是世界第二大的大陆（仅次于亚洲），算上周边岛屿（国家），其面积达 11 725 385 平方英里（30 368 609 平方公里）；

●非洲是人口最多的大洲，到 2008 年大约有 9.4 亿人，占全球总人口的 14%；

●非洲的人口是全世界增长最快的。

非洲的贫困是由自然和人类的行为和非行为的共同作用所导致的。非洲深受自然灾害之苦，比如干旱、沙漠化、洪水、沙漠蝗灾、森林火灾、冰雹等。这些（还有其他一些）自然灾害给非洲的发展带来了不利影响。非洲其他一些破坏性的灾害因素包括：

●气候变化和全球变暖，影响到非洲的食物生产、卫生状况以及生物多样性消失；

●环境退化；

●不合理的生产与消费模式导致的臭氧层消失；

●人口压力；

●非洲政府不明智的农业和其他产业政策；

●过度砍伐森林和过度放牧。急速荒漠化导致对于森林的过度砍伐，这是非洲贫困综合征之一。因建筑业和炊事柴火需要而破坏森林，导致非洲进入急速荒漠化。

- 人为的"贫困之友"和"发展之敌"，贫穷、无知（文盲）和疾病（流行病、脑膜炎及上述其他疾病）；
- 不合理使用自然资源。

历史

非洲历史的三个阶段分别是前殖民时期、殖民时期和后殖民时期。多个世纪以来，非洲的贫困不断加剧，主要是由于欧洲带来的后遗症：

- 奴隶和奴隶贸易；
- 欧洲扩张主义、帝国主义和殖民主义；
- 柏林会议（1884 年 11 月 15 日至 1885 年 2 月 26 日）有关瓜分非洲之事及此后对非洲的殖民；
- 对非洲的殖民掠夺；
- 欧洲殖民政策和殖民行为导致非洲的转型；
- 非洲失去非洲性、非洲精神和身份认同；
- 将先前基于风俗和传统的非洲价值体系替换为主要基于教育、金钱和人类自由的（西）欧的价值体系。

经济

非洲贫困的起源必须归咎于外来入侵，非洲大陆被迫接受欧洲的游戏规则。多个世纪以来，非洲的贫困不断加剧，主要是由于欧洲带来的后遗症：

360

- 税收、奴隶劳动力以及非法贸易——奴隶贸易;
- 资源、廉价劳动力和原材料反向转移过程中的剥削;
- 非洲前殖民时期实施和管理经济和商业行为的传统架构和机构被废除,取而代之的是欧洲的经济结构;
- 以牺牲非洲传统自给农业为代价引进经济作物。

殖民时期的经济作物体制带来了贸易行为,但未给非洲的人们带来实惠,倒是满足了北方——欧洲人的经济和商业需求。先前提及的矿物、以及作为经济作物的农产品源源不断地运抵欧洲。它们不是给非洲人消费的,而是满足了欧洲人的商业、工厂和消费需求。

此外,殖民时期建立起来的殖民者/殖民当局与被殖民者之间的关系也是不平等的,是下属(从属者,被殖民者)和老板(殖民者)的关系。所以,殖民地和被殖民者只能与其母国以完全没有竞争优势的价格进行贸易,而不能与其他任何人和/或国家有贸易往来。殖民地获得独立后,那些殖民政策和做法依旧很有市场,非但如此,还使得非洲国家陷入一种新殖民依赖综合征,这种症状在今天这个新千年的后殖民时期仍然在袭扰着非洲国家。

殖民时期的后遗症使得殖民地的幸存者们:依然在消耗非洲的资源(反向资源输出)而从不把资源给非洲自己使用;经济管理失当,缺乏担当,统治无方;无法采取措施阻止人才流失和高速城市化进程;渎职,自私;民族主义压倒爱国主义;用意识形态影响非洲发展事业(非洲资本主义/非洲共产主义,非洲共产主义/非洲自由主义,非洲社会主义等等)。

所有这些都是殖民主义和殖民行为留下的副产品，它们已经被由欧洲人培养的非洲领导人继承下来了。

影响非洲发展事业的外部力量有：

- 冷战和冷和平政治；

- 国际经济体系的作用；

- 债务和偿债；

- 世界银行和国际货币基金组织的结构调整计划；

- 发达国家实行市场保护主义，掌握商品定价权，对非洲商品和服务也一样（可能会附上 1~2 条限制）；

- 贸易条件恶化：贸易垮台后非洲国家会而且确实变得更为贫困，由于初级产品（比如可可、咖啡、茶叶、糖和除虫菊）在国际市场价格下跌导致它们外汇收入减少；

- 石油危机（能源成本）；

- 全球化（对非洲来说是把双刃剑）；

- 非洲商品和服务无法进入全球/发达国家市场，却又面临债务和偿债负担。这两种情况的共同作用外加不公平的贸易体系、不对称的经济与贸易成为非洲贫穷的最大推手；

- 在非洲发展和商务活动中努力消除低效、缺乏系统性的缺陷并在其中赋予妇女更多权利。

- 全球经济衰退；

- 现实利益感增加，包括安全、性别平等和教育；

- 严重腐败、任人唯亲、迷信崇拜、裙带关系以及贪得无厌导致领导低效/无效；

●气候变化和全球变暖给非洲经济带来负面影响;

●非洲参与全球商务和发展协商程度不足;

●联合国千年发展目标和世界贸易组织全球谈判能否给非洲带来一些承诺无法确定;

●关系非洲人民日常生活的事务的决策过程缺乏公众的广泛参与, 缺乏对自下而上的基层发展模式的需求。

政治

柏林会议的政治教条造成了非洲的贫穷。

●欧洲和平之于非洲 (1885 年) 对比欧洲和平之于欧洲 (1648 年);

●司法治国对比经验治国——故意不让非洲人做好自力更生的准备;

●非洲的殖民后遗症;

●分而治之, 以及欧洲的其他殖民政策和措施;

●14 个参会国中 7 个成为殖民当局: 葡萄牙、西班牙、英格兰、德国、法国、意大利和比利时。

●参加 1884~1885 年柏林会议的其他国家有: 美国、荷兰、丹麦、瑞典—挪威 (1905 年之前是君主国)、奥斯曼帝国、俄国以及奥匈帝国;

362

●非洲的冲突、政变、腐败及其后果和矫正;

●领导层的矛盾: 民族优越感对于爱国主义和国家认同;

●非洲发展和商业倡议中的授权和所有权问题;

● 通过正规教育赋予妇女及其他被边缘化的社会阶层权利缺乏系统性；

● 非洲非政府组织（NGO，戏称"新来的女孩"）面临的挑战；

● 居住矛盾引起的严重隔离，地点/孤立/边缘化以及领导力缺失；

● 非洲领导人、精英和人民缺乏正确的心态来实现多维度的发展。多维度发展需要实现众多转变。这需要终结领导力缺失的状况，也需要非洲领导人转变治理方式。

社会环境

社会日程：

特别是针对新兴问题和挑战：流行病、灾难和发展；发展所需的科学与技术；

● 非洲与全球化的挑战；

● 反向资源流动；非洲妇女参与商业和发展；

● 全民教育：非洲大学在教育领域发挥的作用；

● 非洲发展计划为非洲人自己所有。

21 世纪结束非洲贫困综合征：
怎么做？何时做？谁来做？

现在，以及 21 世纪未来几十年，就要采取措施，包括短期的、中期的和长期的。消除贫困的措施要在以下领域（以及很多其他领域），通过非洲政府、机构和人民，国际公共和私人组织以及它国政府、机构和人民实施。非洲必须接受这样一个事实，即非洲发展的主要责任在非洲政府、机构和人民。所有这些必须提出、发展、拥有、运营并管理发展计划，只有这样才能减少甚至消除/根除非洲的贫困。

要结束贫困综合征，非洲必须在现代化和传统/文化/价值体系之间须扮演一个平衡的角色。

她也特别需要在西方价值观和非洲价值观中取得一种平衡。在西方价值体系主导的今天，非洲能否在 21 世纪的现代化进程中重拾其文明？非洲的哪些传统、风俗和文化（土地、习惯、农业、崇拜、服饰、食物、宗教、家庭以及大家庭的行为准则，村庄血缘关系、传统典礼等）需要完全重拾？哪些需要被摒弃？为什么？

根除/削减非洲进步/发展之敌（比如贫困、疾病/疫情和文盲/无知）需要着手应对并化解非洲的矛盾。非洲必须自己掌握非洲的发展和命运。非洲必须认识到非洲人民是一个重要的资源，必须给予人才足够的信任以防人才流失（比如建议一种激励机制：答应为归国留学人员安排工作）。特别需要关注以下方面：

363

- 环境、自然资源以及全球公益（GPGs）（比如生态系统、生命维持系统、环境保护以及合理使用非洲的自然资源）；
- 非洲人类与自然、野生动植物以及不同民族/部落间的共生关系；

●持久、可持续的发展。

通过投资、发展并给予诱人的激励机制等措施，非洲的人们必须在 21 世纪把非洲"非洲化"，取之于非洲，用之于非洲。那些能够充分体现非洲本性的、优秀的、积极的非洲传统和文化必须重拾。为消灭贫困综合征，非洲还需要完成以下事项：

●合理使用资源调动、技能和人文知识；

●非洲每个国家都要制定并遵守纪律、法律和规则；争取采取发展激励措施以获得发展优先权（农业、工业、基础设施发展、灌溉、政治民主化进程、治理得当、富有竞争力、关键人物和机构的能力培养以及赋予包括妇女、女孩和其他被边缘化的社会阶层以长期战略和财务资源支持）；

●提供水和其他公共服务；

●实现经济改革；

●建立能动的政治环境以取代腐败，统治管理和责任担当方面要增加透明度；

●尊重人权、公正、代表权、尊严、自由等（这些是用来对抗新殖民主义和腐败行为的准则，非洲统一组织和泛非联盟的缔造者也广泛应用原则）；

●赋予妇女和女孩更多权力以遏制性别不平等。

●缓解气候变化和全球变暖；

● 用非洲主义和非洲方法来解决非洲的问题（比如冲突、政变、战争、内乱、腐败等）；

● 把对外关系和外交用作解决冲突和管理问题的工具；

● 将信息革命和技术转让作为十分常用且积极的公共信息和教育项目用于非洲，以促进全方位的发展（比如培训实习生、实事连载等）；

● 给这代人赋予更多权利，让他们成为有能力的领导人；

● 用能源让非洲发展，特别是新兴能源和可再生资源所产生的能源（像太阳能、生物质能/生物燃料、地热、役畜、水力、风能、泥炭、沥青砂、海洋能、核能的裂变与合成）；

● 回归到爱国主义、民族主义和泛非主义；

● 尊重非洲和非洲人——要增强非洲和作为非洲人的自豪感；

● 将科学与技术应用于可持续发展、环境永续性和可持续科学；

● 强化非洲文化重塑，而非因使用全非洲通用语言（非洲世界语）或其他通用语言（如斯瓦希里语、豪萨语、林格拉语）而产生文化同化，这同样适用于其他以音乐、艺术、诗歌见长的通俗文化中心所带来的影响；

● 非洲政府和社会机构努力让媒体在报道非洲时做到公平、公正和客观；

● 在非洲实行灾害预案、减灾防灾和灾害管理；

● 成立非洲的大学/高等教育机构，使之成为增强非洲共通优秀品质的权威中心（像 NEPAD 和非洲的区域经济一体化机构，军事等）；

● 启用 AU 机制以增强非洲安全、法律与制度，促进和平与政治稳定；

● 为非洲建立一个"团结促和平"机制；

● 在新千年应对并处理非洲面临的重大挑战，包括疾病（比如 HIV/艾滋病、埃博拉、结核病、疟疾等）、全球化、气候变化和全球变暖、全球公害（GPBs）、教育缺失、领导力不足以及非洲的欠发展状态。

● 与常驻非洲的发展机构合作，例如东非共同体（EAC）、伊加特组织（IGAD）[1]、东非发展新伙伴计划（NEPAD）、南部非洲发展共同体（SADC）、西非国家经济共同体条约（ECOWAS）、中部非洲国家经济共同体（ECCAS）、北非阿拉伯马格里布联盟（UMA）、东部和南部非洲优惠贸易区（PTA）、联合国非洲经济委员会（ECA）、东部非洲关税同盟（EACU）以及 OAU/AU。

● 与国际社会共同努力，并加入非洲提议的、旨在促进非洲发展的措施（比如：八国集团、77 国集团和中国、不结盟运动（NAM）以及双边对外援助计划［USAID、SIDA、CIDA、NORAD、DANIDA 等］、非洲全球联盟（GCA）、联合国系统所做的努力，诸如 ECA 等）。

全球经济大国在非洲复苏和发展中该扮演什么角色？

在当今全球化的世界里，美国、欧盟、日本、加拿大、印度和中国在非洲努力成为一个真正的现代大洲的复兴之路上要

发挥主要作用。大家都认可这个前提。而真正考验它们的是在
未来十年甚至更久远，这些经济强国，不论是个别地或集体
地，会在非洲事务上发挥什么样的作用、在多大程度上发挥
作用？

　　这是个重要的命题，它会在将来证明另外一场讨论的公正
性。在非洲问题上，这些国家各自都有其优先次序。而特别引
人关注的是中国会在非洲事务上将优先级放在哪里。近来，中
国在非洲事务上表现得十分强势，中国未来如何应对非洲的诉
求需要更仔细地分析。中国在非洲会做成什么样？中国会不会
在非洲成为"商业海啸"？我们需要拭目以待。

　　美国政府在非洲的优先级

　　实际上，考虑到美国具有与非洲进行商业和发展合作的机
会和潜力，以下目标是值得关注的，是美国在非洲现在和未来
一些年的首要关注领域：

- 支持非洲的弱小国家。
- 增强非洲区域性组织和次区域性组织的作用。
- 增强战略伙伴关系。
- 增强区域安全能力。
- 增强非洲反恐合作和反恐能力
- 关注人文和发展援助项目
- 刺激非洲经济发展与增长
- 巩固民主转型，落实美国总统倡议，比如比尔·克
林顿倡议的非洲增长机会法案（AGOA）和乔治·布什关
于 HIV/艾滋病的有关提议。

● 鼓励寻求投资和其他机会在非洲设立合资公司、合
伙企业等;

● 探索增进非洲——美洲商业关系及合资、合作和产品
推广相关的方式方法。

前路面临的挑战

对非洲的贫困现状进行分析支持了以下一些结论,特别是
认为非洲以前或者现在是地球上最贫穷的大陆的论断是站不住
脚的。此外,非洲发展的主要责任落在非洲的政府、人民和社
会组织上。所以,非洲需要承担起并掌握住其发展命运。既然
过去众多试图让非洲发展的努力都成了泡影,那么现在就该努
力采取合作方式(比如 NEPAD)来实现非洲的发展与安全,
这种合作方式需要得到强化并推广到整个非洲。很明显,依非
洲提议,助非洲发展,由非洲运作,靠非洲管理的发展倡议才
是唯一合理的成功途径。

当今世界已如一个地球村,这就要求所有国家要依靠合作
来实现发展。这就是说给贫穷的国家或大陆予以援助已不仅仅
是个人或国家的道德义务。今天的非洲比其 40 年前更为贫穷,
甚至比其 25 年前更为贫穷,这既有其内部因素,也有外部因
素,解决方法只能是非洲国家和人民在国际社会的支持下采取
协商一致的方法。

为此,我们需要考虑以下原因,并且呼吁国家层面、非洲
大陆层面和国际层面采取协调一致的行动。非洲领导力缺失和
领导失误可以归咎于欧洲殖民政策和行为并没有让非洲人做好
独立后成为完全胜任的管理者的准备。由于殖民地经济政策强

调为欧洲市场提供经济作物，所有非洲的经济完全没得到发展。部分原因是帝国主义者强征税收，包括屋宅税，这些以现金形式缴纳的税收迫使非洲人放弃了他们赖以生存的传统作物（木薯、小米和高粱）的耕种，转而耕种棉花、咖啡、可可和甘蔗等经济作物，或是挖掘对欧洲有用的矿物，诸如黄金、钻石和铜。非洲殖民地被强迫消费他们的殖民地统治者那边来的物品，当殖民地获得独立后，非洲工业开始起步，但其必备组件严重依赖从西方进口。这就导致金钱持续流向北方。由于那些经济作物——主要是大宗商品——决定着殖民时期非洲国家的外汇收入，所以这些作物的价格波动，或是非洲作物欠收，都会导致经济衰退和疲软，这是导致非洲贫穷的重要因素。

非洲国家的工业难以发展，因为这些国家需要从西方的银行和政府拆借大量资金，以偿还非洲国家在非洲初级产品价格崩塌，以及 1970 年代和 1980 年代石油危机期间油价飙高之后，从国际货币基金组织/世界银行集团借的所谓的 SAPs 贷款。（墨西哥债务负担及其后续的负面影响，特别是对于发展中国家的负面影响，将在本章后部进行论述）

以上所有因素都给非洲国家带来了最为沉重的打击。事实上，非洲再也没复苏过来，随后就引起了非洲经济下滑和疲软，这种状况一直持续到本文写作时。此后产生的一些经济问题强化了非洲悲观主义情绪，而且此后每次危机都不断加重非洲的贫困。此外，后续消极的状况还在不断地影响着非洲，比如内战和冲突，所以非洲仍然是地球上最为贫困的地区，这也正是为什么她是世界上唯一一块比其 25 年前更为贫困的大陆。非洲这种状况必定还会在未来十年甚至更久远的时间内持

367

续袭扰着非洲人民及其领导人。

第三世界的困境

实际上，相比西欧、北美、澳大利亚和新西兰等发达国家，第三世界的发展中国家更需要联合国。第 18 章已给出了有关联合国的架构的相关信息，另一个重要的国际援助等式便是国家是怎么分类的，这是在任何时候在国际经济关系中维持公平和正义都相当重要的一个因素。

联合国中国家的分类

1970 年代初，联合国委派其发展政策规划委员会和会费委员会考察第三世界发展中国家的发展状况和贫困综合征，因为第三世界发展中国家的经济和其他方面的状况由于通货膨胀、经济衰退以及 1970 年代占主导地位的不公正的国际经济关系而有所加剧，这些状况都是由 1973 年的石油危机导致石油输出国组织建立石油卡特尔所引起的。

为应对当时的经济问题，联合国采取了一些措施，包括联合国第二个十年发展规划（UNDD）的国际发展战略和联合国大会（UNGA）召开的第七次特别会议。这些举措都催生出了国际经济新秩序（NIEO），旨在为国际经济关系带来公平和正义。非洲、亚洲、拉丁美洲和加勒比地区的发展中国家是 1970 年代经济困境与全球问题的最大受害者。而且这还带来了其他问题，比如工业产品成本高，食物进口价格上涨，非洲

368

出口产品价格下降（主因是原材料和加工货物）以及1960年代非洲进步和经济发展停滞，这在1970年代和1980年代都消失了。

1980年代发生了一场严重的债务危机，最先发生于1982年8月的墨西哥，当时墨西哥政府无法偿债。债务问题迅速向拉丁美洲、非洲以及其他发展中世界蔓延。

了解了上述问题，联合国委员会将采用上述标准把发展中国家分成几个族群，或者大家习惯叫分类。联合国成员国依据上述标准采取阶段性措施来解决经济危机。

第三世界国家的主要类别

联合国系统将国家分为发达国家和发展中国家两类，而发展中国家也因发展程度和发展状况而各不相同。联合国在1970年代和1980年代将国家分为四类，1990年代又出现了小岛屿发展中国家（SIDS）这个类别。联合国对第三世界的分类是这样的：

- 受影响最严重的国家（MSAs），例如肯尼亚、埃及、喀麦隆、科特迪瓦、加纳等，相比其他几个类别的国家，他们的问题可能可以早些得到解决；
- 内陆发展中国家（LLDCs）；
- 小岛屿发展中国家（SIDS），这个分类是1996年小岛屿国家自己提议的；
- 最不发达国家（LDCs），依发展程度来看，LDCs

是地球上最为贫困的国家，也是四类国家中最为脆弱的。

联合国世界首次世界最不发达国家大会于 1981 年在巴黎召开。最不发达国家的标准包括但不限于下列情况：

- 本质上贫困（国力缺乏）或欠发达/不发达（例如：发展得十分糟糕的国家）；
- 据测算人均 GDP 低下：自给自足和自尊处于低水平；
- 以农业生产为主，但人均食物和农产品产出低下；
- 依赖农业出口，常常品种有限，且工业基础仅停留在最初级阶段；
- 有限的自由；
- 缺乏人文资产（资源）（依照基于预期寿命指标[按出生时人均统计]的生命质量成分指数来看），卡路里摄入不足（低下），初等教育和中等教育入学率和成人识字率低（例如入学接受教育率限于非常低下的水平）；
- 每股制造业指数、产业劳动力指数和年人均商业能源消耗指数均显示非洲经济多样化水平低下；
- 贫困（人均年收入低于 905 美元，人均技术和发展生产力水平低下）；
- 预期寿命只有高度发达国家的一半；
- 经济极度脆弱；
- 抵御疾病能力极弱（比如疟疾、结核病、HIV/艾滋病痢疾、黄热病、高原发热、埃博拉、登革热等）；

●人均 GNP 增长速度低下（年增长低于 3.5%，甚至到 2.5%），外汇储备水平低下；

●低卡路里食品供给量低于发达国家的三分之一；

●基本必需品（如衣物、居所、食物、教育［上学］）供给不足；

●每个国家人口少于 7500 万（截至 2006 年，世界上 50 个最不发达国家总人口超过 6 亿人）。

2007 年，最不发达国家名录得到重审，确认佛得角在经济上取得显著进步，摘掉了最不发达国家的帽子。从而最终确定世界最不发达国家减少 1 个，变为 49 个，其中非洲有 33 个。

非洲的世界最不发达国家数量最多，也最脆弱。世界 49 个最不发达国家中有 33 个在非洲。这些国家是：安哥拉、贝宁、布基纳法索、布隆迪、中非共和国、乍得、刚果（金）、冈比亚、科摩罗、吉布提、几内亚、几内亚比绍、赤道几内亚、厄立特里亚、埃塞俄比亚、莱索托、利比里亚、马达加斯加、马拉维、马里、毛里塔尼亚、莫桑比克、尼日尔、卢旺达、圣多美和普林西比、塞内加尔、塞拉利昂、索马里、苏丹、坦桑尼亚、多哥、乌干达和赞比亚。在拉丁美洲和加勒比地区有一个世界最不发达国家（海地），其余 15 个在亚洲和太平洋地区。它们是：阿富汗、孟加拉、不丹、柬埔寨、东帝汶、老挝、马尔代夫、缅甸、尼泊尔、也门、基里巴斯、萨摩亚、所罗门群岛、图瓦卢和瓦努阿图。

绝大多数内陆发展中国家属于最不发达国家。它们的内陆属性促使联合国采取一系列特别措施来支持内陆发展中国家，要求发达国家为其贡献 0.15% 至 0.2% 的国民生产总值的诉求。

这些措施在联合国世界最不发达国家会议（1990 年在法国巴黎召开，2001 年在比利时布鲁塞尔召开）上得到重审。非洲有 15 个内陆发展中国家（博茨瓦纳、布基纳法索、布隆迪、中非共和国、乍得、埃塞俄比亚、莱索托、马拉维、马里、尼日尔、卢旺达、斯威士兰、乌干达、赞比亚和津巴布韦）。亚洲有 11 个内陆发展中国家，拉丁美洲有 2 个（玻利维亚和巴拉圭）。

非洲有 6 个小岛屿发展中国家（佛得角、科摩罗、几内亚比绍、毛里求斯、圣多美和普林西比和塞舌尔）。要注意的是马达加斯加因其国土庞大而不属于小岛屿发展中国家行列。拉丁美洲和加勒比地区的小岛屿发展中国家有：安提瓜和巴布达、巴哈马群岛、巴巴多斯、伯利兹、古巴、多米尼克、多米尼加共和国、格林纳达、圭亚那、海地、牙买加、圣基茨和尼维斯、圣卢西亚和格林纳丁斯、苏里南、特立尼达和多巴哥。

非洲最穷国家：布隆迪？

2006 年 7 月世界银行最新指标显示布隆迪是非洲也是全世界最为贫穷的国家（依据最低人均国内生产总值）。然而，加勒比地区的海地，也被列为最贫穷国家行列。这两个国家毫无差异地贫困。可见，根据最新的统计结果，海地和布隆迪成为全球最贫困的两个国家。

布隆迪的人均年收入是 90 美元，其人均 GNP 低下的原因有：

● 图西族（占总人口的 14%）和胡图族（占总人口的 85%）之间无情的战争和冲突。特瓦族人只占总人口的 1%。

● 跨过边境进入布隆迪以及在周边的刚果（金）、卢旺达和乌干达发生的种族冲突、政治叛乱、武装团伙以及在大湖区域交火的政府军。

● 尽管从 2004 年起布隆迪已有 6000 名联合国维和部队士兵，但民族对立依然会发生。

● 2005 年布隆迪贸易赤字达 1.5 亿美元。布隆迪出口的咖啡、棉花、谷物、茶、高粱、甘薯、橡胶、树薯粉（木薯粉）、牛肉、牛奶和兽皮每年只能给它带来 5200 万美元的收入。相比之下，它的年进口额却是 2 亿美元（生产资料、石油制品、食品等）。

● 布隆迪人口增长迅速，预计 2007 年将达到 8 390 505 人，2008 年 7 月将达到 8 691 005 人。

世界银行由此估计布隆迪可能是目前非洲乃至世界 10 个最贫穷国家名单中排名第一的。

这是基于人均 GNP 得出的数据，计算方法是测算出一个国家全年消费实物和服务的总价值，再将该总价值除以该国人口总数。世界最贫穷的 10 个国家是（人均 GNP，单位美元）： 371

1. 布隆迪：＄90；

2. 埃塞俄比亚：＄110；

3. 刚果（金）：＄110；

4. 利比里亚：＄110；

5. 马拉维：＄160；

6. 几内亚比绍：＄160；

7. 厄立特里亚：＄190；

8. 尼日尔：＄210；

9. 塞拉利昂：＄210；

10. 卢旺达：＄210；

债务是非洲发展进程中最沉重的负担

提及非洲国家的债务，主要涉及的是与第三世界国家贫困综合征相联系的第三世界国家的债务。非洲、亚洲、拉丁美洲和加勒比地区的发展中国家无力支付其债务，便背负上了外债或多边债务。若债务利息已超过当事国政治家认为他们依据本国 GDP 从纳税者那边收缴的税收额，则该笔外债就变得付不起，由此该笔债务将永远无法偿还。所以债务问题既是经济发展问题，也是政治问题，因为（外部）债务阻碍了不少发展中国家的发展努力。

债务问题的起因

第三世界债务问题的很多起因在先前章节和其他资料中已有论述，主要有：

●西方霸权国家的帝国主义、殖民主义以及将第三世
界国家的作为其殖民地；

●殖民政策和殖民行为造成的依赖与负债，以及在殖
民地以牺牲粮食农业为代价而建立起的经济作物农业
体系；

●布雷顿森林体系组织的缺陷以及联合国及其系统的
软弱；

●债权国和国际金融机构试图将矛头直指债务国政府
和领导层的腐败；但事实上，问题的实质在于债权国强加
给债务国的条件是债务国根本无法达到的；

●世界银行和国际货币基金组织（IMF）以及 SAPs
的银行业固定套路；

●债权国常常故意促使债务国大量借款，这样债务国
就永久性地深陷需要大量借款并偿还高额利息的怪圈
（对债务国来说，这好比是经济金融摧残）；

●债权国通常旨在促使发展中国家的经济达到一种难
以接受的非国有化程度；

●出资国的保护主义政策和措施，指望对发展中国家
对发达国家市场的出口保持控制或影响；

●迫使发展中国家的进口大于出口的政策和组织。

墨西哥触发第三世界债务和经济危机

事实上，可以说我们今天所知的发展中国家债务都是由

1982 年 8 月发生在墨西哥的一系列事件触发的。墨西哥经济在 1930 年代至 1981 年的多年间运行良好。在大萧条以及第一次世界大战、第二次世界大战之后，墨西哥 GDP 增长十分良好。1978～1981 年，墨西哥经济增长迅速，年均 GDP 增长率达到 8.4%。然而，突如其来的问题导致 1982 年经济增长率下滑 0.6%。经济下行变得非常严重，经济遭受严重破坏。以下原因（当然还有其他的）造成了经济破坏：

- 发展战略停止运行；
- 成品进口对出口率达到 4:1；
- 1982 年公共财政出现严重赤字，达到 GDP 的 17.7%；
- 1982 年外债增长至超过 900 亿美元，这使得 1982 年的还本付息额增长到全年出口品价值总额的一半以至于债务无法得到偿还；
- 1982 年一场深层次的金融危机爆发；
- 1982 年 9 月 1 日政府接管了银行；
- 截至 1982 年底，通货膨胀率居高不下；
- 严重的债务危机波及到拉美其他地区，其影响随后扩展到其他发展中国家。

373

从墨西哥开始，债务触发了发展中地区经济危机。比如在阿根廷，20 世纪 80 年代经济遭遇严重危机。由于超级通货膨胀开始盛行，拉美其他经济体也遭受了相同的境遇。拉美背负了 5300 亿美元的债务，占拉美 GNP 总额的 36%。

塞拉利昂、布隆迪以及撒哈拉以南非洲国家是第三世界中遭受此次危机最严重的国家。考虑到非洲对于贫困和发展问题表现出的极度脆弱，非洲从能源到农业、经济下滑、教育、贫困加剧、腐败和管理失当等危机的方方面面都缺乏抵御能力。1980 年代经济危机与金融危机的共同作用导致了非洲悲观主义，非洲至今还未能从这种悲观主义情绪中恢复过来。

重债穷国计划

重债穷国计划（HIPC）是富国在 1996 年通过世界银行和国际货币基金组织建立的，目的是确保没有穷国会面临着无法应对的债务负担。这一倡议呼吁通过官方捐助形式的冲销来减少外债。这是为被世界银行列为最贫困的那些国家设立的。依据国际货币基金组织的说法，平均而言，重债穷国的债务超过了本国年出口收入的四倍以及国民生产总值的 120%。

因此，重债穷国计划是减少外债的一种综合途径。重债穷国力求达到国际货币基金组织和世界银行支持下调整与改革项目的基本标准。标准如下：

- 面临着超出传统债务减免机制的高额债务负担。
- 通过国际货币基金组织和世界银行支持的项目推动改革与政策调整。
- 通过广泛参与形成了减贫战略文件。

共有 40 个发展中国家符合重债穷国的标准，其中有 33 个为非洲国家（贝宁、布隆迪、布基纳法索、喀麦隆、中非共和国、乍得、科摩罗、厄立特里亚、刚果民主共和国、刚果共和国、科特迪瓦、几内亚、几内亚比绍、埃塞俄比亚、冈比亚、加纳、肯尼亚、利比里亚、马达加斯加、马拉维、马里、毛里塔利亚、莫桑比克、尼日尔、卢旺达、圣多美和普林西比、塞内加尔、塞拉利昂、索马里、苏丹、坦桑尼亚、多哥、乌干达、赞比亚）。

亚洲有 3 个取得重债穷国身份的国家（也门共和国、老挝、缅甸人民共和国）。拉美及加勒比地区有 4 个国家（玻利维亚、圭亚那、洪都拉斯、尼加拉瓜）。

374 应注意，低收入国家的许多债务可追溯至 20 世纪 70 年代和 80 年代。在价格通胀的背景下，穷国通过借款为国内项目提供资金。然而，油价带来的冲击导致的经济衰退与高利率遏制了穷国的发展。重债穷国计划作为多边减债尝试应运而生。同时，也为这些发展中国家设立了债务持续性框架。

重债穷国计划因帮助富国甚于穷国而遭受了严厉的批评。然而它并没有向它的批评者做出解释，也没有为南半球的重债穷国持久的减轻债务。重债穷国计划本质上并没有取消债务，只是确保了债务的偿还。因此，重债穷国计划本身并不真正关心减免债务或加速经济增长。它从规划伊始就是为了使债务的数目成功降至"可持续"的水平。

国际货币基金组织：减贫战略文件

国际货币基金组织的减贫战略文件是在 1999 年提出来的。它们是由参与国股东参与筹备的，包括布雷顿森林体系的会员国。减贫战略文件每三年会根据年度进展报告进行更新。

减贫战略文件将国家的宏观经济政策描述为在三年或者更长的周期内，提供增长、减少贫困以及结构性和社会性的项目。它们是由低收入国家的政府筹备的，与千年发展目标有着至关重要的联系。它们提供重债穷国计划下的优惠性借款和债务减免。在写作此书时，国际货币基金组织和世界银行据说正在朝着部分减免债务或者修改债务偿还计划的方向努力，但是它们要求通过结构调整方案严格实施经济改革。要达到战略减贫文件的资格，低下的人力资源水平和经济多样性是必须的。其他的标准包括并以以下列举标准为基础：

- 每年的人均国内生产总值最多为 905 美元（330 美元起）；
- 人口最多为 7500 万；
- 教育水平；
- 热能消耗；
- 绝对贫困——低人均收入；
- 每年的人均国民生产总值的增长不超过 3.5%；
- 农业生产为主，人均食物和农产品产量低下；
- 生产力低下，贸易条件缺失；
- 经济高度脆弱。

375

免除债务对发展中国家的影响

俗话说：苦难是债务的伴侣，这可以从非洲最贫困的国家的状况得以体现。免除债务是一个复杂但是极其有用的话题，尤其是当下，全球的经济和金融危机必定会使发展中国家遭受最严重打击。当债务人无力还债时，债务便成为了实实在在的问题。债务对发展中国家的影响足以与战争相比。但免除债务能够并且会对这些国家有什么影响呢？回答这个问题之前，需要对世界发展中地区的多边债务进行讨论，包括如下 7 个要点：

1. 对第三世界债务的关注并不意味着像美国和欧盟这样的最富有的发达国家没有债务。相反，它们中的一些国家的债务额是巨大的。例如，最新的数据表明，在 2008 年 11 月 19 日，美国公共债务（即通常所说的国债，也就是美国联邦政府欠持有美国国债工具的人的钱）的总额达到 10.6 万亿美元（相当于每个美国公民 37 316 美元）。本研究所指的多边债务是指一个国家或国际实体从类似于国际货币基金组织和世界银行这样的金融机构借的并且需要偿还利息的资金。

2. 负债是指一个或多个国家将会拖欠债款的可能性。这是一个常见的观点，但笔者看来却是有问题的。导致发展中国家债务危机的事件有很多种。它们包括 1973 年由欧佩克（石油卡特尔）的行为引起的能源危机以及紧接着发生的经济危机，尤其是对于第三世界的石油进口国来说。但是最经典的案例是墨西哥。发展中国家债务危机以及偿债问题可追溯至 1982 年。如本章之前所述，墨西哥经济停滞，GDP 下降了 0.6%。在 1983 年，GDP 又下降了4.2%。由此产生的深重的金融和经济危机对于墨西哥政府来说是无法承受的，墨西哥宣布它不能按期偿还债务或支付利息。其他的拉丁美洲的国家开始受到影响，作为近邻的美国也不得不阻止给美国带来了负面影响的危机。这导致了当时美国的行政管理当局的许多行动，从卡特政府开始一直持续到里根政府。

3. 当高水平的债务及利息的偿还需要消耗太多国家本用于自我发展的收入时，债务问题就产生了。大部分的银行家及债权人似乎感觉到并推断出发展中国家的债务是发展中世界的领导人及其政府管理不善的后果。本书的作者并不完全认同这一观点，因为管理不善并不是这些国家负债的唯一原因。

4. 债务与贫困综合征明显相互关联，因此，债务和发展之间有着明显的联系。减少债务甚至是免除债务的主要目的是努力使发展中世界中受债务折磨的国家消除贫困。

5. 处理发展中国家债务问题的最好方式就是将它们置于债务起源、原因、发展、后果及必须采取的减少及最终消除发展中国家的债务负担的方法的总体背景之下。

6. 考虑负债国家所面临的选择。如果你是一个穷国的总统，一个慈善机构让你从现有的所有选择中选取一个（选择包括取消债务，进入没有保护主义的全球及发达国家的市场，以及给予外国援助）。这些选项中，你会选择哪一个？原因是什么？最好是选择取消债务，因为免除了债务，收入才是可预测的。而如果选择了援助或者是保护

376

主义，不能保证援助一定是可获得的，也不能保证保护主义的措施将会取消。

7. 保护主义永远有与之相连的纽带。

8. 对于发展中国家而言，发展是首要问题。基于以上分析，指出发展问题本身是一个复杂的、涉及多方面的过程是有益的。这一过程不仅只包含了人们生活的物质和金融方面，以下特征在这一过程中也十分普遍：

● 收入和产出的提高，通常以国民生产总值和人均国民生产总值来衡量；

● 制度、社会的和行政的结构、主流民意甚至是风俗、想法、信仰的激烈变革；

● 整个经济和社会体系的重新定位和重组；

● 经济增长加速；

● 绝对贫困的减少；

● 从整个社会体系来看，个人或社会群体多样化的基本需求和欲望得到满足，由此确保生活状况得到改善。

牢记这些事实，认识到最广为接受的衡量一国财务状况的基本指标是人均国民生产总值，那么这一节剩下的部分将以海地和布隆迪作为案例研究来加深我们对取消债务的影响的理解。

海地和布隆迪的共同特征

二者都是第三世界国家，之前都是殖民地（海地为法国殖民地，布隆迪为比利时殖民地）。他们都是世界上最贫困国家中的成员，被联合国定义为最不发达国家。他们都是各自区域内最贫困的国家。以 2004 年人均美元来看，布隆迪是地球上最贫困的国家，有着非洲及世界范围内最低的人均国民生产总值。他们的人口相近。2008 年，估测海地人口为 8 706 497 人，布隆迪为 8 691 005 人。不同点在于二者独立的时间长短不同，海地在 1804 年获得独立，而布隆迪 1962 年才获得独立。

外债

海地是加勒比地区第一个过去为殖民地，现获得独立且由黑人领导的国家，也是加勒比地区第一个获得独立的国家。它是西半球唯一一个最不发达国家。加勒比地区唯一一个主要讲法语的国家——除了加拿大以外，西半球唯一一个说法语的国家，也是唯一一个因奴隶反抗运动获得独立的国家。

1804 年从法国独立后不久，海地的债务问题就显现了。1825 年，法国做好战争准备，要求海地补偿其丧失奴隶殖民地的损失。海地希望法国承认其独立地位，作为交换，法国要求海地支付一亿五千万法郎（相当于今天 210 亿美元）。

海地的贫穷既包括法国对于它的掠夺，也包括 1957 ~ 1986 年期间一对父子总统对于共和国财政资源的窃取（独裁者父亲"大盗贼"及儿子克劳德"小盗贼"）。儿子至少窃取了 5 亿美元。20 世纪 80 年代，他的妻子在纽约的疯狂购物中花费了两万美元。2008 年底，海地的外债约为 14 亿美元。

布隆迪，原先只有卢安达—乌隆迪，而后形成了两个国家：布隆迪和卢旺达。布隆迪遭受了殖民主义和殖民剥削，导致了种族暴力、冲突、政治叛乱、武装团伙、政府武装等问题，地区冲突时有发生，涉及刚果民主共和国、乌干达、卢旺达和大湖地区的邻国。尽管联合国在布隆迪派驻了 6000 名维和人员，自 2004 年起，种族仇视仍时常发生。图西人（占总人口的 14%）和胡图人（占总人口的 85%）之间的惨烈冲突直接导致了布隆迪的人均国民生产总值低下。还有一个部落——图瓦（Twa），仅占人口的 1%。布隆迪的经济很弱，经济发展的 94% 源于农产品（咖啡、糖类、茶、棉花、玉米、甜马铃薯、动物、木薯），服务业仅占经济总量的 4%。2005 年的总赤字达到了 1 亿 5 千万美元，其中蔗糖、咖啡、茶、棉花以及兽皮的出口额达到了 5200 万美元，构成了主要的出口产品；而同时 2 亿美元用来进口食品及石油工业制成品。2008 年底，布隆迪的外债大约为 12 亿美元。

第三世界国家债务的后果

债务给第三世界带来诸多不同的后果。20 世纪 80 年代和 90 年代非常严重的经济和金融危机并没有真正远离这些国家，这些危机的影响今天依然可以看到。外部的冲击，比如 1973 年油价第一次上升及后来 80 年代利率上涨，都使这些国家的债务出现了戏剧性增长。这些外部事件对于投资和经济增长的负面影响几十年后仍在持续。持续累积的债务产生了高债务利息成本和既不现实也不充分的外部措施（比如外国援助）。被债务充斥的国家，经济低速增长甚至无增长，同时因食物、飓风、干旱及其他自然灾难，资源从南半球倒转流入北半球，腐败导致的挥霍以及技术缺乏带来的浪费等原因使得情况变得更糟。

一段时间内原材料价格的下降使大部分最不发达国家有很少或没有外汇收入，导致了这些国家外汇缩水。还有其他一些因素加剧了这种低增长，比如：

- 无能的机制；

- 无效治理或"善治"的缺失；

- 经济和债务的管理不善；

- 政治不稳定，暴力冲突，内战和地区战争（比如，20 世纪 80 年代到 21 世纪初布隆迪、塞拉利昂、刚果民主共和国、利比里亚和卢旺达之间的战争）；

- 战争、内战、冲突导致的大量军事开支；

- 国际金融体系政策制定失败，无法达成必要共识；

- 腐败风气。

以上所有要素导致了发展停滞、债务增加。反过来，新增借款却持续增长，导致了债务增加。致使这些国家偿还债务能力恶化的因素有：

- 援助附带的条件（例如，经济改革或其他不相关的要求）；

- 贸易保护主义；

- 债务附加条件导致超过 40 个第三世界国家破产；

- 居高不下的利率；

- 龌龊的债务——债权人对债务人故意的、非民主的、违规的借款或者就是通过非法机制使他们变得贫穷；

- 通货膨胀的上升及生活水平的下降；

- 日益增加的来自于气候变化与全球变暖及其对脆弱地区和经济关键部门的影响的压力。

379

根除债务问题的措施

20世纪70年代和80年代的经济和金融危机催生出了联合国国际经济新秩序，这是对第三世界日益恶化的金融状况的回应之一。国家、次区域、区域内以及全球层面的减免债务的措施包括以下选择：由政府、国际上政府间机制如金融机制（如世界银行和国际货币基金组织）、个人及其他实体在国家、区域、国际和全球层面上的修改债务的偿还计划，推迟，再磋商，以及免除债务。上述安排包括以下例子：

● 如前所述的20世纪80年代的结构调整方案，重债穷国计划（1996年），减贫战略文件（1996年）；

● 二十国集团是南北半球经济强国举行的部长级、中央银行行长级以及峰会级别的论坛，目的是讨论全球经济议题和问题，并试图解决这些问题，推动经济的增长和发展。G20包括欧盟（以欧洲理事会会长及中央银行会长为代表）以及其他19个国家（澳大利亚、加拿大、法国、德国、日本、俄罗斯、土耳其、意大利、英国、美国、阿根廷、巴西、中国、印度、印尼、墨西哥、沙特阿拉伯、韩国、南非）；

● 巴黎俱乐部（1956年），它的十个创始会员国（比利时、加拿大、法国、西德、意大利、日本、荷兰、瑞典、英国及美国）与阿根廷签署了借款总安排。目前，巴黎俱乐部已成为19个世界最富有国家（除最初十个国家外，还有澳大利亚、奥地利、芬兰、爱尔兰、挪威、俄罗斯、西班牙和瑞士）的财政官员组成的非正式集团，向负债国家和债权人提供包括债务重组、债务减免、债务免除等在内的金融服务。债务人通常会受到世界银行和国际货币基金组织的推荐；

• 2001 年 11 月发起的关贸总协定或世界贸易组织"回合谈判"；

• 华盛顿共识（1989 年）；

• 近年来的双边协定。

其他的"混合型"措施包括或已包括以下全球层次的对话与协商。

• 20 世纪 70、80 年代能源危机下的国际经济新秩序谈判；

• 联合国对国家的分层，主要适用于肯尼亚这样发展遭受挫折的国家，但这一做法今天已不复存在。这一类别的国家都因 20 世纪 70 年代的能源危机而产生了一些暂时性问题；

• 最不发达国家中增设内陆发展中国家这一类别，目前已举办三次联合国最不发达国家会议（巴黎，1981 年；巴黎，1990 年；布鲁塞尔，2001 年）；

• 重债穷国计划（39 个国家，其中 32 个为非洲国家）；

• 小岛屿发展中国家（本章前面已进行描述）；

• 小岛屿国家联盟（42 个国家，36 个国家加 6 个观察国）；

380

- 国际会议体系（20世纪60年代至今）；
- 富国帮助穷国的道德要求；
- 转移到发展中国家的补偿、资源和技术；
- 通过教育和发展培训增强发展中国家及其公民的能力；
- 公平的全球化，公正平等的全球经济关系；
- 第三世界国家能自由和不受限制地进入全球市场及发达国家市场；
- 官方开发援助流动的实现。

概念理解：结构调整方案

结构调整方案是世界银行和国际货币基金组织在20世纪80年代第一次采用的经济政策，旨在解决发展中国家的负债问题，重塑这些国家的经济使其具有偿还外债的能力。发展中国家必须遵守这些政策才能获取世界银行和国家货币基金组织的贷款，偿还因过去的债务而欠商业银行、政府、世界银行和国际货币基金组织的债务。结构调整方案的要求和附加条件包括借方货币相对于美元贬值，取消进出口限制，平衡借方预算，没有超额支出，同时取消价格管制和国家补贴。结构调整方案常见的指导性原则和特点包括出口导向型增长、私有化、自由化以及自由市场的效率。

在此背景下出现了发展中国家大量借款的模式，紧接着这些国家无力偿还借款，为了偿还第一次借款，他们被迫进行第二次借贷，导致了负债严重的情形，因为债务的利率都非常高。只要债务人满足布雷顿森林体系的结构调整方案所要求的条件便可以借款，当然，债务人也需要满足债权政府和机构附加的条件。

考虑到如此高的利率和附加条件，借款最终的结果是贫困有增无减，尤其是对贫穷的国家而言。债权人通常会忽略债务人的真正需求，坚持一些借款的条件。要满足这些条件，那对贫穷的债务国的利益就会受到损害。为了满足借款的条件，穷国总是会忽视对债务国最有利的商业和贸易政策的优先性。债务国被放款国强迫着强调错误的政策/优先性，忽略了平衡国家收支的基础性需求和服务。例如，债务国会转向生产和出口经济作物（初级商品）来筹集资金而不是养活人们的口粮作物。

免除债务

免除债务的好处是多样的，包括以下方面：

1. 保存和增强公共服务的能力。

2. 终结饥饿和饥荒，减轻债务负担。

3. 防止社会不稳定，增加投资。

4. 增加商业机会和企业。

5. 消除性别不平等，赋予妇女，青年，女孩和其他边缘化阶层相应权力。

6. 收入的可预测性——有些资金总要好过债务增加。

7. 免除债务可以减轻贫困，提升受教育水平，更多有助于持续发展的基础设施、教育和医疗的投资。

8. 没有债务意味着经济增长加速，更好的人均国民生产总值，以及在全球化时代防止贫困日益严重。免除债务必须与减贫联系起来。

9. 政治稳定与安全。

10. 自主发展。

11. 减轻疾病、流行病——HIV-AIDS 的影响，带来体面的生活。

12. 避免破产，防止环境退化，基础设施得到发展。

13. 减轻贫困和饥荒。

14. 改善医疗。

15. 通过高质量的教育扫除文盲和无知。

16. 政治稳定与和平。

17. 经济发展。

18. 世界上最贫苦国家的所需资源的可得性增加。

19. 债务因为减少了各种开支而破坏了经济。

20. 收支平衡。

382

21. 免除债务能促进公正。

22. 有助于增加投资。

23. 外部冲击：放款人是外部债务危机的重要原因。

24. 外汇增加。

25. 国家有权获取本国资源。

26. 原材料价格的增长与稳定。

27. 刺激经济增长，提升国家间的相互认同和相互依赖。

28. 减少因负债导致的人口损失，由此防止经济扭曲。

29. 提供建立满足后代需求的成功经济的机会。

30. 能容易地使年度债务利息减半。因此结余的资金能使人民受益并且投资于基础设施、教育和医疗。

以下成功免除债务的例子是值得注意的：

- 在坦桑尼亚，免除债务带来了免费的基础教育，基础教育入学率由 80 万增加至 160 万。
- 在马拉维，政府利用免除债务的资金训练新教师——每年约 4000 名。
- 在贝宁，释放的资金被用来为边远地区的空缺职位培训老师。
- 在马里，免除债务被用来支付给 5000 名社区教师提升他们的教学技能。
- 在玻利维亚，过去十年免除债务的资金被用来改善医疗。

发展中国家共有 880 亿美元的债务已经被免除。在世界最贫困的国家中，布隆迪和海地的债务已经被免除。布隆迪是由世界银行/国际货币基金组织推荐的免除债务的十七八个国家中的一个。2008 年，在苏格兰格伦伊格尔斯举行的八国峰会上，布隆迪的债务被完全免除。使得布隆迪的政府在 2005 年免除了教育的费用，因此又有 20 万个孩子可以上学。

对海地而言，中美洲发展银行在 2007 年才开始参与拉丁美洲和加勒比地区的债务免除。在 2008 年底，海地、布隆迪、冈比亚、刚果民主共和国、乍得和几内亚的债务得以完全免除。

非洲和国际的发展：东南亚国家和中国的关系

我们已经说过，非洲比其 25 至 40 年前更加贫困。25 年前，大多数东南亚国家联盟（东盟）都与非洲一样贫穷甚至穷于非洲。如今，东盟比非洲富裕得多。东盟经济层面发生了什么才导致了这样的变化呢？此外，中国已经成为经济强国和政治强国。当下，中国正与非洲国家发展紧密合作，尤其是经济领域的合作。这种新型关系将对非洲的发展与安全又意味着什么呢？

不同特点

非洲、东盟与中国的地理、面积和人口特点如下：

• 非洲大陆分为五个区域（北部、南部、东部、西部与中部），面积达 1170 万平方英里（3033 万平方公里），是仅次于亚洲的第二大洲。据 2008 年统计，人口达到 952 777 000。

• 东盟，1967 年 8 月 8 日成立，是一个由东南亚十国组成的地缘政治与经济组织。也是亚洲的一个次区域或次大陆，覆盖面积达 170 万平方英里（450 万平方公里）。据 2008 年统计，东盟总人口已达 5 亿。

• 中国是经济和政治强国，拥有联合国安理会的否决权。中国力图成为第三世界的领导者。中国的占地面积为 370 万平方英里（960 万平方公里）。据 2008 年 6 月统计，人口接近 14 亿（1 330 044 544）。

中国

在国际舞台上，中国在经济和政治上均有所作为。近年来，中国通过中非合作论坛及合作峰会与非洲建立了特殊关系。2006 年，在此合作伙伴关系背景下诞生了中非战略伙伴关系计划，这将积极促进双边政治合作。通过高层会议或高峰会议、元首级或外长级会晤，中国与非洲的双边关系将得到提升，其效应将惠及整个非洲地区。中非间合作的议题包括贸易与投资，能源安全（从非洲进口石油与矿产如尼日利亚），并且帮助发展非洲能源资源与供给。在国际论坛上，中国与非洲及"77 国集团"（G-77）中其他的亚非拉及加勒比地区的发展中国家紧密合作。

"77 国集团"事实上是联合国内由发展中国家组成的政治集团。1964 年 6 月 15 日，77 个国家在几内亚签署了《77 国联合宣言》并于联合国贸易发展大会第一届会议结束后发表，标志着"77 国集团"成立。联合国贸易发展大会是联合国为了满足亚非拉要求在联合国下创建一个专门机构，用以解决南半球刚独立的发展中国家的经济发展问题及挑战，同时系统并常规性地解决殖民后加入联合国的国家所面临的经济与发展议题。目前，"77 国集团"有 132 个国家，但当初成立时只有 77 个联合国的会员国，此后这一名称便保持不变。最近几年，中国加入了"77 国集团"，现在这一组织被称为"77 国集团和中国"。这个组织结构松散，每年召开一次（外交）部长级会议。会议通常在于纽约举行的联合国大会的一般性会议的开始阶段召开，商定集团的策略及在即将到来的联合国大会会议期间集团所持的谈判立场。但是，"77 国集团"在必要时会召

384

开大使级会议，由其年度主席召集，并继续使用 27 国集团确定整个集团在全球问题上的立场。在被认为关乎集团共同利益全球问题上采用共同决策的方法以提高集团的谈判能力，增加集团对与集团直接相关的联合国体系里讨论的主要国际经济问题、挑战等议题讨价还价的筹码。同时，"77 国集团"就可持续发展问题加强了南南合作。目前，"77 国集团"只举行了两次峰会。第一次是 2000 年 4 月 10 日至 14 日，在古巴的哈瓦那；第二次是 2005 年 6 月 12 日至 16 日，在卡塔尔的多哈。

在历史上，中国便是世界性的经济与政治强国。第一次世界大战结束后的 1919 年，同盟国在签署凡尔赛合约时，将从"敌方"获取的一些亚洲领土给予日本而不是归还中国，这一决定触发了中国的崛起。出于对西方行为与决定的不满，中国决定与苏联以及以苏联为首的社会主义国家联合。1917 年俄国在布尔什维克主义创建者列宁的领导下建立了苏维埃政权。

然而，在接下来的几年中，中苏之间的共产主义学说开始出现差异。大量的人口使得中国不得不在农村采用村镇公社制度。第二次世界大战后，以苏联为中心的国家与西欧国家及英联邦国家（加拿大、澳大利亚、新加坡）之间的东西方意识形态分歧扩大，一个新的世界秩序由此诞生，也标志着世界政治中的冷战的开始（1947 年）。

当中国意识到它并不能适应这种政治时，中国与苏联之间的分歧深化。因此，特别是 1949 年之后，毛泽东（1893 ~ 1976 年）这一共产主义理论家成为中国共产党的实际主席，即 20 世纪 50 至 60 年代的"毛主席"，中国进入了新的发展阶段，开始进行一系列深刻的革命——包括文化大革命。

385

作为一个存在了大约 3500 年的国家，中国的视野及其对非洲的认识都比人们认为的更深。目前，中国正与非洲建立新型关系，更关注经济与发展的合作而不是文化导向或冷战期间给予非洲及其他第三世界国家的传统的政治支持，不再是像当年那样反对西方资本主义和东方苏维埃主义的帝国主义行径和剥削。新的千年，中非合作关系会更紧密。

同时，世界各国都感受到了中国经济的"进攻性"。例如中国与美国之间的贸易数额清楚地揭示了中国所处的优势地位。例如，仅 2006 年，中国向美国出口额达 2330 亿美元，而美国向中国的出口额只有 550 亿美元。因此，不仅非洲感受到了中国经济的实力，全球都认识到它在稳步增长。未来一段时间，这会是一个非常值得关注的有意思的时期。此外，最近有报道称中国的议会于 2007 年 3 月 15 日出台了一项法律来保护私有企业及土地和其他财产的私有权。这是中国超越既定的共产主义理论的主要发展。共产党在中国是政策和统治的支柱。全国人大通过了这项议案的事实表明中国共产党关于中国社会稳定问题的思考的演变过程。私有产权议题在中国议事日程上存在了 14 年，该事件清晰表明控制了中国政治和社会理念长达 20 年的禁锢将迎来大变革。

共产党允许运用这一法律使国内财产所有权合法化这一事实，使我们认识到全球化在中国开展得有声有色，其本质要求是对全球市场公开和自由。该事件也表明中国领导层已经意识到，如果要让中国经济继续繁荣发展，必须在中国实行自由市场。反过来，在中国实行自由市场也要求这个国家进行国内改革。众所周知，对于中国而言，社会稳定是中国持久繁荣的大

386

前提，是国家安全与稳定其他要素与要求的基础，在由医疗、环境、教育、性别平等多维方式解决中国的其他关键性需求之前，必须首先并尽最大努力达到社会的稳定。

人们希望非洲能真正成为中国发展的受益者。

独立，合法地位，会员国，国际论坛的会员资格

中国在多年前就已经获得独立，它是联合国的创始国，也是许多国际组织的会员国。

与之相反，非洲有个很大的国际组织——非盟，相比东盟，非盟国家偏内向型。大多数非洲国家在 1960 年以后才获得独立。非洲有 54 个国家是非洲联盟的成员，非洲联盟的前身为非洲统一组织（1963 年 5 月 26 日建立）。他们的总部设在亚的斯亚贝巴。撒拉威阿拉伯民主共和国于 1982 年加入了非洲联盟。但是，摩洛哥却为了表示对当时乃至今日仍被其视为领土一部分的西撒哈拉得到非盟的认可与接受一事的抗议而选择了离开非盟。因此，虽然非洲内部承认撒拉威阿拉伯民主共和国，但摩洛哥仍认为它是西撒哈拉地区，且该国并没有得到国际社会的承认（例如联合国或美国都未承认）。因此，西撒哈拉得到了联合国人道主义和其他一些目的的援助。摩洛哥不是非洲联盟的成员。因此，外界看来，非洲有 53 个国家，但在非洲内部看来却有 54 个国家。

东盟于 1967 年 8 月 8 日在泰国曼谷举行的峰会上成立，现在已经有 10 个成员国，包括 5 个创始成员国（印尼、马来西亚、菲律宾、新加坡和泰国）。当时这些国家的外长是东盟的创始者，他们分别是：印尼外长马利克·亚当（1917～1984 年），菲律宾外长纳西索—拉莫斯，马来西亚外长屯·阿

卜杜勒·拉扎克（1933~1976 年），新加坡外长 S·拉贾拉南（1915~2006 年），以及泰国外长他纳·柯曼（1932~）。东盟的其他成员国包括文莱、越南、老挝、缅甸和柬埔寨。

东盟国家均在 20 世纪 60 年代前获得独立：

- 印尼，1945 年 8 月 17 日（联合国创始会员国）；
- 菲律宾，1946 年 7 月 4 日（脱离美国独立，是 1945 年联合国成立时的创始会员国）；
- 越南（南越），1955 年 10 月 26 日；
- 老挝，1953 年 10 月 23 日；
- 缅甸，1948 年 1 月 4 日；
- 柬埔寨，1953 年 11 月 9 日。

387

菲律宾与印尼是联合国的创始会员国，目前也是许多国际组织的成员，东盟的主要目的是进行经济合作。东盟组织牢固，以高度自利的方式在多个领域（经济、政治、文化与社会）进行合作。东盟的特点是真正的爱国主义，这种爱国主义曾被用来反抗腐败、提升竞争力以及自力更生。与区域内及区域外伙伴关系的合作安排得以保留。东盟的办事机构在印尼的雅加达。

外界的分类，对待与关注

外界（如外部投资者与游客）更偏爱东盟而不是非洲，其原因不仅在于东盟交通更加便利，而且人们认为东盟相较于非洲更加安全。同时，在国际会议中，如世贸组织下的国际多边贸易谈判中，东盟也表现得更有效率且富有成果。综合以上原因，旅游业依然更多地流向了东盟而不是非洲。

相比之下，非洲更加容易被忽视，被边缘化，也更加孤立和脆弱。流向东盟的投资的增长对于亚洲、非洲国家发展方式的影响是不同的，最终导致的结果是东盟国家比非洲的国家更受欢迎。

东盟与非洲之间还有许多其他的不同点。

相同点

在非洲与东盟的共同点中，特别是下面几点：

- 都有被殖民的历史；
- 部分大都市早期参与国际发展的努力；
- 政治上独立并没有带来经济上的独立；
- "化"的阶段包括本土化，伴随着有政治独立而来的非洲化、亚洲化、缅甸化、菲律宾化、加纳化、马来西亚化、肯尼亚化、拉美化、加勒比化和尼日利亚化等；
- 东盟国家及某些非洲国家在 20 世纪 60 年代之前获得政治独立；
- 旅游业是重要的外汇收入来源；
- 全球性与地区性组织（如 77 国集团与中国、不结盟运动）及第三世界集团的成员（不发达国家组织、小岛屿发展中国家组织、非洲组织、加勒比组织和太平洋组织）；
- 非洲享有以下组织的会员身份：马格里布阿拉伯联盟、南部非洲发展共同体、东非共同体、东南非共同市场、中非国家经济共同体、政府间发展组织、西非国家经

388

济共同体、非洲发展新伙伴计划、非洲联盟；在亚洲有东盟、科伦坡计划（1950 年 7 月 1 日组成的促进南亚和东南亚社会经济发展的区域性政府间组织，成员国为澳大利亚、新西兰、锡兰、印度、巴基斯坦、加拿大和英国）以及亚太经合组织（一个包括澳大利亚、加拿大、日本、美国和新西兰等发达国家的经济峰会）。

- 在独立后，一些国家（东盟及非洲的国家）更改了名称（如东盟的缅甸以前叫做 BURMA，非洲的布基纳法索以前叫做"上沃尔特"）

- 其他共同点主要有：

  - 腐败问题。东盟的资源都用于次大陆国家，而非洲的资源却常常被带出国门；

  - 非洲文盲率带来的巨大负担；

  - 在非洲，教育传统上并不处于优先地位，女孩不上学早早结婚。在东盟国家，教育被认为是通向未来光明和美好生活的通行证；

  - 地理环境和人口给东盟和非洲都带来了气候问题、热带疾病、人口压力，这些问题在非洲比在东盟更加严重；

  - 东盟的次区域面积比非洲的次区域更小；

  - 殖民的政策与实践。但在非洲，殖民的行为比在东盟更加恶劣（比如葡萄牙和比利时人在非洲忽视教育的政策及行为，而英国在新加坡建立的殖民体系鼓励教育以及在各个领域加强对殖民地居民的培训）；

  - 不重视科学与技术，没有技术学校；

■ 英国殖民者给东南亚国家联盟带来了良好的学校、旅游业以及真正的爱国主义。然而在非洲，少数精英是内向型的，并不重视多个殖民者及其当局引进和采用的教育系统中的科学与技术；

■ 大多数前殖民者仍然继续在非洲停留和工作，在很大程度上阻碍了新独立的非洲国家的非洲化政策；

■ 在独立之后仍然有依赖的行为；

■ 亚非新兴独立国家的沮丧/非洲化/亚洲化政策。

389

■ 东盟在独立前就已提出了自力更生，重视科学与技术，依附政策对非洲的伤害甚于东盟。

区域一体化

区域一体化是指在一个地方，东盟与非洲都愿意努力维持和平与稳定，以此作为安全与发展的前提。值得注意的是，促进非洲发展的区域一体化虽然还存在许多不足，但是已经并且正在取得一些积极的成效。但是，在优化投资环境、培养爱国主义、转变领导人的观念以防迷信与狭隘等方面，东盟比非洲国家做得更加成功。

类似地，提及发展的灵活性和共识建设，东盟也比非洲做得好。此外，许多东盟国家是反对共产主义的，有着资本主义导向的经济体。他们力图通过和平的方式来解决分歧与冲突，比如1978年越南入侵柬埔寨后双方关系便不稳定，但最终，双方达成和解，越南选择支持和平。

在非洲，冲突通常是通过武装冲突甚至是战争来解决的，并且有许多外部力量的干涉使得非洲分裂为以前殖民时期的势力范围（非洲的语言系统产生的阻隔效益——说英语的，说葡萄牙语的，说法语的，说阿拉伯语的等等）。此外，非洲在全球经济与贸易中的份额逐渐减小，外国直接投资保持在非常低的水平，与发达国家的收入差距扩大，以至于撒哈拉南部超过3亿人每天生活开销少于1美元。

因此，为了改善非洲的发展状况，需要在国际、地区以及非洲大陆的层次上采取协调措施，包括但不限于以下措施：

- 非洲政府需对非洲经济进行彻底改革。
- 在非洲进行的改革倡议必须有充足的资金和技术支持。
- 需为非洲经济的改革设立明确的目标，以此达成更高速的经济增长和发展，减少贫困，消除非洲政府及其统治中领导的不足。
- 政府领导者必须有清晰的政治意愿和行为准则，为的是国家发展而不是个人利益、发展及繁荣。

390

- 非洲的教育体制需要根本改变，使得国家及其人民用非洲方式解决非洲问题做好准备（性格形成中的教育和培训，领导者素质，责任感以及对于国家而不是种族的责任感与归属感，服务于能力建设的小学到大学各个层次教育质量的提升，以智囊团取代对人才流失的激励机制等等）。
- 非洲各个领域的发展与安全必须有持续性。对自然资源的理性使用与有效管理，科学的可持续性，环境的可持续性以及在确信的、可预测的、持续的以及充足的基础之上寻找可供使用的资源。必须在广泛群众参与决策基础上实施政策（例如，妇女及其他非洲边缘化的人参与决策），性别平等以及疾病的减少与预防，非洲发展的管理等等。

● 外部对于非洲的援助不应该使非洲更加贫穷，这种援助应该是真实的，提供并保障非洲商品与服务进入世界市场的渠道（如反对贸易保护主义），提供减轻非洲贫困综合征及非洲各国负担的方法——债务及债务利息的免除，无条件的外国直接投资，国际货币基金组织/世界银行集团在非洲的结构调整方案，免除非洲发展的负担等等。

以上只是非洲的地区性经济集团必须以系统的方式解决的一些主要目标。非洲的经济集团包括非盟、东非共同体、政府间发展组织、西非国家经济共同体、东南非共同市场、马格里布联盟、南部非洲关税同盟、特惠贸易协定、南部非洲发展共同体、非洲经济共同体、中部非洲经济和货币共同体、西非经济货币联盟、阿拉伯马格里布联盟、非洲与马尔加什共同组织等。

特别令人感兴趣的是大湖地区的努力，在 2007 年建立的大湖地区的国际会议如今发挥集结各国的协同作用。十个国家开始共同努力解决区域内的和平、安全与发展问题。这十个国家是安哥拉、中非共和国、刚果民主共和国、布隆迪、肯尼亚、卢旺达、苏丹、坦桑尼亚、乌干达和赞比亚。

东盟成功的秘诀

东盟的成功使得以下几点值得注意：

● 务必保持组织的团结，用谈判及和平方式解决分歧——东盟没有内战、冲突或战争，因为问题都可以通过和平方式解决；

● 东盟是一个议题广泛的议事咨询机构；

391

● 在各类问题上努力寻求共同接受的政策，特别是那些容易破坏发展进程、经济、文化、宗教以及种族等问题；

● 处理与外部关系讲求实用性（例如：寻求与欧盟及全球其他经济组织之间更紧密的关系）；

● 相较于漠视外界、以种族为导向、部落主义的非洲第一代领导人而言，东盟的第一代领导人更具爱国激情、对国家更为忠诚；

● 相较于东盟，非洲的军事力量对于政治、安全以及共同繁荣更加感兴趣；

● 经济发展部门的优先地位（例如：刺激农业、旅游业、金融业或银行业等产业的发展）。这项工作取得了很大成果，因为它提高了次区域人民的生活水平，阻止了人才外流还激励了智囊团；

● 和平与安全带来了东盟的政治稳定和经济发展；

● 东盟成员国完全承认全球性的商贸条约，东盟内部有关教育、贸易、伙伴关系以及经济一体化与合作的安排也逐步跟进；

● 促进文化发展、反对腐败、药物滥用、恐怖主义的长期规划与行动计划。

● 鼓励次区域建立完整的教育体系以实现自我依靠；

● 强烈的反军事以及反腐败情结有助于资源被留在东盟区域内并被使用，而不是外流到外国银行；

● 努力实现良好的统治、竞争、包容，确保领导人有能力促进发展；

● 决心不让文化和传统成为东盟发展的绊脚石；

● 在东盟区内，较富有的国家会援助最贫弱的国家；

● 建立"健康晴雨表"，定期开展"体检"，不断改进；

● 没有冲突、内战和不和，由此保证稳定、和平、合作和发展；

● 在东盟，协商努力同样也在如下列的机构中进行：科伦坡计划，亚洲太平洋椰子共同体，天然橡胶生产国协会以及 APEC（亚太经济合作组织，总部在新加坡，成员国有美国、墨西哥、日本、中国、加拿大以及其他一些重要经济合作组织的成员国）。

● 就在 2007 年 1 月，东盟同意在 2015 年之前建立起一个自由贸易区。在菲律宾宿务岛举办的一次会议中，东盟各国讨论了经济和政治协作的目标，并且同意加强自身的反恐力度，保护东盟内的外侨工人，加强对抗艾滋病的能力，还就起草一份有关广泛执法权的宪章达成了一致。

非洲可以广泛地汲取东盟的经验。例如下列方面：

●按照东盟的经验，非洲的不发达国家可以从整个非盟对于某些问题的解决中获益，从而使得整个非洲自给自足。

●按照东盟的经验，非洲各国政府应该刺激旅游业、投资、安全以及公共财产的发展，抛弃漠视外界的做法。

●按照东盟的经验，非洲各国需要加大对农业和旅游业的投资力度，提升安全水平，发展金融/银行业，用吸引人才策略取代人才外流。

●非洲各国政府应该努力维持和平和稳定，通过和平的途径协调分歧，最终实现非洲和非洲人民的发展。

●开展非洲的文化复兴，赋予非洲文化更大的价值、更加强调教育，并且更加详细地考察东盟成功的"秘诀"，也就是要考察以下几个方面：

●和平解决争端的方式和途径，即通过协商、避免非洲内部的冲突和战争的方法，维持非洲以及非盟内部的团结；

●解决整个非洲及非洲各国面临的问题的共识；

●发展非洲内部以及非洲与其他地区的更加紧密的关系，这种发展应着眼于整个非洲及其中各国，而不是为了某些非洲领导人及其亲朋好友的个人利益。

●制定应对问题及挑战的公共政策的热情，特别是在可能破坏某些非洲国家或整个非洲大陆的发展、文化、宗教、种族以及经济的事务方面。

非洲未来的道路

通过对于东盟和非洲的对比分析，我们发现许多问题需要回答和解决。非洲在进入 21 世纪后，在发展以及安全的方面面临着各式各样的问题与挑战。例如，既然非洲的发展和安全是非洲各国政府以及他们的社会机构与人民的主要责任，那么实现非洲的自主发展需要什么样的条件呢？在新千禧年，非洲是否可以重拾其遗产？

如果可以，在 21 世纪，非洲的公民是否可以做适当的调整来适应现代社会并且自主解决非洲所面临的问题？

非洲以及非洲人民必须学会主宰非洲并用非洲的方式来解决非洲所面临的问题。

非洲及国际发展：在历史视角下看非洲的经济

非洲在被殖民前有很长一段的贸易以及发展的历史（例如，在东非以及西非）。非洲历史上有许多关于商人、手工业者、本地市场、区域市场以及古代贸易路线的记录。在被殖民之前，非洲的市场不仅满足本地区的需要，各地的市场还形成网络把相隔遥远的地区在经济上联系起来。

至少在 700 年之前，非洲就已经发展出了一套多产的、复杂的经济贸易体系。商人理解供需法则，在一定的价格下，一个人就可以提供任意的产品给另一个人。奢侈品贸易路线在古代就已经形成，该路线经过了例如东非的阿克苏姆、库什、麦

罗埃等国以及马林迪、蒙巴萨、彭吧、拉姆、桑给巴尔、摩加
迪沙、索发拉和许多东非地区的至少 35 个城邦，同时还途经
了西非的加纳、莫西和南部非洲的津巴布韦。以上这些以及其
他的一些王国曾在历史上繁荣了很长一段时期。

非洲商业经济体系和关系的里程碑事件：

● 非洲的社会和政治系统的初始形态是政府力量弱小
的社会形成的较小的、松散的群体。这种初始形态只存在
于殖民前的久远的古代史中，当时整个非洲社会和国家中
的贸易和商业系统从单个的家长手中传递到下一代和大家
庭手中。大家族的行为准则形成了，家庭扩大为大家族，
大家族组成村庄，村庄又扩展为附属部落、部落（首
长）、附属宗族、宗族（群落）、帝国、城邦，最后超级
帝国形成。在超级帝国中，行政建制划分为乡、县、区和
省。但非洲的这些政治经济体系在欧洲人来到非洲之后就
被完全破坏了，欧洲的殖民者改变非洲的行为准则，使其
适应外国殖民者的政策和行为。

● 早期的非洲人具有冒险精神，过着游牧生活。他们
从东非和南非开始向北非和埃及甚至是非洲之外的地区扩
张自己的领土，并最终返回自己的家乡。之后，针对非洲
西部和中部的扩张主义就在非洲内部兴起了。

● 石铁时代：非洲人学会了如何抓捕和打猎以及用石
头和铁做成武器，以用于抓捕、打猎和防范敌人。

● 在 2500 年之前，非洲人学会了在小团体中通过家
庭、村庄、部落、宗族和群体间的物物交换来互换商品和

服务。非洲首次形成了无政府社会，那时的非洲社会还没有科层制、政治进程、政治程序。但之后发生的变化迫使着非洲人以及他们生活的这片土地顺应自然法则。公元前5000年左右，撒哈拉沙漠出现，这意味着非洲必须出现"固定居所"了。非洲大陆的污染越来越严重，土地的变化令人生畏，自然的、人为的敌人在不断增加且来势汹汹，这一系列变化意味着非洲需要法律和规则、治理和政府，意味着为了与邻邦以及其他群体和谐共存，一国就必须与他们建立商业、经济、外交关系上的同盟，意味着非洲国家需要联姻，需要合作以及外交上的同盟，需要学会如何去驯化如绵羊、山羊、骆驼、牛和狗之类的动物，需要学会如何种植如木薯、根、小麦之类的农作物。在学会驯化动物之后，土地和农业的价值逐渐上升。商业联系和贸易逐年增加，贸易和经济纽带在非洲早期的社会和政治系统的扩张中起着重要作用。

- 即使在欧洲人和其他外国人到达之前，奴隶制度和奴隶贸易就在非洲十分兴盛，但欧洲人和其他外国人的到来却使得这项非法的贸易成为了一项极其有利可图的全球性交易。然而，奴隶贸易并没有取代那些在殖民之前就已经繁荣的合法贸易，例如大宗商品贸易和矿石贸易。

- 在撒哈拉沙漠形成之后，无政府社会的消失以及政府的诞生赋予了非洲不同群体之间的商业关系以更高的价值，并且导致了以下这些原则和行为的发展：人们对于大家族、大家族的法则、由村庄抚养儿童、非洲社会主义、基于共识的政府统治等观念越来越尊重；人们信赖具有智慧的长者在传统的规则、商业和管理事务之下进行管理；
在商业、政治和社会方面，人们具有共同的责任，因此富
人应该义不容辞地帮助穷人；在非洲的价值体系中，强调
更多的是责任而不是回报。

● 因此，在第一批外国人到达北非之前，一个历史久
远且强调商业的重要性的社会体系在非洲社会中已经存在
了许多个世纪了：在公元前 1200～公元前 800 年，腓尼
基人成为第一个殖民非洲的外国种族，他们沿着地中海边
界进入北非，与迦太基人建立起水果贸易并创造了非洲的
一些古老的商业枢纽；公元前 630 年，希腊人殖民非洲；
公元前 146 年，罗马人殖民非洲；公元 7 世纪，阿拉伯人
殖民非洲。

● 非洲的一个社会体系包含几百万人，在非洲的污染
加剧、土地面积减小之后，这些人被迫定居在撒哈拉以南
的非洲。寻找土地和绿洲的小游牧群体也就此消失了。非
洲人面临着更强大、更凶残的自然界和其他种族的敌人，
因此他们需要更有效和更多的稳定保护、健康服务、环境
卫生、生活设施、水资源供应、对付自然界和人类敌人的
能力；更多更好的耕种工具、技巧，对于动物持续的驯化
以便一起生活；通过合作和对抗的平衡来实现冲突的和平
解决；对于大家庭组织的尊重以及对于包括国王的行为在
内的法典的尊重；维护法律、秩序和司法，非洲人民的文
化和领土主权。

● 当非洲的社会群体出现主权特征时，政府关系就出
现了。非洲的王国、帝国和城邦大量地出现，贸易和商业

395

关系成为跨城邦（跨国）的关系，因为这些互动或活动被政府引导着在跨国的层面上进行。因此，商业关系成为跨国的商业活动。

●在早期就被开发的矿石、原材料和大宗商品得到了更大的利用，变得更有价值。非洲的自然资源种类十分丰富，却十分贫穷。大宗商品（例如棕榈油、花生、落花生、大豆、豌豆、咖啡、可可、棉花、糖、茶叶、麻、橡胶、除虫菊）十分丰富。矿石，例如金、铜、钻石、锌、锡等等，以及一些传统的能源资源，例如石油、天然气、煤，已经被开发、利用和贸易。可再生能源（例如太阳能、泥煤、焦油砂、海洋能、生物能、地热能、木炭、核能、水能、风能、役畜等等）在非洲同样很丰富。

●非洲还有以人力（当时的奴隶）和种类繁多的动物的形式呈现的财富。

在殖民前，非洲的贸易由金子、玛瑙贝、铜、象牙、装饰物、衣物互换、动物互换、盐互换等商品的长途贸易组成。武器、落花生、花生被用来换取自然资源、手工商品、马匹、骆驼、食物之类的东西。除了给官员的酬金和抵押品之外，关税、海关、税费都是为了国王征收的。

因此，在古代非洲的王国、帝国和城邦中，贸易十分兴盛，财富空前繁荣。非洲人学会了如何利用和分享环境、知识以及GPGs——生态系统中支撑人类生存的系统（空气、大气层、陆地、土地等）。他们还学会了如何避免和摧毁GPBs。

总而言之，以下的原则和行为被保留下来且在非洲盛行超过千年，甚至会持续的进一步发展。

　　1. 发展和安全；

　　2. 奴隶制和奴隶贸易，对于主要首长的进贡，以及为了保护皇室和满足皇室支出而向国王纳税；

　　3. 传统的法律、规定、司法以及抵御外敌的方式，社会价值观中的非洲社会主义；

　　4. 依据风俗和传统进行的国内统治；

　　5. 不同的部落之间国王进行联姻以巩固盟友之间的友情和合作。

　　这些原则和行为在非洲被殖民后就被改变和摧毁了，转而被外国的价值观和生活方式取代。这种现象在 19 世纪，欧洲殖民非洲后变化地最为明显。　　396

　　从殖民时代（从 1885 年开始）到现在，各国与非洲的经贸关系以及非洲内部的经贸关系可以被概括为如下内容：

　　在殖民时代（1885~1960 年）非洲各国的关系实际上是各个老板之间的关系（例如，在殖民地中殖民国的长官或代理人）或客观实体之间的关系（例如，殖民地居民和他们的土地）。如前所述，殖民经济贸易政策以及政府行为进入到了殖民地或殖民地居民的开采、转化和破产的领域。殖民地居民成为殖民力量的一部分，他们不得不服从殖民国长官的命令。因此，非洲的商业、经济和贸易关系更多地使得欧洲获益，而不是非洲的那些被殖民国。

　　在取得独立之后（1960 年至今），外国与非洲各国的经贸关系、非洲各国国内的经贸关系呈现出的是主权国家之间的经贸关系。非洲各国，以及以前的欧洲殖民国都是作为独立的主权国家出现的。这种形态的经贸关系并不仅仅存在于与欧洲国家的交往之中，而是已经成为了全球性的、持续的国家间商贸活动的目标及准则。这种关系将在这篇文章以后章节中介绍。

基础前提和建议

再进一步讨论之前，要先明确以下五个前提和建议：

1. 在这个章节中，非洲应该在哪些地方被看做是和国际企业相关的；

2. 关注的焦点应放在三个历史阶段——殖民前、殖民时期、殖民后的非洲历史、政治和经济；

3. 非洲同时拥有雄厚的人力资源和自然资源基础；

4. 对于国际企业而言，非洲拥有无限的潜力和机遇；

5. 决定一个国际企业在非洲是成功还是失败，秘诀和关键在于能否如前文所言，找出一个对于非洲悖论的持久有效的解决方法。

全球经济和全球市场中的非洲

在 1960 年以前，若干非洲国家取得了政治独立并且参与到联合国和国际关贸总协定的多边谈判中。在探讨贸易问题

397

时，就会涉及商业问题。不幸的是，非洲缺乏足够的能力和手段来有效地参与到谈判中并从中得到利益最大化。

关贸总协定/世界贸易组织的多边/全球谈判

国际贸易谈判的目标是讨论在一个有分歧议题的基础之上得出一个使得有关各方都能接受的协定或共识。虽然关贸总协定/世界贸易组织主要针对全球层面的贸易和发展，但在联合国框架内，其实际上是一个联合国会员国之间的多维协商体系。关贸总协定/世界贸易组织的宗旨是：减少国际贸易中的关税壁垒。关贸总协定被设计初衷是成为一个鼓励成员国之间自由贸易的国际论坛，并且可以通过它来规定和减少对于贸易商品的关税。关贸总协定于 1947 年在日内瓦建立，当时正值冷战之初。协定的建立经过了一系列的有关多边贸易协定（MTNs）的国际贸易谈判，即著名的"回合"。关贸总协定的初始会员国有 23 个，其中 11 个来自第三世界。这些国家中就包含了在 1960 年之前获得独立的非洲国家。在 1994 年，经过八回合的谈判后，世界贸易组织正式取代了关贸总协定。前五轮谈判主要解决关税问题（逐字逐句地）以及参与权问题。最初几回合的谈判比之后几年的谈判持续时间短，具体时间如下：

1947 年：关贸总协定创立之后的第一轮谈判在日内瓦举行（第一回合）。

1949 年：在法国的安纳西举行第二回合谈判。

1951 年：在英国托基举行了托基回合谈判（第三回合）。

1955～1956 年：在日内瓦举行第四回合谈判。

1961～1962 年：狄龙回合（第五回合），在日内瓦举行。该回合主要是发达国家参与，旨在为国家之间的棉纺织品和衣物的贸易做好短期安排。然而，第三世界国家却不能进入发达国家市场。1973 年，长期安排出台并被强制保留了下来。

1964～1967 年：肯尼迪（第六）回合，增添了部门协商和反倾销条款。

1973～1979 年：东京（第七）回合，跨境贸易的关税水平下降了 1/3，12 项关于禁止核试验的协议以及争端的解决。

1986～1994 年：乌拉圭（第八）回合，在摩洛哥马拉喀什创立了世界贸易组织，并规定世界贸易组织的唯一使命是：减少世界农业补贴，减少对于跨境服务贸易的限制。

世界贸易组织多哈回合谈判

世界贸易组织于 2001 年在卡塔尔的多哈成立。在 1979 年以及接下来的 20 世纪 80 年代，一系列新的国际谈判在联合国的框架下进行了。比如像关贸总协定/世界贸易组织的谈判就是在联合国框架下进行的，主要解决贸易和发展问题，又尤其强调发展。

作为一个旨在促进国家贸易、推动经济发展的全球论坛和多边贸易体系，世界贸易组织强调可持续发展、就业、缓解贫困、结构化改革、农业、服务、与贸易相关的知识产权促进贸易、世贸规则、阻止殖民、贸易和环境以及电子商务等。

在过去的 7 年，南北非在这些问题上出现了分歧并有分歧扩大的趋势，特别是在环境和农业问题上的争端最大。这直接导致了 2008 年多哈谈判的失败。想要重启谈判并得出一个公正的结果，需要有关各方做出艰难的决定以及巨大的政治努力。

联合国会议系统

联合国会议系统随着联合国在 1945 年的成立而产生。从 20 世纪 60 年代开始，联合国开始了发展十年战略，即大家所更为熟知的国际发展战略，其长期目标是帮助发展中国家更好地发展。

贸易和发展问题在 20 世纪 60 年代之后地位更加凸显，当时正值一大批刚刚独立的第三世界国家加入联合国，他们急需一个解决贸易和发展问题的系统且有组织的解决方法，特别是对于那些新近独立又十分贫穷的联合国会员国而言。

联合国发展十年战略现在已经进入到第五轮（2001～2010 年）。以下是 20 世纪 70 年代之后，联合国组织召开的聚焦发展问题的会议：

- 1972：斯德哥尔摩环境会议；
- 1973：欧佩克危机以及商讨危机的会议；
- 1974：第六届联合国常任理事国特别会议，聚焦国际政治经济新秩序；
- 1975：第七届联合国常任理事国特别会议，聚焦国际政治经济新秩序；

- 1975：第一次世界妇女大会在墨西哥召开；

- 1976：第一次人类环境会议在加拿大温哥华召开；

- 1977：联合国沙漠化问题会议在肯尼亚内罗比召开；

- 1978：在阿根廷召开的发展中国家技术合作峰会；

- 1979：联合国科学技术发展会议；联合国全球谈判；

- 1980：第二次世界妇女大会在丹麦哥本哈根召开；

- 1981：联合国新能源和可再生能源会议在肯尼亚内罗毕召开；

- 1985：第三次世界妇女大会在肯尼亚内罗毕召开；

- 1991：国际水资源会议在爱尔兰都柏林召开；

- 1992：联合国环境与发展大会里约热内卢召开；

- 1994：世界减灾大会在日本横滨召开；

- 1995：第四次世界妇女大会在中国北京召开；

- 1995：联合国成立五十周年特别纪念会议在北京召开；

- 1996：第二次人类环境会议在土耳其伊斯坦布尔召开；

- 1997：气候峰会在日本东京召开；

- 2000：千禧年峰会；

- 2001：最不发达国家会议在布鲁塞尔召开；

- 2002：多哈会议在卡塔尔多哈召开；

- 2002：世界可持续发展峰会在南非约翰内斯堡召开；

● 2005：横滨 + 10 减灾会议在日本神户召开。

非洲参与国际谈判

以下不足条件值得注意：

● 非洲对于国际谈判的影响力很小；

● 缺乏能力和资源去进行谈判的后续活动；

● 在关贸总协定存在时，大部分非洲国家仍然是欧洲的殖民地，除了埃塞俄比亚、利比里亚、南非和埃及；

● 非洲国家在世界贸易组织中的参与度仍然很低；

● 非洲国家并不能从国际谈判中得到实际、长期的利益。

独立后非洲的发展与贸易主导权

随着非洲各国在 20 世纪 60 年代和 70 年代相继取得独立，非洲意识到她应该自力更生了。

虽然非洲的经济在刚刚独立的头十年间取得了发展，但经济衰退以及不景气很快便接踵而至。引起经济不景气的原因多种多样。因此，非洲各国的政府在与联合国以及援助方的合作中开始主导开展非洲经济复苏和发展行动。非洲政府在外界的帮助下，得出了两项的发展倡议：非洲发展新伙伴计划（NEPAD）的事前与事后倡议。非洲发展新伙伴关系是非洲众多领导人在援助国的支持下提出的发展倡议。

在 1979 ~ 2002 年间，非洲提出了以下发展倡议：

400

● 1979 年 6 月 20 日，非洲经济发展的蒙罗维亚战略；

● 1980~2000 年，非洲经济发展的拉各斯行动计划；

● 1986~2000 年，非洲经济复苏优先方案（该方案随后变成联合国的非洲经济复苏和发展行动计划）；

● 非洲社会经济复苏和转型的结构调整框架；

● 1990 年，大众参与发展计划非洲计划；

● 1991 年，联合国非洲发展新议程；

● 1991 年 6 月 3 日，建立非洲经济共同发展的阿布贾条约（1991 年，非洲经济合作条约）。

非洲这些为了发展的努力最终失败了，原因如下：

● 非洲被殖民时的依附经济政策使得独立后的非洲只有不发达的结构，未受教育的劳动力，缺乏经验和训练的管理能力，因此非洲政府不能很好地管理经济、进行统治；

● 非洲原有的经济系统只是为殖民当局服务，生产主要的大宗商品并且出口到欧洲的大都市，而没有建立一个面向非洲国家和大陆的市场；

● 经济系统的发展与非洲社会的需求不一致；

● 非洲国家的发展计划长期忽视农业部门的发展，而建立工厂的压力要求实行进口替代政策，即非洲国家生产之前本国进口的东西以实现外汇储备，但最终没能实现；

● 一味强调工业化带来了如下恶果：

■ 阻碍非洲经济发展，不利于农业部门的发展；

■ 增加农村向城市的移民，但城市的工作机会不能满足如此多的农村移民；

■ 导致食物短缺，产生粮食危机，因为粮食产地以及粮仓都被废弃了；

■ 对于农业部门的投资减少，不利于经济多样性；

■ 减少了大宗商品出口所带来的收益，这些大宗商品包括农业部门的咖啡、可可、糖、木材、剑麻、除虫菊；

■ 迫使/增强了非洲国家对于原来的宗主国的依附；

■ 增加了非洲精英的合作：政治领导人、政府官员、军官以及跨国公司的企业家。

非洲掌握发展主动权的失败反映了非洲商业发展努力的失败，因为没有什么商业能在一个失败的经济主动权的环境中生存下来。

非洲发展新伙伴计划后的非洲经济发展措施

非洲发展新伙伴计划是一个非洲主导的多维机制，由非洲政府首脑和非洲政府峰会主导建立。作为一个非洲主导的最高会议，非洲发展新伙伴计划包含了政府组织、公司、以及其他的资助方。这项伙伴关系在 2002 年建立，而这项长期谈判开始的时间则要追溯到 2000 年千禧年峰会之前了。2000 年 8 月 9 日，非洲响应千年发展目标，特别是其中提到的"非洲的特别需要"，从而开始了非洲发展新伙伴计划的谈判。

非洲发展新伙伴计划[4]是综合的、全盘的、可持续的非洲经济、社会发展的主动权的掌握。这种关系包括了非洲与发达国家（资助方）之间的结构性伙伴关系。非洲领导人承诺，非洲的发展是整个非洲、自己领导的政府、机构以及人民的主要责任。这项主动权强调非洲在当今世界形势下的发展和安全。

非洲发展新伙伴计划的精髓在于它是非洲倡议的，非洲发展的、非洲拥有的以及非洲管理的主导权。这个战略性目标使得非洲把尽快提高非洲人民的生活质量、根除普遍的广泛的贫困，扭转或停止非洲在全球化进程中的边缘化，通过排除性别不平等来提高女性在一切活动中的地位、增强女性的权力，通过巩固和加速经济增长以及可持续发展来助力非洲的发展，在国际社会中发展新型伙伴关系等目标结合了起来。

非洲发展新伙伴计划不同于其他的非洲发展倡议，因为这项关系是非洲构思、非洲主导、非洲发展、非洲协商、非洲拥有的并且目前是非洲管理着的。在这个框架内，有着政府领导人主导的检验和评估机制，在实践过程中非洲各国的政府充当决策者和指导者。

非洲发展新伙伴计划在各国政府的实践中掌握了非洲发展的主动权。非洲发展新伙伴计划的秘书处设在南非，其具体目标如下：

- 确认和加强其帮助非洲发展的首要责任；
- 加强非洲内部的团结，吸引外来帮助和资源；
- 鼓励和帮助非洲保存共同遗产，并借此结束非洲的不发达以及边缘化；

　　●帮助深层次的民主观念、实践、有关人权与宽容的
文化在非洲发展；

　　●增加吸引外来投资的动机，提升伙伴关系的发展
前景；

　　●发展非洲的科学、文化与技术；

　　●制定非洲经济发展、商贸发展的策略，减少贫困和
不平等；经济上整合非洲；实现非洲多样化的生产活动；

　　●系统地从事于近期非洲发展倡议中提到的主要领
域、部门、议题的发展事务。

美国与非洲的国际贸易

美非关系在历史层面可以被分为三个阶段：殖民前、殖民
时期、殖民后。那么，为什么今天非洲对于美国依然重要呢？

　　●非洲对于美国的贡献。

　　●美国在非洲的利益是政治的、经济的、战略性的、
有关安全的以及军事的。

　　●美国私人以及公共部门与非洲的商业对于非洲的发
展极为重要。这种商业无论对于非洲还是对于美国都是有
利的。在非洲，商业拥有极大的潜力以及很多的机会。还
未被开发的资源种类丰富，非洲还有巨大的发展空间。

403

美国公司在非发展的新潜力和新机遇在于以下领域：

● 银行业以及投资；

● 小型公司、微型贷款、微型金融；

● 教育以及能力建设的训练，例如知识、技能、学生交换项目、调研、学校、优秀人才中心、研究与开发中心等等；

● 工业化；

● 制造业与工程学；

● 非洲企业法律建设以及商业准则培养；

● 灾难、发展以及疾病；

● 自然资源，例如水、能源、矿石；

● 信息革命：信息与通讯技术、可持续发展和可持续贸易的精神；

● 用于贸易的矿石和矿业；

对于非洲国家来说，发展的机会包括了对于潜在增长的评估、更加有利可图的商业、对于商业化产品以及原材料之类的大宗商品的估值、增强非洲国家以及在非为新兴商业服务的机构的身份认同、加强美非之间私人的以及公共领域的精英之间的交往。

探索机遇的对话

在前文中提到的会影响贸易的历史的、政治的、经济的议题与美国有着千丝万缕的联系。在划分的与美国相关的历史、政治以及经济的三个时期中，只有在殖民后的时期中，美国才能在非洲起到重要作用。对于这一现象，有几个原因可以解释，但首要原因在于殖民国家不允许自己的殖民地与除了自己

404

母国之外的国家进行商业贸易。因此，在殖民前和殖民时期美国没有任何的机会去形成自己在非洲的影响力。

然而，美国还是可以和几个非洲国家建立商业联系，这几个非洲国家既没有被拉入到自 1885 年就建立起来的柏林殖民体系中，也没有完全脱离于被欧洲殖民的非洲。这几个享受"殖民社区"的非洲国家是：埃塞俄比亚、利比里亚、南非以及埃及。

大多的非洲悖论都不允许美国与非洲进行商业贸易。政治上的不安全吸引不了旅游业和投资者。腐败、不稳定以及失败的政府治理（领导无能）使得美国公司以及美国政府在非洲巨大的预期收益面前也望而却步。只有在矿石资源出口的地方，例如尼日利亚、安哥拉、加蓬、利比亚、阿尔及利亚、赤道几内亚、埃及、苏丹以及其他非洲石油生产国的石油、南非的黄金、砖石、白金和铀，美国政府和公司会表现出兴趣以及欲望去开拓美国公司在非贸易的潜在机会。

开展贸易的最好的方式就是开始与非洲人做生意！

非洲未来的前景

以上提到的问题及挑战，以及非洲在新千年将面临的一些问题，依然会在接下来的十年甚至是更长的时间里萦绕在非洲国家以及人民的心头。特别是以下的这些挑战是最为明显的：

- 非洲发展的主要敌人，例如贫穷、无知（缺乏教育）以及疾病；
- 债务和偿债；

- 非洲的悖论以及它们对于非洲发展和安全的影响;
- 非洲领导人的问题、民族主义而不是爱国主义;民主和民主化;
- 环境的可持续;气候变化,灾难,以及全球变暖;
- 可持续科学;
- 农业、工业化;
- 教育以及增强女性以及通常在非洲社会中被边缘化的阶级的力量,例如女孩、年轻人、老年人以及残疾人;
- 非洲的发展成果由非洲人享有;
- 人道主义:避难者、难民、冲突;
- 平民安全;
- 经济:贸易、商业(自由化)、发展力;
- 管理不善、腐败等等。

21 世纪行动计划对于非洲发展过程的影响

21 世纪行动计划是 1992 年 6 月 5 日至 8 日,在巴西里约热内卢召开的联合国环境与发展会议的产物。21 世纪行动计划包含了可持续发展的三项要素:经济增长,社会发展或平等,环境保护。1973 年的石油危机中首次出现的国际合作以及发展的故事,在里约的会议过程中又再一次生动地呈现了。几十年来第一次,非洲的发展"来自非洲内部"同时也"来自非洲外部",国际发展呈现出一种新态势:发展中国家以及发展中国家的国际组织在其他国家,特别是发达国家以及其政府,还有联合国系统机构,例如国际货币基金组织、世界银行

405

世界气象组织、公民社会组织以及非政府组织的帮助下发展。
21 世纪议程是联合国环境与发展会议的一项关于环境发展的
结果。事实上，联合国环境与发展会议采取了比 21 世纪议程
更多的行动，包括成立服务于政府、环境、公民社会伙伴关系
的 9 个主要小组；关于气候变化、生物多样性、减轻沙漠化的
三项协定。联合国环境与发展会议同时主导了以气候变化、全
球变暖、臭氧层破坏为核心的东京谈判，加强了协定的效力，
树立了政府间气候委员会的权威。政府间气候委员会是联合国
环境规划署及世界气象组织联合建立的机构，是里约进程一项
重要举措。这个进程是一个成功的故事——或许是极少的联合
国会议中真正成功的故事和结果中的一个。非洲参与了这项进
程，并且在解决非洲贫困的问题上得到了多种方式的帮助。

　　里约谈判中涉及的问题主体是联合国 21 世纪发展计划的
重点部分。这些问题的主体有利于在以下九个领域中的可持续
发展的合作与伙伴关系：

1. 农民/农业；

2. 劳工运动；

3. 科学、技术以及技术共同体；

4. 青年人；

5. 妇女/少女；

6. 工业；

7. 土著居民；

8. 非政府组织；

9. 工会。

406

在里约进程之下，国际社会采用可持续发展的方式，这使得非洲在减轻债务负担问题上取得了重大突破。特别是在多学科的学者大量参与到提高非洲人民的生活水平以及生活质量的工作中后，这一问题更是得到了明显改善。

而对于政治发展进程的显著意义主要体现在主要群体以及捐助方对于以下问题的关切：

1. 良好的治理；

2. 卫生保健；

3. 教育；

4. 性别平等；

5. 灾难准备、预防、减缓、管理；

6. 基础设施建设的提高和发展；

7. 经济；

8. 气候变化与全球变暖；

9. 人权（保护与奉行）、责任制以及透明度；

10. 环境（保护）以及与民主有关的议题。

只要非洲能实现上述目标，就一定能缓解甚至减少贫困，因此得到持久的发展。

1992 年在里约提出的 21 世纪发展计划的三个要素，在一定程度上就是在 1947 年马歇尔计划提出为欧洲发展而建设世界银行和国际货币基金组织基础上，进一步提出当今其为发展中国家的发展而服务。当时，美国国务大臣乔治·卡特利特·马歇尔（1880～1959 年）于 1947 年 6 月 5 日，在哈佛大学的毕业典礼上提出了这一旨在为了世界共同福利而发展的计划。他的这番演讲成为了美国第二次世界大战后援助在战争中经济受到重创、城市被摧毁的欧洲国家的计划的基础。1948 年，美国国会批准了马歇尔计划。截至 1952 年，美国总共向 16 个欧洲国家捐助了 133 亿美元，他们分别是：德国、法国、英国、丹麦、挪威、土耳其、爱尔兰、瑞典、葡萄牙以及冰岛。这是一个政治承诺和交易的典型案例。

千年发展目标能达到使非洲发展的目的吗？

　　要召开一次特殊的联大会议（在峰会的高度上）来讨论千年发展目标的想法在 2000 年时得到了实现。这次会议在联合国的总部纽约召开，会议时间为 9 月 6 日至 8 日。至少 146 位政府首脑、国家元首、王储参加了这次会议。与此同时，还有多位政府首脑以及其他领导人参加了同样在联合国总部举行为纪念联合国成立五十周年而举行的特殊的定期会议的开幕式——联合国于 1945 年 10 月在美国加利福利亚州旧金山成立。在千禧年峰会上，各种争辩不断。同年 9 月 8 日，各国终于达成了千年宣言。

　　在 1995 年的联合国首脑会议上，提出了为讨论 21 世纪发展目标而召开一次特别会议的想法。各国领导人展望一个新的千禧年——从 2001 年 1 月 1 日开始，因此这个会议被叫做千禧高峰会。在这个会议上提出的在新的世纪国家发展的目标和任务，就被叫做"千年发展目标"，也就是今天更为人广知的MDGs。

非洲：最欠发达以及最脆弱的大陆

非洲有世界前 50 个最欠发达国家的中的 43 个，非洲显然值得"特殊关照"。在千年高峰会后发布的宣言中，有一单独的章节专门讨论非洲的特殊需要。作者密切关注积极参与到千年发展计划的讨论中，并确信这个计划制定的 2015 年应该达到的目标是十分不现实、野心太大。

所以问题在于：千年发展目标能实现它对于非洲的承诺吗？2015 年是时间表上千年计划实现的一年，但作者认为，对于这个问题的答案一定是否定的。

千年发展计划能给非洲带来切实利益吗？

首先，我们应该明白千年发展计划是实现全球发展的一个必要的实验过程。这个过程的积极作用包括了以下几个方面：

408

● 在千年发展计划的旗帜下，公众被唤醒了解决发展问题的意识：提出了八项目标、指标。这种意识促进了政府以及其他机构、政策制定者与相关的非政府组织计划并且努力地去认识千年发展计划中提到的在发展中国家中存在的问题，同时努力地实现发展目标。

● 发出了解决千年发展计划面临的挑战的呼吁，从而促进发展不充分的国家的发展。

● 认识到千年发展计划对于被援助国如何更有效地利用援助的问题是有贡献的，并且将在未来持续发挥作用。

同样地，我们应该强调到 2015 年，千年发展目标有可能带来发展，甚至是极大地发展。以上说了这么多，这里有关于千年发展计划的最基本的两个问题必须被提出并回答。千年发展计划要如何帮助非洲以及其他一些国家更加具有竞争力并且自力更生？对于非洲而言，千年发展计划究竟会帮助发展还是阻碍发展？这两个答案至今仍然缺乏让人信服的答案。

要想在 2015 年实现千年发展计划，必然会遇到以下一些情况：

● 经济必须每年增长 7%。然而在非洲，到 2015 年前经济每年增长 7% 是不可能的。这样就可以肯定，在非洲，没有经济增长就等于没有自力更生和无法实现千年发展目标——就此而言，其他地方也一样。因此，非洲的严重贫困不可能在 2015 年前减半，尤其是在撒哈拉以南非洲。

● 千年发展目标将不会以这种方式使非洲发展，因为它并不关注经济增长和生产力。

● 非洲的财政地位到 2015 年不会有大幅的变动。主要发达国家、捐赠国仍远未实现 1970 年的官方开发援助方案。许多对非洲的发展援助并没有真正地帮助非洲，却帮助了与其接触的发达国家；援助浪费在各种形象工程上，并且有着太多的附加条件；结构调整方案大大加重了非洲发展中国家（和第三世界的发展中国家）的贫困；援助严重管理不善或转向欠妥的政策实施。而因为非洲国家缺乏支持努力改善人民生活的资源，非洲国家到 2015

年将不会有所需的经济增长和其他必要的发展基础。

●像千年发展目标中的数值目标产生了一种意想不到的行为结果。因此，在要求政府基于减少贫困的明显迹象（饥饿、低收入、疾病等）来衡量它们的成功时，千年发展目标实际上注重现象，而不是原因。正如一再认为的，在开处方治病前诊断疾病是很必要的。

●千年发展目标过度简单化（例如，在既没有保证性别平等也没有保证非洲妇女权利的前提下，送女孩子去上小学）。同样地，普及初等教育并不意味，或并不促成发展。

●并没有迹象表明非洲的商品、服务和工业等，将被允许并保障自由进入世界市场。

●人们在影响自己日常生活的话题中会成为主要决策者，这种对话对非洲发展十分必要。而似乎明显，这样的对话并没有得到千年发展目标的保障，这意味着千年发展目标将不会给非洲人民带来权力。只有通过这样的对话，非洲才能得到一个有效率的政府。

●单独的书面政治承诺和发展战略、视野、决议、乐观主义等，都是良好又必要的。但是，除非它们转化为具体的和实际的行动，否则千年发展目标在 2015 年前不能实现。因此，决策跟进的意义和决策的实施保证和承诺了由国家和国际社会制定的东西。

●最后，只要非洲缺乏（并继续缺乏）能帮助结束非洲贫困的核心产业，千年发展目标就不能给非洲提供任何长期承诺。

409

全球化的定义

全球化是一个多维度的一体化过程。它有两个方面：古代一体化和现代一体化。古代一体化的组成要素包括文化、帝国（帝国主义和殖民）、商业、宗教等。古代一体化由北非的腓尼基人、希腊人和罗马人实践而来。

现代一体化指的是贸易和全球经济。这是一种经济/贸易/商业的全球化。这正是全球化的意义。

非洲环境下现代全球化的前提

前提 1：经济力量和贸易一体化的目标在于减少或消除国家之间的边界，并给商品和服务、信息、理念、人口和投资等自由运动创造无边界的主权国家地位。

前提 2：到目前为止，全球化还没有真正地对非洲和大部分第三世界国家有利。

前提 3：非洲并没有从全球化中获益。为什么？因为非洲仍缺少在全球市场中出色、充分、公平竞争的能力，同时也没有能力面对和抵抗接受来自以下结果的压力：

● 国际化（即由于历史和殖民传统，在无边界主权实体之间增长的人口、信息、理念等自由往来）；

410

● "超领土权"（即主权国家地位的减少和消除）；

● "全球主义"（即富裕的北半球军事化和全球统治，它们对非洲贫穷国家和其他南半球国家施加力量，耗尽了贫穷国家的资源），更好地理解为资源反向地从非洲流向北半球国家；

- 非洲自力更生和自我主宰权的毁灭，非洲要经济自由和有效的生产创业，那么这对于非洲的可持续发展至关重要；

- 非洲仍遭受着非洲悲观主义的影响（即来自各种各样的危机和矛盾：人口危机，生态/环境退化，以及其他危机包括教育、领导、经济、金融、依赖关系、健康和基础设施发展等）；

- 严重的贫困综合征，非洲仍然是地球上最贫困的大陆，如今甚至比 25～50 年前更贫困；

- "非洲有很多贫困国家"的悖论，世界上 50 个最贫穷的国家中有 34 个是非洲国家（佛得角在 2007 年已脱离最不发达国家的行列，新数据为全球 49 个最不发达国家中有 33 个非洲国家）。然而，非洲的自然资源和人力资源十分丰富；

- 高负债，伴随着政府开发资金的萎缩、甚少的债务免除、日益增长的贸易保护主义，以及愈演愈烈的全球经济和金融危机；

- 历史不公平，包括非洲遭遇的剥削、利用、掠夺和贫困，以及这种不公造成的后果，包括在殖民时代和后殖民时代非洲的腐败、管理不善、资源的不合理利用和领导的缺乏。这些都是欧洲在非洲的帝国主义、殖民、奴隶制和奴隶贸易引起的。

前提 4：全球化是一把双刃剑。为什么？因为由富裕国家控制的全球化，鼓吹经济自由化、国际贸易、投资、金融和全球市场的自由等，但是实际上对非洲以公平的方式进入这些市场确实没有任何帮助。因此全球化过程的受益者不是非洲，而是富裕的北半球国家。发达国家同样鼓吹多元主义，但实际上在以下方面并没有给予非洲帮助：

- 消除贫困；
- 增加对非洲的政府开发资金投入；
- 增加对非洲的技术转让；
- 结束资源从非洲到北半球国家的反向流动。

411

同样，发达国家鼓吹自由和无限制进入全球市场、非洲市场和其他南半球市场，却运用贸易保护主义、保护政策、给北半球农民补贴，并拒绝非洲和其他南半球国家自由和无限制地进入北半球市场和世界其他国家。

全球谈判：问题、挑战以及非洲商业和发展的机会

非洲作为一个全球市场

非洲给国际商业提供了一个庞大的市场，而这使非洲具有很大的潜力，表现为以下几个方面：

● 促进非洲和全球经济；

● 管理大量的自然、人力资源和原材料；

● 给跨国公司提供一个有利的环境，为自身开展贸易并从中获利，从而为非洲发展和安全创造环境；

● 通过以下方式消除贫困和提高人民生活水平：投资，来非洲旅游，防止非洲人才流失和建立智囊团，创建和推广信息知识、激励措施、灵感、想象、投资、投入、收入、利益、发明、创新、（受欢迎的）参与、包容，以及仔细分析经济指标和指数；

● 在非洲的全球主义、全球化、全球资本主义、多边主义、国际贸易和可持续发展及安全中传播新的范式和思想等。

非洲作为全球经济/贸易的参与者/股东和作为全球谈判中的行为体

过去，为了参与到全球贸易中，非洲必须进行去殖民化。1960 年后，尚未获得独立的剩余非洲国家纷纷实现了独立。非洲完全去除殖民的时代是从 1960 年到 1977 年。1977 年，吉布提获得独立，这是非洲最后一个获得独立的国家。

去殖民化学说

去殖民化学说最早起源于 19 世纪美国的"回到非洲去"运动。泛非主义起源于美国 1776 ～ 1964 年这段时期，以下学说最为主要：

412

● 政治独立：统一；

● 依法占有原则；

● 民族统一主义；

● 殖民传统：遗产和残余；

● 经济挑战：从非洲乐观主义到非洲悲观主义；

● 主权和国际法律人格的获得：作为全球系统一部分的主权平等和国际认可（非洲是国际/全球系统的一个子系统）；

● 志愿成员及其承诺和参与；

● 对领土及领土完整、边界、人口（自愿加入）和政府的需要；

● 在全球谈判和公平的全球经济系统中谈判和参与谈判的资格和能力。这个公平全球经济系统的组成包括：

■ 商品和服务的自由贸易；

■ 伴随着减少国家限制的无限制资本流动；

■ 来自内生能力而不是外生能力的压力；

■ 超国界的经济互联和扩张；

■ 在商业交易和市场、金融、沟通、劳动力的全球化中，国内企业和跨国企业的深度参与。

国际贸易和发展中的非洲

在非洲，作为发展和安全工具的国际贸易和商业已发展成一个多维的进程。国际贸易是经济、社会、环境发展可持续性的基石，对于减少和消除非洲贫困现象也至关重要。非洲人民生活状况的改善与贸易息息相关。而非洲参与商业和发展的努力与非洲人民的福利也息息相关。但是，改善非洲的条件，就要达到所需的贸易与发展水平，这会面临许多挑战和障碍。

后殖民非洲的第一个十年：优良的经济运转，1960～1970 年

起初，后殖民非洲取得了经济进步并表现出发展的效益。这些进步的原因包括经济、政治、教育和其他系统的有效性，以及那些基于前殖民母国，在独立时期已经到位并仍在运作的机构。同样，独立前十年的非洲政治领导人都是平民和坚定的国家主义者/泛非主义者——他们深受民族主义和爱国主义感染，对他们国家和大陆的福利和稳定性很感兴趣，而对民族主义、个人荣誉、贪婪或个人发财致富无感。非洲独立第一个十年时，非洲化政策和计划仍十分强大，这也支持了后殖民非洲。不能被忽视的是，非洲对外部世界、对商业和贸易来说是一个庞大的市场。这种商业和贸易建立在人人平等的条件之上，而不是在殖民时代列强在非洲的势力范围中设定的条件之上。

随后，非洲独立第一个十年后期的变动导致了经济衰弱直至经济衰退，也导致了政治社会的衰退。原因包括：

- 缺乏非洲自治和管理的充分准备；
- 殖民政策和殖民行政官员离任所造成的独立非洲的非洲化政策和计划的挫败；
- 领导缺陷，包括军事和其他政变、腐败等；

● 其他外因和内因，例如 20 世纪七八十年代的能源危机、经济结构调整计划、贸易保护主义、债务，以及越来越多的偿债负担、跨国企业的垄断、教育平等的减少及退化，还有环境等；

● 自然灾害加剧了贫穷现象；

● 殖民传统的遗产和残余，例如附属性、制约性、贫困、资源的反向转移和人才流失；

● 缺少主要经济部门：农业；人力资源发展和能力建设；基础设施发展；工业化；能源部门发展；健康护理（疾病，贫穷和缺乏教育）等。

后殖民历史视野中非洲发展的努力

非洲发展倡议始于 20 世纪 70 年代末，然而它并没有什么效果。它有两个层次：内部的（即非洲内部）和外部的（即非洲以外，尤其是由联合国发起和管理的倡议）。这些失败的倡议从 1979 年持续到 2002 年。非洲内部的努力从未停止，却没有什么显著效果。这些内部努力包括：

● 1979 年：针对非洲经济发展的门罗战略；

● 1980 年：针对非洲发展的拉各斯行动计划；

● 1985 年：非洲经济复苏优先项目；

● 1989 年：非洲社会经济复苏和转型的经济结构调整替代方案；

414

● 1991 年：非洲经济共同体建立条约（非洲经济共同体：阿布贾条约）；

- 1995 年：针对非洲发展的开罗议程；

- 2001 年：非洲千年复兴计划（MAP）；

- 2001 年："欧米茄计划"（OMEGA）：塞内加尔

- 2001 年：非洲千年复兴计划（MAP）和"欧米茄计划"（OMEGA）的合并组成了新非洲倡议（NAI）

- 2002 年：非洲发展新伙伴计划（NEPAD），新非洲倡议（NAI）的一个副产品

由外部集团和机构的充分支持产生的外部努力包括以下联合国系统支持的发展努力：

- 1989 年：世界银行对非洲的长远角度研究；

- 1986~1990 年：联合国非洲经济复苏和发展行动纲领（UN-PAAERD）

- 1991 年：联合国非洲发展新议程（UN-NADAF）；

- 1994 年：开罗人口与发展大会；

- 1994 年：四月和五月在小岛屿发展中国家（SIDs）——巴巴多斯召开的联合国大会；

- 1996 年：联合国非洲特别计划（UN-SIA），它在 2002 年经评估被纳入到非洲发展新伙伴计划（NEPAD）中。

倡议失败的主要原因包括殖民影响和政策的残余。计划和项目的实施缺乏了金融资源。这些倡议并不是由非洲提议、在非洲酝酿、由非洲运作、让非洲管理和由非洲拥有的提议。非洲不断加剧和持续的贫困（非洲悲观主义）助长了后殖民时

期的非洲继续实行依赖和附属的殖民经济政策。基础设施发展和劳动力教育问题没得到充分解决（没有受训的干部去经营非洲经济等）。

某些非洲发展倡议不成功，是因为它们建立了支持殖民管理的经济系统，这种经济系统内生产和出口的主要商品都通向欧洲，而不是给非洲自身创建市场。其他倡议失败是因为它们的教育体制完全是在殖民列强的教育体制上发展起来的，这些体制与非洲社会的需求格格不入。还有一些倡议失败是因为它们持续忽视了非洲国家发展计划中的农业部门，或者忽视发展建筑行业和引进进口替代，这样就耗尽了非洲国家的外汇收入。过度强调非洲经济发展的工业化也是失败的另一个原因。

非洲发展新伙伴计划（NEPAD）

非洲发展新伙伴计划的制定基于后殖民非洲发展计划的全盘失败（本章中如前所述）和其他非洲区域经济机构的整体缺陷，这些非洲区域经济机构有如政府间抗旱与发展组织（IGADD）、政府间发展组织（IGAD）、西非国家经济共同体（ECOWAS）、南部非洲发展共同体（SADC）等。同样造成非洲发展新伙伴计划建立的是非洲以外发展倡议（由联合国主导的）的失败。非洲发展新伙伴计划之前的努力都没能帮助非洲实现既定的发展目标，而且对非洲至关重要的经济和社会部门没带来什么积极影响。20世纪70、80年代的全球经济危机导致这一状况更为糟糕。除此之外，这些努力缺乏"非洲性"和非洲所有权，也缺乏世界上大多数富裕国家在投资方面的承诺和面向非洲的官方开发援助。

一些项目失败的原因是缺乏发达国家的政治意愿，它们未

415

能实现官方开发援助的目标，包括为了使官方开发援助资源流向发展中国家，增加 0.7% 的国民生产总值，还有 1990 年在巴黎召开的关于最不发达国家问题会议中提出的：对每个最不发达国家[5] 提供 0.15～0.20% 的官方开发援助。至少四十年来，投入非洲和其他第三世界国家的外商直接投资不足，以及冷战时期外部利益集团不断干涉非洲内政等都是造成失败的因素。

冷战时期各种项目实施过程中缺乏问责机制，因为项目监控无法落实。另外，人们没有充分参与到发展计划中，以及非洲及其他发展中国家缺乏良好治理，缺乏和平和稳定，都是导致失败的因素。

非洲同行审议机制

非洲在峰会层面（国家元首和政府首脑）参与到非洲发展努力的另一种方式——非洲同行审议机制是一个新方法。如果非洲能仔细和系统地应用，它就能产生影响，因为在谈话中的谈判者和决策者是国家元首和政府首脑（首脑会谈和决策）。非洲同行审议机制（APRM）给非洲发展和安全提供了一个不断成长的机制。

416　　　非洲区域一体化

非洲存在的五个经济特区，每个都有经济和相应发展的区域安排：北非的阿拉伯马格里布联盟（UMA），西非的西非国家经济共同体（ECOWAS），南非的南部非洲发展共同体（SADC），东非的东非共同体（EAC），中非的中非国家经济共同体（ECCAS）和其他类似的机构。

●这些构成了非洲发展努力最好的成功事迹；

　　●它们解决了其他问题（即中非国家经济共同体和南部非洲发展共同体分别解决了在利比亚和津巴布韦的冲突）；

　　●它们经历了许多挑战，并需要更广泛地参与区域事务。

全球谈判中的非洲

　　联合国既是一个系统也是一个组织。作为一个系统，联合国由许多机构、组织和主体组成。作为一个组织，联合国是一个政治机构，它拥有如联合国大会和联合国安全理事会等机构，也拥有如联合国开发计划署（UNDP）和联合国环境规划署（UNEP）等主体。

　　如前所述，联合国作为政治组织有着双重目的。它既要维护国际和平，又要促进国际福祉。在其促进福祉的角色中，联合国关注世界社会经济发展，尤其是第二次世界大战后新生的、在非洲之后进入非殖民化过程的发展中国家。新国家的诞生需要在世界发展区域内通过关贸总协定/世贸组织的全球视野建立机构，并且制定出促进和支持全球新兴独立国家发展努力的协定。

　　联合国系统解决与发展相关的问题，例如经济、社会、妇女、难民、气候变化和环境、自然资源、能源问题、结构调整计划、负债、消除贫困、疾病（如艾滋病等流行病）、官方开发援助、金融和工业化。

　　1990 年巴黎召开的最不发达国家问题会议中，行动计划也同意发达国家除了要增长 0.7% 的国民生产总值的目标外，还承诺给最不发达国家提供 0.15 ~ 0.20% 的国民生产总值。这些目标并没有坚持到今天（写此文章的时候，即 2008 年 10 月 18 日）。

联合国贸易和发展会议的创立 （UNCTAD），1964 年

应非洲、亚洲、拉丁美洲和加勒比地区新兴独立国家的要求，联合国贸易和发展会议于 1964 年 6 月 5 日在日内瓦成立。

417
这些国家近些年已从其前殖民宗主国（欧洲的）中获得政治独立，并且正需要从前殖民老板中寻求援助，它们当中的大多数沿袭了前殖民者在世界发展中国家的"大棒政策"。新兴国家已经加入联合国（在 20 世纪 60 年代），它们不仅正索取前殖民宗主国的赔偿，也在寻求前殖民宗主国在能力建设方面的帮助和商业与其他发展需求的援助，以使它们能作为主权实体在国际舞台上有效地行动。它们强调其区域内为了各自人民和机构发展的重要性。

当时（1964 年），发展中世界里仅有 77 个发展中国家加入了联合国。年轻的国家在联合国范围内成立了一个作为它们发展论坛的集团，并称之为发展中国家的"77 国集团"。即使如今有超过 130 个联合国发展中国家成员加入，此集团仍被称为"77 国集团" （G-77）。几年前，中国决定加入"77 国集团"，因此集团现在被称为"77 国集团和中国"。

非洲参与全球谈判：潜力与障碍

非洲有着很大潜能。非洲对于国际贸易/商业是一个庞大的市场，有着坚实的自然资源基础和丰富的原材料。但要取得成功，非洲需要有效地参与到联合国系统/关贸总协定（GATT）/世界贸易组织（WTO）的全球谈判中，从而从国际

商业和全球经济中获益。非洲拥有着许多机会，但也面临着太多的障碍，如缺乏受过训练的谈判者和参与国际会议的资金。

非洲和联合国会议系统

联合国，联合国组织和联合国系统有着不同要求和参与规定。尽管如此，这些组织服务了同样的政府/国家。世贸组织（贸易）和国际原子能机构（IAEA）是有着特殊使命的专门机构，与联合国的关系非同一般。此外，联合国也有着专业机构，如粮农组织（FAO）、国际农业发展基金会（IFAD）、国际民航组织（ICAO）、国际海事组织（IMO）、国际电联（ITU）、国际劳工组织（ILO）、万国邮联（UPU）、联合国教育、科学及文化组织（UNESCO）、联合国工业发展组织（UNIDO）、世界卫生组织（WHO）、世界气象组织（WMO）、世界贸易组织（WTO）、世界知识产权组织（WIPO）、世界银行（WB）、国际货币基金组织（IMF）等。

即使非洲积极参与到许多集团中，它们获利的机会仍十分有限。

非洲与洛美协定

洛美协定是 1975 年欧洲经济共同体间（EEC，如今被称作欧洲联盟［EU］）签署的一个贸易体系流程协议，这些国家的前殖民地分布在非洲、加勒比（拉丁美洲和加勒比地区）和太平洋地区（亚洲）。洛美协定形成了针对贸易和发展相互援助的集体伙伴关系，非加太地区国家（非洲、加勒比、太平洋地区）是其客户。第一个洛美协定（1975 年）涉及贸易、援助、投资、工业和非加太地区国家（出口）收入的稳定

418

（稳定出口收入制度）等问题

经联合国分类，大多数非加太地区国家是最不发达国家（即世界最贫国家）。目前，世界上 49 个最不发达国家有 33 个分布在非洲。非洲是地球上最贫穷的大陆，与其拥有丰富的自然和人力资源严重相悖。

洛美协定（最好被称为非加太/欧共体/欧盟更好）的目标包括以下几点：

- 帮助非加太地区国家凭借自己的努力寻求发展；
- 通过特许访问——尤其通过让一些保证配额的非加太地区国家核心产品自由进入 15 个欧盟市场，促进非加太地区国家和欧共体/欧盟国家的关系；
- 在稳定出口收入制度基金保证农业收入、矿产品特别基金保证非加太国家矿产出口销售收入的前提下，促进出口补偿；
- 对非加太地区国家的金融援助。

洛美协定总共有四个；四个都在多哥的首都洛美签署：

- 第一个洛美协定在 1975 年签署；
- 第二个洛美协定在 1980 年签署；
- 第三个洛美协定在 1985 年签署；
- 第四个洛美协定在 1990 年签署，持续了 10 年，这是南北方之间涉及面最广、覆盖面最广的农业发展合作。

洛美协定的范围是援助和贸易。非加太地区国家给欧盟国家提供了潜在的市场，其外汇收入的商品/出口都是经济作物（即咖啡、棉花、可可、香蕉、茶叶、菠萝等）。这些作物有的被拒绝进入全球市场的传统。因此洛美协定就是前殖民宗主国和它们的前殖民地之间针对贸易的特殊手段/安排。1994年，第四个洛美协定进行中期审议，而洛美协定体系在2000年到期，接着就采纳了联合国千年发展目标。

在洛美协定的有效期内有以下要求：

● 洛美协定需要给非加太地区寻求并给予优惠待遇（贸易优惠）；

● 合作的领域包括贸易、产业合作、金融和流向非加太地区国家的技术合作/资金；

● 咨询；

● 在商品共同基金和联合国贸易和发展会议（UNCTAD）框架下稳定商品价格（稳定出口收入制度）；

● 给予非加太地区国家技术转让；

● 将非加太国家/欧共体/欧盟事务与联合国 IDS 相关联；

● 许多其他问题（即教育、能源、减灾防灾、全球环境、贫困消除、领导缺失、反恐行动）。

洛美协定 2000 年到期的时候，被认为成功实现了其最初目标，即减少非加太地区国家对工业化国家依赖性。它在农业领域是最有效的，尤其是对于以上提及的出口商品。

419

非洲和洛美协定谈判：成功案例

非洲参与洛美协定谈判的是非洲最成功的案例。驻在布鲁塞尔的非洲和其他使团在促进和保护非加太地区每个非洲成员的国家利益时是有效的。

由于长期参与到这些谈判当中，本文能证明非洲在洛美协定体系中的成功。同样，非洲参与到区域一体化谈判中对于非洲发展而言已经是有效和有价值的，并且这种效益和价值会持续下去。尽管这些区域会谈中面临了许多以经济发展本性上的障碍，但它们确实以多维的方式解决了其他非洲面临的发展问题和挑战。

非洲和关贸总协定/世贸组织系统的全球谈判

非洲有许多抑制其利用关贸总协定/世贸组织系统的严重缺点。因为会谈的专业性质，非洲对这些谈判的参与是有限的，而且难以成功。其他原因如下：

- 贫困综合征，由奴隶贸易、殖民、殖民政策和孤立、羞辱、文化渗入、分裂、殖民主义的分治引起的赤贫现象。还有后殖民非洲面临的许多其他悖论；
- 谈判技术和能力的缺乏；
- 在表现上缺乏激励、知识和改善；
- 缺乏财政来源——谈判成本很高，而非洲驻外使团无法安排足够的驻外谈判代表；
- 在全球谈判中缺乏技术和技术诀窍；
- 大多数非洲国家在 1947 年关贸总协定成立时仍是殖民地；

420

- 全球话题空位的问题，每当此时便把 77 国集团和第三世界国家给搬出来，却从没考虑过非洲各个国家自己的立场；
- 错误和不明智的政策，以及附属、依赖和无能的问题；
- 因为许多原因，包括缺少能在谈判中使用清晰、及时的指导，导致无效率/无作用地参与国际讨论；
- 对于代表在某些话题表明立场的恐惧（有限的自由和技术使无权的谈判者变得无能，他们的上级经常不会表达对其的支持）；
- 没有吸引力的服务条款往往导致在特定案例中缺乏自信和不作为；
- 贫困现象导致爱国主义和民族主义不足；
- 民族优越感、裙带关系、腐败、任人唯亲等，必须从在国内和在此领域服务国家的行政官员中消除；
- 对有效解决全球谈判中遇到的问题准备不充分；
- 全球化、不公平竞争和缺乏贸易自由（如不公平贸易和贸易保护主义），制约性；非洲商品和其他原材料（开采）没有合理的出口收入，不能自由进入或轻松进入全球市场和北半球市场；给予发达国家补贴；
- 殖民传统、遗产和残余；气候变化和全球变暖；灾难和环境退化；结构调整计划；
- 减少或缺少对非洲发展足够的资金支持；
- 缺少官方开发援助转移；
- 资源从非洲流向北半球国家反向转移的增加；

● 非洲大部分地区缺少干净饮用水的供应；

● 许多外部冲击（即金融和石油/能源危机，过高的食品价格，冲突和内战导致的不安全和政治不稳定问题）；

● 如艾滋病等疾病/流行病的增加；

● 非洲和南半球国家整体多维发展的不充分；

● 太多难民和流离失所的人民，尤其是在苏丹、索马里、津巴布韦、塞拉利昂、几内亚和其他非洲危险地区；

421

● 出口商品数量有限导致商品缺乏竞争力，不利于出口多样化。

气候变化和非洲政治

气候变化的话题对于非洲来说是多维的；涉及科学、经济、政治、社会和环境等方面。对于非洲国内外而言这都是一个重大议题。每个人都知道气候变化和全球变暖整体上意味着什么，但如果要求精确地解释这两个表达的意思，很少人明白它们对全球人类的影响。令人惊讶的是，一些政府甚至仍相信，这些现象不会给人类带来任何威胁。这个观点是非常错误的，因为实际上气候变化和全球变暖真的对人类十分危险，而非洲可能是面对气候变化最脆弱的大陆，因为它最容易受到自然灾害的攻击。

本章并没有费力讨论气候变化和全球变暖的科学方面，但对于非洲在此领域因气候变化和全球变暖引起的政治和经济问题有切身利益。政治上，这些话题在实际讨论中常有争议。举个例子，在联合国政府间气候变化专门委员会（IPCC）气候／全球变暖的论坛中，发展中国家包括非洲国家认为，气候变化和全球变暖的问题是由像美国这样的工业化国家的消费和生产模式造成的。而从美国和其他工业化国家的角度来看，一些发展中国家，如中国和印度，应对某些造成气候变化如排放温室气体的问题负责。

非洲受气候变化影响的核心经济部门

对于非洲，受气候变化和全球变暖影响的核心经济部门包括农业和居民区——尤其是干旱和半干旱地区（ASALs），这些地区缺乏可开垦和肥沃的土地，造成人口聚集于一小块区域。这导致了人口爆炸、环境和生命支持系统的退化等问题。

当气候变化导致了旱涝，水资源就会耗尽，从而造成了森林退化、土地沙漠化，而灌溉系统对于大多数非洲人民及其政府来说又太昂贵。同样，缺水或水分过多导致的农作物歉收会造成饥荒和虫害侵扰，这些昆虫会带来疟疾等疾病。

全球气候环境中的非洲[6~10]

422

据媒体报道，2009 年 4 月 10 日，联合国政府间气候变化专门委员会（IPCC）会议在内罗毕召开，会议结果具有重要意义。由 IPCC 公布的非洲气候变化报告，突出强调了非洲在气候变化和全球变暖中的风险，特别是以下问题。

非洲正面临着环境、气候灾难和其他自然现象，这些会给非洲带来的巨大问题。很明显，非洲应对气候变化和全球变暖的能力十分脆弱，其中又以农业经济部门、基础设施、野生动物（物种）和沿海地区为甚；渔业问题也亟待解决。气温的上升和下降对非洲不同地方都有影响（沿海海平面上升）；能源与工业发展；干旱和土地沙漠化，尤其在非洲干旱、半干旱地区（饮用和灌溉水资源匮乏带来沉重问题）；自然现象；人类行为（非洲的生产消费模式，但最主要还是北半球工业化国家的生产消费模式）；非洲缺乏应对气候变化和全球变暖的自然灾害的能力。

非洲的贫困现象是多方面的，由此也产生了许多非洲发展问题（据评估，气温每升高 3 摄氏度［5 华氏度］，就会至少有 18 亿非洲人民在新世纪陷入水灾的严重风险中）。因为，在此期间非洲人口肯定会上升，贫困现象就会加剧，除非通过人口规划、加强教育和普及知识来防止人口爆炸。同样，某些种类的野生动物和农作物/植物可能会彻底毁灭——某些可能已经由于过度使用一些化学物质作为肥料（在肯尼亚地区种植的甘蔗从 1968 年开始稳步上升）而在非洲灭绝。全球变暖和气候变化对野生动物和农业的损害都是严重的，尤其在撒哈拉以南的非洲地区，某些植物像小麦、小米和一些药草正在消失，并可能在不久以后完全消失。

在东非——厄立特里亚、埃塞俄比亚、苏丹、坦桑尼亚和肯尼亚，和西非——贝宁、几内亚、加纳、科特迪瓦——还有其他非洲地区，海平面上升的威胁已经足以淹没沿海地区农作物，如椰子树、棕榈树和芒果树，它们不仅仅受到消极的影响，数量还可能会开始减少。某些像马尔代夫的岛国也可能消失。考虑到食品安全、沿海居民的生存等威胁，我们亟需采取措施遏制 21 世纪非洲面临的气候变化和全球变暖挑战。

非洲人们在以下活动中都表现积极：积极参与国际上有关气候与人类生存的政治活动；努力贯彻 2012 年即将到期的《京都议定书》的规定条款；要求北半球工业化国家开始并持续减少温室气体的排放，避免新世纪对非洲造成的消极影响；保证食品安全的全球合作和非洲千年发展目标的实施；积极参与防洪抗旱和应对沙漠化的灾难管理的全球合作，从而防止食物价格飞涨和其他国民生产总值内生活必需品价格剧烈上涨；帮助制定减少温室气体排放的目标；增加投资，合理设置各国 GDP 中每年为减少温室气体排放而损失的比例，保证非洲对气候变化的适应能达到改善非洲生产消费模式的目的；减少非洲的人口压力；狠下决心加强民众对气候变化和全球变暖严重性的认识，将此作为抗击威胁人类生存斗争的一部分。

总的来说，非洲必须承担起对抗气候变化和全球变暖的责任。然后，外部世界必须在这场抗争中介入、帮助非洲，尤其是在赋权和能力建设方面帮助非洲提高与气候及天气相关的能力，以对抗全球变暖和气候变化的威胁。这是为人类的事业而战！

当野生动物和家养动物因为干旱和荒漠化开始灭亡时，非洲国家就会开始缺少外汇收入，因为没有足够多样的动物物种，旅游业就不再繁荣。食品不安全、外币缺乏、卫生和健康条件低劣，以及像玉米、木薯的主要农业作物和可可、糖、茶叶、咖啡等经济作物的歉收，这些综合起来会对非洲造成多重困难，而这些困难又需要被转化为政治问题，因为政府有义务为它的公民提供生活必需品。

通过开发基础设施和高效的交通设施对发展至关重要。哪里有发展，哪里就没有贫困；哪里没有贫困，哪里就会有和平和稳定。任何良好的、和平稳定的国内政治都会对国际政治有利。

若全球变暖和气候变化引发问题（在非洲国家自然资源方面），商业和贸易就不会繁荣，而因为国际和国内商业和贸易对非洲发展有利，且自然灾害对商业和贸易的影响是负面的，所以气候变化问题的解决十分关键。同样，因为贸易动摇和基础设施退化，社会服务也会受到气候变化的负面影响。因此，各层次的公共信息和教育项目应该启动并持续，这样就能协助社会的青年和其他弱势阶层——尤其是在非洲家庭中扮演核心角色的妇女和女童——了解这些问题并知道该如何应对。

很明显，非洲是受到气候变化打击最重的大陆，而非洲人民是应对气候变化最没有准备的人。因此，能力建设、研究和发展，以及激励措施需要在非洲内外开始进行，在政治上做好理想的规划，以应对气候变化和全球变暖。这些问题是在发展中必须优先考虑的问题，需要上升到国家层面给予资金支持。对非的国际援助应该一直以解决非洲环境和气候变化领域为目标。

非洲应该首先与政府间气候变化专门委员会（IPCC）、世界气象组织（WMO）和其他讨论气候变化问题国际论坛保持政策一致。联合国人居署、世卫组织（WHO）、联合国教科文组织（UNESCO）、联合国发展计划署（UNDP）、国际海事组

织（IMO）、联合国环境规划署（UNEP）、联合国粮农组织
（FAO）、世界贸易组织（WTO）、联合国贸发会议
（UNCTAD），以及其他相关国际论坛（非盟、欧盟、东盟、
南部非洲发展共同体、西非国家经济共同体等），还有世界各
区域的联合国经济委员会，气候变化问题和 21 世纪议程的实
施结果，气候变化、生物多样性相关的会议以及应对多样化的
会议，1997 年《京都议定书》（如今在运转），臭氧层耗损相
关的会议——非洲政府和机构要审视上述这些机构或会议是否
符合非洲实际。领导层应该特别关注非洲问题（即野生动物
栖息地的降水和干旱，印度洋和大西洋中非洲小岛和其他小岛
屿发展中国家海平面上升），并出台良好的政策制定机制，做
好对抗气候变化与天气相关问题的预算管理。

　　上述所有问题，如果得以解决，将有助于减少贫困，也有
助于解决其他各类社会经济问题对非洲和非洲人们的影响。

　　非洲应该在召集谈论气候变化问题的国际会议上扮演核心
角色，例如 2009 年 10 月 12～14 日在丹麦哥本哈根召开的会
议。这些国际努力应该由非洲环境部长负责。新世纪，国际气
候变化和全球变暖将继续占据重要的位置。因此非洲应该呼吁
国际社会增加行动，加强应对温室效应的决心并增加资金投
入。非洲气候变化和全球变暖的起因及其后果都说明多方仍需
不断努力，也说明给予非洲资金援助让其保持经济增长和可持
续发展、消减贫困是必要的。非洲的学校、学院和高校应该通
过充分准备的课程，在各层次的教育中普及这些问题。

425

　　这也适用于各种灾难和环境问题。[11]

总结

非洲面临三大挑战：贫困、疾病、无知或文盲。贫困是三者中居首位的，因为贫困源于许多错误、缺点和问题。只有诊断出根本原因、系统地处理其带来的后果、规划出治愈方案并且让非洲的人们及其机构充分参与到规划的实施当中，非洲才能根除贫困。

这需要建设性的双边主义、多边主义和并给非洲的人们赋予权利——尤其是妇女和其他非洲社会弱势阶层——还需要非洲对自身发展命运的掌握。能力建设是减少和消除贫困的强有力的工具。负债减免和免除债务是比外国援助或进入外国市场更重要且更有效率的债务减免机制，因为免除债务释放出很多能满足发展目的的可预测收入。

再谈谈非洲领导和民主问题。高效的教育体制会让每个非洲国家受益。非洲在联合国系统、世贸组织系统的全球磋商及其他全球论坛中的有效参与，如果使用得当，就能减少贫穷现象。

非洲正努力消除贫困，其前途有赖于非洲未来几年发展的各种措施、投资以及非洲在其中的参与程度。非洲人和他们的国家必须从过去的失败中吸取教训，从而在将来避免失败。非洲发展和安全是非洲政府和非洲机构最主要的任务。这最大的责任永远不该被忽视，非洲不该掉以轻心。

注　释

1. S. D. 凯尔泰斯，《通过外交寻求和平》（新泽西州 Englewood Cliffs：Prentice Hall 出版社，1967 年）。

2. 麦克乔治·邦迪、亨利·基辛格、W. W. 罗斯托、小詹姆斯·R ·基利安、阿道夫·A. 伯利、利文斯顿，《外交的维度》（巴尔的摩：约翰·霍普金斯大学出版社，1967）。

3. 参见联合国系统相关网站，联合国系统组织章程，如世贸组织、联合国贸易和发展会议、联合国粮农组织、世界气象组织、世界卫生组织、世界知识产权组织和联合国组织等组织大会和相关会议的手册及结果报告。

4. 关于非洲发展新伙伴计划的起源和发展，可参考联合国文件：A/58/15，第四部分；A/58/254；A/58/178；和 A/58/16，或者参考网页 www. nepad. org 与 www. un. org/esa/africa。

5. 联合国大会第 2626（XXV）号决议，第 43 页，1970 年 10 月 24 日。

6. 联合国政府间国际气候变化专门委员会，国际气候变化专门委员会对非报告（IPCC，2009 年 4 月）。

7. 彼得·G. 琼斯和菲利普·桑顿，《2015 年气候变化对非洲和拉丁美洲玉米生产的潜在影响》，《全球环境变化》第 13 期，第 1 卷，第 51 ~ 59 页。

8. M. 休姆、R. M. 多尔蒂、T. 恩加拉、M. G. 纽和 D. 李斯特，《非洲气候：1900 ~ 2100 年》，《气候研究》第 17 期，第 2 卷：第 145 ~ 168 页。

9. 大卫·亨德森和理查德·格罗夫，《保护非洲：人民，政策和实践》（英国剑桥：剑桥大学出版社出版，1987）。

10. 彼得·欧本德等，《肯尼亚人类与野生动物冲突的政策维度：莱基皮亚和扬达鲁安区的证据》（内罗毕：政策分析与研究院，2005）。

11. 关于非洲应对气候变化和全球变暖脆弱性更全面的信息，可参考 IPCC 关于非洲状况的相关报告，关于气候变化和全球变暖的非洲保护基金会报告，世界气象组织及其他如气候研究所等组织在此问题的报告。

426

第20章 非洲的贫困以及当代非洲试图摆脱贫困综合征的尝试

全球经济中的非洲

理解非洲贫困综合征的严重性并找到摆脱贫困的最好方法是在全球经济的背景下分析非洲的贫困状况。

对非国际援助

对于外国对非援助这一问题,应当指出的是,由于几乎所有非洲最不发达国家都在撒哈拉以南定居(2007 年至少有 34 个),因此一开始北非国家要求的经济援助并不像撒哈拉以南国家那么多。关于非洲国外援助的谈判基本上是关于捐助国和撒哈拉以南非洲。这些捐赠团体主要由双边援助组成,例如,美国国际开发署(USAID)、加拿大国际开发署(CIDA)、瑞典国际发展合作署(SIDA)、芬兰国际开发署(FINNIDA)、挪威合作合作署(NORAD)以及其他一些捐助机构(例如来自欧盟、G7集团和其他国际组织的援助机构)。

此外,外国对非援助的范围近年来有所扩展,从1970年官方开发援助必须承诺占捐助国家国民生产总值的0.7%,[除了四个国家以外(丹麦、瑞典、挪威、荷兰)很多国家都不能达到这一标准],到通过联合国或其他一些国际会议达成的许多国外援助,这些国际会议包括1990年和2001年举办的最不发达国家会议、2002年的蒙特雷平台、2002年在南非举办的可持续发展世界峰会(WSSD)、2000年的千年峰会及其千年发展目标等。其中千年首脑会议宣言曾指出在一些全球性发展问题上非洲具有特殊地位。但是很明显,即便到2015年,千年峰会的目标也不会实现。国外对非援助不可能有效地满足发展所面临的挑战,这些挑战曾经假定为能够落实联合国千年发展目标和政府气候变化专门委员会(IPCC)作出的气候变化目标。世界银行和国际货币基金组织承诺对非洲提供更多外援而不是将援助送到非洲。八国峰会的承诺在英国首相布莱尔的不断催促之下显得很有希望,尤其是2006年格伦伊格尔斯八国首脑会议承诺对非洲提供充足的援助。然而迄今为止,上述这些援助还没有到达非洲。同样地,非洲贫困程度的减轻需要捐赠团体更多的援助,比如,世界贸易组织,其援助至今没有抵达非洲。对非外国援助之所以成为一个灾难,原因有很多。但是,找到援助起不到效果的原因以及确定是否有使非洲获得援助的其他方式是很重要的。

任何以慈善为基础的援助都不会产生好效果,因为它们附带了对非洲发展不利的条件。得到有益的、有成效的发展援助的最好方式是非洲主动去赢得援助(比如,通过投资、贸易、

428

微型融资、小额信贷、在平等条件下的政府间援助）。提供有益援助的另外一个方法是开发受援助国。因此，通过教育和培训进行能力建设将会比有条件的援助更加有利于非洲。援助的主要目的是帮助受援国。发展是一个多维的过程，在众多形式的援助中，金融援助、技术援助、双边援助是最常见的类型。

当提高到全球层面时，非洲国家或地区的经济活动体系变成了全球经济。"全球资本主义"、"全球主义"、"全球化"这些词本质上都是经济和贸易，至少在本研究中是这样。全球经济实际上是国家间的经济，它由以下不同的要素组成：

- 商品和服务的自由贸易；
- 即使减少或削弱国家限制但仍旧不受限制的资本流动；
- 强调国际贸易的外生性而不是内在力量或因素；
- 世界经济的互联；
- 经济扩展超越国家边界，尤其是跨国公司的产品扩展到世界上的许多国家。

429

外国意识形态对非洲发展的影响：从全球资本主义和全球主义到全球化

帝国主义是 19 世纪西欧的意识形态和政策，其主要目的是在帝国国家人口广泛分布的地理区域创建和维持帝国的控制。从 19 世纪末非洲被殖民开始，这种意识形态/政策加剧了非洲贫穷。另一方面，全球资本主义也是一种西方政策，它对非洲领导人有很大影响，因为他们在东西方对抗中寻求"生存"而倾向于一种或几种意识形态。因此，冷战时期（1947～1990 年），外国在非洲的意识形态和政策产生了第二个"非洲争夺战"。这对非洲的政治制度产生了非常消极的影响。正如这项研究中所发现的，东西方意识形态分裂在后殖民地非洲产生了三种政治学说。这些学说之一是非洲资本主义，非洲领导人被迫放弃非洲社会主义以及泛非主义真正的传统社会政治系统。这些传统社会政治系统早已深深植根于非洲精神，但是欧洲殖民改变了非洲，在帝国主义追求发展的时候剥削非洲，非洲传统的社会政治系统也被殖民摧毁了。

非洲社会主义为实现非洲发展，要求非洲人遵守下列各项职责：

- 根除贫穷；
- 赋予妇女、女孩、青少年权利以参与发展计划和工作；
- 非洲领导心智方面的改变；
- 根除非洲领导者的腐败和迷信崇拜；
- 在非洲树立真正的爱国心；
- 在非洲教育体系中对于能力建设、知识、技术和贡献等方面的提升；
- 非洲专业化以及应用新的发展范式。

然而上述理想无法在"全球资本主义"中幸存，国外援助对非洲经济造成的坏处远远大于好处。对非国际援助从来都不是没有附加条件的。因此，外国援助帮助更多的是援助国，而不是受援国——非洲国家。全球资本主义总是开发资源并且致力于使资本主义国家更加富足、使非洲国家更加贫困。也正是由于资本主义的这些本性，全球资本主义无法促进非洲发展安全（通常被描述为免于匮乏、饥饿、暴力、迫害以及谋杀致死等）。

430 捕获非洲人并在非洲、欧洲、美洲之间进行三角贸易繁荣了四个世纪，欧洲资本主义由此获益。那些非洲俘虏成为了欧洲人和美国人的财产。欧洲人将非洲人运送到处于美洲的欧洲买家手中，他们这样做来推广全球资本主义并使非洲更加贫穷。通过绑架、盗窃、欺骗、战争，无辜的非洲人被捕捉，非洲儿女成为了贩卖对象和商品。

因此，通过横跨大陆和全球贸易的连接网络，商品、服务、资本的全球经济相互连接，全球资本主义、全球主义、全球化指的就是这种全球经济。

全球经济的主要行为体包括政府、多边组织、跨国企业（TNCs）、跨国公司（MTNs）、多边企业、公司甚至是个人；以及其他一些国家法人（比如，联合国、世界贸易组织）。通过信息革命，世界缩小成了"地球村"并且提高了全球经济关系的关联度。

全球资本主义

全球资本主义不等同于纳粹主义或法西斯主义。没有不公平的国际贸易和金融,非洲没有反向资源流动(例如流向发达国家),发达国家也不会无偿开发发展中国家。

全球资本主义是以营利为目的的生产系统,这一系统将资本主义提升到全球层面。全球资本主义促进跨民族、跨国界的公司业务,促进全球战略联盟和遍及全球的商业协会的发展。全球资本主义催生、促进全球化,但它也破坏了社会的完整性并且时常助长社会不公平、不公正。它还促进了跨国公司(MNTCS)的活动,加剧垄断趋势。

市场自由化本身不可以、也不能够使所有人受益。在某些情况下,它已经给贫穷国家带来了严重损害。跨国公司在全球追逐利益时,造成了劳动力、环境、人权等问题。不谨慎的投资已经造成了伤害。全球主义破坏了发展中国家的社会完整性。全球资本主义促进"转换论"。

全球资本主义的结果

全球资本主义的结果包括下列各项:

- 全球化;
- 主权国家地位下降;
- 超领土区域的兴起;
- 内战的潜在衰微;
- 国家提供社会保障的限制增加;
- 单靠国家层面行事越来越不可行;
- 多边贸易的增长;

431

- 国际贸易（全球市场）之间跨界贸易的增长；

- 降低生产成本的全球化生产；

- 全球商品表现出从"商品"（例如经由全球金融的传统贸易和工业、全球通信、全球组织、全球劳动力、税收、法律费用）转变为金融、信息和通信等无形资产。因为全球化盈余，无形资产也通过电子金融交易、数据产品、图像和声音的流动而集聚。因此，有形商品没有完全交易。由于全球化，国际业务现在可以通过"通信"转换为一种新物品。

- 全球商业组织的形成及多边贸易谈判（跨国或转型企业与作为跨境商业帝国——企业之间的战略联盟是一样的）形成跨境公司。

- 全球货币和金融是从领土空间的硬币、纸币等当中分离出来的，在全球化过程中更具有同一性——现在，银行计算机、自动取款机、在线和电子转账已经取代物质形式的货币，也取代了货币在陆地和海上的转运。

对于非洲而言，全球资本主义只能看作是一种全球性的负面影响。它们不会给非洲提供很多帮助，因为非洲不会真正从全球资本主义和全球主义中获益。

全球主义和全球化的比较

全球主义可以有不同的含义。举例来说，全球主义提及经济层面并描述世界相互关联的这个事实。全球主义也描述并解释一个具有网络连接特点的世界。这一连接网络可以追溯到古代，它可以使相互依赖作用加强。

全球主义有四个不同的维度：（1）全球经济——伴随市场交换而来的商品、服务、资本、信息以及观念的长距离流动（2）环境全球主义指的是大气或海洋物质或生物物质（例如病原体或影响人类健康幸福的遗传物质）的长距离运输（3）军事全球主义指的是长距离网络中部署武力、威胁或承诺使用武力（例如冷战时期美国和苏联之间的"恐怖平衡"）（4）社会和文化全球主义涉及到思想、信息、图像的运动以及传送这些思想和信息的人们（例如宗教运动、科学知识的传播）。经济全球主义从 1850 年到 1914 年处于上升期，1914 到 1945 年衰落。全球主义像全球化一样，常常在经济层面被严格定义，但这并不意味着普遍性。

432

非洲的贫困状况否定了它在国家和国际层面上获得最大好处的能力。非洲极端贫困的主要原因包括：毒害非洲几个世纪的奴隶制和奴隶贸易；欧洲殖民政策和做法导致非洲贫困，这些殖民做法包括税收（即使是茅草屋也要征税）以及热衷于将非洲的经济作物运往欧洲的交易体系；西方主要经济大国利用贸易保护主义对抗非洲的商品和服务（例如出口商品）；以及布雷顿森林机构、世界银行、国际货币基金组织的结构调整。非洲的贫穷也是世界和外部力量作用的结果。这些包括对外依赖，还有非洲前殖民宗主国的新殖民主义（例如语言系统和其他殖民主义的遗留）。以下自然和人为的因素加深了非洲的贫穷：

● 洪水、干旱、沙漠化；

● 蝗虫；

● 任用亲信、腐败、冲突、政变、内乱、战争；

● 民族统一主义；

● 非统组织教义中的依法占有原则；

● 种族、部落主义和相关的腐败行为；

● 任人唯亲；

● 无知，特别是缺乏良好教育以及非洲女孩、青少年、妇女中的文盲较多；

● 包括不治之症和其他流行病的疾病，像艾滋病、黄热病；

● 不明智的政策、管理不善或不合理地利用自然资源；

● 治理不善：缺乏公正、透明、问责、人权等；

● 缺乏发展权作为一项人权；

● 大多数非洲领导人缺乏正确的心理态度/变化；

● 缺乏民主；

● 人口迅速增长及人口压力；

● 经济效益差，非洲主要出口商品价格下降；

433 ● 非洲人民在日常生活中缺乏自力更生。

关于非洲贫困症状的历史原因、非洲贫困原因的额外信息以及非洲贫困状况的延续，参见本卷第 13 章。

非洲自治下的和平是非洲人
拥有非洲的最后手段

在本研究中，"没有任何对非援助是无偿的"这一事实已经强调过了。天下没有免费的午餐。从捐助国那里获得的每一项援助都是有附加条件的。这就是为什么中国有一句俗语非常著名："授之以鱼不如授之以渔。"对于非洲而言，非洲人必须找到方式方法——领导、政府和机构——用非洲人的方法和手段解决非洲的问题。外国援助是有益的，但它应当作为非洲自助、自力更生的补充。这要求非洲人坐在驾驶员的位置上驶向自己的命运。这也意味着非洲多元发展的责任不仅在于非洲人和非洲机构，而且在于与非洲发展问题相关的发展主动性，尤其包括改变非洲人民及其领导人的心智态度，必须是非洲发起的、非洲发展的、非洲拥有的、非洲运行的以及非洲管理的。达到这一要求没有捷径。这是非洲作为全球系统子系统的一个必要条件。

早期研究表明，美国团结和非洲大同有相似之处，也有不同。研究同时表明美国和非洲的开国元勋非常不同，这导致在美国和非洲产生了三派截然不同的思想。不同流派之间相互妥协拯救了美国联邦，妥协也形成了联合的非洲。同时也指出，美国妥协的总设计师是受人尊敬的罗杰·谢尔曼，他来自马萨诸塞州。然而在非洲，妥协的领导者是来自埃塞俄比亚年轻有为的外交部长科特玛·优素福，他使非洲不同阵营在埃塞俄比亚皇帝的主持下同意建立非洲首脑会议。

非洲的妥协

1958 年 4 月，克瓦米·恩克鲁玛主持第一次非洲独立国家会议。在此会议中提出了寻求非洲统一的三种思想。非洲人的思想在阿克拉会议后已经出现了明显分歧，这三种思想就是分歧的见证。争论的焦点在于非洲的政治体制，这种政治体制应当适当而且应当符合独立后的非洲：是采用非洲合众国的方式还是建立一个非洲大陆的独立国家。早在 1958 年会议之前，就曾举办了一个为期四天的小型会议——第一次非洲一体化会议，这次会议有加纳、几内亚、利比里亚的领导人参加（分别是恩克鲁玛、托雷、塔布曼）——这次会议在利比里亚的一个小村庄萨尼科里（Sanikoli）举行。会议讨论了独立和团结问题，包括联合非洲的"成立行动纲要"，以及联合非洲的未来。除了当时九个独立非洲国家——埃塞俄比亚、利比里亚、利比亚、突尼斯、摩洛哥、埃及（阿拉伯联合共和国，这是埃及和叙利亚之间形成的一个联邦）、苏丹、加纳和几内亚之外，一些来自非洲殖民地的观察员、作家、政治活动家、学者和其他一些人也参加了会议。由于南非政府的种族隔离政策，因此即使南非是独立国家也并没有包括在内。

参加会议的观察员来自殖民地国家阿尔及利亚（本·贝拉）、坦噶尼喀（尼雷尔）、肯尼亚（汤姆·姆博亚，他 27 岁时恩克鲁玛就让他主持了重要会议）、喀麦隆人民联盟、尼日利亚（阿齐克韦）以及其他一些领袖和代表（例如：达荷美）。这是一次历史性会议——第一次在非洲土地上举行的泛非会议。它表达了非洲人民对殖民体系和帝国主义的厌恶。最后，非洲终于准备好开始一个保持压力的过程，促进非洲政治解放，摆脱使非洲人民遭受苦难的殖民包袱。会议明确定义了泛非主义，明确了科学社会主义和政治独立下完全统一的必要性。1963 年 5 月 25 日，非统组织宪章通过了这一目标，在亚的斯亚贝巴非统组织大会上，这一目标被再次强调。该宪章是一个妥协性文件，在该文件中，非洲开国元勋同意在国际法原则和联合国宪章的基础上建立一个松散的非洲主权国家协会。

在新世纪重拾非洲文明

一些欧洲国家曾经承认在世界政治中，是欧洲人努力制造了非洲人，换句话说，他们认为非洲人不能自治，这简直是他们最严重的错误。例如，在南非，亨德里克·沃尔（1901～1966 年）是南非首相和种族隔离的支持者，他的亲信从 1949 年到 1994 年在南非实行种族隔离政策。

435

更早的时候，少数民族政权头目伊恩·史密斯在 20 世纪60 年代的南罗德西亚（现在的津巴布韦）宣布非洲人不能自治，除非欧洲再准备 1000 年。当奴隶制和奴隶贸易成为有史以来最有利可图的生意时，一些人认为非洲人比欧洲人低等。唉！甚至一些罗马天主教神职人员，包括教皇和其他文职领导也支持奴隶制和奴隶贸易，也许因为他们认为非洲人没有灵魂，或者他们认为，在欧洲人的手中和照顾之下，非洲人能更好地"开化"！因此，奴隶制和非洲的奴隶贸易应被视为对非洲的有益做法。

　　原来，在非洲殖民扩张和征服非洲的时间远远少于预测的
1000 年——甚至都不用 100 年的时间！但是从历史上来讲，
在这短短的一段时间里，欧洲人成功地改造了非洲和非洲人，
而且这种改造可能是永久性的，他们使非洲人仅仅成为欧洲文
明的副产品。欧洲的殖民政策和实践成功摧毁并消除大部分价
值观、习俗、传统、文化和非洲文明。接下来有人要问，非洲
和非洲人的转变是永久性的吗？或者非洲和非洲人是否还有空
间重拾他们的文明？甚至在新世纪赎回他们的文明？非洲文明
是否已经永久丧失了？

　　应该在上述背景下分析和评价非洲治下的和平。笔者认
为，当今非洲面临的根本考验和挑战是在非洲被欧化之前的精
神、认同和灵魂是否能在 21 世纪重拾和赎回。这是非洲自己
考验自己的世纪！下列分析致力于提供可能的对策。

　　对于非洲的收复，舆论和非洲民意应当成为"非洲治下
的和平"的领导者。首先我们需要定义"非洲治下的和平"
"非洲灵魂"以及"非洲民意"。随后，有必要解释非洲自治
是（且应当是）一种手段，通过这种手段，非洲性、非洲文
明、非洲灵魂应当被重拾、确认并重申非洲和非洲人民的利
益。最后，我们需要看到，非洲自治是而且应当是非洲建立卓
著对外政策和国际关系的基础。

定义"非洲治下的和平"

436

　　实际上"非洲治下的和平"是一系列在非洲的国际统治
行为规范。这些行为规范克服了一些薄弱环节和脆弱性，无论

将来塑造非洲的变革和规则是怎样的，这些行为规范不但不会受影响，还能够帮助实现非洲基本的国际需求。

"非洲治下的和平"是泛非主义，它植根于非洲阿曼娜和乌班图的价值观念，这些价值观念产生了泛非主义。阿曼娜是一个豪萨语（尼日利亚）概念，包括信仰、信任和诚实。阿曼娜在尼日利亚北部传统生活中广泛应用。信任和诚实对社会经济事务和国家之间的联系至关重要。若没有阿曼娜，人与人之间的关系便不能存在、发展。人们相信，没有阿曼娜精神，许多事情（例如新伙伴关系）都不能或者不应该在非洲取得成功。

另一方面，乌班图是南部非洲班图语的一种表达，意为相互联系、相互交织的民族，对人类相互依赖的确认——真正的社区、社会和世界的锻造——共同的人性属于社会，我们怀揣着职责、责任和权利在社会中生存。人类价值中的公共幸福、个人认同、尊严和尊重是乌班图的特点。它还包括非洲社会主义、哈兰比（斯瓦西里语的"让我们齐心协力"）等等。

非洲治下的和平是关于非洲统一和非洲独立的概念

在这项研究的早期阶段，比较美国和非洲关于政治联盟和团结的概念时，我们谈到在它创始年间美国盛行的学说。在非洲，许多政治哲学也兴起了，它们由非洲的习俗和传统决定——非洲遗产——和外来遗产，包括欧洲殖民遗产。以下是一些著名学说在非洲自治场景下的应用。

经验主义传统

非洲的经验主义传统包含完整的生存态度、信仰、习俗和机制，深深植根于过去的经验，对现在发挥着规范性作用，并且有重拾和赎回曾经的非洲性和非洲文明的可能性。在这方面，非洲治下的和平的非洲重新被发现的过程。因此，对于非洲的非殖民地化的抗争、对非洲对外政策和国际关系的搜寻应当追溯到 19 世纪。正如本研究早期确定的那样，泛非主义实际上开始于当时的美国和西印度群岛。之前也讨论了 20 世纪的泛非会议在非殖民地化过程中起到的作用，1776 年的重要一天，泛非主义在美国萌芽；非洲独立运动开始成型；20 世纪 50 年代末期到 20 世纪 60 年代，泛非洲的不断努力；伍德罗·威尔逊 14 点计划中的第 5 点：非洲政治独立运动初期出现了一些思想流派，始于 1958 年在加纳的阿拉克举办的第一次会议，这次会议所有的黑非洲独立国家都参与了。之后在 1958 年和 1963 年之间的非洲会议和首脑会议期间又举行了一系列会议，旨在促进后殖民非洲的政治团结；去殖民化进程包括 1960 年 12 月 14 日的联合国第 1514 号历史性决议和宣言，承认殖民地国家的独立和领土；所有这些都是对非洲治下的和平的性质和功能的历史性补充。1963 年 5 月 25 日，在埃塞俄比亚的亚的斯亚贝巴举行了非洲首脑会议，通过了非洲统一组织（非统），标志着这些历史性补充达到了高峰。

泛非主义从而成为一个成熟的政治学说，它在国际舞台上好比以一个主权国家的声音寻求非洲国家独立。到那个阶段，非洲的对外政策、外交和国际关系必须重新调整以适应 20 世纪 60 年代的国际新秩序，而远远不是停留在埃塞俄比亚的亚的斯亚贝巴——非洲重新发现自我价值的地方。

民族主义

民族主义是一群人想要自称一个独立的政治共同体的自我意识欲望、愿望、意志和主张。非洲民族主义是促进非洲国家或非洲大陆利益和文化以及争取民族独立的原则。非洲民族主义也反对部落分裂、裙带关系、任人唯亲和腐败滋生，这些陋习阻碍首领地位，使习俗和传统停滞；加剧殖民主义和新殖民主义；并促进未来主义。在许多问题上，非洲民族主义与欧洲和西方强调个人主义的民族主义相反。

438

非洲民族主义的最终目的在于将不同语言、不同传统文化、不同习俗的人们捍卫到一个国家。它与欧洲民族主义不同，尤其不同于 19 世纪旨在让人们分享同一种文化、同一种语言，融入同一个民族国家的民族主义。

非洲治下的和平是非洲对外政策、非洲外交和国际关系的巨大工厂。这些来自 20 世纪初期的泛非精神，直到 1945 年，非洲治下的和平已经演化为用来反对奴隶制和非洲奴隶贸易、反对帝国主义和殖民主义，并将其自身与欧洲治下的和平、美国治下的和平、英国治下的和平，甚至古代的希腊治下的和平、罗马治下的和平区别开。上述几者都是通过这样或那样的军事或其他手段进行征服的。而非洲治下的和平依据非洲传统价值观，增强了非洲一体化、团结、合作和相互依赖。非洲治下的和平巩固了非洲联盟和统一的概念，重拾被欧洲殖民主义毁灭的优良非洲精神和认同。

作为一项重要的核心思想，非洲自治下的和平通过长期的非殖民化进程，促进政治过程，通过以下运行：

- 1945 年，英国曼彻斯特举办泛非会议；
- 1958 年，在加纳的阿拉克举办非洲独立国家第一次会议；
- 1958 年，阿克拉诞生三个学派的学说；
- 1963 年，非统组织宪章通过；
- 1964 年，依法占有原则，拒绝领土收复主义，重申非洲的固有边界神圣不可侵犯，拒绝 1885 年柏林会议关于非洲的决定——这是一个有争议的问题，不得不经常重新审议，以期找到解决非洲边界纠纷的公正持久的办法；
- 使用外交手段来解决非洲及其他地区的分歧和冲突；
- 人权、区域一体化和妇女权利是乌班图、阿曼娜、乌贾马、哈兰比、非洲社会主义等的重要原则；
- 国际法与和平、领土完整与主权；
- 为非洲共同利益而进行的非洲内部和国际贸易与发展、商业和谈判；
- 西方价值观若与下述有关非洲的发展和安全的正确、公正的信条相冲突，则摒弃西方的价值观：自力更生、非洲方式的民主、和平共处、教育、公平和机会

439

平等。

- 遵守联合国宪章的原则和规定；
- 为确保维持非洲治下的和平的决定性因素保持增长，特别是泛非主义、民族主义和爱国主义；反对依赖和从属的去殖民化；非洲坚实的武装和国防力量；非洲方式的非洲民主化；稳定、民族团结、反对部落主义和反分裂；避免分裂势力（常由外部力量导致）；非洲性；
- "别再插手非洲"的学说。

新世纪的非美关系

非洲和美国的特殊历史关系势必要在新千年恢复，鉴于美国出现了第一位肯尼亚血统的非洲裔美国人担任美国总统——贝拉克·奥巴马。这种发展和新世纪的影响要求非洲和美国的合作更加密切，这要求非美关系进行更加深入、仔细的审视，这也是笔者认为最值得做的事情。这将是非美关系一个极好的和睦阶段。

美国的对非政策

从实用目的考察，美国对非政策可以分为三个阶段：1960年以前；1960 年~1990 年冷战期间；从 1991 年至今的后冷战时期，或者更好地描述为冷和平时期。

如上文所述，一系列事件构成了 1960 年以前美非关系的特点。因为非洲殖民地是欧洲的一部分，所以殖民地时期非美关系尚未起步。因此，非洲采取的对外政策基本上取决于母国欧洲国家。非洲被殖民之前，美国和非洲的接触也很少，除了一些特例（例如1786年，年轻的美国与摩洛哥签署友好条约，两国建立了特殊关系，摩洛哥也成为世界上第一个承认美国独立的国家）。由于美国历史只能追溯到17世纪，因此，在非洲的王国、帝国和城邦时代，两国也没有建立特殊关系。

440　　　　20世纪和后殖民时期（1960～1991年），世界经历了两次世界大战，两股势力主导着国际政治和国际关系，因为当时存在两个超级大国、两个欧洲（东欧和西欧）、两个军事联盟（北约和华约）、两种意识形态（资本主义和共产主义）和两种世界秩序。这是非洲获得政治独立的一段时期，但同时也使非洲成为东西方意识形态分歧的受害者。像斯瓦西里谚语所言"两象相斗，最遭殃的是青草！"但是对于非洲来说，相较于殖民主义的剥削和破坏程度，还是两象相斗比较好。如果它们在草上交欢，这会是一个缓慢而漫长的过程，非洲的草会更加糟糕。因为非洲的财富是无法抗拒的，所以交欢只会让非洲大陆更加贫穷。

美国因为意识形态战争而第二次加入瓜分非洲的行列，并持续要求在非洲实行多党制。然而，东西方分裂会对非洲有好处，因为东西方对非洲持续瓜分，他们不得不忽视一些在非洲的小的政治性错误。因为他们害怕强力反对非洲政府会将其推向另外的阵营。这本身就是一个巨大的悖论。也正是这个原因，像扎伊尔的蒙博托那些非洲政权得以为非洲人民摆脱不公正。但是，在后冷战时期，事情变得不同而且对非洲政权不利了，因为全球政治中意识形态斗争的消失，政治斗争忽视了非洲的存在。在意识形态方面，没有人保护非洲政权，也就是没有人关心非洲政权，非洲政权就好像被忽视的孤儿。这一切都是美国忽视非洲，在贸易、投资和其他双边、区域、多边安排上支持东盟的结果。

冷和平政治是一种新的政治秩序——只有美国一个超级大国。非洲仍然需要多党制、消除腐败、消除侵犯人权的行为，需要负责和善治的政府。但是这些意味着什么？人们常常忘记的是，在非洲的环境中，民主作为孕育和实践的手段，对于非洲人民和美国人民来讲是完全不同的。西方化与现代化的混乱与非洲价值观相碰撞。非洲方式的非洲民主与美国方式的美国民主就是一个很好的例子。

政治、经济、商业、军事、战略、环境、人道主义、道德　441
问题和其他占支配地位的关键性问题主导着当代美国和非洲的关系。在联合国和其他场合打造非洲联盟，支持非洲的事业，这注定在本世纪的趋势。然而，这项重任还得落在非洲身上，因为任何对非洲有益的美非关系必然要由非洲发起。

非洲对美国的政策

就美国和非洲的关系来说，不能仅仅谈论美国对非洲的对外政策，也不能仅仅谈论非洲对美国的对外政策。正如本项研究之前论述的那样，二者必须都被描述。由于历史上东西方的分裂，非洲对美国的政策一度取决于对东西方的畏惧。随着共产主义的崩溃和 1989 年 11 月 9 日柏林墙的倒塌，这种情况不复存在。

21 世纪为发展非美关系提供了新契机。一部分原因是时代发生了改变——我们亲眼目睹非洲裔美国人入主白宫，另一部分原因是时机已经成熟，美非关系不用再考虑意识形态因素，这让人们期待美非关系能更富有成效。这是一个令人拭目以待的重要时期。

当今，非洲对美国的政策基本上有两种类型：由非洲国家发起的事件，要么是个人发起，要么是集体发起，但是二者本质上都有关经济。在《非洲增长与机遇法案》（2000 年 5 月 18 日通过）下有旅游和商业；非洲的商品和服务可以进入美国市场，美国通过这些渠道进入全球、工业化市场；美国和北非之间的官方开发援助增多；贸易保护主义的消除；鼓励美国对非洲的公共和私人投资；教育：奖学金和非洲人才的能力培养；基础设施建设；债务、偿债、债务免除，等等。此外，还有政治原因引发的非洲对美政策（例如，互不侵犯、安全、疾病问题等等）。

美非关系的第二类问题是那些由美国对非政策形成和引起的。例如，打击国际恐怖主义；战略、石油、军事利益；到达中东的非洲之角航线；人权和治理问题，民主化和全球化问题；全球主义；裁军和印度洋的无核化；发展问题，诸如联合国千年发展目标的战略和行动计划；气候变化、臭氧层、生物多样性、荒漠化和全球变暖会议；以及其他一些由联合国系统解决的问题，例如粮食问题通过粮食和农业组织（FAO）和世界粮食计划署（WFP）解决；天气和气候（WMO）；健康（WHO）；知识产权（WIPO）；信息技术（ICTs，ITU）；贸易

442

和发展（UNCTAD）；教育、文化、科学（UNESCO）；商业与贸易谈判（WTO）；贫困和自然灾害（HIPC，SIDS，LDCs，LLDCs）；战争、和平、人权和社会议程问题，等等。

随着时间的推移，新问题不断产生，像艾滋病毒、埃博拉病毒、全球化和新兴发展模式的崛起。非洲和美国之间的关系必然要发生改变。全球变化要求非洲增强自力更生的能力，充分证据表明，非洲发展的主要责任在于非洲政府及其机构以及非洲人民。由于信息革命、技术和互联网，世界已经缩小了，相互依存已经成为了现实，人们应当在相互依存的条件下利用公共产品造福于人民的一般利益。相互依存、共同利益以及非洲和美国都具有的脆弱性，要求两国建立更加密切的合作。奥巴马政府将采取一些具体措施来促进美国和非洲的关系。他和他的继任者将会面对一个在世界政治中更加团结的非洲。美国作为世界上唯一的超级大国，希望它能在此过程中起到关键性作用。我们将静观未来会发生什么。

总结：非洲治下的和平，人民的非洲

非洲治下的和平是重建非洲和收回非洲文明的准则，因此应当受到重视。

必须努力促进非洲治下的和平，因为作为一种哲学，非洲治下的和平被视为重建非洲和重拾非洲文明的社会精神准则，它来源于非洲的灿烂文化，将会创造关于发展的泛非哲学。没有非洲悲观主义，但是像非洲开国元勋那样重新认识非洲是非洲进步和发展的根本。

非洲治下的和平的目标

非洲治下的和平的目标包括以下几个方面：

1. 恢复非洲的传统价值观，这些价值观曾经被几个世纪以来的非洲殖民规则所扭曲或摧毁；

2. 拒绝或调整殖民政策与实践强加给非洲的西方民主——这是 19 世纪和 20 世纪欧洲最不切实际和过高的政治哲学。在笔者看来，欧洲人在非洲建立并发展教育体系就是想要在方方面面欧化非洲人；

3. 实现非洲社会的真正本土哲学，该哲学目的在于确定民意代表——民主化；决策共识；大家庭规则；体面地、人道的、公正的非洲社会文化价值观；社会一体化导致的地区和大陆的一体化。这反过来又导致了更大的市场、经济联合和利益，以及更大更丰富的人力资本和知识资本，恢复非洲和非洲人民受殖民主义和殖民化摧残之前的贸易关系。

非洲治下的和平的规定和支柱

乌班图、乌贾马、阿曼娜、非洲社会主义、和哈兰比是非洲治下的和平的根本支柱。其中包括非洲需要用全球公共之善来消除全球公共之害。全球公共之善必须包括：可持续发展；

好的全球环境；稳定的国际金融和有效率的市场；为国家繁荣而保护和利用自然资源；适当使用生态系统、生命支持系统；健康、知识、和平、安全和稳定；人权和人道主义权利。

这些全球公共物品具有非排他性，其带来的利益不可能防止他人享受。他们也具有非竞争性——这意味着一个人消费并不会减损另一个人的消费。例如，我们呼吸新鲜空气不会造成别人的空气变少或增多——这是井水不犯河水的关系。

第 21 章　21 世纪的非洲地缘政治

非洲的历史与现实会在新千年里相遇吗？

要更好地理解 21 世纪非洲的地缘政治，我们必须将非洲的历史和现实结合起来，以此规划出一个战略——从历史中吸取错误的教训，防止新千年里再度失败。所以，有关非洲国际关系的问题都需要将他们归入各自的历史时期，追溯他们的起源，了解他们从远古至今的发展路径。

本章论述的是有关非洲国际关系中的国际政治，即非洲参与国际政治并获取全球资源和利好政策，这其中起决定作用的力量以及这个过程中的讨价还价的过程，我们需要给他们分门别类分析一下。非洲的国际关系可以分为三个阶段，每个阶段都代表了非洲经历过的国际关系及其遗产。每个阶段里有很多事件和挑战，由此又划分出很多小阶段，这点我们之前已经解释过。只是这个阶段的研究就需要勾勒出非洲到底是从多久以前一直发展到今天的——也就是非洲历史和全球地缘政治的当代阶段。

　　对于所谓的非洲国际关系的传统，其影响要么是不为人知，要么没有任何历史意义。这个时期跨越了史前时代直到远古世纪（也就是从 1000 ~ 1500 万年前到公元前 500 年）。在远古时代的这个时期里，我们可以追溯非洲关系的起源和发展，追溯最古老的家庭、大家族、共同体、村庄、亚氏族联盟、氏族、部落，再到城邦、单一民族国家、部落王国、帝国、超级帝国、超级国家之间的关系。游牧民族扩张主义一直持续到尚处于古代的非洲远古时代（有时在远古世纪的这段古非洲时期被规定为从公元前 50000 年到公元前 500 年以及公元前 6200 年到公元 400 年）。古代被认为是从公元前 500 年到公元 500 年。这个时期准确的时间段也被认为是远古世纪中从公元前 500 年到公元 476 年的历史时期。公元 476 年标志着罗马帝国在西方的终结，或者说是衰败；而公元 500 年这个年份的选择则是出于方便的考虑。古代非洲被认为是公元 500 年到 1415 年这个时期，在非洲和外部世界的关系中，值得注意的是公元 476 年罗马帝国的崩溃，它标志着远古世纪中撒哈拉以北非洲殖民统治时期的结束（三次分别被腓尼基、希腊和罗马统治）。1415 年，欧洲第一次与"现代的"非洲发生接触，这标志着非洲与欧洲的新关系的开始，它最终导致非洲的欧洲化并使其成为西方文明的副产品。非洲被殖民统治前的最后一段时期是公元 1415 年到 1883 年，1883 年是非洲殖民化的开始。1884 ~ 1885 年的柏林会议召开后，非洲开始了从 1885 到 1960 年的殖民时期。因此，从广义上来说，非洲经历了三大时期和刚过去的殖民时期。在相同的时间段里，非洲的国际关系与非洲的传统和沦为殖民地后的，或者是混合的传统相联系。显然

445

非洲还有其他类型的传统，比如全球化后在 1 世纪和 7 世纪分别传入非洲的基督教和伊斯兰教的宗教传统。对于非洲历史发展的细化的时期，下列几个划分是值得注意的①：

- 第一时期：200 万年前到公元前 500 年
- 第二时期：公元前 800 ～公元 1415 年
- 第三时期：公元 1415 ～476 年
- 第四时期：公元 476 ～1453 年（罗马帝国东部的君士坦丁堡的衰落）
- 第五时期：公元 1453 ～1807 年
- 第六时期：公元 1808 ～1885 年
- 第七时期：公元 1885 ～1960 年
- 第八时期：公元 1960 年至今

对 "现代非洲 "这个历史时期的划分通常被认为是 1800 年至今，虽然也有人认为应该始于 1919 年，同样也有其他的历史时期划分方法。

446　　因此，为了分析事件的进程并且决定当代的涉及非洲的地缘政治问题，应当铭记已经存在的传统和过去非洲国际关系的残余对非洲内外的地缘政治的立场所产生的消极或积极的结果。为了便于理解非洲前殖民时期，非洲内生和外生（就是非洲内部和非洲外部）的两种国际关系被分为三大类，那时

---

① 下列年表不完全是按照年代顺序排列，且第三时期似应为 "公元 476 ～1415 年"。——译者注

非洲没有国家存在，有的只是为了生存、贸易、掠夺、外交和安全而形成的小团体，这些团体通过结盟或其他活动，先发制人，相互作用并联系。但这些并非国际关系，它们只是部落、部落间或帝国间关系。扩张主义始于相同种族、语言和邻近区域的地区或次地区层面，这些也包括跨撒哈拉交往和东北非贸易在内的区域间贸易与联系。这项活动由互相交易的人执行，他们在交易中不断完善自身的技能。在津巴布韦，科学、技术、医疗（如剖腹产、4000 年前埃及象形文字的书写）、各项发明、石头城的建设、建筑工具和材料的使用都得到了发展，伟大的文明在这里不断成长并走向繁荣。天文学于公元纪年在埃及和肯尼亚出现之前就处于旺盛时期。以肯尼亚为例，纳莫拉通加，即住在图尔卡纳湖边的"石头城人"展示了伟大的史前文化发展，尤其是撒哈拉以南地区的非洲。这些非洲人是伟大的天文学家、航海家、数学家，也是在埃及建造金字塔的建筑家，如在津巴布韦建造修纳金字塔的非洲人。他们不远万里、长途跋涉穿越非洲，建立联合政府，探索新的区域和绿色牧场，改善农业，尤其是拥有大量河流沉积物的尼罗河沿岸地区，在撒哈拉沙漠出现后，大量居民被吸引并定居于此。农业替代了采集和狩猎，药草和植物作为药品和食物的功能得到发掘。文字被传播到了努比亚，与此同时，随着非洲不断征服并获取领土，这种关系最终演化为非洲民族国家之间的关系，它们跨越国家边界的互动和交易往来，成为了超级大国并实际上受到国家本位行为体的指导，虽然这并不是西方的模式。非洲的传统是从古代时期延伸到前殖民时期再到 1885 年的一个长时间的地缘政治事件，它标志着非洲地缘政治状态的前殖民阶段的结束。到那时为止，伊斯兰教已经通过跨撒哈拉贸易广泛地涌入非洲（比如在加纳和西非，产生于阿拉伯半岛和西非的经贸关系传播到了非洲的其他地方，成为了现在仍然存在于非洲部分地区的地缘政治情况的根源）。这也标志着纯粹的非洲传统时期的正式结束。那么，非洲地缘政治情况的殖民时期始于殖民统治的出现。殖民时期的传统从 19 世纪末期延伸到1960 年，这个阶段中，非洲出现了新的地缘政治情况，这其中并没有合作者之间的平等，有的只是首领（殖民者）和臣服者（非洲人民和他们的土地）之间的关系。殖民关系发展了国际关系，即遵从西方价值观，这不是非洲特有的现象。因此，即使非洲许多问题、挑战、优先权和需要并不能限制于殖民时期和这个特定的阶段，统治者——殖民国家和他们在非洲的代理人——依然是殖民时期地缘政治的行为体。那段时间推动了非洲古代的风俗习惯背离后来的非洲传统。此后，殖民地自由化和非洲国际关系与地缘政治的新阶段也随之而来。

非洲国际关系和地缘政治的争端

非洲前殖民时期的主要议题包括：

● 非洲的游牧生活被长期定居和权威模式的发展所代替；

● 非洲人类族群、领导的统治模式和城邦国家体系的治理的形成、发展和存续；

● 国际关系从城邦国家到帝国，再到超级帝国、超级国家的发展；

　　● 对渗入非洲文化环境的外国文化、宗教、语言和习俗的遏制与合并；

　　● 非洲国际关系和非洲地缘政治的政策（African Geopolitical Policy）全方位的成熟。

　　最后一个议题创造了两种非洲国际关系和地缘政治的政策：非洲内部（内生的）和非洲外部或国际的（外生的）方面。从 19 世纪至 20 世纪的海外离散主义到非洲国际关系和对外政策的成熟这一进程，泛非洲主义运动也保护了现代非洲国际关系和对外政策的起源。贸易、外交、联盟、治理、政府、高级的社会和政策集团与体系，专制的、民主的、君主政体的、独裁、社会主义、神权政体、财阀统治和公社主义（如乌班图和乌贾玛）同样产生影响。

448

　　非洲主要的政治体系至少由以下六种类型组成：

　　1. 由习俗和传统统治——这种模式在前殖民时期十分成功，前殖民时期的非洲社会主义需要通过一致同意和由长者/顾问组成的理事会的讨论形成的决策制定；

　　2. 不同形式的民主——专制统治/独裁统治/专政；；

　　3. 共和主义，共产主义；

　　4. 社会主义（苏联或中国的类型）；

　　5. 继承统治权（从希腊和罗马处习得西方文明）；

　　6. 非洲的资本主义（效仿西方资本主义）。

非洲前殖民时期的商业和贸易实践

在非洲国际关系发展的初期，非洲国际关系和地缘政治条件的成熟同样出现在商业和贸易的具体实践中。由于前殖民时期的实践忽略了下列殖民时期的惯例，这就产生了矛盾，因此它们在殖民时代是被拒绝的：

- 商人、工匠、非洲内提供货物和服务的地方性或区域性的市场的悠久传统与历史；

- 在古代时期，非洲贸易路线的发展和使用促进了非洲阿克苏姆、马里、刚果、达荷美共和国、莫西、尼日利亚等自治部落王国、帝国、城邦和超级帝国以及其余35个东非自治城邦（蒙巴萨岛、拉穆、索法拉、摩加迪沙、布干达、万加等）之间的相互关系；

- 上述及其他的非洲政治单位促进了非洲本地市场，这一市场又促进了联系部落王国、帝国和城邦等各种各样的市场网络。在后殖民时代，非洲几个世纪以来的地缘政治得到了改善，贸易活动不仅在双边和多边层面上进行，也在国家、次地区、地区以及非洲大陆层面——即非洲联盟（African Union）层面开展；

- 多边的、外生的实体、团体与国际公司及其利害关系也参与到了非洲内外的地缘政治与贸易活动中。在城邦和超级帝国的年代，与遥远的国家和王国的贸易关系是通过对季风的利用开展的（如中国与阿拉伯半岛）。

非洲后殖民时期的第一个 20 年中涌现的 449
国际关系和地缘政治问题

大多数在上文中被概括与分析的非洲之问题和挑战在新世纪中依然存在，商业贸易关系在非洲内外依然处于探索和维持阶段。就像在本文的其他部分中所阐释的一样，这些问题的数量、复杂性和严重性与日俱增。在 21 世纪，非洲面临的最基本的问题和挑战包括以下各项：

- 贫穷、疾病、无知（文盲）以及其他妨碍非洲发展的大规模杀伤性武器；
- 环境、气候变化与全球变暖；
- 全球化、冲突及其后果；
- 全球发展、非洲参与的 21 世纪的发展模式；
- 区域一体化的问题、"非洲的悲观主义"、安全、可持续性以及非洲国家地位的问题；
- 教育、赋权、女性的性别平等；
- 民主化；
- 能力建设、非洲自主发展的命运；
- 非洲国际关系理论与非洲地缘政治政策（African Geopolitical Policy）的"权力制衡"中的后殖民主义与国家生存的对抗；
- 致力于贫困的减少和消除、文化发展、非洲文明在现代的"复兴"等问题的双边和多边援助、参与国际贸易和市场的途径；

● 非洲发展的资金筹措；

● 基础设施发展；

● 发展所需的科学技术：信息与通信技术、互联网以及其他非洲需要的信息革命；

● 减少非洲的悖论，特别是与非洲可持续发展相关的贫困、发展滞后、贫穷与文化渗透、领导力缺失和教育问题；

● 非洲对于全球资本主义、剥削、依赖性和依存性的脆弱程度，稀缺商品占有经济作物（诸如咖啡、棉花、可可和茶）的生产资源用以交换工业制成品——价格波动、贪婪、腐败、治理和人权规章；

● 致力于非洲自然资源为自己所控制和拥有的资源民族主义，致力于非洲共同利益的人类发展；

● 21 世纪非洲的殖民残留。

非洲的殖民残留

450

非洲的殖民残留包括：

● 人为划定的边界——在非洲地图上划定的地理线，在经历过内部和大陆的矛盾、国内冲突和战争后，国家得到了划分，不同民族被混合成为大的政治单元；

● 依赖综合征；

●非洲独立性的丧失——文化冲突；

●从殖民政策和惯例中衍生出的腐败、部落制与地方自治主义；

●非洲社会沿种族界线形成的种族分层；

●非洲化政策的持续失败——剥削、社会不公正、性别不平等；

●对抗民主的迷信、专政、独裁；

●外国的、欧洲的政府体系取代了非洲原有的基于习俗、传统和世袭的体系；

●欧洲的教育体系、经济体系使非洲成为西方文明的副产品；

●非洲在国际/全球体系中的有效参与，包括联合国体系下的标准挑战；

●非洲的语言和现代化是新世纪的挑战；

●非洲内生和外生的诸多议程是全球化体系之下的次级体系。

因此，在洲际层面上，这些被列举出的问题可以并且能够在以下工作议题中得到解决：

●社会议题：处理像艾滋病这样的流行性疾病；赋予妇女、女孩和青年权力；性别平等；人权和治理问题；贫穷；文盲。

●政治议题：政治议题包含非洲的领导力与独裁问题，腐败、有能力的治理、后殖民主义和其他非洲政治信条，民族统一主义"占有地保有原则"、民主政治和民主化、冲突和冲突的解决、调解冲突与维持和平。很难确定权力什么时候从第一代和第二代领导人移交到新一代领导人，因为非洲国家独立后各国领导人在位时间相互重叠。包括乌干达总统穆塞维尼、埃塞俄比亚总理梅莱斯·泽纳维、厄立特里亚总统伊萨亚斯·阿费沃尔基、卢旺达的保罗·卡加梅、加纳的杰里·罗林斯在内的部分第二阶段的领导人，如果这些人没有将权力交给年轻的一代，他们也没有资格被称作年轻的一代。

● 环境议题：环境议题对非洲而言是一个困难的议题，非洲对全球环境和气候的变化存在脆弱性，缺乏处理环境和自然现象问题的能力，诸如全球变暖和气候变化、对生态系统、灾难和发展的支持、自然灾害、环境对非洲商业的影响、在科学研究和环境上的可持续性以及其他准则等方面的能力都有所欠缺。

● 发展议题：在这篇文章的前面部分已经清楚明白地阐释了发展议题，文章提出了在系统化的基础之上解决非洲的发展问题。联合国千年发展目标、联合国 21 世纪议程、全球公益（Global Public Goods）与全球公害（Global Public Bads）的对抗、多边主义、非洲消极主义和贫困综合症、非洲安全、发展以及相关问题中的多维主义、比如石油及其他自然资源、可再生能源中的资源民族主义再度降临。

● 经济议题：经济议题涉及非洲基于农业的经济体，非洲经济体发展的好坏受许多因素的影响，包括天气、自然灾害、相关国家的政治领导力、全球经济、金融环境以及其他因素。在大多数情况下，经济危机会导致非洲消极主义的产生。

因此，非洲内部地缘政治的大致议题都需要在国际层面处理，20 世纪是这样，21 世纪还是这样。

非洲大陆外的地缘政治

在本书的第五章中，对非洲的对外政策和外交的讨论也较为超前，它们主要从古代和中世纪的设想和实践中获得。非洲的对外政策、外交和对外关系是有其根源、决定因素和基础的，它们可以追溯到全球地缘政治下非洲现状中对外政策、外交、外交关系这三个组成要素最久远的根源，它们是非洲作为一片大陆和人类首个居住地而存在的基础。关于主权、国家地位、国家利益、安全和国际法的议题在非洲对外政策、外交和国际关系中扮演必不可少的角色。各个非洲国家凭借外交手段开展涉外服务以及在实施国家对外政策时发挥的主要作用得到进一步强调。

在本章中，我们不会花费精力在定义这些措辞上，尽管如此，我们有必要回忆，非洲对外政策、外交和国际关系的根源和基础基本上是相似的，即使非洲各国的国家利益致使某些问题、表述和要求不尽相同（其实在中世纪甚至更早以前，它们是完全一样的）。

因此，习俗、传统、语言、非洲的价值观、资产和其他捐

452

助是需要国家保护、促进、宣传普及、维护和捍卫的，它们一直以来对非洲的国家而言都十分重要，在处理本章中的其他案例时也应当铭记在心。

非洲国家未来的对外政策和外交

好的领导能力是非洲对外政策和外交在新世纪获得成功的基本需求，领导素质必须包括以下几项：

- 拥有非洲性，对国家的忠诚度超越对部落、自身以及个人的忠诚度；
- 优先处理涉及社会、环境、经济、发展、安全和联合等欠考虑的政策和决定；
- 充分理解国家的需求和国家利益；
- 良好的判断力；
- 人道；
- 耐心和镇定；
- 价值观念；
- 迅速有效而公平地领导的能力；
- 使自己周围环绕着优秀而有能力的人；拒绝裙带关系与任人唯亲；
- 具有成为总司令的意愿。

定义对外政策

对外政策是作为与不作为、极端保守与先发制人、交互作用、主权国家同另一个或多个主权实体保持联系、处理主权国家之间的关系的整合。对外政策将国内政策提升到了国际层面，它致力于保护、促进和维护国家利益，提升一个国家的形象。保护意味着国家优先，国家利益代表着人民的利益。一国的资产还包括安全、福利、节约，是对诸如人权、尊严、自由、独立和安全在内的国家价值的保护与保存。

非洲的对外政策基于前殖民国家的对外政策，它成为非洲独立后对外政策的主要根源，非洲的对外政策与效果甚弱的泛非洲主义相结合，促成了非洲联合与自决的产生。因此，非洲的国家主义、认同、联合、政治原则/哲学和对外政策都能追溯到泛非洲主义这一起源。相反地，非洲的海外离散是诞生于欧洲人和阿拉伯人实施的奴隶制度和奴隶贸易，他们将俘虏从非洲贩卖至五个大洲和次大陆（欧洲；北非/中东/阿拉伯半岛/南美；西半球，包括北美、加勒比与拉丁美洲/中美洲/南美洲；亚洲；澳洲）。

453

作为非洲对外政策、外交和国际关系制造厂的非洲价值体系

文化与文明、黑人精神与泛非洲主义、非洲社会主义、乌班图、乌贾玛等等都是非洲对外政策、外交和国际关系的重要

根源。

所以，非洲的现实是对外政策是可以而且也确实是从不同的来源中获取的。举个例子，非洲的价值体系是基于习惯和传统的，它是非洲对外政策和外交的基础性决定因素。鉴于"文化"和"文明"这两个词是从拉丁语中得来，"政策"和"外交手段"是从希腊语中得来，这些表达的集合是多样性的体现。因此，"对外政策"、"外交"、"文化"、"文明"这些词，虽然经常以单数形式出现，但其含义却是多重的。所以，"非洲对外政策"和"美国对外政策"实际意味着非洲或美国一系列对外政策的集合。

同样地，作为非洲文化、价值体系和非洲文明的重要组成部分（包括非洲的意识形态、黑人精神、泛非洲主义、非洲社会主义、语言、迷信），对非洲在国内外环境下对外政策和外交的具体实施有重要的影响。这些关系由非洲价值塑造，而这些价值也包括黑人精神，这是由讲法语的西印度海地人艾米·塞沙勒提出的，他对非洲黑人的特质感到骄傲和美好，这一观点在随后几年也为更多人认同。再举个例子，塞内加尔的桑格尔也接受了这一准则，并在他的作品中提出了相同的观点。黑人精神是与泛非洲主义类似的原则。非洲意识形态都包含着相同的信息，换句话说，非洲黑人不是白人的劣质复制品，黑人有自己独特的引以为傲的文化和历史。如果非洲人的后代能够联合，从白人文化中汲取自身所需而非让白人文化吞噬其自身文化，那么非洲国家就能得到复兴，赶上甚至超越白人。

非洲的语音系统及其对非洲对外政策、外交和国际关系的影响

　　同样的，语音系统，虽然是一个语言系统，是欧洲对非洲殖民的副产品，但它也是非洲对外政策的决定性因素之一。语言是非洲独立国家在去殖民化过程中无法剔除的欧洲殖民残余。因此，作为全球体系中的非洲子体系保留了不同的语音系统，包括大不列颠（英语语音）、法国（法语语音）和葡萄牙（葡语语音），这都源于 1884～1885 年的柏林会议将非洲划分为欧洲的"势力范围"。然而，非洲的伊斯兰化带来了对非洲十分重要的阿拉伯语。毕竟，阿拉伯人比欧洲人更早到达非洲，伊斯兰教在公元 600 年诞生后就传入了非洲。休闲/假期、贸易、文化、定居和伊斯兰教的宗教全球化的需求导致了阿拉伯主义在非洲的渗透。

　　因此，即使语言使非洲陷入困境，给非洲带来的坏处大于益处，但如果用一些公正的眼光来看待此事，我们依然相信，语言能给非洲带来好处，包括协调性和文化保护；贸易和相互援助，尤其是阿拉伯语的非洲地区；特殊的文化、教育、贸易、宗教、社会和人道主义联系；本地及非洲内外部关系的互相支持；推动更加有效和更加结构化和富有成效的联系，尤其是在有共同敌人和威胁（如中东政治）或是有经济需求（如 20 世纪 70 年代的石油危机）的时候。

　　讽刺的是，作为 1884～1885 柏林会议的缔造者和东道主的德国迫于葡萄牙的坚持，未能在非洲留下德语语音。意大利

和西班牙也出现了相似的情况，他们都参加了柏林会议却也未能留下各自的语音：西班牙忙于在拉美的扩张；而意大利虽然拥有殖民地，但它从未作为一个殖民国家的主要角色而行动。美国在非洲没有自己的语音存在——大概是因 1776 年美国独立战争和 1823 年的门罗主义的精神所致，它们致力于使欧洲置身于西半球之外，因此它们并不考虑在非洲留下美国语音，免得有双重标准之嫌。

非洲国际关系中的外交和涉外事务

概念性定义

外交是一门艺术，是一种办事方法。它是通过使者/大使对国际事务或国际关系的管理或调整，通过外交官的谈判和劝说促进并加强各种联系，包括外交、经济、商贸、军事、战略等等。代表们尽力为自己的国家和代表机构争取最大的利益并将损失最小化。就这一点而言，外交在实践中需要来自同伴、联盟和社会各界的可信赖的依靠与期望得到的帮助；需要旨在便利国家和主权国交流的方法而非武力的运用，以解决存在于国家间的分歧（外交官所在的国家/机构与东道国/机构）。

我们也可以说，外交是国家间关系的安排与管理，是调整不断变化的、互相冲突的国家利益并为本国利益服务的艺术，同时也尽可能与其他国家保持友好与和睦的关系。

因此，作为一门艺术与一种责任的外交可以为不同目的服务，包括以下各项：代理；谈判；促进并保持国际和平与安全；管理法律与正义；拥护和平共处与国际行为的适当规则；促进区域一体化与合作；国际资源的调动（例如为了发展调动的资源）；通过联合国体系或其他组织促进多边国际合作；调和不同国家的利益，同时寻求问题的一致协议和解决方案，并促进和平共处。

涉外事务

一国的涉外事务（Foreign Service）指的是国家或政府首脑（外交部长）和其他相关机构通过专职人员来管理该国的外交关系。因此，涉外事务旨在通过使者、大使或能够代表国家的其他人员来促进、规划、普及、宣传、保护和捍卫国家的利益和形象。

因此，非洲的对外政策，非洲的外交和非洲的涉外事务都是非洲国际关系的重要管理者。值得注意的是，从广义上看，国际关系是主权国家追求自身利益的活动场所；狭义上，国家利益包括一些其他的考虑，而不仅仅是绝对意义上的国家利益（例如意识形态、道德和情感上的考虑和标准）。从总体架构来看，国际关系中，任何国家的首要国家利益是自己的公民和人口。既然政治领导人是被推选为国家服务的，那么他们的首要目标必然是人民——选举政治家的公民，于是政治家当然要保卫和保护选民参与国家活动的意愿和要求。非洲国际关系的结构必须包括国家地位、主权、领土完整、国际法、治理与其他主权实体的外交关系的规则——通过国际法、公约、原则、习俗和传统、被作为行为规范而接受的惯例。

非洲的外交指的是对非洲事务的管理，采用致力于解决问

456

题的不同技巧，通过一定的方法而非战争和胁迫，差异和争端也可能出现在非洲国家和其他非洲外的主权国家和法人之间（如联合国组织）。非洲的外交意欲促进国家间的和平共处，并最终达到在多边形式上促进发展的目的，以实现合作、磋商与协调。

在当代的国际关系中，外交和对外政策变成主权国家关系的重要管理者，他们的重点从维护国际和平与安全这一基本目标转向全方位发展的外交。非洲作为一个发展中地区，在21世纪的持久的发展与安全是特别重要的。就这一点而言，关于非洲对外政策、国际关系和外交的敏锐的历史视角由此产生。

历史视角

同非洲的国际关系一样，非洲的对外政策和外交可以按不同时期划分，最早的一个时期是从遥远的古代时期一直到公元500年。这个时期缺少真正的非洲国际关系、对外政策和外交，虽然他们为人所知并且在外交、国际关系和对外政策的定义中有所提及。即使在没有经过国家主权通过的1648年（威斯特伐利亚）建立的和平条约的条件下，一些规则的标准在当时的确存在。

公元500年到1415年这个阶段，一些形式的国际关系、对外政策和外交在城邦之中已然出现，欧洲与非洲的联系引发了不同的利益诉求，最后对三种非洲的准则产生了影响。

1415年到1884年仍然处于非洲的前殖民时期，在此期间发生了许多历史事件：比如非洲被迫实行奴隶制；参与奴隶贸

易；欧洲人作为传教士、投机商人、探险家、记者和地理学者
探索非洲的一些地区。

公元 1885 到 1960 年是非洲的殖民时期。

后殖民时期是从 1960 年至今，在这个阶段，非洲才真正
作为国际体系中一主权行为体存在。对不同时期的非洲外交手
段的解释如下所示。

非洲外交的基础

从古代时期到 1883～1884 年的历史视角
这一时期的下列情况为人们所知：

- 习俗和传统；
- 语言的发展和完善；作为交流的有效工具的语言
技能；
- 在处理争端、冲突和差异上采取策略而非武力和武
装冲突的非洲的价值体系、道德规则和文化价值；
- 非洲的社会主义，"人民的声音就是上帝的声音"、
"社会的声音"、过程、步骤、彼此之间的口头协议；
- 长者的智慧；
- 重视谈判、补偿、交换战俘与货物（牛对抗偷牛、
土地）、仲裁；
- 重视领土边界作为区别自然、河流、山脉与森林范
围的边界线的作用；
- 延伸的家庭与商贸准则、物物交换与贸易关系、和

平共处、扩张主义的重要性；

●从最早的部落分组和部落社会到永久定居、政府、对城邦和超级帝国之间关系的治理，他们实际上是跨越国家边界的互动和国际关系，是独立完成的传统外交手段的延续；

●重视使用言语技巧和外交技艺联姻并获取嫁妆，以此加强友好关系；重视谈判、修整边界、寻求外界认可和领土完整；需要联合抗衡人类和自然的敌人；促进持久的友好关系、同志情谊、同盟、资源共享与和平共处；

●公元前800年的腓尼基人、公元前631年的希腊人、公元前146年的罗马人都对早期的非洲外交产生了外部影响（为了商业/贸易和殖民目的使北非与外国人产生了早期的联系）。

教训：征服、谈判、领土扩张主义（扩大）、对外国领土和人民的统治、如何对待敌人、对财产的补偿、领土、权力和收益等等。

从1884到1960年的历史视角

欧洲帝国主义的影响将非洲引向西方价值观，因此，非洲的外交不得不遵从西方主义的指导，非洲成为了西方价值观和西方文明的副产品。

在外交准则方面，西方主义与非洲主义的对抗是十分明显的，并没有非常独特的非洲外交实践，但是"领导者—主体"之间的关系取代了非洲在前殖民时期的主体之间的外交往来和联系。

基于非洲传统的非洲外交和基于西方传统的外交之间的差

458

异在后殖民时期依然盛行。

从 1415 年至今的历史视角

后殖民时期的外交和外交实践是前殖民、殖民和后殖民外交实践的集合，它们是基于欧洲（西方）和美国在联合国的全球外交中使用的外交实践。欧洲探险的时代始于 15 世纪，它导致了欧洲向外扩展的扩张主义，而非洲则成为了欧洲探险和利益的明显的目的地。非洲被忽略了很长一段时间，在 19 世纪也被描述为"黑暗大陆"。

非洲外交中新出现的基本原则、议题和要求

内部力量包括以下几项：

语言；

贫穷、疾病、无知；

前殖民统治者的殖民传统、残留、实践、路径和过程；

外交风格和传统；

问题和文化的多样性成为现代非洲外交的主要决定因素（贸易、疾病/流行病、发展、灾害、全球变暖和气候变化）；

和平与冲突、和平协定与协议；

司法对抗帝国主义国家地位；

关于商业、发展、投资的全球谈判；

债务与偿债。

459

外部力量包括以下几项：

国际政策；

国际经济；

非洲发展的倡议和战略；

外交往来中的其他优先权（农业、教育、基础设施、工业化、能源、旅游、气候、环境）；政治议题（治理与政府、民主与民主化、人权和社会公平/平等、难民、移民和流亡者、冲突、边界争端）；

领导力：外交和其他方面。

简而言之

● 如今非洲的外交比起前殖民时期、殖民时期和后殖民时期的前期处理事务的范围更广。

● 如今非洲的外交不得不每天处理非洲的国际关系、实施非洲的对外政策。

● 非洲的涉外事务和外交成为改善非洲形象、非洲的国际关系、在全球政治中的对外政策的重要工具。因此，改善非洲对外政策和非洲国际关系中涉外事务和外交的作用是至关重要的。

非洲对外政策的基础

从古代时期到公元 500 年的历史视角

外国与非洲的首次联系（腓尼基人）是在公元前 800 年

（同样是腓尼基人）、公元前 334 年（希腊人）和公元前 146 年（罗马人）对非洲的殖民化之后。

从公元 500 年到 1515 年的历史视角

欧洲扩张主义的成功与西方的欧洲文明和价值的统治的原因包括下列各项：

- 好奇心；

- 领土扩张；帝国主义；

- 对非洲内部、自然、地理人口统计的探索和研究（非洲的殖民化和转变）；

- 布尔人在非洲内部的定居和殖民化的特殊案例；

- 非洲外交和对外政策的含义。

从 1415 到 1883～1884 年的历史视角

非洲合法与不合法的贸易（奴隶贸易）、三角贸易在非洲　460
的起源和发展共同成为这一时期的标志。

宗教的全球化和基督教的全球化影响到了北非；伊斯兰教的全球化、合法的与北非和南非进行的贸易关系（北非和跨撒哈拉的联系）稳步推进。

欧洲/葡萄牙和非洲的第一次联系发生在后古代时期的 1415 年。

欧洲文艺复兴和全球资本主义

宗教全球化延续了欧洲在文艺复兴之后的扩张主义，这是一个重生与复兴的时期。这个时期以欧洲的多维性为特点（佛罗伦萨文艺复兴和黑暗的中世纪）。

文艺复兴后期的欧洲全球主义的原理关注以下三个目标：

三个 G——荣誉（glory）、黄金（gold）、福音（Gospel）；

三个 C——文明（civilization）、商业（commerce）、基督教（Christianity）。

案例分析

美国

在新世纪之初，美国进入了与非洲关系良好发展的时期，这部分是因为美国的第 44 任总统巴拉克·奥巴马的祖籍在非洲——肯尼亚，美国与非洲关系的发展需要独立地分析。但目前而言，用以下提出的综合分析的方法从历史的视角审视美国与非洲的关系是十分有价值的。

用历史视角审视美国与非洲的关系

非洲和美国的价值体系必须被作为分析二者关系的出发点。价值观指的是值得去做的事情（比如，生活是值得过的并且能提供有价值的东西）。价值观有两种，物质的和无形的。

非洲的价值观包括诚实、善良、美丽、家庭、儿童、有嫁妆的新娘的财富、舞蹈、音乐、庆典、崇拜、宗教、基督教、伊斯兰教、万物有灵论、好客、非洲社会主义、乌班图、对社区的热爱、对祖先的崇拜、人生、对扩大的家庭的热爱和实

践、对老年人的尊敬、习俗、传统、文化和文明、长者、父
母、上级（如老师）、长者、祖父母、统治者、继承制、对超
自然现象的崇拜、祖先崇拜、事件与实践、国家主义、泛非洲
主义和它的政治体系、黑人精神、对传统决策的共识、作为人
类和扩大后家庭家园的村庄、对种族划分的忠诚、教区制度、
地区主义、民族优越感和文化多样性。新涌现出的非洲价值观
包括宗教（超自然、基督教和伊斯兰教）和城市地区的价
值观。

461

西方价值观包括金钱和其他经济要务、教育、家庭和个人
满足、殖民遗产和残留遭遇现代化并被消除、人道主义和非洲
主义与文化的价值、没有剥削、没有奴隶制、没有种族主义，
也没有歧视。

美国的价值观囊括了西方的价值观，包括金钱、教育、宪
政、权利法案、宪法和人权宣言、自由、言论自由、平等、民
主和民主化、能力对抗裙带关系、资本主义、机会平等、个人
权利、人种的优越性、财产所有、不同的政治准则与文化、性
别平等——女性与男性——权利的保护、法律的保护和基本的
自由。

多样的文化

非洲的文化强调集体主义、延伸的家庭规范、乡村中的亲
子关系、非洲社会主义，但是非洲的文化被欧洲殖民政策所改
变，殖民政策赞同西方的价值观并拒绝非洲的价值观。

非洲在殖民时期的转变，意味着将非洲文化与起源于帝国
主义/殖民主义/殖民地化的欧洲文明混为一谈。这不仅破坏非
洲精神、认同和非洲性使非洲适应新文化，还改变了非洲的生

活和交流方式，破坏了非洲的文化、传统、语言、习俗和文明。西方文明贬低了非洲的价值观和文明，认为它们一文不值，是下等的、原始的价值观，因此需要被西方（美国/欧洲）的价值观所代替。

非洲与美国文化和文明的冲突表现为：

- 不同的文化、文明和个性；

- 不同的传统：非洲有自己的习俗和传统；美国有其民主、法治、合法继承；

462

- 根源：非洲的家庭、村庄、传统、教育、农业、耕种、土地耕作、乡村生活是其主要关心的问题，非洲社会主义（为了亲属的利益）；美国的根源是城市化、工业主义、城市生活和便利设施；

- 家庭价值：非洲的家庭规则延伸到很大的范围，有大家庭和孩子；给予习俗、传统、婚姻和大家庭而非教育的压力；以物易物的经济、非洲社会主义。非洲有自己的仪式（传统崇拜和祖先）。美国则是小家庭、西方式教育、金钱、经济、机会平等和个人主义；

非洲与美国共同的传统如下：

- 相同的被殖民的历史：非洲有殖民遗产和欧洲国家的殖民残留；英国曾作为美国的殖民统治国家，虽然民众不同，但都大多是欧洲人；

- 一连串的殖民统治；

- 根源的问题；

- 政治文化基于欧洲文化；

- 悖论；
- 思想流派；
- 对好坏政策的认可与实践及其后果；
- 非洲人和非裔美国人。

不同的特征

非洲的悖论是大规模的贫困人群与丰富的自然资源，美国则是大量的财富与稀缺的资源。仔细审查不同学派的思想、独立、国家统一和非洲创立者的准则，美国揭示了非洲的三个学派的思想：

1. 激进的卡萨布兰卡被加纳的克瓦米·恩克鲁玛、马里的艾哈迈德·塞古杜尔和莫迪博·凯塔、埃及的贾迈勒·阿卜杜·纳赛尔、肯尼亚的乔莫·肯雅塔、阿尔及利亚的艾哈迈德·本·贝拉所认同。

2. 布拉柴维尔，是最低纲领主义者，被前法国殖民者如桑格尔、喀麦隆的阿赫马杜·阿希乔、费利克斯·乌弗埃—博瓦尼所认同。

3. 蒙罗维亚，威廉·杜伯曼、纳姆迪·阿齐基韦，埃塞俄比亚皇帝海尔·塞拉西、外交部的克特马·伊弗鲁、阿布巴卡尔·塔法瓦·巴勒瓦是其信奉者。

美国的国父们包括诸如塞缪尔·亚当斯、乔治·海森、托马斯·杰斐逊、约翰·汉考克、托马斯·潘恩、詹姆斯·麦迪逊、乔治·华盛顿、亚伯拉罕·林肯等的激进主义者。激进主义者是反对起草美国联邦宪的法美国的建国之父，他们认为这是以中央政府的形式为暴政开辟道路。所以他们起草了一份宣言（《权利法案》）并将它附在宪法上以保障人权和个人豁免权。除了这些激进主义者之外，美国的建国之父还包括约翰·亚当、安德鲁·杰克逊、以及亚历山大·汉密尔顿。

《美国独立宣言》起草于 1776 年 7 月 4 日，美国宪法颁布于 1787 年。《非洲人权利法案》也附属于宪法，但却没有得到充分的尊重。

需要注意的是美国是一个国家，而不是一块大陆；非洲是一块大陆，而不是一个国家。

对成功的评价

美国：金钱和教育是成功的通行证。

非洲：存在很多影响成功的不利因素，这些不利因素导向了贫穷、矛盾纠纷、去非洲化，依附（新殖民主义）等不幸。

美国：对权力运行的制约和收放自如是对外政策的指导原则。美国的受限制性和剥削在非洲的国际关系里是事实。殖民遗产和殖民残余是非洲对外政策的重要决定因素。

非洲：存在很多影响成功的不利因素。耻辱和剥削在非洲国际关系里是事实。殖民遗产和殖民残余是非洲对外政策、非洲尊严和作为哲学反抗丰裕世界下的贫困的非洲民族主义的重要决定因素。

独立性和领导力

美国：反抗英国的革命，对于英政府所谓的暴政的暴力回应

美国独立战争从 1775 年持续到 1783 年。美国人与英国作

斗争，与英国殖民暴政作斗争。《独立宣言》签署于 1776 年 7 月 4 日，宣言的签署者是 54 个代表，包括乔治·华盛顿、托马斯·杰斐逊、詹姆斯·麦迪逊、本杰明·富兰克林、安德鲁·杰克逊、本杰明·哈里森、亚历山大·汉密尔顿、约翰·亚当斯、罗杰·谢尔曼、塞缪尔·亚当斯、托马斯·佩恩和约翰·汉考克。认为中央政府一定要是强有力的立宪派代表有亚历山大·汉密尔顿和约翰·亚当斯。美国的激进派代表有亚伯拉罕·林肯、乔治·海森、托马斯·杰斐逊、托马斯·潘恩、塞缪尔·亚当斯和约翰·汉考克。

非洲：非殖民地化进程从 1865 年开始持续到 1977 年，包括以下三种方式的独立斗争：

- 与殖民权力斗争获得独立；
- 向殖民权力屈服投降；
- 源于第一次世界大战的谈判协商、伦敦 1939 年的托管计划以及第二次世界大战托管领土的联合国处理法。

464

文化冲击

文化和价值体系的冲突包括以下几个方面：传统部落生活和处理事情的方式（如习惯风俗、传统习俗、行为方式、语言）；延伸的家庭准则：以一个村庄来教育一个孩子，村庄亲子关系；土地继承——限制；舆论准则；个体和国家富强的培养教化；以及对祖先的尊敬和献祭。

政治遗产

非洲人对政治领袖、与爱国主义和民族主义相对的民族优越感、政治变动、贪污腐败、矛盾冲突、战争（国内战争和对外战争）、国家财富、投机主义和裙带关系具有强烈的崇拜之情。

美国人具备民主素养和成熟的政治环境，爱国精神、民族主义精神、资源和在美国的全球资本主义链条——一种迥然不同的腐败形式。

非洲人有独立的司法，在民族统一、地理上的分开与隔离和人种的混合与融合上存在的问题。

美国人有经验主义的国家状态和联邦主义。

当涉及非洲和美国的共同的和多样的文化、习俗和传统时，以下是四个需要提及和解答的问题：

● 问题1：我借来的东西是属于我的或我们的，还是你们的亦或是他们的？

● 问题2：是国家或民族的决定还是个人的决定？

● 问题3：教育的作用——教育在多样的文化关系中起着促进作用还是阻碍作用？（结果：优越感还是自卑感）

● 问题4：什么能最好的来描述国家认同？是民族优越感（非洲），民族团结（认同）还是爱国主义？是从我们，我，还是我们的最先开始？

美国——非洲关系的时代

美国与非洲的关系可分为三个时代：非洲的前殖民时期、殖民时期和后殖民时期。

前殖民时期

非洲在美洲的出现可以追溯到古老的时代——比哥伦布
"发现新大陆"还要早。考古资料显示，公元前 3000 年，非
洲人居住在巴拿马和美洲的其它地方。墨西哥的金字塔显示出
了与埃及的金字塔之间清晰的关系。非洲人到访（也有可能
是移民）美洲看起来似乎比西半球的欧洲人到达美洲要早
得多。

因此非洲赠予美洲的"礼物"可以追溯到奴隶时期和奴
隶贸易之前。同样的，当后来成为了英国殖民地的美国基本还
只是欧洲移民的领土时，没有任何一点非洲和美国之间的特殊
关系被记录在了 1620～1776 年的历史中。

先前贸易并不太多，如果有的话，也是在之后的奴隶时
期，非洲人被俘虏并被当做商品进行贸易的那 400 年。欧洲和
美国从中获益不少。随着奴隶制度和奴隶贸易的出现，商业活
动也在这个三角区域内进行着。起初进行的贸易是涉及黄金和
其他一些来自非洲的矿石原料的合法贸易，以及盐、贝壳和诸
如咖啡、可可、橡胶、剑麻和棉花等的农产品的贸易。这些都
是 1440 年代的事了。之后他们就开始把奴隶作为商品来进行
贸易。非洲人被抓捕为奴隶然后卖给美洲、欧洲、中亚和远
东。但是，除了由大英帝国、丹麦、荷兰、西班牙、葡萄牙、
法国和其它欧洲列强最先发起的奴隶和奴隶贸易，美国并没有
真正卷入到与非洲的其他任何关系之中。一些商品、自然资源
和奴隶都被运送到美洲。

465

奴隶贸易和接踵而至的美洲非裔移民联结了非洲和美国。

殖民时期：1885～1960 年

从 1652 年荷兰开始殖民南非，到 1795 年，非洲内部已经完全被置于荷兰殖民统治之下。之后，其他的欧洲国家和集团继续在非洲寻求自己的利益——天文、地理、勘探和发现自然（比如河流、山川等），这些都牵涉到欧洲在非洲的三大目标（三 G 和三 C）：荣誉、黄金和真理，文明、商业和基督。

由于殖民的利益、政策和实践，殖民勘探和殖民地的开拓，殖民的经济作物、矿物资源和财富都被送往北方，由于非洲自从成为殖民地以来，与美国人的直接交易几乎是不存在的，还由于 1884～1885 年的柏林会议之后，非洲的民族或民族国家等就成为欧洲人的殖民财产，非洲的极度贫困出现了。因此，美国与非洲人以及非洲的商业联系必须被"批准"——由欧洲殖民列强同意，在他们的影响下交易才能进行。过路的美国商船可以在非洲港口停靠，特别是那些声称具有主权的非洲领土上。年轻的美利坚合众国与摩洛哥王国之间的打击北大西洋针对美国船只的海盗行为的双边协议就是很好的例子。

466　　美国—摩洛哥友好条约是美国最早的协议。由约翰·亚当斯和托马斯·杰斐逊在 1786 年和摩洛哥的黑人苏丹穆罕默德签署。1787 年，美国联邦宪法颁布之后，美国总统乔治·华盛顿给苏丹寄去了一封信。美国第一个外交胜利就是摩洛哥的丹吉尔领事馆。

欧洲在非洲既得利益不断滋长，直接导致 19 世纪末期瓜分非洲。1884 ～ 1885 年，俾斯麦君主就划分非洲召开了一个欧洲会议（1884 年 11 月 15 日到 1885 年 2 月 26 日的柏林会议）。这个会议把非洲划为了欧洲势力范围下的区域，由 14 个国家瓜分，包括法国、德国、丹麦、瑞典、俄罗斯、美国、比利时、意大利、西班牙、葡萄牙、挪和卢森堡。这次会议的结果就是为了便于非洲管理将非洲划分成了欧洲势力下的区域。但是美国并没有分享到非洲这块蛋糕的利益。所以，美非关系也无法直接推进。因此，那时在商贸方面，美国在非洲的影响力很小或者说没有直接影响。

四种类型的行为体：

非洲与美国政府与政府之间的领导（比如，总统，第一和第二代领导）；关于政治、经济和发展的态度；

政府与政府的机构（如半国营集团）；代表；贸易协定，投资，旅游；

公司对公司；

个体企业。

后殖民时期：1960 ～ 1994 年

非洲的去殖民化阶段是 1945 ～ 1960 年和 1960 ～ 1970 年。当然，南非是在 1910 年赢得独立的，但南非恢复到多数非洲人统治的状态却是 1994 年的事了。在这之前，津巴布韦于

1980 年获得了独立，厄立特里亚于 1993 年以公民投票的方式从埃塞俄比亚独立出来。最后一个摆脱殖民状态获得政治独立的非洲国家是吉布提，1977 年吉布提脱离法国成为独立国家。

467

表 21.1　美国总统和国务卿：1960～2009 年

总统	国务卿
约翰·F. 肯尼迪（1961～1963 年）任内被暗杀	大卫·迪安·腊斯克（1961～1963 年）
林登·约翰逊（1963～1969 年）	大卫·迪安·腊斯克（1963～1969 年）
理查德·尼克松（1969～1974 年）	威廉·皮尔斯·罗杰斯（1969～1973 年）
杰拉尔德·福特（1974～1977 年）	亨利·阿尔弗雷德·基辛格（1973～1977 年）
吉米·卡特（1977～1981 年）	赛鲁斯·罗伯特·万斯（1977～1980 年）
	埃德蒙·希克斯图斯·马斯基（1980～1981 年）
罗纳德·里根（1981～1989 年）	亚历山大·黑格（1981～1982 年）
	乔治·普拉特·舒尔茨（1982～1989 年）
乔治·H. W. 布什（1989～1993 年）	詹姆斯·爱迪生·贝克（1989～1992 年）
	劳伦斯·西德尼·伊格尔伯格（1992～1993 年）
比尔·克林顿（1993～2001 年）	沃伦·米勒·克里斯托夫（1993～1997 年）
	玛德琳·科贝尔·奥尔布赖特（1997～2001 年）
乔治·沃克·布什（2001～2009 年）	科林·卢瑟·鲍威尔（2001～2005 年）
	康多莉扎·赖斯（2005～2008 年）
贝拉克·奥巴马（2009～）	希拉里·罗德海姆·克林顿（2009～）

　　非洲的后殖民时代，美国开始与非洲有直接的联系，包括商业、政治和其他方面。在那个见证了诸多冷战政治的时代，非洲成为了一块显眼的政治斗争场地，尤其是两头"大

象"——两个超级大国，即美国和苏联，而此时肯尼迪政府在承认非洲国家独立上获得了持续增长的收益。正如斯瓦西里谚语所云：两象相争，芳草遭殃。非洲因此成为了冷战政治和竞争对抗的受害者，在 1989～1990 期间，非洲只能生活在苏联坍塌解体的阴影下。除了在非洲的冷战利益之外，美国也在后殖民时代对非洲人的教育表现出了浓厚的兴趣。同样是在肯尼迪政府时期，很多非洲学生到美国去留学，其中之一就是美国现任总统贝拉克·奥巴马的父亲，他获得了奖学金，从肯尼亚去美国学习。

为什么非洲对美国很重要

美非关系、对外政策和外交中的问题很多也具有多样性。举例如下：

- 政治问题；
- 经济/石油、矿物和贸易；
- 社会教育；
- 环境问题；
- 全球问题；
- 维护和平与安全的的战略；
- 包括外交和对外政策的规定、对外政策、民主、好的治理、人权、贸易、国际关系、发展和商业等。

行为体包括政府：政府的三个分支、政府机构、私营部门、实体、个人、国际组织等。

非洲赠予美国的礼物包括：

● 从非洲来的奴隶的后裔；

● 奴隶和免费或非常廉价的奴隶劳动力；

● 非洲移民社群；

● 非洲人提供的服务——在军事、国会、学术、科学等各个方面，从非洲人一到美国就开始（例：1860 年代美国内战期间）。

非洲提供了一个潜在的全球市场以及自然和人力资源宝库。

美国人在非洲的利益包括政治、对外政策和经济（石油和商品）、战略、军事、安全等。

美非商业潜力和机会

可能的商机是什么？存在什么样的生产能力？经营商业存在的资源有哪些？存在哪些企事业机构？

对私营部门和公共部门的评估显示美国在非洲从事商业交易的新的潜力和机会，包括以下几点：

● 银行和投资，面对妇女和小规模企业的微信贷和微金融；

● 促进人类发展、增进技能和知识的教育和培训；

● 面向学生的交换项目、海外游学、研究和发展、学校、学习中心；

● 卫生保健培训、医疗、救助；

- 灾难和疾病发展；

- 农业、商品；

- 工业化；

- 制造业、投资；

- 工程师；

- 促进非洲国际商业发展的合法组织和商业准则；

- 房地产建造产业；

- 增强妇女、女孩、孩子、老人和残疾人的权利；

- 促进经济和发展的能源———四大能源资源是石油、煤以及新的和可再生的能源资源；

- 信息革命：科技和交流、邮件、互联网、信息与通信技术、卫星教育，海洋中的资源定位，河流资源等；

- 服务行业； 469

- 矿物资源的开采；

- 军事基地；

- 商业气候环境；

- 潜在的矿物资源；

- 商品、农产品和服务；

- 快递服务；

- 航线、港口；

- 体育运动和旅游；

- 商业集团、研究集团、学术交换；

- 保险公司；

- 安全、食物、对抗饥荒的迁移。

非洲和去殖民化：分类和非洲对外政策基础

埃塞俄比亚（阿比西尼亚）并没有被殖民，反而在公元前 982 年就获得了独立。埃塞俄比亚的第一任国王孟尼利克一世是以色列所罗门王和和埃塞俄比亚女王示巴的儿子。他于公元前 982 年开始对埃塞俄比亚的统治。利比里亚 1823 年在美国詹姆斯·门罗政府的支持下在西非购买了领土，然后开始作为美国自由奴隶在非洲的驻扎点。利比里亚也没有被殖民。

殖民豁免（这意味着一个国家可以在短时期［如埃塞俄比亚 1936 年被意大利殖民］或长时期内被殖民，但是他们的殖民并不受 1885 年生效的柏林会议体系的限制）和欧洲的非殖民化如下所示：

- 埃塞俄比亚，公元前 982 年（非法国王孟尼利克一世，是以色列所罗门王和和埃塞俄比亚女王示巴的儿子，公元前 982 年开始统治）；
- 利比里亚，1847 年；
- 南非，1910 年；
- 埃及，1922 年；
- 利比亚，1951 年；
- 摩洛哥，1956 年；
- 突尼斯，1956 年（前法国）
- 苏丹，1956 年（前英埃及）
- 加纳，1951 年（前英，第一个获得独立）

- 几内亚，1958 年；
- 达荷美，1959 年。

泛非主义的起源从 1880 年到 1885 年。1800～1963 年非裔
美国人的独立持续至今。非洲民族主义者领导的独立出现在
1900～1963 年和 1960～2008 年，由联合国压力导致的独立出
现在 1945 年、1960～1977 年。

历史的视角：1800～1885 年

1800～1963 年，从泛非主义到非洲联合统一，需要泛非
主义者组织会议、国民大会等。

开端是殖民地化第一阶段——腓尼基人从公元前 800 年开
始；希腊人从公元前 630 年开始，罗马人从公元前 146 年开
始。接着是殖民地化第二阶段；由柏林会议赋予的欧洲权力。
最后葡萄牙裔非洲人获得独立的是佛得角，圣多美和普林西比
岛，几内亚比绍，安哥拉和莫桑比克。

种族隔离制度被身处前线的国家所反对，这些国家包括安
哥拉、博茨瓦纳、莫桑比克、坦桑尼亚、赞比亚和津巴布韦。
它们都是南非的邻国。它们共同努力来反对南非的种族隔离制
度和南非对邻国的影响。

美国——非洲对外政策关系

一般来说，有两种对外政策，就是非洲对美国的和美国对
非洲的对外政策。美国政策也有两种类型：由非洲国家倡议的
和由美国政府倡议的。

这些政策的影响有：

- 在美国与非洲之间的商品和服务；

- 美非贸易和商业关系；

- 非洲移民社群；

- 政府间贸易关系；

- 行政部门：美国国家开发署、工业、项目；

- 国会：处理对非关系的国会众议院黑人小组委员会；

- 参议院：处理对非关系的小组委员会；

- 个人间的私人友好关系。

特殊事件，比如，包括商业和贸易以及发展日程（定义持续发展、能源、妇女和商业发展、农业、商品、生存和经济作物、原材料、矿物质以及发展整合和与商业相关的机构），在非洲商业和发展上的友好关系面临着投资、刺激、优先次序、能力建设、管理、石油和战略以及军事基地（如在肯尼亚、加纳、利比里亚和纳米比亚等）等诸多问题。

外部因素包括国家利益、民主政治、民主化、外交、投资、全球市场的要求、灾难的危险、气候变化和全球变暖、国际恐怖主义、国际安全、石油和石油公司和再生能源资源。

亚　洲

本卷第 19 章已对中国、非洲和东盟作了比较分析。除了东盟国家，日本是另一个与非洲保持稳定的双边和军事、经济和外交关系的亚洲国家。非洲开发会议（东京国际会议，

TICAD）已经运转数年了，好些项目都得到了日本的资助。

　　从印度洋到日本，亚洲国家都是自恃的。印度一直紧盯着中国，两国在 1962 年因为边界问题打了一仗。在冷战时期，印度对中国的担心比较少，因为印度跟随着苏联。现在，世界只有美国这一极了，由于中国对印度的威胁，印度选择拉近与美国之间的距离。中国和日本是当下亚洲的经济强国，在这之前，还有韩国、中国台湾和中国香港。总的来说，地区强国总是对非洲虎视眈眈，曾经是美国，现在是中国。非洲、中国和拉丁美洲在多个领域形成了联盟，包括经济领域。在全球市场里，亚洲的地位必然会下降。美国将持续保持强权地位，但迄今为止，她不会占据统治地位。

　　美国在中东和阿富汗以及巴基斯坦的利益将会保持很长一段时间。印度可能会由于中国而亲近美国，但是不会亲近到像美欧和美英关系一样。贫穷问题在印度很严重，但是基于它庞大的人口和巨大的经济实力，印度在民主价值方面具有巨大的资产。未来十年将会变得非常有意思，尤其是看看中国和非洲。

　　非洲需要资源。达尔富尔在全球关系中要与一堆国家发生关系。中国在非洲贸易中占有很大份额——高达 25% ~ 40%。竞争正在加剧。中国对非洲或任何其他国家没有连贯一致的对外政策。在非洲国家中，中国与苏丹、安哥拉（石油）、赞比亚、刚果民主共和国以及其他非洲国家的贸易关系正在发展。人们不禁会问：中国与非洲的关系最终会意味着什么？对很多非洲和世界其他地方的观察者来说，这只是一个猜想。毫无疑问，中国已经成为了世界的经济强国，与美国、欧盟、日本和印度有的一拼。

美国需要资本，所以将债券卖给中国。中国自己有钱，所以还没有向其他国家借过钱。但是，由于经济衰退和 2009 年的经济和金融危机，这种情况可能很快就会结束了。

美国正在衰退，但中国仍处于通货膨胀状态。中国与西方和非洲的关系也愈发明朗。竞争定将逐步升级，而这也可能会导致中国与西方关系的下滑。中国可能会越来越富裕并摆脱凄惨的贫穷状态。但到目前，中国仍有很严重的通货膨胀的问题。2009 年，通货膨胀和环境是印度、中国和日本的大问题。这些国家一直在扩充对外援助和接受援助，以期从非洲获取资源作为回报。中国也尝试着进入世界其他国家之中，投资建设道路，就像日本一直在全球范围内做的一样。

20 世纪 80 年代，日本为其商业利益调整了政策。从那以后，日本的经济就一直处于下滑状态。日本面临社会老龄化和人口僵化的问题，但是它的经济，银行系统和金融一直以来都做的很好。

日本也面临着和中国一样的环境问题。印度有着比中国更加严重的贫困问题。印度的全球经济影响正在增强，但是一直到 5 年前，印度的市场自由化速度仍然比中国要慢。

美国在深陷伊拉克泥潭八年后该如何复兴，这直接影响亚洲和非洲怎么看待奥巴马总统。美国在每个方面都需要作出改变。每个人都在关注并且渴望知道美国将在奥巴马上任后发生什么。奥巴马政府将制定一些面向非洲、中国、印度、日本和其他亚洲和欧洲国家的对外政策和贸易政策。这是因为非洲人们和其他第三世界人民对首位非裔美国总统的巨大期待。

非洲和伊斯兰世界

随着全球化扩展到北非，伊斯兰文明逐渐在非洲扩展，非洲伊斯兰教于 7 世纪创立。非洲皈依伊斯兰教也成为了促进非洲大陆在商业领域（石油输出国组织的石油贸易，海湾银行等银行业，汽车、服装、工业制成品的进口贸易以及房地产交易等）与世界其他国家的友好关系发展的开端。皈依伊斯兰教曾经（现在也依然）相当于获得了穆斯林同胞或各行各业（比如商业交易）伊斯兰世界颁发的具有优惠待遇的通行证。

在政治领域，受到穆斯林影响较大的非洲国家在传统上就与穆斯林世界进行着合作，在涉及阿拉伯世界利益的国际事件上与穆斯林世界更是有着特殊的关系（如巴勒斯坦问题，在这个问题上，北非和其他有着浓厚的穆斯林氛围的国家一直在联合国为支持巴勒斯坦的事业而投票）。

473

在教育和文化领域，很多非洲国家得到资助，建立了很多学校和清真寺。年轻的男孩女孩接受着伊斯兰教国家的资助，比如沙特阿拉伯。这最终导致了众多非洲的年轻人甚至是成年人在信仰上转变到伊斯兰教。通过这种方式，阿拉伯和伊斯兰文化很快传遍了非洲，这也帮助巩固了非洲与伊斯兰世界的特殊关系。

我们如果把肯尼亚作为一个案例来研究的话，就会发现索马里穆斯林正在逐渐地掌控肯尼亚经济和政治的很多部门，尤其是房地产领域和政府部门的领导，比如警察部门、选举委员会、国防部、其他一些重要政府部门和类似的部门。那么问题就来了，如果没有中央银行的支持和帮助，资金是如何进入这个国家的呢？当局沉默不语，给这个问题画上了一个大大的问号。令人惊叹的事实是数量庞大的资金帮助完成了这笔交易。鉴于资金是非洲国家经济的脊梁骨，以上的信息帮助解释了伊斯兰及其文化不断增长的影响力正强加在非洲国家的经济之上。

此外，由于在非洲，人们对非洲领导人的人格和品质的崇拜以及领导人在选择和实施外交和国内政策中扮演着重要的角色，所以，伊斯兰的影响力在非洲会持续增强，特别是在那些政治领导者和其它领导者都是由穆斯林来担任的非洲国家里，则将以更大的幅度增强。这是因为非洲的领导是一种制度。因此，非洲和穆斯林世界的关系的未来会进入到一个美妙的时期。

前殖民的欧洲人

人们常会有错觉，后殖民时期的非洲虽已独立，但仍享受着殖民遗产——与他们的殖民宗主国保持着特殊关系，这种特殊管理渗透到了生活的方方面面，包括外交、政治、经济、金融和军事领域。这种关系看起来对殖民地及殖民列强（比利时、意大利、西班牙、葡萄牙、法国、英国和德国）都好。与前殖民列强的特殊协议和谅解备忘录给予了前非洲殖民地特殊的资源以及来自前殖民列强的保护。这发生在双边和多边的关系中，而且这种情况将在 21 世纪得到保留。

474

西欧和其它国家集团

西欧和其它国家集团是联合国集团政治中极具影响力的集团之一。联合国将其成员国划分为非洲、亚洲、拉丁美洲和加勒比海集团，以及由美国、加拿大、新西兰和欧洲的联合国成员国组成的西欧和其它国家集团。非洲与这些国家中的大部分维持着良好的关系，但是随着苏联集团解体和苏联集团成员加入北约，在下一个十年，世界将进行重新排列组合。此外，很明显，由于加入了联合国，非洲将与西欧和其它国家集团保持亲密的经济、商业、外交和其他关系，比如英联邦（英国、澳大利亚、新西兰和加拿大）、法语国家和对非洲至关重要的中立国家。

非洲对外政策和外交的运作和执行的总结

从本章的分析来看，尽管非洲的对外政策和外交很复杂甚至令人费解，但却是一块研究非洲国际关系的充满吸引力的领域。它们牵涉到问题和挑战；原因和决定因素；形成、执行、监管、审查和评估；底层研究的理论和现实；国家的替代地位；非洲学说继承和惯例实践；从欧洲后殖民政策和实践继承而来的共同的或有区别的特征；宗教继承，包括基督教和伊斯兰教；泛非主义及与之相关的非洲社会主义、班图精神、乌贾马等。

非洲政策和外交有一个概念定义，和一些具有多元表达的词语（如国家利益、国际关系理论、政治和经济等）一样，它实际上也有多元的意义。因此，一个非洲国家的对外政策就是这个非洲国家作为一个主权国家或者实体，为追求或捍卫国家利益的指令（目标、任务、需求、情况、要求等），对内（国家的、内生的）、对外（国外的、外生的、全球的）决定采取或不采取的行动、回应、互动、作为或不作为的行为总和。在这个过程中，作为非洲子系统和国际体系的成员的非洲国家通过，或利用，政府行为体这一身份与其他行为体（特别是主权国家）进行跨国、跨界交往。在全球体系下，国家基于主权平等参与全球事务，同时也基于自然法则和国际关系的权力理论等原则。这样的对外政策定义的全部实质就是它触及了国内和对外的决定因素以及非洲作为全球体系的子体系情况的方方面面——它是一个兼收并蓄的定义。它在国际关系中建立了国家特征的内生性和外生性，它从国家地位的原型而生，而不是来自于政治独立那短暂的瞬间，也没有非洲的欧洲殖民地化的因素，也没有像一些学者带着错误的倾向于去定义它。

475

因此，非洲国家的对外政策、外交和国际关系不应该被追溯到非洲历史的殖民时期或者后殖民时期。它们必须被追溯到远古时期，并在随后的年代里得到丰富和巩固。以下所有因素都对非洲对外政策的制定和实施以及非洲的外交有影响：基于国内方面的泛非主义、黑人精神、有关民族主义的非洲意识形态取向、团结、乌贾马（一种农村社会主义组织形式）、非洲大陆社会主义、民族认同；超国家主义、国家利益和安全、以及非洲领导、边界、公众意见的问题、还有对外政策的决策者和执行者（精英和政治活动分子）。

可见，非洲对外政策和国家关系的决定因素在国家层面和全球层面都有很多不同的类型。为了国家的内部和外部利益，外部水平因此提高了国内利益和政策的水平。非洲的对外政策是夹在东西方两种对立的意识形态中的产品与副产品。非洲的本性因冷战中"资本主义剥削"和"共产主义保护"而遭到扭曲，非洲在东西方意识形态分歧中无所适从。

从这个意义上来说，非洲对外政策和外交必须在冷战时期两个意识形态阵营的国际权力理论的基础上加以培育和发展。另一方面，就非洲在全球权力斗争中的生存而言，非洲一直是底层主义的受害者，殖民时代的婴儿，欧洲殖民的副产品和欧洲殖民规则的改造品。

因此，非洲将采取的不结盟受到了在全球意识形态被划分为东方和西方——冷战政治和影响下的国家生存问题的挑战；1990 年以来的冷和平状态；非洲在全球经济和贸易体制里的边缘化以及非洲在后冷战时期的价值问题和一些重要问题；作为 1884～1885 年柏林会议上在欧洲大国间划分非洲的参与者的美国、英国、德国、法国、意大利、俄罗斯、葡萄牙、比利时、日本和西班牙等大国权力的新殖民利益。

476

在非洲对外政策和外交的决策和执行中扮演重要角色的其他因素也必须被考量和列举。这些包括迷信、个人裙带关系、婚姻、邻里、种族；联合国等国际组织的影响、人权、非洲发展新伙伴计划、（联合国）工业开发组织、国际政府间组织、非政府间国际组织；经济和性别问题、民主和民主化、债务压力和债务偿还；减贫；新出现的问题；艾滋病等流行病；非洲领导人在处理外部事物时的友情和家庭关系。那些要么是众所周知的民族主义者，要么深受迷信影响或者是坚定的民族主义者的非洲领导人，他们不得不处理好从 20 世纪 60 年代到现在的非洲—美国关系，这些非洲领导人包括：刚果的卢蒙巴；扎伊尔的蒙博托；塞内加尔的桑戈尔；利比里亚的塔布曼；利比里亚的泰勒；几内亚的赛古·图雷；加纳的恩克鲁玛；埃及的纳赛尔；突尼斯的布尔吉巴；尼日尼亚的阿基凯威和巴勒威；肯尼亚的肯雅塔；坦桑尼亚的尼雷尔和姆卡帕；乌干达的奥博特和穆赛韦尼；南非的曼德拉；马拉维的班达；赞比亚的卡翁达；肯尼亚的莫伊；莫桑比克的西萨诺和很多其他的人。所有这些人在面临领导问题以及新出现的法律与司法、金融与发展、民生问题、能源与工业以及其它问题时都会从总统、总理和其他政府级别出发来处理。

鉴于在一项新的研究中非洲—美国之间呈现出来的新的关系，上述所有问题，包括非洲—美国关系的调整，都应该而且必须得到逐案解决。

第22章 结论：成就非凡还是
期望落空

从上述对从远古到21世纪的非洲国际关系、对外政策和外交的分析来看，显然这块巨大的非洲陆地已经走过了十分漫长的道路。这块陆地纯粹、富饶、美丽、巨大。然而，它很多方面都注定要走向失败，当然，这并不是它自己造成的，而是历史使然——仿佛非洲注定就是欧洲的负担承受者，注定要承受奴役和剥削、贫困和悖论。但是非洲真的注定要永远贫穷下去吗？非洲会重拾它的华丽与辉煌、文明与价值吗？将有人为强加给非洲的委屈、剥夺和贫困而赔偿吗？非洲人能用非洲的方法和手段来永久性地解决他们自己的内生性问题吗？北半球发达国家还会用资源反向流动和人才流失等方法不公平地获取非洲的资源吗？随着非洲政府和机构以及全体居民全面承担非洲发展的责任，非洲能实现可持续发展吗？以联合国为代表的国际社区将在完成目标、遵守原则、执行决定和履行它们作为国际法下享受主权平等的政治实体自愿做的承诺等方面变得有说服力、有效率和高效吗？非洲最大的敌人——贫穷、疾病和无知将会为了所有非洲人的共同利益得到公平合理的解决吗？

478　公平公正的国际经济和商业关系将会为了公平的竞争和公正自
由的进入全球市场而被合理的构建吗？千年发展目标将会履行
2000 年他们对非洲做出的承诺吗？

上述所有问题都亟待全球体系的所有成员和所有非洲的朋
友共同解决。

谁制定了非洲对外政策

非洲对外政策要想变得有效率必须以一种新的观念来更新
以使得它更系统和有效。正如它被制定出来一样，它的效率和
有效性取决于非洲领导人——国家元首或政府首脑的性格、迷
信的倾向和人格以及生活方式。因此，如果你有一位对外交事
务感兴趣的主席或首相，那么你就会有全面的、有效的和受人
尊敬的对外政策。但是如果国家元首或政府首脑对外交事务并
不怎么或者根本不关心，那么最终的结果就是一个随意的、官
僚化的和可以忽略不计的对外政策。一个非洲国家的对外政策
可以像本节其余部分描述的一样是以多种方式制定出来的。

通过标新立异主义

当一个对外政策决策者通过书面或口头指示、电传、传真
甚至电子邮件进行即兴发言来呼吁实施完成类似的外交声明，
这就是特别的或者是临时的政策决策。有时，政治声明和表态
是通过外交部长或常任秘书（总干事）在没有任何计划和讨
论的情况下发布的。

通过智囊团方法

政策决策是通过计划、研究、辩论和最终决定来做出的。在这种情况下，决策者从给定的选项中选择对这个问题而言最合适的处理方法。这种决策机制可以是总统级别或者是首相级别的，甚至可以通过外交部长来处理。

通过公众舆论的影响

在有些情况下，公众舆论通过大众媒体——来自总部或其他地方的国外和国内新闻来传播。这是一个以全民公决、新闻发布会等形式展现"人民的声音就是上帝的声音"的民主的方式。对外政策的制定可以多种多样，可以包括侵略、伙伴关系和合作、游说、外交行动等。

对外政策的参与者

479

除了国家元首、政府首脑、总理和外交部长之外，对外政策和外交舞台的参与者还包括民政部长、国际安全（和移民）部长、财政部长、规划和发展部长、旅游野生动物保护部长、国防部长、环境自然资源保护部长和贸易与发展部长等。

在对外政策方面，规划和执行必须倾向于将传统的和平与安全问题转移到发展、环境（气候变化）和相关领域问题上来。然而，这种转移还并没有影响到非洲对外政策和外交的传统本质与目的。外交的历史视角使其焦点集中于"老的"和"新的"外交,这两者都基本上以通过协商和管理——采用如外交、对外政策和政治科学等和平手段来解决国家间和其他政治实体间的争端与分歧为目标。这些都是艺术,而非科学,除非你用"科学"表示"一种研究领域"。当代外交和对外政策面临的问题和挑战仍然是以成员国的国家利益为核心的。显然,非洲的对外政策和外交在有些情况下是失败的,但却在另一些情况下是成功的。无论结果是什么,非洲的国际关系、对外政策和外交取得成功的条件有赖于许多因素。

非洲对外政策和国际关系的共同特征

非洲对外政策和国际关系有更多的共同之处而不是分歧。有四种明显的遗产:非洲遗产、宗教遗产、殖民遗产和事实上是"大杂烩"的后殖民或独立遗产。

在非洲遗产里,非洲价值主导了由习俗和传统支配的进程和过程,这些习俗和传统包括可以理解为非洲人民在他们的习俗、传统、文化和文明中反映出来的的生存和生活方式。非洲遗产的根源包括土地、农田、储备物及其用法;农业,这是非洲生产和消费商品和服务文化的核心;农民、家宅和保障基本生存的家庭劳动力;在殖民时期之前相对先进的非洲传统主义;王国和当地社区;家庭和部落联盟、共同生存、共享自然资源(非洲社会主义);环境影响与保护;赋予妇女权利和承认妇女对非洲社会的重要贡献和作用。宗教遗产包括基督教和伊斯兰教。殖民遗产是最有影响力的,即使是在后殖民时代。

曾经计划持续千年的殖民地化、政治依附和欧洲殖民权力的统治最终持续了不到一百年。但在这相对较短的时期内，欧洲殖民主义和殖民地化改变了非洲，也许是在永远的意义上改变了非洲。对非洲的改变导致了非洲悲观主义、贫穷、剥削和贫困以及环境帝国主义、社会经济衰退和萎靡以及依附。非洲仍然面临着这些挑战，非洲人继续的使用欧洲制度、结构和价值形式也对非洲的身份认同提出了极大的挑战。

从殖民遗产角度来看，存在大量支配非洲行为的殖民政策和实践的残余。这个舞台是在 1884～1885 年柏林会议上确定的，由一群曾经遭受了非洲人对他们的不理睬的欧洲人在非洲地图上确定了地理边界，至今当他们在做出关于非洲未来的决定的时候也没有将非洲包括在其中。殖民遗产的后果直到现在仍然困扰着非洲。非洲共同身份的丢失引发了其他的道德和文化价值问题；必要的事和冲突；贫困和非洲人的奴役；西方欧洲在教育、管理和文明上的价值压迫；非洲妇女地位的下降和根源于欧洲殖民政策和实践的地方自治主义（通过"分开"和"政府"战略）；根据肤色决定社会地位的种族分层（白种人位于社会上层、黑种人位于社会阶层的最底端）；除少数民族和种族之间的紧张关系之外其他造成危机和分化部落的冲突、导致独立的非洲非洲化政策走向失败的复杂的优越性；以及欧洲治理、制度和文化、语言以及管理实践的再生产；非洲价值的统治物和附属物；对非洲领导人——这些领导人自身就是西方文明的产物，曾经接受过西式传统教育或被殖民大国及殖民母国的原则和实践培训过，继承和宣扬的生活各个方面不平等关系的推进。非洲领导人受到了建立新的由非洲人自己构思、原创、发展、拥有、运行和管理的思考和治理的过程和进程的挑战。这将是重新阐释需要适应现代主义和现代化以及运用非洲方法和诀窍来解决非洲问题的独特的非洲文明的唯一方式。

其他非洲殖民地遗产残余还有英联邦的英语、葡语、法语乃至阿拉伯语的语言体系；前殖民国家为了控制、剥削以及控制的协调而一直延续的从属关系和新殖民主义，和非洲大陆因为保护主义、限制条款以及那些西方控制的国际金融组织的结构调整计划（SAPS）而导致的持续的贫穷状况等。

因此，前殖民国家的对外政策体系是非洲对外政策的基础，和导致 1963 年非洲联盟诞生而后来不断淡化的"泛非主义"一起成为非洲独立后对外政策的主要来源。出现在非洲非殖民地化阶段的思想流派是复制了前殖民国家的意识形态，因而二者的不同导致了现代非洲大陆政策的后殖民主义的诞生。同样地，因受到殖民地的政策和惯例的极大影响，非洲对外政策普遍的殖民地历史，再加上他们的意识形态冲突、联盟的政治倾向以及在国界范围内的共存产生了一党制和多党制；民族统一主义；以及其他的独立后的依法占有、脱离主义、地区主义及诸如此类的。毕竟非洲联盟的宪章清楚地指出这不会是一个超国家组织，也不是一个联邦，而仅仅是一个不再附属于其他国家或组织的非洲主权国家的联合。这就说明尽管一个统一的非洲国家主义早已被加纳的恩克鲁玛开创出来，现在又被利比亚的卡扎菲大力推行贯彻，然而却很难真正形成。

其他一些非洲对外政策和国际关系的共同特点逐步发展为国际关系中的新特性；因追求自由化、多党制以及民主化，反对所有会导致一党独裁，恶政劣治以及恶劣人权侵害的倾向而形成的巨大的压力。于是非洲对于西方的控制存在普遍的害怕，就如同之前东西意识形态对抗的情形一样，特别是在后冷战时期，这时对发展中世界有意识的资本主义侵略不再受到无意识的共产主义的挑战。而且，所有的非洲国家都面临着国内以及非洲地区和大陆的冲突、民间冲突，以及由政治、部落制、种族、不安全或者政治不稳定，或由于疾病、贫穷以及未受教育（即无知愚昧）而使国内受到的灾难。同样地，所有的非洲国家都因反对种族隔离式的种族歧视而联合起来，且在国际论坛和谈判，以及世界政治与经济中不能发挥作用和缺乏足够的竞争力和一个权威而有效的声音。

　　非洲仍然需要形成多边主义的强大立场，反对非洲国际关系中国内以及外部层面的单边控制。实际上，这就意味着非洲的对外政策和外交手段应该继续以泛非主义以及非洲大陆联合的原则为基础；反对种族歧视、剥削、欧洲的新殖民主义和新帝国主义；并且避免非洲社会的种族层级分化。同样，不结盟在非洲对外政策中仍然很重要，这是因为在对外政策中非洲的领导和其他行为体的崇拜迷信、个性品质都会对非洲对外政策的制定产生最大的影响，一直到新一代的领导出现并且被认为继承了非洲的第一、二代甚至第三代领导。

　　考虑到后非洲殖民时期前十年（1960～1970 年）的稳定，那时开展了和平的民主选举，而且至少在 1950～1962 年这一阶段经济发展是十分健康的，因此回顾非洲的对外政策十分重要。但是随着军事与民间的准则成为混杂的统治惯例，特别是1965 年之后，后殖民时期非洲的国际关系以及对外政策和可

482

交替的外交惯例中出现了新的挑战。这些新千年的挑战甚至可能更加难以解决！

非洲国际关系、对外政策以及
非洲外交手段的未来

考虑非洲国际对外政策以及外交的未来，会自然而然想到以下议题：

- 决定因素；
- 通常意义上的和在下个十年及其之后的议题和挑战；优先的挑战；
- 措施。

从非洲内部

调动适当的国家、次区域、区域以及非洲大陆层面的机构根据下面两个主要分类来探讨：

1. 识别并概述非洲悲观主义以及贫穷综合征的根源。
2. 提出具体可行的建议措施，而且必须从非洲内部和外部采取这些措施来预测非洲国际关系、对外政策、涉外事务以及外交手段的未来。

从非洲外部

调动双边、多边以及全球层面的国际共同体来探讨和提出一些方式方法的建议，帮助非洲在自己的努力下筹划并且实施能够帮助其改善和使其更加有效率，且对非洲国际关系、外交、谈判以及发展援助更有效的策略，这就要提出在今后十年及其之后为了促进非洲可持续发展的多维主义。

483

决定因素

除了别的一些事件和决定因素，非洲的国际关系、对外政策、涉外事务和外交手段还由其他的决定因素形成：冷战的结束和冷和平出现的结果；世界新秩序议题；产生于后冷战政治中的强权竞争等；非洲的民主化和领导阶层；多党制时代反对一党制的再次建立、专制独裁以及统治精英对非洲政治的控制；非殖民化的命令对抗依附性——新殖民主义和新帝国主义，这也许能够体会到以下的力量：

* 非洲新一代领导有越来越多的能力以自己的方式对非洲国际关系、对外政策和外交手段加以更强大的管理和控制，而且为了使非洲未来获益更多，他们还希望今后能停止对非洲政治和其他发展的控制，且不再对非洲人增加压力与需求；
* 女性在非洲统治与管理中的角色和授权越来越多；
* 尽管非洲经常像是全球政治中被遗弃的"孤儿"，被剥夺了冷战的保护和利益，然而在冷和平时期非洲人对

于非洲对外政策和外交过程的控制越来越强；

● 民主化进程加速，在外交与涉外事务优先化、土地改革、商业惯例以及需要由非洲人和相关机构来控制非洲发展命运的所有"民声"倡议等方面引起多种多样的法律和发展方式的改革；

● 在非洲社会中人们地区大国的自信必然会产生一种非洲领导力，不再是具有民族中心主义的或地区主义的，而是会强调与部落制倾向和惯例相反的非洲统一性与爱国精神；

● 非洲制度越来越非洲化，这是由非洲地区一体化的努力以及非洲精神的一些其他决定因素引起的，它们都是为了非洲国际关系、对外政策和外交手段的未来；

● "非洲之和平"政治的目标在非洲和平与发展的努力中不断加强，旨在通过外交与谈判手段来解决非洲的差异、冲突以及战争。为了非洲的共同利益，就需要寻找和设计出能够对冲突遏制、减少、缓和、准备、预防以及持续管理的方式方法。这样，那些被剥夺基本权利的人——女人、难民、无家可归的人等的权力就能得到保护与帮助；

● 促进人类发展和制度改进的资源调动；

● 非洲大规模杀伤性武器得到系统化的解决，如贫穷、疾病以及文盲；人才外流；自然与人为灾害；环境退化，气候变化和全球变暖等；

● 为了非洲发展而防止国际恐怖行动；

● 运用信息科学技术（ICTs）来促进非洲的可持续

484

发展；

● 通过结构调整计划（SAPs）、援助等来取消和减轻债务，完全解决债务偿还事务问题；

● 鼓励能够促进贫困减轻和消除的南南合作；

● 需要杜绝腐败、非洲结构调整计划、针对非洲的贸易保护主义、资本主义剥削以及由外部设计与实践带来的进步。

非洲在 20 世纪 90 年代到 21 世纪面临的主要问题与挑战

挑战主要包括以下：

● 高能源成本（危机）；

● 高食物危机——进口食物不足；

● 低/无经济增长；

● 无效的商业行为；

● 援助疲劳——无对非洲发展的外援；

● 没有对非洲的债务减免/免除；

● 援助非洲的主要发达国家的保护主义与补贴越来越多——特别是欧洲和美国；

● 官方开发援助（ODA）的目标并不是促进发展——提升

● 从 20 世纪 80 年代到 20 世纪 90 年代的挑战包括以

下几点：

- 从属关系/新殖民主义越来越强；

- 专政，缺乏领导力；

- 冷战的分裂势力；

- 不公平的国际关系。

促进成功的措施与条件的相关建议

包括以下：

- 与民族中心主义相对的爱国主义；

- 腐败；

- 自卑感（如国家弱小和崩塌）；

485
- 有利于非洲的资源管理、资源民族主义以及全球资本主义；

- 经济发展议程；

- 环境问题——气候变化、全球变暖；

- 社会议程——流行病等；

- 教育效率；

- 领导效率与民主；

- 民主化；

- 改造非洲文明；

- 发展所有权——作为主人拥有并控制发展的命运；

- 全球金融发展；发展合作伙伴关系；

- 合理利用与浪费、不合理使用和管理不善相对的价值；

- 改变精神状态；

- 非洲与全球经济、货物与劳务的自由贸易、不受限制的资本流动、竞争性、促进高效能的策略以及能够自由进入全球市场；

- 政治议程——冲突和冲突管理与解决、后殖民主义以及失败或弱小国家的状况（如索马里、苏丹的达尔富尔）。所有关于非洲联合的主张都应该作为"常规"或者条款被保存在非盟（AU）的议程中，在非洲地区欧洲、美国以及中国之间的冷和平问题；伊斯兰原教旨主义、恐怖主义、作为冲突中的武器的石油、民主化以及反对政治管理不善和错误的良好的全球治理；

- 环境保护、安全与治理；

- 非洲发展与安全方面的公民社会组织以及非政府组织（NGOs）。

灾害问题与挑战

关于非洲自然与其他灾害情况的事件包括以下：周期性干旱、对自然资源的不合理使用、瘟疫、洪灾、战争、内乱、塌方和泥石流、火山爆发以及海啸。

策略与措施

非洲面临的策略与措施如下：

- 赋予女性以及其他社会边缘化阶层权利；

- 培训和教育；

- 灾难意识；

- 领导力；

- 良好的统治；

- 援救、恢复、复原和发展的广泛积极参与；

- 合作关系；

- 机制协调；

- 提供资金；资源调动；

- 非洲人自身的作为。

非洲面临的挑战

在下个十年及其之后的全球议题包括如下：

- 与可持续发展相对的贫穷问题；

- 疾病、流行病（如艾滋病）；

- 债务和债务偿还事务；

- 环境可持续性和可持续性科学、自然灾害、环境退化、气候变化、全球变暖；

- 工业化、私人投资；

- 农业与食品安全；

- 发展所有权，能力建设；

- 人道主义——难民、无家可归的人、冲突和不安全；

- 赋予女性、女孩和孩子权利；

- 人类安全与发展、人类资源开发；

- 经济——贸易、商业／自由化、能源危机；

- 管理不善；

- 全球化；

- 语言。

语言的影响

非洲的"语音系统"是自十九世纪末以来欧洲对非洲殖民化的产物。在这里，"语音"即非洲的语言体系。

1884 到 1885 年的柏林会议将非洲划为欧洲的"利益范围"，其主要的殖民语言如下：法语（法语区）、英语（英语区）、葡萄牙语（葡语区）、阿拉伯语（阿拉伯语区，尽管阿拉伯没有对非洲政治殖民）。阿拉伯语在非洲得到传播——特别是北非——其与中东有着文化、经济、政治和语言上的密切关系。北非比撒哈拉以南的非洲更接近中东。另一个原因就是宗教（如伊斯兰教）。非洲的联合以及其它的政治组织使北非和撒哈拉以南的非洲联合起来。

非洲所面临的一个挑战就是怎样把语言现状转化为一个强调非洲及其发展的统一体系。

语言在非洲的影响，以及前殖民地与前殖民国家之间保持的特殊的语言关系包括以下：

- 与前殖民母国保持密切的政体、经济、社会、法律、外交以及商业联系，前殖民地的影响；

487

● 由于依附关系/新殖民主义、教育体系、政府体系、制度体系及结构而推动非洲的后殖民主义；

● 削弱非洲的民族主义与爱国精神；

● 通过持久的依附关系来减少非洲的民族主义途径；

● 促进前殖民主与它们的殖民地之间建立特殊的关系，与前殖民主保持更加有效的外交、经济、军事、战略及其他关系；

● 保持前殖民地国家在前殖民主协会中的会员身份；

● 经常"鼓动"和引起非洲内部的不和/分化；

● 保持对前殖民主高度的忠诚。

非洲发展的优先性

非洲发展的优先领域如下：

● 水与相关问题；

● 环境；

● 食品安全；

● 贫穷/饥饿/异化的消除；

● 健康与疾病消除（埃博拉，艾滋病等）；

● 城市化；

● 自然灾害与其他灾害状况；

● 信息革命/信息科学技术（ICTs）以及推动发展的科学技术；

● 人口膨胀以及性别问题，权利授予；

● 发展权；

- 贸易途径与贸易机会；

- 气候以及天气相关问题；

- 地区主义、地区合作与一体化；

- 安全与争端解决/管理；

- 资源流动与调动；

- 促进独立自主、能力建设、人类与制度的资源 488
开发；

- 工业化；

- 农业；

- 全球公益（GPGs）与全球公害（GPBs）。

独立时，非洲国家尤其是撒哈拉以南的非洲，继承了殖民国家留下来的东西。下面所列举的在独立时仍然保持相对较好的状况，包括：

- 教育体系；

- 行政机构；

- 基础设施；

- 农业与农村发展；

- 健康与流行病；

- 工业化；

- 住房供给与定居。

20 世纪 60、70 年代曾有良好的经济体系。其后提出的非洲化计划会遇到些问题：

- 债务与债务偿还；

- 灾害；

- 全球结构调整计划；

- 政治、经济、气候与环境管理不善；

- 不安全；

- 援助；

- 食品安全；

- 意识形态干预/入侵；

- 社会议程——不平等、权利授予；

- 殖民地的遗产与遗留物/残留物。

非洲的争端：概念、原因、结果以及解决办法

原因、概念、结果以及解决办法如下：

- 殖民地遗留物以及根据任意边界来划分的非洲政治单位、民族统一主义、分裂、分离主义、区域主义；

- 领导精英；

- 贫困、人口膨胀、剥削；

- 领土争端；

- 领土占有；

- 种族、人种、部落、意识形态/政治差异；

- 腐败、贪婪、剥削、不平等；从 20 世纪 90 年代以来的冲突国家（热点地区），尤其是 20 世纪 90 年代末和

21世纪初的阿尔及利亚、安哥拉、刚果民主共和国（扎伊尔）、塞拉利昂、利比里亚、苏丹、卢旺达、布隆迪、索马里、埃塞俄比亚、厄立特里亚国、利比亚、西撒哈拉、科特迪瓦、几内亚比绍以及乍得；

● 国家崩塌——原因是剥削、腐败、不平等、后殖民主义、国家弱小、人为寄宿、失效状态；

● 军备和武器的扩散（如轻武器）；

● 自然资源和环境、矿物、石油、水、灾害、土地退化；

● 国家的不均衡发展（如财富与权力的不公平分配）；

● 强盗行为（如偷牛、捕牛、杀牛）；

● 种族原因——种族隔离、仇外、纳粹主义以及"纯粹白种人"的观念。

解决办法包括以下：

1）深思——领导、联合国、非政府组织（NGOs）等；

2）对话——公平、改变态度、维护和平、公正、平等；

3）财富与权力的分配、宪法纽带；

4）区域一体化；

5）持续的冲突管理。

冲突与冲突管理应该作为非盟议程中的一项"常规"或条款。政策评估与改革能够帮助解决外交手段所带来的差异。

非洲所拥有的非洲所有权：
非洲社会主义的作用

非洲社会主义和泛非主义存在于非洲精神中，在欧洲的殖民强加于非洲之上时受到破坏。殖民化也改变和剥夺了非洲人的发展追求。非洲社会主义须假设非洲人在非洲发展、消除贫困、以及发展进程的广泛（女性与青年）参与等方面承担主要责任。因此就需要转变态度，消除非洲领导迷信与腐败，形成真正的爱国主义、保护，改善能促进能力建设、知识、技能的教育体系，以及对社会做出贡献。还需要持续性科学（如人类与自然、人类与生态维持系统的共存）、持续性和可持续发展。

中世纪的非洲

在那个时期，部分非洲社会在文化、教育以及财富方面等同甚至超过了欧洲国家。看看中世纪历史上的名人，一些杰出的个人曾生活在非洲并且在历史上起着重要作用。

非洲中世纪的加泰罗尼亚地图表明非洲一些最吸引人的文明是从 14 世纪繁荣起来的。它们显示出非洲、欧洲以及亚洲文明之间富有生机的联系。吸引它们的话题包括巨大的跨撒哈拉贸易以及加纳、马里以及桑海之间的贸易路线。

作为一个历史性阶段，中世纪包括欧洲一千年的历史，是从 476 年西罗马帝国灭亡到早期近代的开端（约 1453 年）。16
世纪的特点包括西方基督教在改革期间的分裂、人文主义的兴
起以及文艺复兴。因此中世纪是从古代到文艺复兴，从 400～
476 年（罗马被西哥特人抢占以及对罗慕路斯·奥古斯都的处
置）到 1453～1517 年（君士坦丁堡的衰落）。

下面是中世纪时期的三个阶段：

1）古代的古典文明；
2）中世纪；
3）近代。

非洲极度贫困的原因

非洲的现在比 25 年前更加贫困，甚至比大约 50 年前独立
时更贫困。这是由下列一系列不同的原因所致：

- 奴隶制和奴隶贸易；
- 殖民地政策与惯例所导致的贫穷；
- 保护主义；
- 结构调整计划；
- 全球/极端势力；
- 依附关系/新殖民主义和剥削；
- 非洲的悖论——文化互渗、冲突与政变、种族划
分、部落制度和任人唯亲、裙带关系以及民族中心主义；
- 疾病；

491

- 无知;

- 自然灾害以及人为引起的危险;

- 错误的政策与惯例（如恶政劣治，不称职);

- 缺乏民主化;

- 缺乏精神状态的改变;

- 经济绩效欠佳;

- 非洲悲观主义以及错误的意识形态方向和实践、非洲主要大宗商品出口的价格下降;

- 债务与债务偿还事务;

- 缺乏处理日常生活问题的独立性与能力。

全球谈判：非洲的劣势

非洲的劣势包括以下：

1）因人力与物质匮乏而使得谈判能力薄弱;

2）缺乏能力——没有专门的谈判能力;

3）缺乏资金——资源昂贵;

4）缺乏技术和与科技技能;

5）指导不充分——大部分情况下，没有从资本得到清楚或动态/进步的指导，倾向于多年保持同样立场、或者倾向于与非洲其余国家和第三世界、77 国集团国家一起"得过且过";

6）效率不足，对于缺少专门化而导致的问题认识不足;

7）缺乏（足够的）激励与自由来和权威以及总部/上级全力支持的行为体进行谈判——没有吸引人的条件；

8）贫穷综合征、反对民族主义的民族中心主义所导致的爱国民族主义不足——一些非洲精英长期生活在国外，为了存钱供自己的孩子买车/房和上学；

9）错位的或不明智的优先性。

关于非洲的善治

就此而论，善治意味着统治者运用权威与权力来实现统治的民主原则所使用的统治方法，包含了下面的构成要素：

1）在一个制衡体系里，立法或议会、行政政府以及司法（法治与公正）分支之间民主职能清楚的划分；

2）人民参与（广泛参与）到有关影响人们日常生活、普通大众、居民社会以及非政府组织问题的政策制定过程；

492

3）统治者有责任必须以透明的方式来考虑与执行人民的意愿与汇报，特别是资金是如何花费的；因此，责任、透明性以及对人民广泛意愿的考虑对于检查腐败以及不明智的政策和统治方式是很有必要的；

4）议会——基于人们的意愿通过立法来有效监督行政机构以及形成国家决策的代表机构——制衡体系很有必要；

5）一个为了社会公平、公正、法治和有序的独立的司法体系；

6）政府行政分支的民主化与地方分权，反对殖民化的独裁主义遗产（如分而治之的政策与惯例被非洲统治者/领导继承与延续）；

7）1885 年的柏林会议在非洲划分出叫做边界的地理线，这并不符合非洲统一的民族主义；

8）西式的政体被引进非洲，这在统治中忽视了非洲的现实；西式高度个性化，且忽视了非洲社会主义的概念；

9）非洲对于冲突/问题依靠军事而不是政治和外交回应的倾向。需要了解 a）民主的价值；b）追求合法利益；c）持异见与非暴力政治反对的价值；

10）缺乏尊重（严重侵犯）：人权；善治；法律规则；民主化；透明度；责任。

11）发展停滞以及缺乏所需要的改革。

非洲的统治：进一步的要求

国家层面的公民社会参与一定要非常强大，能够保护、捍卫公众并为其而战。大众传媒应该支持政治、经济、社会以及其他过程中的广泛参与而发声。应该促进民主政府的分散化，减少当地政府权力与政策制定的垄断与集中。分散化应使当地权威有权与民众直接互动。

在整个过程中，需要对民众进行教育与动员——人口——需要他们的权利与民主化来实施普遍的自下而上的统治。

非洲经济实力提升的条件

除非非洲人自身能够采取行动来提高他们的经济绩效，否则非洲的泛非主义不会结束。这是因为非洲发展的主要责任在于非洲的政府与组织。除非是以人民为基础，否则非洲的经济实力不能也不会提升：必须有一个自下而上的方法，据此非洲人可以从事和参与到他们发展的所有阶段，而且被授权能充分而适当地参与政策制定过程以及关于影响他们日常生活问题的过程。

493

因此非洲经济实力的条件包括以下，及其他一些条件：

● 脑力发展且通过教育与培训来维持，为了促进能力建设和技能发展；

● 改善的教育体系、教育质量以及高等教育都发挥作用来提升教育水平，并且促进有纪律的学识追求而不是拥有贪婪的领导者；

● 民族自豪感和自律，反对个人主义以及狭隘的自我提升；

● 态度转变为勤奋进取的精神；

● 不贪心，有责任心；责任感、诚信、庄重以及其他人性价值；

● 政治领导力和政治家才能的高标准——责任感、能力、承诺、社会效率和公平感以及领导才能；需要理解国家而不是教区或部落，且不要有过于简单的态度，要沉着镇静；

● 纪律以及推崇非洲进步的价值观，如非洲社会主义、社会关爱精神、团结互助、家族式社会主义；

● 模仿东盟（ASEAN）：学习东盟的亚洲国家是怎样从早期的贫困阶段发展进步到现在的"亚洲虎"的水平；

● 非洲人对他们主要责任的认同。非洲人必须有所作为，尤其是致力于非洲所拥有的非洲所有权——尽其所能来确保他们对非洲的发展、终止裙带关系与腐败以及利用非洲的人力与自然资源基础来促进非洲的共同利益而做出最大的贡献。

需要采取行动对抗常量与挑战

考虑到以上提及的措施，以下的是更进一步的需要，尤其是为了达到非洲的自给自足和可持续发展：

● 资源；

● 官方开发援助（ODA）——可预测的、充分以及确定的，开始于 1970 年联合国决议中的规定，那时国际共同体赞成提倡北方的富有国家对南方的贫穷国家实施官方开发援助；

494

● 南北国家以及国际发展共同体，包括联合国体系与欧盟的资源调配；

● 责任感；

● 政府以及政府领导的正派；

● 非洲发展的效率/能力；

- 统治与管辖；

- 反对保护主义；平等/公正；

- 反对经济关系中的制约；

- 反对腐败以及逆向的资源转移；

- 民意民声与非洲的进步：以清楚的规则授权给人民，来塑造非洲领导力的表现以及促使政府为了人民，融入人民以及依靠人民。

非洲国际关系、对外政策以及外交手段的未来

非洲国际关系的第二个转变是由冷战的结束（1989～1990 年）引起的，产生了冷和平以及一个新的世界秩序。导致了以下的结果：

- 非洲的民主化和对外政策——在不存在多党制的地方再次提出并加强它；

- 没有关于非洲统治权的竞争时非洲进一步的边缘化；

- 需要非洲人采取有力的进攻防御的战略——世界大国关于非洲日益激烈的竞争需要非洲不断加强反对外来势力的团结统一；非洲地区、经济、文化、政治以及军事实力更加自信；

- 非洲新一代领导有机会塑造并管理他们的国家与国际关系（如埃塞俄比亚的美尼斯·泽纳维［1955～］，厄

立特里亚的阿费沃尔基［1946～］，卢旺达的保罗·卡加梅［1957～］，以及坦桑尼亚的前总统本杰明·姆卡帕）；

● 结束联合国、发达国家以及反对非洲市场与货币限制性、保护主义和过度依赖性的金融组织对非洲持续的剥削和干预；

● 通过非洲区域一体化消除非洲综合征；

● 建立非洲区域机制来提升与促进民主化、民主与区域安全。

非洲国际关系的未来以及措施/建议

非洲必须着眼于一些方式方法，能够使非洲的国际关系、对外政策以及外交手段更加有效率，且与非洲的需求以及保护非洲国家利益更加息息相关。如，非盟（AU）边界不可侵犯的原则（依法占有）是否会因可能被修订而被讨论？非盟能否依照联合国宪章的第七章来讨论非洲团结、和平以及安全的执行问题？能否为民族统一主义找到一个永久的解决办法？

非洲必须着眼于非洲殖民化之前的国际关系，且去探索能够复兴和改善这些方法的途径。结束非洲的孤立和边缘化，发起讨论非洲学术和科学访问的有力的活动等。定期探索非洲在国际关系方面的千年发展挑战与问题，且以千年发展目标（MDGs）和非洲发展新伙伴计划（NEPAD）的结构为基础优先考虑新的发展范式。

此外，非洲应该集中精力于以下的行动：

495

● 确保非洲在国际发展行动中的有效参与，扩大非洲开创、发展、拥有、运行/管理的计划方案的范围与强度，如非洲发展新伙伴关系（NEPAD）；

● 提出非洲的悖论且决定应该实施怎样的举措来改变它们——特别是非洲经济阻滞、边缘化、屈辱、孤立/文化互渗的悖论——利用非洲人所坚持经营的一种非洲攻击性信息网络；

● 探究非洲女性地位和性别问题，且在政治、发展、社会以及环境方面转变/授权给女性；

● 致力于非洲的可持续发展；

● 提出问题，"如果非洲可以在没有异族统治与影响的情况下发展，非洲会发生什么？"

其他非洲内/外部关系成功应该满足的条件如下：

● 在联合国与其他国际组织中充分的代表性，锤炼在代表过程中的能力与技巧；

● 非洲外交、涉外事务以及对外政策制定的改革；

● 消除依附性综合征；

● 改变非洲人的心态，寻求一种解决非洲问题与挑战的新方法；

● 为"非洲之和平"建立一个基金会，只能由非洲人以及他们的政府来调动与补充。

而且，还应该采取以下措施：

●建立相同的教育标准，使用相同的语言，并尝试不同的方法来实现跨非交流；

●开发及利用一种积极进取的信息/倡议系统网络，且由非洲人经营；

●为了非洲社会经济与政治进程以及环境优良与保护，以正确的的心理来选举及任命非洲的领导人——不允许军民独裁统治；

●设计出帮助非洲解决非洲问题的方法——非洲人思维的非洲化来促进其对非洲国家和大陆的忠诚，心态的改变，以及新千年对非洲辉煌文明的改造和拯救；

●利用非洲的对外政策和外交手段来提升、防御、保护、设计、宣传，且保护的不是狭小的部分或种族偏好，而是非洲国家与整个大陆的利益；

●建立一个非洲市场以及可靠的非洲外部市场；

●建立一种从属于主要国际货币（如美元、法国法郎、欧元）的非洲货币，但是允许非洲国家都存在单独的货币；

●提炼非洲的文化、风俗和传统，消除负面的风俗习惯，重获非洲文明的荣誉；

●建立非洲的世界语，且在非洲的每个国家的所有地方学校都加强世界语，使下面这些语言和非洲主要的语言相合并，如斯瓦希里语、林加拉语、豪萨语、祖鲁语、修纳语、马塔贝列语、基库尤语、卢希亚语、卢奥语及其他；

●制定一些方法来促使非洲的国际关系更加有效率，

且与非洲的需求以及非洲国家利益的保护更加息息相关；

● 提供实际的授权，作为一种促进非洲和平与发展的机制；

● 通过宪法方面的转变以及在预防性外交、发展、民主和女权（以及所有的人权）等方面对女性的授权来消除非洲的性别不平等；

● 促成非洲的可持续发展来解决非洲危机；

● 强化非洲在国际社会中的表现；

● 尝试非洲的"马歇尔计划"；

● 在非洲创立一个移动救护服务来对付艾滋病和其他流行病；

● 系统化地化解"非洲悲观主义"危机；

● 实施一个五年期的试验，在对非洲大陆的和平、稳定以及发展的顶级需求进行全面的评估之后，非洲领导人和人民承诺与筹资建立在非洲各个部分都有分支的流动医院、银行及非洲大学等，即非洲人自己在非洲投资。

关于非洲和全球经济以及全球化的具体措施包括以下：

● 旨在消除非洲悖论的消极影响；

● 妥善应对结构调整计划的挑战；

● 为了解决非洲问题而保证教育、领导力效率、非洲 497
发展的所有权；

● 授权给非洲人通过灾前准备、意识、预防以及灾难管理来解决灾难问题；

●在人权、女性/女孩以及其他的边缘社会阶层的授权等方面，以带有非洲公平公正、社会主义、协商一致、社会关爱、齐心协力的价值观的非洲方式来加强民主化；

●寻求冲突根源的持久的解决办法及其结果；

●鼓励巨大而全面的人道主义；

●培养自下而上的发展和以及人民的授权；

●实施使国外私人资本自由化并将其引入非洲的法律；

●鼓励并发展非洲的商业企业、旅游业等；

●支持对最不发达国家（LDCs）、重债穷国（HIPCs）、内陆发展中国家（LLDCs）、小岛屿发展中国家（SIDs）以及其他欠债发展中国家的债务免除；

●为了那些以联合国为基础的国家（不发达国家、发展中国家、重债穷国、小岛屿发展中国家等）的发展、保护和稳定而举办特别的活动；

●使非洲参与履行那些在发展、金融、能力建设、女性教育等方面的国际协议中所出现的责任；

●使非洲更坚定地参与到联合国会议体制以及世贸组织的多边与全球谈判，关贸总协定/世贸组织回合，联合国系统在科技、持续性科学、环境可持续性、商业发展和振兴方面的会议谈判等；

●致力于对流行病的治疗方法、意识、培训与教育；

●通过工业私有化、削减企业税以及使工业非洲化来使非洲实现工业化；

●进行非洲经济改革；支持私有部门的发展；建立投

资激励以及有共同基础的大众企业；消除对外来投资的
限制；

● 加快非洲经济民主化进程——使非洲日益参与到全
球经济交流中去，且改善非洲的法律监管环境，这对国内
企业家精神和生产力来说很有必要；

● 大量投资于各个水平的教育、研究与开发、能力建
设、领导技能、农业、信息技术以及互联网基础设施；

● 授权给穷人，使其能从事更多的生产活动；

● 实现在非洲可普遍得到健康、教育、水和环境卫生
的基础服务；

● 采取措施来减少非洲悖论的消极影响。

非洲必须拥有非洲

为了向前发展，非洲必须拥有非洲。这可以通过向非洲的
生活和处事方式挑战，使非洲为自身的发展承担主要责任，以
及由教育与培训来建设自身能力的方式来实现——换句话说，
非洲须学会如何搜寻以及取代之前被限制条款制约的方式。非
洲的价值观（如乡村亲子关系、非洲社会主义、社会关爱精
神、自豪感、黑人文化认同）应该被用来强化与巩固社会。
发展的首创性必须是非洲发起、非洲发展、非洲经营以及非洲
管理。

为了使非洲能拥有非洲，应该改造非洲文化使其适应现代
性。必须引进现代的生活方式。此外，必须用以下的新方法取

498

代坏习惯以及殖民地残余：

- 与民族中心主义相对的爱国主义以及对国家的忠诚；
- 与部落制和地区主义相对的民族主义；
- 资源民族主义、对非投资、贸易以及反对腐败的合理利用；

由上可知，很显然非洲国际关系、对外政策以及外交手段的未来在新千年都面临着严峻的挑战。在非洲未来的行为准则取得成功之前还需要满足很多条件。这时，过高的期望更是势不可挡，但是我们都需要等待并观察将会发生什么。这将是非洲国际关系中亟待观察的一个重要阶段。

缩略词表

AAD：开罗非洲发展议程，1994 年

AAF-SAPM：非洲社会经济转化结构调整计划备选纲要

ACP：非洲、加勒比及太平洋

ACP/EEC：非洲、加勒比及太平洋/欧洲经济共同体

ACP/EU：非洲、加勒比及太平洋/欧盟

ACS：美国殖民协会

AEC：非洲经济共同体

AFP：非洲外交政策

AGP：非洲地缘政治政策

AIDS：获得性免疫缺陷综合征（艾滋病）

AIR：非洲国际关系

ANC：非洲国民大会

AOSIS：小岛屿国家联盟

APPER：非洲经济复苏优先方案

APRM：非洲同行审议机制

ASALs：干旱和半干旱地区

ASEAN：东南亚国家联盟

AU：非洲联盟

B.G.：布拉柴维尔集团

BWI：布雷顿森林机构

CAF：中非联邦

CARICOM：加勒比共同体

CEMAC：中非货币经济共同体

C.G.：卡萨布兰卡集团

CIDA：加拿大国际发展署

COMESA：东南非共同市场

CSOs：公民社会组织

DAC：经济合作与发展组织援助委员会

DANIDA：丹麦国际开发署

DIEC：发展与国际经济合作

DRC：刚果民主共和国

EAC：东非共同体

EACU：东非关税同盟

ECA：非洲经济委员会

ECCAS：中非国家经济共同体

ECDC：发展中国家经济合作委员会

ECE：欧洲经济委员会

ECLAC：拉丁美洲和加勒比经济委员会

ECOSOC：联合国经济社会理事会

ECOWAS：西非国家经济共同体

ECSWA：亚洲及太平洋经济社会委员会

EEC：欧洲经济共同体

ESCAP：亚洲和太平洋地区经济和社会问题委员会

EU：欧盟

FAO：联合国粮食农业组织

FINNIDA：芬兰国际发展机构

FNLA：安哥拉民族解放阵线

FRELIMO：莫桑比克民族解放阵线

FS：驻外事务处

G-2：指美国与中国

G-7：北半球七大国财政部长及央行行长会议：加拿大、法国、德国、英国、意大利、日本和美国。又称"七国集团"。

G-20：20 国经济论坛，由欧盟和 19 个国家组成。即澳大利亚、加拿大、法国、德国、日本、俄罗斯、土耳其、意大利、英国、美国、阿根廷、巴西、中国、印度、印度尼西亚、墨西哥、沙特阿拉伯、韩国和南非，以及由欧盟轮值主席国和欧洲中央银行行长代表的欧盟。

G-27："77 国集团"的核心成员

G-77："77 国集团"，发展中国家在联合国组成的政治集团。

GA：联合国大会

GATT：关税及贸易总协定

GBP：地圈—生物圈计划

GCA：非洲全球联盟

GDP：国内生产总值

GE：全球经济

GNI：国民总收入

GNP：国民生产总值

GPBs：全球公共劣品或灾祸

GT：全球贸易

HOP：国际全球环境变化人文因素计划

HIPC：重债穷国

HIV：人类免疫缺陷病毒/获得性免疫缺陷综合症

IAEA：国际原子能机构

IBRD：国际复兴开发银行

ICAO：国际民航组织

ICJ：联合国国际法院

ICSID：国际争端解决中心

ICSU：国际科学理事会

ICTs：信息通讯技术

IDA：国际开发协会

IDNDR：国际减灾十年

IDOs：国际多边开发机构

IDS：国际发展战略

IFAD：国际农业发展基金会

IFC：国际金融公司

IGAD：政府间发展组织

IGADD：政府间旱灾与发展组织

IGO：政府间国际组织

ILO：国际劳工组织

IMF：国际货币基金组织

IMO：国际海事组织

IMO：国际移民组织

IPCC：政府间气候变化委员会

IR：国际关系

ISDR：国际减灾战略

ITU：国际电信联盟

JICA：日本国际协力机构

KADU：肯尼亚非洲民主党联合

KANU：肯尼亚非洲民族联盟

LDCs：最不发达国家

LLDCs：内陆发展中国家

MAP：千年非洲发展计划

MDGs：千年发展目标

MG：蒙罗维亚集团

MIGA：多边投资担保机构

MNTCs：跨国公司

MOU：谅解备忘录

MSA：受严重影响国家

索　引

（索引所标页码为原书页码，见正文页边。）

demography，人口统计学，22；development，发展，287；domestication in，驯化、教化，83～84；economics，经济学，360～361；European colonization in，欧洲殖民，111～112，174，193～194；Europeans before 19th century in，十九世纪前的欧洲人，115～116；evolution theory and，进化论，9～12；expansionism，扩张主义，211；female leadership in，女性领导权，214～228；first-generation leaders of，第一代领导人，142，143～144；gender equality in，性别平等，226；geography of，地理地貌，19～21，38，383；in global economy and market，全球经济与市场，396～404；in global power structure，全球权力结构，335～339；goals and challenges of leadership in，领导目标与挑战，226～227；governance in，在非洲的统治，63～94；history of，非洲历史，67～70，359；human evolution in，人类进化，54～55；humankind's migration out of，出非洲移民迁徙，57～58；ideology and cultism in，观念与迷信，282～283；international aid to，国际支援，427～428；international relations，国际关系，98；Iron Age，铁器时代，119；Islam in，非洲的伊斯兰教，427～473；Islamization of，伊斯兰教化，90～91，94，125；issues for Africa in Cold Peace order，冷和平秩序下非洲问题，340～341；lakes in，非洲的湖泊，21；lessons from Europe for，非洲从欧洲学习到的，120；liberation movements，解放运动，224；as Mater Continentium，母亲大陆，24～25；MDG process and，千年发展目标过程，407～409；Middle Ages，中世纪，117～158；moderates in，非洲的温和派，148～149；modern，现代，96，97，166；modernization in，现代化，237～238；naming of，非洲的命名，14～18；national interest in，国家利益，134～135；natural resources，自然资源，103～104；nature and environment，自然与环境，358～359；paradoxes in，非洲的悖论，246～248；participation in global negotiations，非洲参与全球谈判，399；past of，非洲的过去，127～129；patrilineal and matrilineal societies in，非洲的父系和母系社会，46；peripheralization of，非洲的边缘化，231～232；physical environment，物理环境，139；place in world，非洲在世纪的位置，7～9；political regions/economic zones，政

兰，22，31

SADC（Southern African Development Cooperation），南非发展合作，22

Sahara Desert，撒哈拉沙漠，7，12，17，20，25，32~35，43，86，96，100；borders of，撒哈拉沙漠边缘，58~59；climatic changes，气候变化，59~60；Greeks in，在撒哈拉沙漠里的希腊人，61~62；peopling of，撒哈拉的居民，60~61；Phoenicians in，撒哈拉沙漠里的腓尼基人，61；size of，撒哈拉沙漠的大小，58

Sahrawi Arab Democratic Republic（SADR），撒拉威阿拉伯民主共和国，8，22，28，259，275~276，386

SAPs（Structural Adjustment Programmes），结构性调整项目，380~381

Satow，Sir Ernest，厄内斯特·萨道义爵士，134

Scientific theory，科学理论，328

Scramble for Africa，瓜分非洲，174，181~182，193，440

Secundus，Gaius Plinius Caecilius，盖尤斯·普林尼·采西利尤斯·塞孔都斯，3，4

Security，definition，安全，定义，356

Security Council（SC），安全委员会，347

Selassie，Haile，海尔·塞拉西，148

Sempe，Mantsebo Amelia Mantsaba，（莱索托摄政者）马特斯布·阿米利亚·马特萨巴，223

Senegal，塞内加尔，276

Settler colonial rule，殖民者殖民统治，200~201

Seychelles，塞舌尔，277

Sharia law，伊斯兰教法，213

Sherman，Roger，罗杰·谢尔曼，145

Shongwe，Indlovukazi Dzeliwe，（斯威士兰皇后）因洛维拉斯·泽利维·雄圭，223

关于作者

丹尼尔·唐·楠吉拉（Daniel Don Nanjira）教授从 2005 年起任教于纽约亨特学院（Hunter College）、哥伦比亚大学公共与国际事务学院（SIPA）、曼哈顿维尔学院（Manhattanville College）以及艾奥娜学院（Iona College）。他教授有关非洲与比较研究的课程，包括非洲国际关系、对外政策与外交；非洲发展与安全；非洲与国际发展实践；斯瓦西里语及斯瓦西里文化；发展与国际经济合作；世界政治中的非洲以及非洲国际商务、公共国际组织以及联合国系统的行政管理等。楠吉拉教授的研究兴趣包括从远古至 21 世纪非洲女性领导的作用，新兴可再生能源（NRSE），灾害、气候变化以及非洲的发展以及非洲自己主宰非洲的挑战。

从 1970 ~ 2004 年，楠吉拉教授在肯尼亚外交部及联合国系统担任职业外交官，并于 1987 ~ 1992 年间担任肯尼亚驻意大利、希腊和波兰大使。常驻罗马期间，他还兼任在罗马的联合国系统下属机构（FAO、IFAD、WFP 和 WFC）的肯尼亚常驻代表。此外，还他负责肯尼亚与土耳其、塞浦路斯和马耳他的外交关系。1992 ~ 1995 年，他担任肯尼亚驻瑞士大使并兼任在日内瓦的联合国系统下属机构的肯尼亚常驻代表。在日内瓦期间，他还担任肯尼亚常驻国际原子能机构（IAEA）和联合国工业化组织（UNIDO）的常驻代表（这两个组织在维也纳）。1995～2004年，楠吉拉常驻日内瓦并担任世界卫生组织总干事非洲政策特别顾问（1995～1997年，总干事级）、世界卫生组织和世界气象组织驻联合国总部代表（1997～1998年）。1998～2004年，楠吉拉作为世界气象组织驻联合国及其他在北美地区的联合国系统组织代表常驻纽约。

译者的话

完成这本书的翻译时,我并无如释重负之感。相反,阵阵心酸、丝丝惆怅久久挥之不去。

41年前的今天,人们在非洲发现了人类最早的祖先——南方古猿"露西",为人类在非洲的起源和进化提供了实物证据。那么,非洲,到底是人类的摇篮?文明的源头?丰饶的大陆?抑或是黑暗的地狱?愚昧的故乡?疾病的温床?其实这些说法都有其合理性。看似矛盾的说法逐渐勾勒出非洲的轮廓。没错,非洲就是这么一个充满着悖论的地方。

今天,大家都在关注非洲,都在谈论非洲的问题,其中谈论最多的莫过于"穷"。确实,非洲是全世界最不发达国家最集中的地区。然而,你不觉得困惑吗?非洲的资源和物产是如此丰饶,但这并没有给她带来本该有的富有和繁荣,相反,非洲呈现出的是一派赤贫现象。这样的矛盾让人心寒,也让人好奇:非洲到底怎么了?

跟非洲打过交道的人大体不会对非洲和非洲人有太积极的评价,甚至可以列出一堆非洲人的问题:不勤劳、不守时、好吃懒做、投机取巧、爱占小便宜、想方设法骗取钱财等等。不瞒各位读者，两个月前我刚在意大利的米兰被非洲黑哥们儿抢劫。然而对于这些现象，我们恐怕不能简单地归结为人品问题。我们是不是该换位思考，站在他们的立场、从人类最基本的生存需求的角度，看一看他们的生存处境，瞅一瞅外面的大千世界，了解一下他们对生活的期待与对现实的无奈，也许这不仅有益于我们了解黑哥们儿，也有助于国际社会真正帮助非洲实现发展。

　　说到帮助，有人肯定又有想法了。非洲就不能摆脱对发达国家的依赖、实现自主发展吗？为什么国际社会给予非洲那么多援助，到头来还是一场空？还有人就此断言，援助资金肯定是被非洲一小部分人私吞了。必须承认，上述说法也都不是空穴来风。然而，不可否认的现实是当今非洲的贫困与殖民历史密不可分，正是殖民行为导致了非洲的资源外流、自主经济恢复能力缺乏。解铃还是系铃人，国际社会理应给予非洲必要的援助，而这种援助不是"鱼"，而是"渔"，不是简单地赠与食物和基础设施，而是帮助非洲恢复自给自足的能力。

　　曾经有位利比里亚的朋友跟我说过：非洲并非资源匮乏，而是管理不善。这和本书作者的观点在一定程度上有相似之处。然而，管理不善又是谁造成的？是非洲自己吗？当然有这样的因素，但更大程度上却是外因造成的。殖民历史给非洲造成了重创，不仅摧毁了非洲千万年来的文化传统，也让非洲经济一蹶不振。独立后，非洲各国的殖民后遗症恐怕在一段时间内难以消除，而恰在此时，非洲又背上了沉重的债务包袱，高利贷式的债务使得非洲很多国家不得不用借债还债的方式生存，这样的恶性循环的结果不仅仅是发展停滞，更是直接导致"非洲比 25 年前更为贫困"。由此，作者认为国际社会应该给予非洲免除债务，并帮助非洲恢复经济自主的能力。也许我们无法预测免除债务是否真正有效，但也许这也是一次有益的尝试。

21 世纪，非洲若要重拾起失去的辉煌，恐怕既要克服殖民历史的重创，也要克服当今面临的各种不利因素，以更为积极主动地姿态参与国际政治经济生活。非洲需要国际社会，国际社会也少不了非洲。非洲需要再度展现出曾经对人类发展起到过至关重要作用的首创精神，以非洲之主人的身份积极投身振兴非洲的事业中，真正实现各项发展计划"由非洲倡议、为非洲发展、由非洲运营、靠非洲管理"。到了那一天，非洲的面貌一定会大有改观。

不得不承认，这是一本体量巨大的著作。作为一个非洲人、外交官和学者，作者的优势显而易见。本书内容涉及政治、经济、文化、社会、语言、历史等方方面面；有理论、有案例、有数据、有概念；史料详实、分析到位；富于知识性，不乏趣味性；正如作者自己所说，这既是一本教科书，也是一本工具书。我在此不想做任何剧透，事实上也难以做到，但我可以毫不夸张地说，这是一本有关非洲"宝典"。本书的价值有待于各位读者自己去发现。

由于译者水平有限，译文难免有疏漏或不妥之处，请各位读者不吝指正。

胡文佳

2015 年 11 月 24 日

耶路撒冷